Springer-Lehrbuch

Springer-Verlag Berlin Heidelberg GmbH

Markus Lusti

Dateien und Datenbanken

Eine anwendungsorientierte Einführung

Vierte, überarbeitete
und erweiterte Auflage

Mit 39 Abbildungen
und 36 Tabellen

Springer

Professor Dr. Markus Lusti
Institut für Informatik
Wirtschaftswissenschaftliches Zentrum
der Universität Basel
Petersgraben 51
CH-4051 Basel
lusti@unibas.ch

ISBN 978-3-540-44251-6 ISBN 978-3-642-55741-5 (eBook)
DOI 10.1007/978-3-642-55741-5

Bibliografische Information Der Deutschen Bibliothek
Die Deutsche Bibliothek verzeichnet diese Publikation in der Deutschen Nationalbibliografie; detaillierte bibliografische Daten sind im Internet über <http://dnb.ddb.de> abrufbar.

http://www.springer.de

Additional material to this book can be downloaded from http://extra.springer.com.

Ursprünglich erschienen bei Springer-Verlag Berlin Heidelberg New York 2003

Umschlaggestaltung: design & production GmbH, Heidelberg

SPIN 10893390 42/3130/DK - 5 4 3 2 1 0 -

Vorwort zur vierten Auflage

Hauptinhalt dieses Lehrbuchs ist der Entwurf und die Verwaltung administrativer Datenbanken. Adressaten sind vor allem Studierende des Nebenfachs Informatik und interessierte Praktiker. Einzelne Abschnitte sind besser verständlich, wenn der Leser Endbenutzerwerkzeuge wie MS Excel und prozedurale Sprachen wie Visual Basic kennt. Der Inhalt unterscheidet sich in folgender Hinsicht von typischen Einführungen in Datenbanksysteme:

- Er beschränkt sich nicht auf die Funktionalität von Datenbanksystemen im engeren Sinn, sondern berücksichtigt auch die Anwendungsentwicklung und die Kommunikation mit anderen Applikationen.
- Im Interesse des Anwendungsbezugs enthalten die meisten Kapitel praktische Beispiele und Aufgaben. Dabei geht es weniger um die "bells and whistles" kommerzieller Softwarepakete als um gemeinsame Eigenschaften verbreiteter Entwicklungsumgebungen. Die Theorie wird an Beispielen aus MS Access, dBASE, Oracle sowie VBA und Pascal veranschaulicht. Die praktische Bedeutung dieser Werkzeuge ist unterschiedlich. Im Vordergrund steht nicht deren Syntax, sondern Aspekte wie Funktionalität, Verständlichkeit und Vergleich von Lösungsalternativen. Wer an der praktischen Umsetzung des Gelernten interessiert ist, findet eine Fülle von Implementationsdetails in der Fallstudie TESTS der CD ROM.
- Die Anwendungsorientierung geht auf Kosten der Theorie. Theoretisch Interessierte können sich zum Beispiel bei HEU00 (Heuer, A./Saake, G.: Datenbanken. Konzepte und Sprachen) oder ULL88 (Ullman, J.D.: Database and Knowledge Base Systems) vertiefen.

Das Buch geht "bottom up" vor: Es beginnt bei Attributen und Datentypen, führt über den Datei- und Tabellenbegriff zur Manipulation von Einzeltabellen und kommt erst später zur Datenbankverwaltung. Das erste Kapitel behandelt den Begriff und die verschiedenen Arten von Daten, das zweite untersucht die Organisation konventioneller Dateien. Ausgewählte Dateioperationen in Pascal veranschaulichen die sequentielle Dateiverwaltung. Kapitel 3 verdeutlicht relative und indizierte Dateien an Beispielen aus MS Access. Access ist seit langem das meistverkaufte Datenbanksystem auf Personalcomputern. Das vierte Kapitel führt in den Datenentwurf ein. Es motiviert ohne den formalen Begriffsapparat der Normalisierungstheorie das Ziel der Redundanzminimierung. Das fünfte Kapitel wendet die Grundsätze des Datenentwurfs auf die Implementierung einfacher Datenbanken an. Kapitel 6 veranschaulicht Prinzipien relationaler Datenbanksysteme an Access. Eine der Stärken von Access liegt in der Möglichkeit, einfach und schnell Anwendungen zu entwickeln, die auf Datenbanken zugreifen: Kapitel 7 illustriert deshalb die prozedurale Anwendungsentwicklung an der Fallstudie Literaturverwaltung. Die Kapitel 8 und 9 führen in Client/Server- und verteilte Datenbanksysteme ein. Relationale Systeme stossen bei nichtadministrativen Anwendungen und im Zusammenwirken mit objektorientierten Entwicklungsumgebungen an ihre Grenzen. Kapitel 10 geht deshalb kurz auf objektorientierte Datenbanksysteme ein. Das letzte Kapitel wiederholt an einem Anforderungskatalog für relationale Datenbanksysteme die wichtigsten Ergebnisse der vorangehenden Kapitel.

Die beiliegende *CD ROM* vertieft und ergänzt den Buchtext. Sie gestattet unter anderem einen Einblick in die Entwicklung einer realistischen Datenbankanwendung: Das Anwendungspaket TESTS veranschaulicht vor allem das Kapitel 7 (Datenbankentwicklung) des Buchtexts und lässt Sie ...

- Tests zu beliebigen Curricula erstellen und verwalten
- Tests schriftlich oder interaktiv darbieten
- Antworten bewerten und analysieren
- Aufgabenbanken systematisch verbessern.

Diese Musteranwendung soll dem Leser die Umsetzung der allgemeinen Ausführungen des Buchs auf konkrete Projekte und Werkzeuge erleichtern. Ausserdem enthält die Hyperdokumentation TESTS.chm Texte, ausführbare Beispiele, Aufgaben, interaktive Quizzes und Farbfolien, welche die Theorie und Praxis der Anwendungsentwicklung illustrieren. Schliesslich führt das Fallbeispiel auch in Bereiche ein, die das Buch nicht anspricht. Dazu gehören vor allem Datenbankanwendungen auf dem Web.

Die didaktische Gestaltung orientiert sich an den folgenden Grundsätzen:

- Jedes Kapitel stellt zu Beginn die wichtigsten Begriffe in einer Einrückungsliste dar, und das Kapitelende fasst die Ergebnisse thesenartig zusammen.
- *Wiederholungsfragen* prüfen den Lernfortschritt. Die Antworten können Sie interaktiv mit dem Web Quiz der CD ROM prüfen.
- In den Text eingestreute *Vertiefungsaufgaben* erleichtern die aktive Aneignung des Stoffes. * bezeichnet eine Aufgabe mit Lösung im Anhang C. Eine Vertiefungsaufgabe, die sich für eine Doppellektion im Rechnerlabor eignet, heisst *Übung*. Am einfachsten bearbeiten Sie eine Übung unter dem Menüpunkt *Übungen/Datenbankentwicklung* des Inhaltsregisters von TESTS.chm. Alle benötigten Dateien können Sie dann per Hyperlink öffnen. ✔ verweist auf einen Lösungsvorschlag auf der CD ROM.

Der Text verwendet die folgenden Symbole:

- ‣ verweist auf einen Glossareintrag im Anhang A. Einen mit → eingeleiteten Begriff finden Sie auch im Indexregister von TESTS.chm.
- » steht vor einer Benutzeraktion, insbesondere einem Tastendruck oder Menüpunkt.
- 💻steht vor einer ausführbaren Datei. Wenn der Verweis keinen Pfad enthält, finden Sie die Datei im Verzeichnis ...\GrundlagenExcel\Beispiele-Aufgaben. In TESTS.chm und den Foliensammlungen öffnet ein Klick die Datei zusammen mit ihrer Applikation. Wenn Sie zum Beispiel 💻KUNDEN.mdb anklicken, dann wird die Beispiel-Datenbank in Access geladen.

Der Text hält sich ausserdem an die folgende Konventionen:

- Neu eingeführte Begriffe sind fett markiert, Hervorhebungen kursiv.
- Programmode erscheint im `Courier`-Zeichensatz. Reservierte Wörter, welche den Programmablauf strukturieren, werden ausserdem fett hervorgehoben.
- Eine konsequent geschlechtsneutrale Sprache erschwert die Verständlichkeit. Der Text verzichtet deshalb auf die gleichzeitige Nennung männlicher *und* weiblicher Formen.

Wer sich entschliesst, Programme und Aufgabenlösungen in ein Lehrbuch aufzunehmen, nimmt zusätzliche Fehlerquellen in Kauf. Für Hinweise auf inhaltliche oder formale Fehler in Text und CD ROM bin ich dankbar. Für die Hilfe bei der Erstellung der CD ROM danke ich Dr. Andreas Born, Andreas Dürring, Martin Fischer, Andreas Thurnheer und Patrick Wirz herzlich.

Vergleich mit der dritten Auflage

Die beiliegende CD ROM vertieft und ergänzt den Buchtext. Auf der CD ROM finden Sie unter anderem die Musteranwendung TESTS und eine Hyperdokumentation zur Datenbankentwicklung und zu angrenzenden Curricula. Neu aufgenommen wurden ausserdem einige rechnerpraktische Übungen. Schliesslich wurden alle Kapitel des Buchtexts sprachlich und inhaltlich bereinigt. Die zusätzlichen Titel des Literaturverzeichnisses beziehen sich in erster Linie auf die Hyperdokumentation der CD ROM.

August 1996 und 2002, Markus Lusti

Inhalt

1 Daten und Dateien

Neue Begriffe

- Objekt
  - Attribut
    - einfaches -
      - aufzählendes -, prädikatives -, Ausschnitts -
    - zusammengesetztes -
      - homogen zusammengesetztes -, heterogen zusammengesetztes -

- Daten
  - nummerische -, alphanummerische -, Bild -, Sprach -

- Datenbank
  - Datei
    - Satz
      - Feld (Attribut)
        - Datentyp
          - Wert

- Datentyp
  - vordefinierter -
  - benutzerdefinierter -

- Gültigkeitsprüfung durch
  - Datentypen
  - Masken
  - Verbot von Nullwerten
  - Verbot von Duplikaten
  - Gültigkeitsregeln und -prozeduren

- Datei
  - Format
    - Textdatei, formatierte Datei
  - Zugriffsart
    - Eingabedatei, Ausgabedatei
  - Verwendungszweck
    - Stamm-, Bewegungs-, Berichts-, Arbeits- und Programmdateien

1.1 Daten

Dieses Kapitel führt Grundkonzepte der Datenverwaltung ein. Ausgehend von den Begriffen Objekt, Attribut, Wert und Wertebereich teilt es Daten und Dateien nach technischen Kriterien ein, um dann in Abschnitt 1.2 Dateien und ihre Operationen aus Benutzersicht zu klassifizieren. Die eingefügten Aufgaben veranschaulichen den Text an Beispielen aus der administrativen Datenverarbeitung.

1.1.1 Objekte, Attribute und Datentypen

Aus Wukasch, Computer sind auch Menschen, R. Müller Verlag, 1983

Das Datenchaos existiert nicht nur in der Welt des Karikaturisten. Eine ungeordnete und ungenutzte Flut von Daten kann eine rationale Entscheidungsfindung verunmöglichen. Ein grösseres Unternehmen besteht aus Hunderttausenden von Objekten, die Tausenden von Typen angehören. **Objekttypen** sind zum Beispiel Produkte, Mitarbeiter, Kunden, Lieferanten und Kapitalgeber. Sie lassen sich durch Merkmale wie Personalnummer und Abteilungszugehörigkeit beschreiben. Solche Merkmale oder Eigenschaften nennt man **Attribute**. Die Menge aller Werte, die ein Attribut annehmen kann, heisst **Wer-**

tebereich. Das Attribut Kontenart kann zum Beispiel die Werte Privat-, Lohn-, Spar- und Anlagekonto annehmen.

Werte, die sich auf Rechnern darstellen lassen, nennt man **Daten**. Programme, die Massendaten verwalten, heissen **Datenbanksysteme**. Damit Daten Entscheidungen unterstützen können, müssen sie verständlich, richtig, vollständig und schnell zugreifbar gespeichert werden. Die folgenden Kapitel vermitteln Begriffe, Methoden und Werkzeuge, um diese Ziele zu erreichen.

Ein Attribut kann **einfach** oder **zusammengesetzt** sein. Das zusammengesetzte Attribut Sprachkenntnisse kann zum Beispiel als Paar der einfachen Attribute Fremdsprache (Englisch oder Französisch oder ...) und Kenntnisstand (gut oder durchschnittlich oder schlecht) definiert werden.

Ein →**Datentyp**[1] ist ein Wertebereich, auf dem Operationen definiert sind, die auf den Wertebereich zugreifen. Der Datentyp `integer` umfasst zum Beispiel eine Teilmenge der ganzen Zahlen, auf der die Operationen Addition, Subtraktion, Multiplikation und Division mit Rest definiert sind. Die Zuordnung von Daten zu Typen (**Typenbindung**) bietet die folgenden Vorteile:

- Der Daten- und Programmentwurf erfolgt bewusster und verständlicher.
- Compiler können bereits zur Übersetzungszeit prüfen, ob sich die Wertebereiche und Operationen eines Programms vertragen. Zum Beispiel, ob der Code ein Zeichen irrtümlich einer nummerischen Variable zugeweist, ob das Argument eines Prozeduraufrufs mit dem Parameter der Prozedurdefinition verträgt oder ob mit einer Zeichenkette statt einer Zahl gerechnet wird. Die Vereinbarung von Datentypen vermindert so die Laufzeitfehler.
- Wenn der Compiler den Datentyp einer Variablen kennt, kann er sie speichersparend und ihre Operationen laufzeiteffizienter darstellen. Die Grundoperationen auf ganzen Zahlen sind zum Beispiel schneller als die entsprechenden Operationen auf Dezimalzahlen.

Die Wahl der Datentypen eines Anwendungssystems hängt unter anderem von der Beantwortung der folgenden Fragen ab:

- Welche *Werte* muss ein Attribut annehmen können?

---

1 Ein mit → eingeleiteter Ausdruck ist auch Thema eines oder mehrer Hypertexte zur CD ROM-Awendung TESTS. Sie gelangen zum entsprechenden Thema, indem Sie den Ausdruck im Indexregister der Hilfedatei TESTS.chm eingeben.

- Welche *Operationen* sollen auf dem Attribut möglich sein? Das Datenbanksystem ›MS Access[1] kann zum Beispiel Werte der Datentypen `Zahl` und `Währung` addieren, `Text`-Werte aber nicht.
- Wieviel *Speicherplatz* darf ein Datentyp höchstens beanspruchen? Ein Wert des Access-Datentyps `Ja/Nein` braucht zum Beispiel nur ein Bit, während eine Zeichenkette des Typs `Text` 2 bis 255 Bytes in Anspruch nimmt.
- Muss sich ein Attribut *sortieren oder indizieren* lassen? Werte des Access-Datentyps `Memo` können zum Beispiel weder sortiert noch indiziert werden, weil ein ›Memo-Wert bis 64'000 Zeichen lang sein kann.
- *Wie* werden Werte sortiert? Zahlen des Datentyps `Text` werden zum Beispiel als Zeichenketten und nicht als Zahlen sortiert. Die Zeichenkette "10.00" erscheint nach der Zeichenkette "100", weil längere Zeichenketten in der Sortierreihenfolge nach kürzeren erscheinen. Werte der Datentypen `Zahl`, `Währung` und `Datum/Zeit` werden hingegen als Zahlen sortiert. 10.00 erscheint dann vor 100, weil die Zahl 10.00 kleiner als 100 ist.

1.1.2 Arten von Attributen

Übersicht 1.1 teilt Attribute nach ihren Wertebereichen ein. Einige Bereiche sind *vordefiniert*. Der Anwender kann an solchen Definitionen nichts mehr ändern. Dazu gehören vor allem Wertebereiche einfacher Datentypen, zum Beispiel `integer`. Andere Attribute sind *benutzerdefiniert*. Der Benutzer kann

Attribut	*Attribut*	*Definiert durch ...*	*Beispiel*
einfaches -	Aufzählungs-	Aufzählung	*Grundfarbe* (rot, blau oder grün)
	prädikatives -	Beschreibung	`Integer` (ganze Zahl)
	Ausschnitts-	Ausschnitt eines Wertebereichs	*Note* (Zahl von 1 bis 6)
zusammengesetztes -	homogen zusammengesetztes -	Werte des gleichen Wertebereichs	*Notenliste*
	heterogen zusammengesetztes -	Werte verschiedener Datentypen	*Adresse*

Übersicht 1.1: Attributarten

1 Einen mit › eingeleiteten Begriff finden Sie im Glossar von Anhang A.

etwa die Werte eines Aufzählungsattributs selbst festlegen. Die Definitionen von Übersicht 1.1 erfolgen aus der Perspektive des Benutzers. Eine Gleitkommazahl ist für ihn ein einfacher Datentyp, obwohl in einem anderen Zusammenhang Mantisse und Exponent getrennte Datenstrukturen sein können.

Bild 1.2 veranschaulicht die Übersicht 1.1 an einem Ausschnitt des **Formulars** →FrmAllgemeines von 🖫Testverwaltung.mdb. Unter der Bezeichnung AUFGABE finden Sie ein **Feld**[1] mit der Aufgabennummer. Diese ist ein prädikatives Attribut des Datentyps `Autowert`. Jede Eingabe einer neuen Aufgabe lässt MS Access automatisch eine ganzzahlige Nummer generieren. Dieser

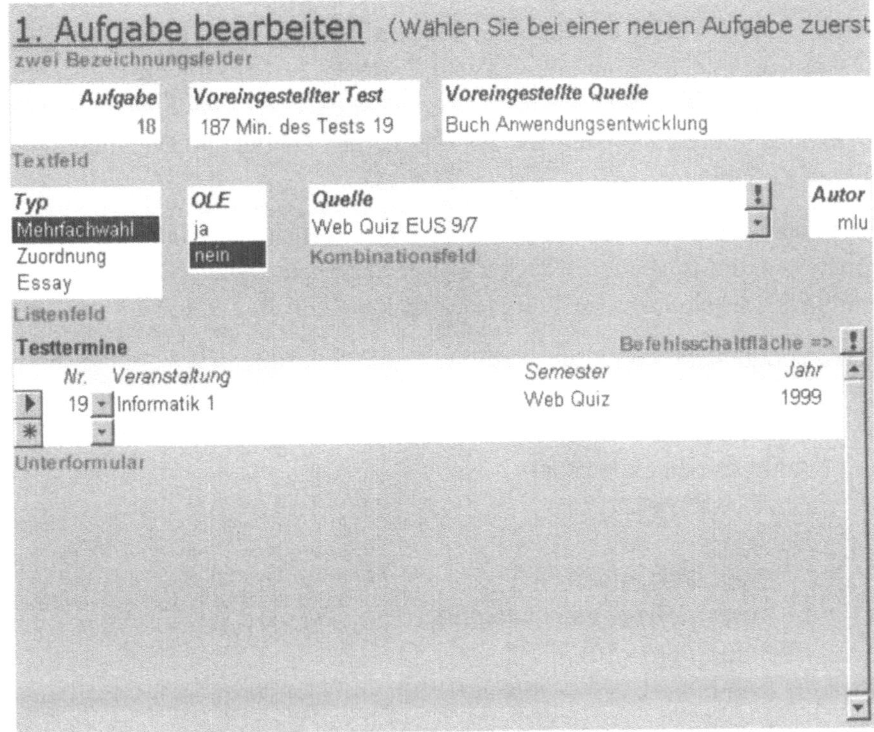

Bild 1.2: Datentypen in FrmAllgemeines von Testverwaltung.mdb

1 Der Ausdruck Feld bezeichnet hier ein Steuerelement (engl. Control). Das Homonym Feld kann allerdings auch eine Datenstruktur des Internspeichers bezeichnen. Ein Feld (auch Datenfeld) oder ›Array ist dann eine Folge von Speicherzellen, auf die man einzeln zugreifen kann. Die Pascal-Deklaration `var Monatsname: array[1..12] of string` reserviert zum Beispiel zwölf Speicherplätze.

Wert kann zufällig sein oder den zuletzt generierten Wert inkrementieren oder dekrementieren. Zwei nummerische Attribute finden Sie auch unter der Überschrift VOREINGESTELLTER TEST. Die Felder TYP, OLE und QUELLE enthalten Aufzählungsattribute. Ihre Werte werden deshalb in einem Listen- oder Kombinationsfeld angeboten. Zulässige Inhalte des Felds AUTOR sind Werte des zusammengesetzten Datentyps `Text`.

Aufgabe 1.1 (Eine Notation für zusammengesetzte Attribute)

Ein Unternehmen begleitet jede Zahlung an einen Lieferanten mit einem Zahlungsbescheid. Dieser enthält unter anderem eine Liste der bisher bezahlten Rechnungen und die Summe aller Rechnungsbeträge. Die Zahlung erfolgt entweder per Bankgiro oder mit dem beigelegten Scheck. Eine Rechnung wird beschrieben durch die Nummer, das Datum, den Betrag und eventuell einen kurzen Kommentar.

Eine Beschreibung des zusammengesetzten Attributs *Zahlungsbescheid* könnte wie die folgende Einrückungsliste aussehen. Leiten Sie aus der Beschreibung die Notionsregeln für die Einrückung und die Zeichen |, * und [] ab.

```
Zahlungsbescheid
    Datum
    Name des Lieferanten
    Adresse des Lieferanten
    Checknummer |
    Bankgiro
        Bank des Lieferanten
        Kontonummer des Lieferanten
    Rechnung * (0 - 10)
        Nummer
        Datum
        Betrag
        [Kommentar]
    Zahlungssumme
```

Aufgabe 1.2 (Attributarten und Datentypen)

a) Ordnen Sie die folgenden Attribute den verschiedenen Typen von Übersicht 1.1 zu:

Datum des Formats TT/MM/JJ (zum Beispiel 01/04/96)
Umsatz
Sprachkenntnisse
Körpergrösse
Zivilstand
Vorname.

b) Die folgende Liste enthält einige Datentypen konkreter Datenbanksysteme. Versuchen Sie, die Datentypen den Attributklassen zuzuordnen.

`Text` (MS Access)
`Memo` (MS Access)
`Zahl` (MS Access)
`Währung` (MS Access)
`Ja/Nein` (MS Access)
`Zeichen` (▸dBASE)
`Numerisch` (dBASE)
`Gleit` (dBASE)
`Datum` (dBASE)
`Logisch` (dBASE)
`FIXED` (▸Adabas)
`FLOAT` (Adabas)
`CHAR` (Adabas)
`LONG` (Adabas)

c) Wählen Sie für die folgenden Attribute den richtigen Datentyp des von Ihnen verwendeten Datenbanksystems:

Telefonnummern in einer Adresskartei
längere Notizen in einer Literaturkartei
Bestellmenge
Preis
fortlaufende Nummer.

d) Die folgenden ▸Oracle-Regeln prüfen, ob die beiden Attribute Englischkenntnisse und Fixum vorgeschriebenen Gültigkeitsbedingungen gehorchen. Beschreiben Sie die Aufgabe der Regeln, und nennen Sie Datentypen, denen die Attribute angehören könnten.

```
check (Englischkenntnisse in
 (keine, schlecht, durchschnittlich, gut))
check (Fixum >= .80 * Lohn)
```

Aufgabe 1.3 (Datentypen in Visual Basic)

Weisen Sie an den folgenden Beispielen nach, dass die Typenbindung der Variablen von Visual Basic schwach ist.

a) Was geschieht, wenn Sie einer mit `Dim X As Integer` vereinbarten Variable X die Gleitkommakonstante 3.1459 zuweisen?

b) Führen Sie das folgende Unterprogramm aus (zum Beispiel unter Excel oder in einem Access-Standardmodul):

```
Private Sub TesteTypenbindung()
  Dim Zeichenkette As String
  Zeichenkette = 4711        '4711 ist eine ganze Zahl
  Parfumname = Zeichenkette / 10
  MsgBox Parfumname
End Sub
```

c) Setzen Sie den Befehl `Option Explicit` vor die Subroutine von b) und interpretieren Sie dessen Wirkung.

d) Testen Sie den folgenden Code:

```
Option Explicit
Private Sub TesteTypenbindung()
  Dim Zeichenkette As String
  Dim Parfumname As String 'nun deklariert
  Zeichenkette = 4711        '4711 ist eine ganze Zahl
  Parfumname = Zeichenkette / 10
  MsgBox Parfumname
End Sub
```

1.1.3 Gültigkeit von Attributwerten

Im allgemeinen prüfen Datenbanksysteme automatisch, ob Eingaben oder Zuweisungen **typverträglich** sind. Eine Datums- oder Zeiteingabe muss sich zum Beispiel an das vom Entwickler vereinbarte Format des Datentyps `Datum/Zeit` halten, und nummerische Eingaben dürfen eine bestimmte Zahl von Dezimalstellen nicht überschreiten. Die eingebauten Gültigkeitskontrollen sind allerdings summarisch oder führen zu (allerdings abfangbaren) Laufzeitfehlern. Die meisten Entwicklungsumgebungen ermöglichen deshalb benutzerdefinierbare →**Gültigkeitsprüfungen**:

- Bestimmte Datentypen - zum Beispiel `Text`, `Datum/Zeit` und `Zahl` - lassen **Masken** zu. Das sind Eingabegerüste, deren Werte bestimmte Bedingungen erfüllen müssen. Access kann Eingabedaten zum Beispiel die Form TT.<Monatsname>.JJJJ (etwa "20. Januar 2002") oder TT.MM.JJ (etwa "20.01.95") vorschreiben.
- Der Entwickler kann die Eingabe eines Attributs als **obligatorisch** erklären. Das Datenbanksystem verhindert dann automatisch Leereingaben.
- Eine Alternative zu obligatorischen Attributen sind **Vorgaben** (→Standardwerte, engl. defaults). Ein Standardwert gilt dann, wenn der Benutzer keinen eigenen Wert eingibt. Nennt der Angestellte zum Beispiel keine eigene Telefonnummer, so kann die Anwendung die Sammelnummer der Abteilung voreinstellen.
- Ein **Duplikat**verbot gestattet einem Benutzer oder Programm nur die einmalige Eingabe eines bestimmten Werts. Verbietet der Entwidckler zum Beispiel Duplikate des Attributs Versicherungsnummer, so verhindert das System, dass eine bestimmte Nummer mehr als einmal unter den Daten vorkommt.
- Ein **Nachschlagefeld** beschränkt eine Eingabe auf die Auswahl aus einem Menü. Der Entwickler definiert ein solches Aufzählungsattribut, indem er den Menüinhalt als Nachschlagetabelle definiert. Deren Inhalt muss nicht fest sein, sondern kann sich dynamisch an den Stand einer Datenbank anpassen. Das Feld NR. des Formulars 1.2 ist ein Beispiel eines Nachschlagefelds.
- Eine sehr flexible Art der Validitätsprüfung ist die Definition einer →**Gültigkeitsregel** für ein bestimmtes Attribut. Die Regel `Lieferdatum <= Bestelldatum + 30` garantiert zum Beispiel, dass das eingegebene Lieferdatum nicht später als 30 Tage nach dem eingegebenen Bestelldatum ist. Jeder Gültigkeitsregel kann der Entwickler - ohne zu programmieren - eine Meldung zuordnen, die anzeigt, *weshalb* die Regel verletzt wurde.
- Komplexe Gültigkeitsprüfungen kann der Programmierer in einer ›Makro- oder Programmiersprache formulieren - in MS Access zum Beispiel mit der

eingebauten Programmiersprache ›Visual Basic für Applikationen (VBA). Programm 1.3 zeigt ein Unterprogramm, das den Benutzer zur Wiederholung auffordert, wenn er ein Datum im falschen Format eingibt. Ein anderes Beispiel einer benutzerdefinierten Gültigkeitsprüfung ist die Berechnung einer →Prüfziffer. Eine Prüfziffer wird meist zur Validierung nummerischer Identifikationsattribute wie Personalnummer definiert. Bei der Eingabe der Identifikation kontrolliert die Anwendung, ob die nach einem entwicklerdefinierten Algorithmus berechnete Prüfziffer mit der Prüfziffer der korrekten Identifikation übereinstimmt.

```
Sub liesDatum()   '--- (Deklarationen implizit)
  Do
    Datum = InputBox("Datum:")
    If IsDate(Datum) or Datum = "" Then
      DatumGueltig = True
    Else
      DatumGueltig = False
      MsgBox "Benutzen Sie das Format MM/TT/JJ"
    End If
  Loop Until DatumGueltig
End Sub
```

Programm 1.3: Eine Gültigkeitsprüfung in Visual Basic

1.1.4 Formate von Daten

Computer arbeiten digital. Benutzerlesbare Eingabedaten müssen deshalb in Bitfolgen übersetzt werden, und Bitfolgen müssen für den menschlichen Leser wieder entschlüsselt werden. Bitfolgen lassen sich als nummerische -, alphanummerische -, Bild- oder Sprachdaten interpretieren:

1. Wer die Bitfolge 101'0000 **nummerisch** interpretiert, decodiert sie als Dezimalzahl 80 ($2^6.1 + 2^4.1 = 80$).
2. Wer die gleiche Bitfolge **alphanummerisch** interpretiert, entschlüsselt sie unter dem ASCII-Code als Buchstabe P. Der ASCII-Code (American Standard Code for Information Interchange) bildet Ziffern, Buchstaben sowie ausgewählte Sonder- und Steuerzeichen auf sieben- bzw. achtstellige Bitfolgen ab (Anhang B: ASCII-Code). Weil 128 bzw. 256 Bitkombinationen

nicht zur Darstellung mehrsprachiger Texte reichen, entstand anfangs der 90er-Jahre mit ▸Unicode ein Standard, der 16 Bit zur Darstellung eines Zeichens verwendet.

3. Wer eine Bitmatrix als zweidimensionales **Bildmuster** interpretiert, entziffert eine 1 als "Bildpunkt" und eine 0 als "kein Bildpunkt". Ein Personalinformationssystem kann zum Beispiel Passfotos als "Punktbilder" (engl. Bitmaps) speichern.
4. Wer schliesslich Bitfolgen als **Tondaten** interpretiert, liest sie als Frequenz- und Amplitudenwerte akustischer Signale.

Bild- und Tondaten werden oft in Feldern der Datentypen BLOB oder OLE gespeichert. **BLOBs** (Binary Large Objects) sind variabel lange Zeichenfolgen, die Texte, Bilder und Ton verschlüsseln. Beispiel 1.4 beschreibt eine Datenbankanwendung mit Sprachdaten. →**OLE** (Object Linking and Embedding) erlaubt die Bearbeitung eines Objekts, ohne deswegen die Anwendung zu verlassen (Abschnitt 3.3). Die Autorin einer Aufgabe kann zum Beispiel in →TESTS den Aufgabentext in MS Word erstellen, ohne die Datenbankanwendung zu verlassen.

> Eine Lokalzeitung stellt ihren Lesern einen Informationsbazar zur Verfügung. Der Leser wählt eine Telefonnummer und wird aufgefordert, ein Schlüsselwort zu einem Thema, zum Beispiel zur Wettervorhersage oder zur Börse, zu sprechen. Eine Datenbankanwendung sucht dann eine passende Datei mit Feldern des Datentyps BLOB. Die Applikation mischt schliesslich die gefundenen Sprachdaten mit Werbeeinspielungen und präsentiert sie dem Anrufer per Telefon.

Beispiel 1.4: Eine Anwendung mit Sprachdaten

Aufgabe 1.4 (ASCII-Code) *

a) Nennen Sie Besonderheiten nationaler Zeichensätze, die der amerikanische 7bit-ASCII-Code von Anhang B nicht berücksichtigt.
b) Der 7bit-ASCII-Zeichensatz kann nationalen Besonderheiten angepasst werden, indem selten gebrauchte Zeichen des ursprünglichen Zeichensatzes durch nationale Zeichen ersetzt werden. Welche Probleme entstehen so beim Vergleich von Zeichenketten, insbesondere beim Sortieren?

c) Entwerfen Sie einen einfachen Algorithmus zur Umwandlung von Grossbuchstaben in Kleinbuchstaben. Benutzen Sie dazu die ASCII-Tabelle von Anhang B.

1.2 Dateien

Jeder Wert des Datentyps **Datei** (file) trägt einen Namen und besteht aus beliebig vielen Datensätzen (engl. records). Der Name KONTO der Tabelle 1.5 bezeichnet zum Beispiel eine beliebig lange Folge von Kontensätzen. Ein Satz beschreibt einen Eintrag auf einem Bankkonto und besteht aus einer Folge von Attributwerten. Wenn alle Sätze gleich lang und gleich aufgebaut sind, dann lässt sich eine Datei als **Tabelle** interpretieren (Abschnitt 3.1). Die meisten Datenbanksysteme stellen Sätze in Tabellen dar. Im Gegensatz zum ›Array, einer Datenstruktur im Internspeicher, kann die Zahl der Elemente einer Datei beliebig anwachsen. Dateien werden deshalb auf externen Speichermedien grosser Kapazität, zum Beispiel Festplatte, CD oder Magnetband aufbewahrt.

KONTO

Satznummer	*Kontonummer*	*Saldo*
1	10 000	2 500.-
2	1 000	100 000.-
3	10 002	-5 000.-

Beispiele von Operationen

- Lies den Satz mit der Kontonummer 10 002
- Schreibe einen neuen Satz mit der Kontonummer 10 003
- Lösche den dritten Satz

Tabelle 1.5: Sätze und Operationen der Datei KONTO

Der nächste Abschnitt unterscheidet Dateien nach dem Format, dem Zugriff und dem Verwendungszweck.

1.2.1 Arten von Dateien

Wer in einem Textverarbeitungssystem wie MS Word Briefe schreibt, erstellt eine Textdatei. Wer hingeben in einem Datenbanksystem eine Kontentabelle bearbeitet, verwendet ein Datenformat, das andere Arten des Zugriffs als Textdateien unterstützt.

Textdateien und formatierte Dateien sind unterschiedlich aufgebaut:

1. **Text**dateien enthalten in unregelmässiger Folge alphanummerische - und Steuerzeichen. *Alphanummerische* Zeichen sind Buchstaben und Ziffern, die den eigentlichen Dateiinhalt darstellen. *Steuer*zeichen kontrollieren hingegen die Form der Ausgabe, insbesondere auf Drucker und Bildschirm. Eine Textdatei ist also sehr einfach aufgebaut, nämlich aus einer unstrukturierten Folge von Zeichen gleicher Länge.
2. Eine **formatierte** Datei besitzt eine komplexere Struktur. Jeder Satz besteht aus Attributen, die ihrerseits zusammengesetzt sein können. Die Einrückungsliste 1.6 zeigt einen Satz, der aus vier Attributen besteht, wobei sich das letzte wiederum aus fünf Teilattributen zusammensetzt. Weil sich die Position von gleichlangen Sätzen formatierter Dateien sehr einfach berechnen lässt, kann eine Information schneller gefunden werden als in Textdateien.

```
Spesenabrechnung                % Satzname
    Abrechnungsnummer           % Feldnamen
    Datum
    Spesenbezieher
    Spesen * (1-10)             % bis 9 Wiederholungen möglich
        Betragnummer
        Produktnummer
        Kostenstelle
        Spesenart
        Spesenbetrag
```

Einrückungsliste 1.6: Satzstruktur einer formatierten Datei

Nach der *Art des Zugriffs* unterscheidet man zwischen Eingabe- und Ausgabedateien:

1. Eine **Eingabedatei** (engl. read only file) darf nur gelesen, aber nicht geändert werden. Ein Fakturierungsprogramm wird zum Beispiel eine Rabatt- und Skontotabelle nur abfragen und deren Anpassung einem anderen Programmmodul überlassen.

2. Eine **Ausgabedatei** ist eine Datei, die als Ergebnis eines Verarbeitungsprozesses neu geschrieben wird. Ein Compiler erstellt zum Beispiel aus der Quelldatei (engl. source) eines Programmeditors eine maschinenlesbare Objektdatei, und der Binder (engl. linker) verknüpft die Objektdatei mit Bibliotheksroutinen zu einer weiteren Ausgabedatei, der ausführbaren Datei (engl. executable).
3. **Eingabe-/Ausgabedateien** können von der gleichen Anwendung sowohl gelesen und auch beschrieben werden. Eine Buchhaltungsanwendung kann zum Beispiel aus einer Debitorendatei die Saldi der Kunden lesen und bei Überschreiten der Kreditlimite die Kundeninformation mit dem Vermerk "Kredit ausgeschöpft" zurückschreiben.

Verwendungszweck

Schliesslich unterscheidet man nach dem Verwendungszweck die folgenden Dateien:

1. Eine **Stamm**datei (engl. master file) enthält Daten, die längere Zeit genutzt werden. Beispiele sind Kunden-, Lieferanten-, Personal- und Stücklistendateien.
2. Eine **Bewegungs**datei (engl. transaction file) enthält Daten zur Fortschreibung einer Stammdatei. Sie wird nur vorübergehend gebraucht. Beispiele von Bewegungsdaten sind Zu- oder Abgänge von Waren und Zahlungen.
3. Eine **Berichts**datei (engl. report file) enthält aufbereitete Daten, die auf Ausgabegeräte wie Bildschirm und Drucker geschrieben werden. Ein Bericht stellt oft das Ergebnis einer Abfrage benutzerfreundlich dar.
4. Eine **Arbeits**datei (Transferdatei) speichert ein Zwischenergebnis vorübergehend.
5. Eine **Programm**datei enthält Befehle zur Verarbeitung von Daten. Die Befehle können als Quellcode, Objektcode oder ausführbarer Code gespeichert sein.

Aufgabe 1.5 (Arten von Dateien)

Nennen Sie Beispiele von Dateien

a) mit grossen Datenmengen.
b) mit grosser Änderungshäufigkeit.
c) mit geringer Änderungshäufigkeit.

1.2.2 Operationen auf Dateien

Daten **verwalten** heisst Dateien deklarieren und errichten sowie Sätze suchen und fortschreiben:

- Eine Datei *deklarieren* oder beschreiben heisst ihre Struktur und Organisation definieren. Die **Dateiorganisation** grenzt die Speicher- und Zugriffsmöglichkeiten ein und ist Thema des nächsten Kapitels.
- Eine Datei lässt sich interaktiv oder stapelweise *errichten*. Beim interaktiven Vorgehen bestimmt der Mensch die Geschwindigkeit und Qualität der Eingabe. Sie ist für grosse Datenmengen oft unökonomisch. Massendaten werden deshalb oft auf Urbelegen - zum Beispiel Markierungsbogen - gesammelt, automatisch gelesen und geprüft und erst dann in eine Datenbank geschrieben. Weil die endgültige Eingabe in einem Arbeitsgang (als Stapel) erfolgt, heisst das Vorgehen **stapelverarbeitend** (engl. batch processing).
- Die *Suche* nach Sätzen, die Abfragekriterien genügen, gehört zu den wichtigsten Aufgaben eines Datenbanksystems. Die folgende Abfrage öffnet zum Beispiel die Datei `KONTO` und zeigt alle Sätze mit einem positiven Saldo auf dem Bildschirm an:

```
use KONTO
display all for Saldo > 0
```

- Die *Fortschreibung* (engl. update) löscht Sätze und fügt neue ein. Der Abschnitt 2.2.5 veranschaulicht die Fortschreibung am klassischen Programmierproblem der sequentiellen Fortschreibung.

Zusammenfassung

- Ein *Objektbereich* - zum Beispiel ein bestimmtes Unternehmen - besteht aus Objekten, die sich mit Attributen beschreiben lassen. Den abstrakten Begriffen Objektbereich, Objektmenge, Objekt und Attribut entsprechen die implementationsnahen Begriffe Datenbank, Datei, Satz und Feld.
- Ein Attribut hat einen bestimmten Wertebereich. Ein Wertebereich, dessen Zugriffsoperationen definiert sind, heisst Datentyp. Deklarationen von Datentypen machen Programme leserlicher und effizienter. Zu den Faktoren, welche die Wahl des Datentyps beeinflussen, gehören die Speichereffizienz, die Funktionalität und Effizienz seiner Zugriffsoperationen und seine Eignung als Sortierkriterium.
- Einfache Attribute sind aufzählend, prädikativ oder ausschnittsbezogen. Komplexe Attribute sind entweder homogen oder heterogen zusammengesetzt.
- Die *Gültigkeit* eines Attributs lässt sich auf verschiedene Arten validieren. Zum Beispiel kann das System prüfen, ob ...
  - eine Eingabe obligatorisch ist
  - ein Duplikat existiert
  - ein Wert den Vorschriften der Eingabemaske entspricht oder
  - ein Wert eine Gültigkeitsregel oder -prozedur erfüllt.
- Eine *formatierte* Datei setzt sich aus gleich aufgebauten Sätzen und Attributen zusammen. Sie ermöglicht deshalb eine schnellere Suche nach einen Attributswert als unstrukturierte Dateien.
- Administrative Anwendungen unterscheiden oft zwischen *Stamm-*, *Bewegungs-*, *Berichts-* und *Arbeits*dateien.

Wiederholungsfragen

1. Welche Aussage über die Vereinbarung von Datentypen trifft *nicht* zu?

a) Ein Datentyp ist ein Wertebereich, auf dem bestimmte Operationen definiert sind.
b) Je mehr Datentypen eine Programmiersprache zur Verfügung stellt, desto leichter ist es für sie, speichereffizienten Code zu erzeugen.
c) Die Vereinbarung von Datentypen führt zu schnelleren Programmen, weil erst zur Laufzeit geprüft werden muss, ob eine Operation auf einen bestimmten Datentyp anwendbar ist.
d) Datentypen erleichtern die Gültigkeitskontrolle.

2. Ordnen Sie den Gruppen 1 bis 3 die Datentypen A bis E von Visual Basic zu.

1 einfacher Datentyp
2 homogen zusammengesetzter Datentyp
3 heterogen zusammengesetzter Datentyp

A Integer
B String
C Datenfeld
D Type
E Boolean

3. Ordnen Sie den Dateiarten 1 und 2 die Eigenschaften A bis E zu.

1 unformatierte Datei
2 formatierte Datei

A unstrukturierter Text
B Felder
C Steuerzeichen
D feste Satzlänge
E schneller Direktzugriff

4. Der ASCII-Code standardisiert die ...

a) Kommunikation zwischen Netzwerken.
b) Steuerung peripherer Geräte.
c) Übersetzung dezimaler Zeichen in binäre Zeichen.
d) binäre Darstellung von alphanummerischen und von Steuerzeichen.

5. Ordnen Sie nach aufsteigender Grösse.

a) Byte, Zeichen, Satz, Datei, Datenbank
b) Zeichen, Feld, Satz, Datei, Datenbank
c) Feld, Byte, Datei, Satz, Datenbank
d) Byte, Feld, Zeichen, Datei, Datenbank

6. Ordnen Sie die Begriffe 1 bis 4 den englischen Ausdrücken A bis D den zu.

1 Arbeitsdatei
2 Stammdatei
3 Berichtsdatei
4 Bewegungsdatei

A master file
B report file
C temporary file
D transaction file

2 Dateiorganisation

Neue Begriffe

- Speicher
  - Kapazität und Zugriffszeit
    - externer Speicher
    - interner Speicher
  - Zugriff
    - sequentieller -
    - direkter -

- Puffer
  - Dateipuffer
  - Satzpuffer

- Modelle der Dateiorganisation
  - sequentielle -
  - relative -
    - Adressberechnung durch eine Hashfunktion
      - Divisionsrestverfahren
      - Kollision und Überlauforganisation
  - indizierte -
    - Schlüssel
      - Identifikationsschlüssel (Primärschlüssel)
      - Zugriffsschlüssel (Sekundärschlüssel)
        - verkettete Dateiorganisation

- Dateizugriff
  - sequentieller -
  - direkter -

- sequentiell organisierte Dateien unter Pascal
  - Datenstrukturen
    - `file, record`
  - Operationen
    - `assign`
    - `reset / rewrite`
    - `read / write`
    - `eof`
    - `close`

Die Ausführungen des ersten Kapitels über den logischen Aufbau und die physische Speicherdarstellung von Daten und Datentypen sind eine Grundlage des Entwurfs und der Verwaltung von Daten. Das nächste Kapitel führt in die physische Organisation von Dateien ein. Die Qualität des Zugriffs auf eine Datei hängt vom Speichermedium ab. Der erste Abschnitt weist deshalb auf die Grenzen einiger Medien hin. Dann diskutieren wir drei Modelle der Dateiorganisation. Konkrete Dateien sind oft Erweiterungen oder Mischformen der sequentiellen, relativen und indizierten Organisationstypen. Algorithmen und Datenstrukturen veranschaulichen das Arbeiten mit sequentiell organisierten Dateien. Den Abschluss bilden einige Kriterien zur Wahl der geeigneten Dateiorganisation.

2.1 Datenspeicher

Dateien können vorübergehend im *Internspeicher* aufbewahrt werden. Dieser erlaubt einen schnellen Zugriff auf die gespeicherten Daten, ist aber für grössere Dateien zu klein. Ausserdem gehen die gespeicherten Daten nach einem Stromausfall verloren. Dateien liegen deshalb meist auf einem *Externspeicher.* Erst zur Verarbeitungszeit werden sie blockweise in Bereiche des Internspeichers, sogenannte **Dateipuffer**, gelesen.

Ein Speichergerät heisst **direkt** adressierbar, wenn der Programmierer über ein Identifikationsmerkmal unmittelbar auf eine Speicheradresse zugriffen kann. Der Befehl "Lies den dritten Satz der Datei XY" enthält eine *Identifikation* aus dem Dateinamen XY und der Satzposition 3. Die Startadresse der Datei XY steht im Verzeichnis (engl. directory) des Datenträgers. Aus dieser Adresse und der Satzlänge lässt sich nun leicht berechnen, wo der dritte Satz beginnt.

Auf einem direkt adressierbaren Speichergerät, zum Beispiel auf dem Internspeicher oder auf einer Festplatte, beeinflusst die Satzposition (zum Beispiel Satz 3 oder Satz 30'000 ...) die Zugriffsgeschwindigkeit kaum. Auf **sequentiell** adressierbaren Speichergeräten hängt die Zugriffszeit hingegen vom Ort des Satzes auf dem Speichermedium ab. Je weiter der Satz vom Beginn der Suche enfernt ist, desto länger wird die Zugriffszeit. Der gesuchte Satz lässt sich nämlich nur erreichen, wenn das Suchattribut aller vorangehenden Sätze gelesen und mit dem Kriterum verglichen wird. Der Zugriff auf den dritten Satz ist nur möglich, wenn zuvor die Sätze 1 und 2 gelesen worden sind (Bild 2.1).

Direkt adressierbare Speicher erlauben den direkten Zugriff auf das Identifikationsattribut. Sie ermöglichen aber auch den sequentiellen Zugriff auf *alle* At-

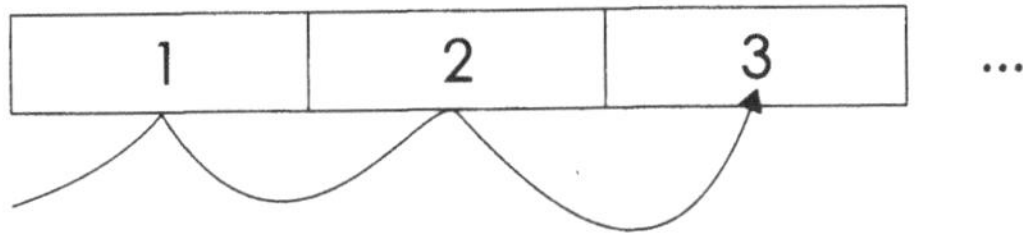

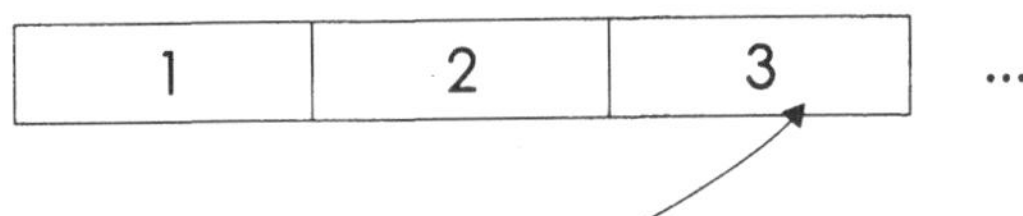

Bild 2.1: Sequentielles und direktes Suchen

tribute - und zwar auch dann, wenn keine Identifikationsmerkmale vorliegen, aus denen sich ihre Speicheradressen berechnen lassen. **Sequentielle** Speicher gestatten hingegen nur den sequentiellen Zugriff. Vergleich 2.2 nennt für beide Speichermedien Beispiele.

Direkt adressierbare Speicher	*Sequentiell* adressierbare Speicher
Internspeicher	Magnetband und -kassette
Magnetplatte	Lochstreifen
Diskette	Lochkarte

Vergleich 2.2: Direkt und sequentiell adressierbare Speichermedien

Im Gegensatz zum sequentiellen Zugriff müssen beim Direktzugriff die Speicherzellen nicht in einer bestimmten Reihenfolge gelesen werden. Der Direktzugriff heisst deshalb auch **wahlfreier** Zugriff (engl. random access).

Der Unterschied zwischen direktem und sequentiellem Zugriff lässt sich einfach an einer Kartei veranschaulichen: Wer in einem unsortierten Karteikasten sucht, wird sequentiell eine Karte nach der anderen durchgehen. Sind die Karten hingegen nach Kategorien geordnet und enhält die erste Karte jeder Kategorie einen Reiter, so kann direkt auf die Kategorie zugegriffen werden.

Die Unterscheidung direkt und sequentiell adressierbarer Speichergeräte (*Medien)* beeinflusst die Wahl der Dateiorganisation. Die Abschnitte 2.2 bis 2.4 stellen deshalb sequentiell, relativ und indiziert organisierte *Dateien* vor. Abschnitt 2.5 nennt Kriterien, welche die Wahl der einen oder anderen Organisation bestimmen.

2.2 Modell der sequentiellen Dateiorganisation

Wie auch immer eine Datei organisiert ist, sie durchläuft wiederholt die vier Phasen der Übersicht 2.3. Die dritte Tabellenspalte nennt zu jeder Phase die Anweisungen der Pascal-Programme[1] dieses Kapitels.

Phase	*Hauptzweck*	*Anweisungen in Pascal*
1 Beschreiben	Datei und Satzpuffer deklarieren	`type, record, var, file, assign`
2 Öffnen	Speicherplatz reservieren	`rewrite, reset`
3 Zugreifen	Sätze lesen oder schreiben	`read, write, eof`
4 Schliessen	Speicherplatz freigeben und Dateiverzeichnis nachführen	`close`

Übersicht 2.3: Lebenszyklus einer Datei in einem Programm

Eine Datei heisst **sequentiell** organisiert, wenn sich ihre Sätze ohne Unterbruch folgen und nur zwei Zugriffsoperationen erlauben:

a) Lesen des nächsten Satzes
b) Schreiben des nächsten Satzes.

Lese- und Schreiboperationen beginnen am Anfang der Datei. Rückwärtslesen und -schreiben sind nicht zugelassen. Der Zugriff auf einen bestimmten Satz ist also nur möglich, nachdem die Vorgängersätze bereits mit dem Suchkriterium verglichen wurden. Ein sequentielles Speichergerät erlaubt nur sequentiell organisierte Dateien, während direkt adressierbare Geräte neben der sequentiellen auch andere Organisationsformen gestatten.

---

1 Die wenigen und einfachen Dateioperationen von Pascal machen es einfacher, die Grundsätze der Dateiverwaltung mit Beispielprogrammen zu veranschaulichen als der grosse Funktionsumfang von Datenbanksprachen

2.2.1 Beschreiben

Der **Dateipuffer** dient der Zwischenspeicherung von *Datenblöcken* im Internspeicher (Abschnitt 2.1). Ohne Puffer müsste eine Anwendung direkt auf den langsameren Externspeicher zugreifen (Bild 2.4).

Der **Satzpuffer** entnimmt dem Dateipuffer den laufenden *Satz* (engl. record). Pascal-Programme vereinbaren seinen Aufbau wie folgt:

```
type
  Kontentyp = record
    Nummer: integer;
    Saldo: real end;

var
  Kontensatz: Kontentyp;
```

`type Kontentyp` strukturiert den Satzpuffer, und die Variable `Kontensatz` reserviert Speicherplatz. `Kontensatz` und alle übrigen mit `Kontentyp` vereinbarten Satzvariablen bestehen aus den Feldern `Nummer` und `Saldo`. Eine sequentielle Datei muss allerdings nicht aus gleich strukturierten und

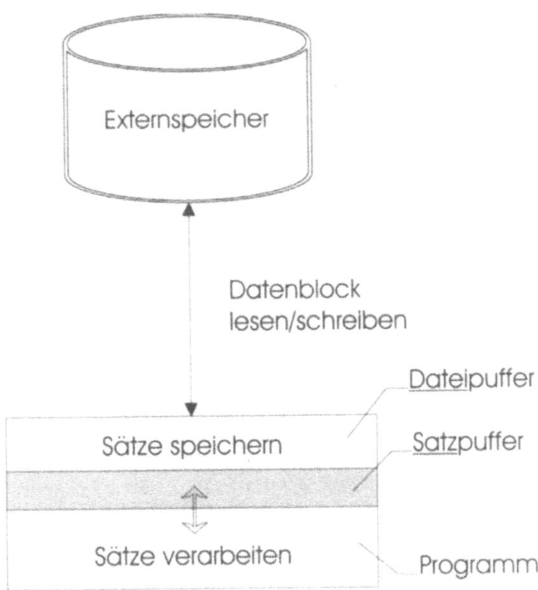

Bild 2.4: Dateipuffer und Satzpuffer

gleich langen Sätzen bestehen. Sie spielt gerade bei Sätzen ungleicher Länge ihre Vorteile aus. Direkt und indiziert organisierte Dateien setzen nämlich meist gleich lange Sätze voraus. Gleichbleibende Satzlängen erleichtern die für den Direktzugriff vorteilhafte Berechnung von Satzadressen. Im folgenden verwenden wir der Einfachheit halber trotzdem feste Satzlängen.

Die Feldnamen des Satzpuffers können wie gewöhnliche Variablennamen in Anweisungen und Ausdrücken erscheinen. Da Felder verschiedener Satzvariablen gleich heissen können, muss immer klar sein, auf welche Satzvariable - das heisst auf welchen Satzpuffer - sich die Felder beziehen. Diese Eindeutigkeit garantiert ein Präfix, das die Satzvariable mit dem Namen des Satzpuffers qualifiziert. In unserem Beispiel ist dies `Kontensatz`, und die qualifizierten Feldnamen lauten `Kontensatz.Nummer` und `Kontensatz.Saldo`.

2.2.2 Öffnen und Schliessen

Dateien müssen vor der Verarbeitung geöffnet und nach der Verarbeitung geschlossen werden. Der **Öffnungsbefehl** teilt dem Betriebssystem unter anderem mit, wie eine Datei organisiert ist (zum Beispiel sequentiell, relativ oder indiziert) und ob sie zur Eingabe, zur Ausgabe oder für beides geöffnet werden soll. Der **Schliessbefehl** gibt an, dass der interne Speicherplatz einer Datei für andere Objekte freigegeben werden kann.

Pascal wurde nicht in erster Linie für die Dateiverarbeitung entworfen. Standard Pascal kennt deshalb wenig Dateibefehle. Die folgenden Ausführungen beschränken sich auf die grundlegenden Pascal-Operationen in sequentiellen Dateien:

- `reset` öffnet eine existierende Datei als Eingabedatei.
- `rewrite` erzeugt eine neue Datei als Ausgabedatei.
- `close` schliesst eine Datei.

Das Begriffspaar "Öffnen" und "Schliessen" wird nicht nur für Dateien verwendet. In Access lassen sich zum Beispiel alle ›Datenbankobjekte (Tabellen, Abfragen, Berichte, Formulare und Programmodule) öffnen und schliessen.

2.2.3 Erstellen

Um eine sequentielle Datei zu erstellen, füllt das Programm 2.5 bei jedem Schleifendurchgang den Satzpuffer und schreibt den Satz in eine sequentielle

```
program errichteSequentielleDatei;
{ Zweck: Errichten einer sequentiell organisierten Datei
Eingabe: Dateispezifikation, Kontonummer, Saldo per Tastatur
Ausgabe: Datei auf dem Datenträger der Dateispezifikation }

type
  Kontentyp = record
    Nummer: integer;
    Saldo:  real end;

var
  Kontensatz: Kontentyp;
  externerDateiname: string;
  Kontendatei: file of Kontentyp;                              1)

begin

  {Initialisieren}

  write('Dateispezifikation: '); readln(externerDateiname);
  assign(Kontendatei, externerDateiname);                      2)
  rewrite(Kontendatei);                                        3)
  write('Kontonummer (0 bricht ab): ');
  read(Kontensatz.Nummer);

  {Verarbeiten}

  while Kontensatz.Nummer <> 0 do begin                        4)
    write('Saldo: '); read(Kontensatz.Saldo);
    write(Kontendatei, Kontensatz);                            5)
    write('Kontonummer (0 bricht ab): ');
    read(Kontensatz.Nummer)
  end;

  {Abschliessen}

  close(Kontendatei)                                           6)
end.
```

Programm 2.5: Errichten einer sequentiell organisierten Datei in ›Borland Pascal

Datei. Die Eingabeanweisung `read` und die Zuweisung := füllen den Satzpuffer. Die Anweisung `write` fügt den Pufferinhalt an das jeweilige Dateiende (Ziffern am rechten Rand beziehen sich auf die nachfolgenden Erläuterungen).

Erläuterungen zum Programm 2.5

1) `Kontendatei` ist der programminterne Name der Ausgabedatei.
2) `assign` verbindet den programminternen Namen `Kontendatei` mit der externen Dateispezifikation `externerDateiname`. Diese hängt von den Namenskonventionen des jeweiligen Betriebssystem ab und muss die Position der auszugebenden Datei auf einen externen Datenträger eindeutig spezifizieren.
3) `rewrite` erzeugt eine leere Datei mit dem in `assign` zugewiesenen externen Dateinamen.
4) Um das Programm möglichst einfach zu halten, lassen wir den Benutzer die Eingabe der Datensätze mit 0 abbrechen.
5) `write(Kontendatei, Kontensatz)` schreibt den Inhalt des Satzpuffers `Kontensatz` an das jeweilige Ende der Datei `Kontendatei`.
6) `close(Kontendatei)` weist das Betriebssystem an, die Ressourcen für die `Kontendatei` frei zu geben.

Aufgabe 2.1 (Erstellen einer sequentiell organisierten Datei) *

a) Schreiben Sie ein Programm, das eine Datei erstellt, die Ausgangspunkt für die Aufgabe 2.2 ist. Sie enthält Sätze aus einer Kontonummer und einem Buchungsbetrag.
b) Testen Sie das Programm, indem Sie eine Anzahl Sätze eingeben. Damit sich die Testsätze auch für die Aufgabe 2.3 eignen, sollten sie nach Kontonummern sortiert sein. Ausserdem sollen einige Kontonummern mehrmals auftreten.

2.2.4 Lesen

Die Anweisung `read(Kontendatei, Kontensatz)` liest einen Satz der Datei `Kontendatei` in den mit `Kontensatz` definierten Puffer. Das Programm 2.2 a) der folgenden Aufgabe liest zum Beispiel Satz für Satz der Kontendatei und gibt sie auf dem Bildschirm aus.

Aufgabe 2.2 (Anzeige einer sequentiell organisierten Datei) *

a) Das folgende Programm gibt die Testdatei von Aufgabe 2.1 b) auf den Bildschirm aus. Achten Sie auf die Unterschiede zu den bisherigen Dateiverwaltungsprogrammen.

```
program  zeigeKontendatei; {
Zweck:   Ausgabe einer sequentiell organisierten Datei
Eingabe: Dateispezifik., Kontonr, Betrag auf Tastatur
Ausgabe: Kontendatei auf dem Bildschirm

Der Benutzer kann die die fortlaufende Ausgabe unterbre-
chen. In write(<Ganzzahl>: <Breite>) ist <Breite> die ma-
ximale Ausgabebreite. Ist <Ganzzahl> kleiner als <Brei-
te>, so werden Leerzeichen vorangestellt. <Dezimalstel-
len> in write(<Dezimalzahl>: <Breite>: <Dezimalstellen>)
nennt die Zahl der Dezimalstellen }

type
  Kontentyp = record
    Nummer: integer;
    Betrag: real end;

var
  Kontensatz: Kontentyp;
  externerDateiname: string;
  Kontendatei: file of Kontentyp;

begin

  {Initialisieren}

  write('Dateispezifikation:');
  readln(externerDateiname);
  assign(Kontendatei, externerDateiname);
  reset(Kontendatei);                                   1)

  {Verarbeiten}

  while not (eof(Kontendatei)) do begin                 2)
    read(Kontendatei, Kontensatz);                      3)
    writeln('Kontonummer: ', Kontensatz.Nummer:4);
```

```
    writeln('Betrag: ', Kontensatz.Betrag:11:2)
  end;

  {Abschliessen}

  close(Kontendatei)
end.
```

Erläuterungen

1) `reset(<internerDateiname>)` öffnet eine bereits bestehende Datei. Der interne Dateiname wird durch `assign` einer externen Dateispezifikation zugeordnet.
2) `eof(<internerDateiname>)` ist die Abkürzung für end of file und ergibt `true`, wenn das Ende der Datei erreicht ist. Jede Leseoperation *nach* dem Dateiende führt zu einem Laufzeitfehler.
3) read(<internerDateiname>, <Satzvariable>) liest den laufenden Satz aus der Datei mit dem internern Dateinamen `internerDateiname` und weist ihn <Satzvariable> zu.

b) Die Ausgabe von Programm a) kann der Benutzer in Abhängigkeit vom Betriebssystem bzw. der Programmierumgebung unterbrechen. Entwickeln Sie eine Variante des Programms `zeigeKontendatei`, das die Testdatei von Aufgabe 2.1 b) auf dem Bildschirm ausgibt. Das Programm soll aber zuerst den Bildschirm füllen und dann `<Enter> führt weiter` ausgeben. Drückt der Benutzer die Enter-Taste, so wird die jeweils nächste Bildschirmseite gefüllt.

c) Erweitern Sie das Programm von Teilaufgabe b) so, dass nach dem Ende einer Kontengruppe (am Ende einer Gruppe von Buchungen mit der gleichen Kontonummer) die Summe aller Beträge der Gruppe ausgedruckt wird und am Ende der Kontendatei die Summe der Gruppenbeträge auf dem Bildschirm erscheint. Nehmen Sie an, dass die Datei `KONTO` nach Kontengruppen sortiert ist.

   Solche Programme werden als **Gruppenbruch**-Programme bezeichnet, weil sie den Ausgabefluss an der richtigen Stelle unterbrechen, um die Merkmale der Gruppenmitglieder zusammenzufassen. Das Gruppieren von Datensätzen spielt bei der Ausgabe von Berichten eine wichtige Rolle. Die meisten Datenbanksysteme verfügen über Berichtgeneratoren, welche auch dem Endbenutzer die Erstellung von Berichten ermöglichen (Kapitel 5: Datenbankverwaltung).

Aufgabe 2.3 (Erstellen und Ändern einer sequentiell organisierten Datei) *

Der Studiensekretär einer Hochschule möchte von jeder Vorlesung die Nummer, den Namen und die Stundenzahl in einer Datei `VORLESUNG` ablegen:

a) Entwickeln Sie ein Programm, das eine sequentiell organisierte Datei `VORLESUNG` interaktiv erstellt.

b) Entwickeln Sie ein zweites Programm, das vom Benutzer eine Vorlesungsnummer verlangt und dann die Inhalte der Felder Vorlesungsname und Stundenzahl ausgibt. Nach der Ausgabe kann der Benutzer das Programm abbrechen oder sich nach Eingabe der Vorlesungsnummer den nächsten Satz ausgeben lassen.
Hinweis: `reset(<interner Dateiname>)` setzt in Pascal den Satzzeiger an den Anfang der Datei zurück.

c) Die Praxis vermeidet in interaktiven Programmen sequentiell organisierte Dateien. Nennen Sie am Beispiel von Programm b) den Grund.

2.2.5 Fortschreiben

Das Fortschreiben einer sequentiellen Datei ist ein klassisches Problem der administrativen Dateiverarbeitung. Auch wenn es für die meisten Entwickler an praktischer Bedeutung eingebüsst hat, so vertieft es doch das Verständnis der sequentiellen Dateiorganisation und ist algorithmisch interessant.

Sätze sequentiell organisierter Dateien lassen sich nicht an Ort ändern und gleich wieder einfügen. Eine Datei muss so fortgeschrieben werden, dass gleichbleibende Sätze kopiert, zu ändernde Sätze modifiziert und neue Sätze an der passenden Stelle neu angefügt werden. An der Fortschreibung sind drei Dateien beteiligt: die alte Stammdatei, die Bewegungsdatei mit den Änderungen und das Ergebnis, die neue Stammdatei (Bild 2.6).

Der folgende Abschnitt a) spezifiziert die Aufgabe, b) entwirft den Algorithmus, und c) implementiert die Spezifikation in Pascal.

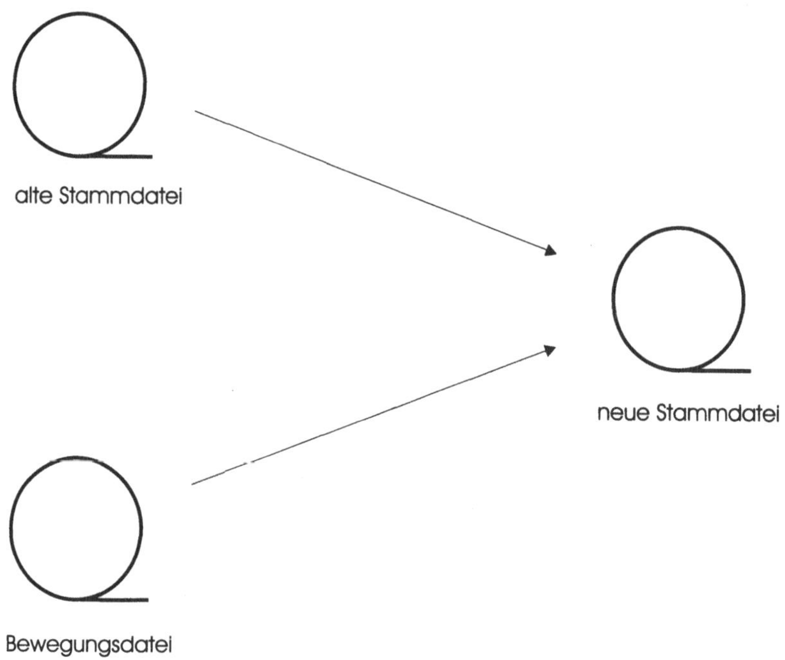

Bild 2.6: Fortschreibung einer sequentiellen Datei

a) Spezifikation

Anfangszustand

1. Die Stammdatei
   - ist sequentiell organisiert
   - enthält einen oder mehrere Sätze mit `Kontonummer` und `Saldo`
   - ist nach Kontonummern aufsteigend sortiert
   - enthält keine Sätze mit gleichen Kontonummern.
2. Die Bewegungsdatei
   - ist sequentiell organisiert
   - enthält einen oder mehrere Sätze mit `Kontonummer` und `Bewegung`
   - ist nach Kontonummern aufsteigend sortiert
   - kann mehrere Sätze mit gleicher Kontonummer enthalten.

32'767 ist die grösste Zahl des Datentyps `integer`, wir definieren deshalb den Satz mit der Kontonummer 32'767 als letzten Satz[1]. Eine andere Wahl für die letzte Kontonummer, zum Beispiel 0 oder eine negative Zahl, ist nicht möglich, da Stamm- und Bewegungsdatei beide nach der Kontonummer sortiert sein müssen. Der letzte Satz muss auch nach einer Sortierung immer noch an letzter Stelle sein.

Der Ausgangszustand beschreibt den Aufbau der Stammdatei und der Bewegungsdatei. Der Zielzustand definiert die um die Bewegungssätze fortgeschriebene Stammdatei. Die Spezifikation aus Ausgangs- und Zielzustand fliesst in den entwurfssprachlichen Algorithmus von Schritt b) ein.

Zielzustand

1. Eine neue Stammdatei enthält für jede in der alten Stammdatei und in der Bewegungsdatei vorkommende Kontonummer einen Satz. Der neue Saldo ist entweder
   - der unveränderte alte Saldo (wenn kein Bewegungssatz existiert) oder
   - die Summe aus altem Saldo und Bewegung (wenn ein alter Satz existiert) oder
   - die Bewegung (wenn kein alter Satz existiert).
2. Die neue Stammdatei ist nach Kontonummern aufsteigend sortiert.

Beispiel

ALTE STAMMDATEI

Kontonummer	*Saldo*
10 000	2 500.-
10 001	100 000.-
10 002	-5 000.-
10 011	1 000.-
10 235	500.-
10 890	3 000.-
32 767	0.-

---

1 Wir verwenden einen expliziten letzten Satz, weil die `eof`-Funktion von Pascal das Verständnis der Fortschreibungslogik erschwert.

BEWEGUNGSDATEI

Kontonummer	*Bewegung*	*Bemerkungen*
10 001	1 000.-	
10 005	10 000.-	neues Konto
10 235	-1 000.-	
32 767	0.-	letzter Satz

Setzen Sie die fehlenden Sätze ein:

NEUE STAMMDATEI

Kontonummer	*Saldo*
....	....
....	....
....	....
....	....
....	....
....	....
....	....
....	....

b) Entwurf

Der folgende (detaillierte) Pseudocode löst die Aufgabenstellung entwurfssprachlich und bereitet das Programm von Abschnitt c) vor:

`Entwurf` *sequentiellFortschreiben*

Daten

```
Kontensatz
  Nummer: integer
  Betrag: real

alte Stammdatei: Datei aus Kontensätzen
Bewegungsdatei:  Datei aus Kontensätzen
neue Stammdatei: Datei aus Kontensätzen
```

```
Initialisieren
öffne Dateien
lies ersten Stammsatz
lies ersten Bewegungssatz

Verarbeiten
Solange Nummer alter Stammsatz < letzte Nummer
  oder Bewegungsnummer < letzte Nummer
  Falls Nummer alter Stammsatz <= Bewegungsnummer dann
    {alten Stammsatz kopieren}
    neuer Stammsatz := alter Stammsatz
    lies nächsten Stammsatz
  sonst
    {neuen Stammsatz einfügen}
    neuer Stammsatz := Bewegungssatz
    lies nächsten Bewegungssatz

  Solange Nummer neuer Stammsatz = Bewegungsnummer
  {Stammsatz ändern durch Aggregation Bewegungssätze}
    Betrag neuer Stammsatz :=
      Betrag neuer Stammsatz + Betrag Bewegungssatz
    lies nächsten Bewegungssatz

  schreibe neuen Stammsatz

Abschliessen
schreibe letzten Satz der neuen Stammdatei
schliesse Dateien
```

c) Implementation in Pascal

```
program  sequentiellFortschreiben; {
Zweck:   sequentiell organisierte Datei fortschreiben
Eingabe: alte Stammdatei, Bewegungsdatei
Ausgabe: neue Stammdatei }
```

```
{Daten}
const
  {grösste 16bit-Ganzzahl mit Vorzeichen}                    1)
  letzteNummer = 32767;

type
  Kontentyp = record
    Nummer: integer;
    Betrag: real end;

var
  alteStammdatei: file of Kontentyp;
  Bewegungsdatei: file of Kontentyp;
  neueStammdatei: file of Kontentyp;
  alterSatz:      Kontentyp;
  Bewegungssatz:  Kontentyp;
  neuerSatz:      Kontentyp;


begin

{Initialisieren}
assign(alteStammdatei, 'StammAlt');
assign(Bewegungsdatei, 'Bewegung');
assign(neueStammdatei, 'StammNeu');

Reset(alteStammdatei);                                         2)
reset(Bewegungsdatei);
rewrite(neueStammdatei);

read(alteStammdatei, alterSatz);                               3)
read(Bewegungsdatei, Bewegungssatz);
```

```
{Verarbeiten}
while (alterSatz.Nummer < letzteNummer)
   or (Bewegungssatz.Nummer < letzteNummer) do begin
  if alterSatz.Nummer<=Bewegungssatz.Nummer then begin
   {kopieren}
    neuerSatz := alterSatz;
    read(alteStammdatei, alterSatz) end
  else begin
    {hinzufügen}
    neuerSatz := Bewegungssatz;
    read(Bewegungsdatei, Bewegungssatz)
  end;
  while (neuerSatz.Nummer=Bewegungssatz.Nummer) do begin
    {aggregieren}
    neuerSatz.Betrag :=
      neuerSatz.Betrag + Bewegungssatz.Betrag;
    read(Bewegungsdatei, Bewegungssatz)
  end;
  write(neueStammdatei, neuerSatz)
end;

{Abschliessen}
{-- letzter Satz der neuen Stammdatei}
neuerSatz.Nummer := letzteNummer;
neuerSatz.Betrag := 0;
write(neueStammdatei, neuerSatz);

close(neueStammdatei);
close(Bewegungsdatei);
close(alteStammdatei)

end.
```

Erläuterungen

1) Der letzte Satz trägt als Nummer die grösste mit 16bit darstellbare positive Zahl, nämlich `32'767`. Die `const`-Deklaration vereinbart sie als symbolische Konstante mit dem Namen `letzteNummer`.

2) `reset(<internerDateiname>)` öffnet eine bereits bestehende Datei. <internerDateiname> wird durch den Befehl `assign` einer externen Dateispezifikation zugeordnet.

3) `read(<internerDateiname>, <Satzvariable>)` liest einen Satz aus der Datei <internerDateiname> und weist ihn der Variablen <Satzvariable> zu.

2.3 Modell der relativen Dateiorganisation

Greift ein Programm sequentiell auf eine Datei zu, so beginnt es am Dateianfang und liest nacheinander alle Sätze, bis es den gesuchten findet. Die sequentielle Organisation eignet sich vor allem dann, wenn der Zugriff stapelweise statt interaktiv erfolgt und das Speichergerät nur sequentiell adressierbar oder knapp bemessen ist. Für interaktive Zugriffe eignen sich hingegen relativ und indiziert organisierte Dateien besser.

Das Modell einer **relativ organisierten Datei** geht von einzeln adressierbaren Speicherzellen fester Länge aus. Im folgenden Beispiel enthalten drei Speicherzellen Sätze, die restlichen sind leer:

Zell*nummer*	1	2	3	4	5
Zell*inhalt*	Satz A	*leer*	*leer*	Satz B	Satz C

Enthält eine Datei Sätze unterschiedlicher Länge, so bestimmt der längste Satztyp die Zellgrösse. Alle Zellen werden vom Betriebssystem durchnummeriert. Die Zellnummern heissen **relative Satzadressen**, weil das Programm nicht auf eine absolute Speicheradresse - zum Beispiel eine Plattenadresse - sondern auf die Satznummer (die relative Position eines Satzes) zugreift. Aus der relativen Satzposition und der Anfangsadresse der Datei lässt sich leicht die absolute Adresse einer Zelle berechnen. Hier wird klar, weshalb formatierte Dateien - anders als Textdateien - von vorgegebenen Satzstrukturen mit berechenbaren Satzlängen ausgehen. In einer unstrukturierten Textdatei ist es nämlich nicht möglich, direkt auf eine relative Position des Texts zu springen.

Eine relativ organisierte Datei lässt sich mit einem →Datenfeld (›array) vergleichen. Ein Datenfeld des Internspeichers besteht aus gleich grossen Zellen des gleichen Datentyps. Auf eine Zelle kann der Programmierer direkt zugreifen. Um die Adressberechnung braucht er sich - wie in relativ organisierten Dateien - nicht selbst zu kümmern.

Ein Datensatz beschreibt ausgewählte Eigenschaften eines Objekts. Im einfachsten Fall ist schon die Satz- oder Zellnummer selbst eine interessierende Eigenschaft. Ist zum Beispiel KONTO eine relative Datei, so gehört zu jedem Kontensatz genau eine Kontonummer. Laufen diese Nummern von 1 bis n, so kann das Programm direkt auf das Konto mit der Nummer i zugreifen. Die zeitaufwändige sequentielle Suche fällt weg.

Im allgemeinen ist die Beziehung zwischen einem Attribut und der Satznummer aber weniger einfach. Ist in einer Personaldatei zum Beispiel die Rentenversicherungsnummer Satzidentifikation, so entstehen viele leere Zellen, wenn sie mit der Zellnummer gleichgesetzt wird. Die Zahl der Angestellten ist vielleicht dreistellig, die Versicherungsnummer aber sechsstellig. Statt eines passenderen Identifikationsschlüssels wählt man deshalb oft eine **Adressberechnungsfunktion** (engl. hash function), welche die breit gestreuten Schlüsselwerte auf den schmalen Bereich der Zelladressen abbildet. Bild 2.7 verdeutlicht die Ausgangslage: Die Identifikation eines Satzes - im ersten Bildabschnitt eine Versicherungsnummer, im zweiten ein Name - stimmt nicht mit der Zelladresse überein. Wir versuchen deshalb, zwischen der Identifikation und der Zelladresse eine Beziehung zu finden, welche die Berechnung der Adresse aus der Identifikation erlaubt. Es ist offensichtlich, dass sich eine solche Beziehung für die Versicherungsnummer einfacher finden lässt als für den Namen.

1. Versicherungsnummer suchen

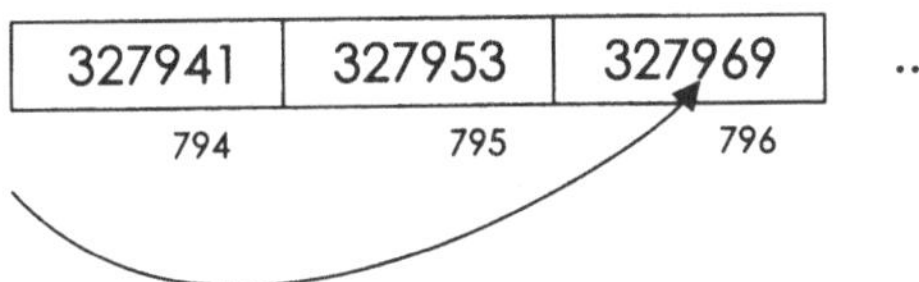

2. Name suchen

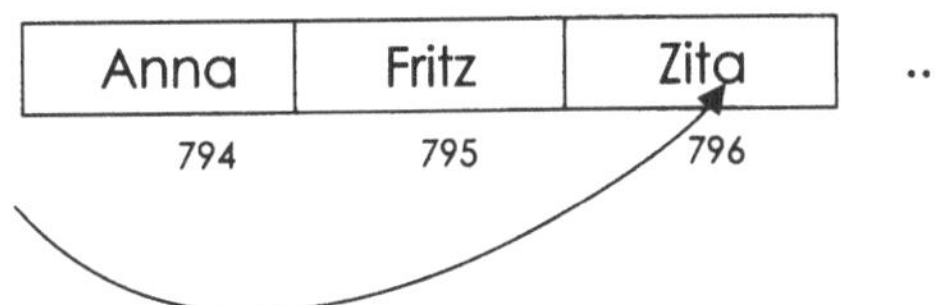

Bild 2.7: Hashzugriff für eine numerische und alphanumerische Identifikation

Eine einfache und effiziente Hashmethode ist das **Divisionsrestverfahren**. Wir veranschaulichen es an einem einfachen Beispiel: Wenn der Identifikationsschlüssel zwischen 0 und 999'999 und die Zellnummer zwischen 0 und 999 liegen, dann ergibt eine Funktion, welche den Schlüssel ganzzahlig durch 1'000 dividiert, einen Rest (lat. modulus), der grösser oder gleich 0 und kleiner oder gleich 999 ist. Interpretiert man diesen Rest als Zellnummer, so wird der Schlüssel wie erwünscht nur auf die gegebenen Zellen abgebildet (Tabelle 2.8). Ein geeigneter Divisor - in unserem Beispiel 1000 - bestimmt also eine **Hashfunktion**, die nur ganzzahlige Zellnummern innerhalb eines erwünschten Intervalls berechnet: `Zellnummer := Schlüssel mod 1000`.

Schlüssel	*Hashfunktion*	*Zellnummer*	*Bemerkung*
507	507 mod 1000	507	507 ist Rest von 507 div 1000
5 076	5 076 mod 1000	076	
309	309 mod 1000	309	Kollision
956 320	956 320 mod 1000	320	
48 309	48 309 mod 1000	309	Kollision

Tabelle 2.8: Hashfunktion `Zellnummer := Schlüssel mod 1000`

Die Tabelle illustriert am Beispiel der Zellnummer 309, dass Sätze mit zwei verschiedenen Schlüsseln der gleichen Zelle zugeordnet werden können. Mit der Hashfunktion berechnete Adressen können also kollidieren. In der Regel ist es nicht möglich, **Kollisionen** zu vermeiden und gleichzeitig die Zellen gut auszunützen. Man kann indessen zeigen, dass die Wahrscheinlichkeit von Kollisionen gering ist, wenn der Divisor keine Primfaktoren kleiner als 20 enthält (siehe zum Beispiel BRAD82). Sobald aber der Anteil der leeren Speicherzellen auf weniger als 20-30% sinkt, steigt die Wahrscheinlichkeit von Kollisionen stark an. Um sich dagegen zu wappnen, definiert man eine **Überlauforganisation**. Diese weist jedem Satz nach einer Kollision eine andere Zelle zu. Die Literatur nennt verschiedene Verfahren. Alle kommen aber nicht an die gute Speicherausnutzung sequentiell organisierter Dateien heran. Ein Beispiel für die Implementation einer Überlauforganisation finden Sie in Aufgabe 2.5.

Aufgabe 2.4 (Divisionsrestverfahren)

Die folgende Tabelle soll 20 Identifikationsschlüssel auf 20 relativ adressierte Speicherzellen abbilden. Füllen Sie die zweite und dritte Spalte und verwenden sie dabei als Abbildungsvorschrift eine Hashfunktion nach dem Divisionsrestverfahren.

a) Wählen Sie für die zweite Spalte einen Divisor von 20.
b) Wählen Sie für die dritte Spalte als Divisor die nächsthöhere Primzahl.
c) Vergleichen Sie die Zahl der Kollisionen in den beiden Spalten.

Satzschlüssel	*mod(Satzschlüssel/20)*	*mod(Satzschlüssel/...)*
3000	....	....
3025	....	....
3050	....	....
3075	....	....
3100	....	....
3125	....	....
3150	....	....
3175	....	....
3200	....	....
3225	....	....
3250	....	....
3275	....	....
3300	....	....
3325	....	....
3350	....	....
3375	....	....
3400	....	....
3425	....	....
3450	....	....
3475	....	....

Aufgabe 2.5 (Überlauforganisation) *

Der direkte Zugriff auf das Element `Bereich[i]` eines Datenfelds `Bereich` ist nur möglich, wenn sich das Suchkriterium durch den Index `i` darstellen lässt. `array[1..100] of TSatz` enthalte Sätze des folgenden Typs:

```
TSatz = record
  Nr:    integer;
  Preis: real end;
```

Damit die Analogie zur Hash-Datei klar wird, nennen wir das Datenfeld `Datei`. `Datei` enthalte maximal 100 Sätze, `Nr` reichen aber von 1 bis 10'000. Eine Hashfunktion soll jede Nummer eindeutig auf die möglichen Indizes von 1 bis 100 abbilden. Eine erste Näherung `hash(Nr)` ist `Nr mod 100`. 620 ganzzahlig geteilt durch 100 ergibt zum Beispiel den Rest 20. Der Satz 620 wird also in der Zelle `Datei[20]` gespeichert. Diese Hashfunktion hat aber zwei Nachteile: Der höchste Index 100 wird nicht besetzt, da `Nr mod 100` nie 100 ergibt. Ausserdem werden die Nummern 100, 200, ..., 10 000 alle auf den nicht existierenden Index 0 abgebildet. Wir redefinieren deshalb `hash(Nr)` als `(Nr mod 100) + 1`.

Einige Nummern, zum Beispiel 100 und 200, ergeben den gleichen Hashindex. Wir lösen dieses Kollisionproblem, indem wir eine der noch freien Dateizellen besetzen. Zu Beginn initialisiert das Programm alle Zellen mit 0. Frei sind deshalb jene Zellen, deren Wert noch 0 ist. Wenn die Hashfunktion auf eine bereits besetzte Zelle stösst, dann weichen wir auf eine Zelle aus, deren Nummer wir wie folgt bestimmen: Wir definieren den Hashwert der kollidierenden Nummern als neues Argument der Hashfunktion: `hash(100)` und `hash(200)` kollidieren, weil beide den Hashwert 1 ergeben. 1 wird deshalb zum neuen Argument der Hashfunktion. Der Index der neuen Zelle ist also `hash(1) = (1 mod 100) + 1 = 1 + 1 = 2`.

Nachdem wir die Hash- und Kollisionsalgorithmen bestimmt haben, entwerfen wir den Programmablauf:

```
Entwurf Hashzugriff
  Initialisiere alle Sätze mit 0
  Wiederhole
    Menü 'i(nit f(üge ein s(uche z(eige e(nde >> '
    Falls Menüeingabe
      i: Reinitialisiere alle Sätze mit 0
      f: Lies einen Satz
         Falls sich der Satz nicht einfügen lässt
           Melde 'Zelle besetzt oder Datei voll'
      s: Lies eine Nummer
         Falls Satz gefunden
           Zeige den Satz
      z: Zeige alle Sätze
  bis Menüeingabe = e
```

Interpretieren Sie das folgende Programm anhand der Aufgabenstellung und des Entwurfscode, und beantworten Sie dann die Fragen a) und b).

```
program Hashzugriff;
{ Lernziel: Hash-Array erstellen und durchsuchen }

const
  MaxIndex  = 100;
  MinNummer = 1;
  MaxNummer = 10000;

type
  TSatz = record
    Nr:    integer;
    Preis: real end;
  TDatei = array[1..MaxIndex] of TSatz;

var
  Wahl:  char;
  Datei: TDatei;
  Satz:  TSatz;
  Nummer, Zelle, Zeilen: integer;

procedure initialisiere(var Datei: TDatei);
{- Zweck: Nummer und Preis aller Sätze auf 0 setzen }
var Index: integer;
begin
  for Index := 1 to MaxIndex do begin
    Datei[Index].Nr    := 0;
    Datei[Index].Preis := 0
  end
end;

procedure liesNummer(var Nummer: integer); begin
  repeat
    write('Nummer (',MinNummer,'...',MaxNummer, '): ');
    readln(Nummer);
  until (Nummer >= MinNummer) and (Nummer <= MaxNummer)
end;
```

```
function hash(Key: integer): integer; begin
  hash := (Key mod MaxIndex) + 1
end;

{- Zweck: Satz in Array einfügen
 - Rückgabe: true falls Einfügen erfolgreich }
function eingefuegt(
var Datei: TDatei; var Satz: TSatz): boolean;
var NrHashed, Zellenzaehler: integer
begin
  NrHashed := hash(Satz.Nr);
  Zellenzaehler := 1;
  {- Solange keine freie Zelle}
  while (Datei[NrHashed].Nr <> 0)
  {- Datei[NrHashed] besetzt und noch nicht eof}
    and (Datei[NrHashed].Nr <> Satz.Nr)
    and (Zellenzaehler <= MaxIndex) do begin
    NrHashed := hash(NrHashed);
    Zellenzaehler := Zellenzaehler + 1 end;

  {- Datei[NrHashed] frei}
  if Datei[NrHashed].Nr = 0 then begin
    Datei[NrHashed] := Satz;
    eingefuegt := true end
  else
    eingefuegt := false         {keine freie Zelle mehr}
end;

function gefunden(
var Datei: TDatei;    {var vermeidet Kopie des Bereichs}
  Nummer: integer;
var Satz: TSatz): boolean; {var, weil Ausgabeparameter
- Zweck: Datei[NrHashed].Nr suchen
- Rückgabe: true, falls gefunden}
var NrHashed, Zellenzaehler: integer;
begin
  NrHashed := hash(Nummer);
  Zellenzaehler := 1;
```

```
  {- solange Nr nicht gefunden und nicht eof }
  while (Datei[NrHashed].Nr <> Nummer)
    and (Zellenzaehler <= MaxIndex) do begin
    NrHashed := hash(NrHashed);
    Zellenzaehler := Zellenzaehler + 1 end;
  if Datei[NrHashed].Nr = Nummer then begin
    Satz := Datei[NrHashed];
    gefunden := true end
  else
    gefunden := false
end;

begin {Hauptprogramm}
  initialisiere(Datei);

  repeat
    writeln;
    write(
      'i(nit  f(üge ein  s(uche  z(eige  e(nde  >>');
    Wahl := ReadKey; writeln;{ReadKey lies ein Zeichen}
    case Wahl of
      'i': initialisiere(Datei);
      'f': begin
         liesNummer(Satz.Nr);
         write('Preis: '); readln(Satz.Preis);
         if not eingefuegt(Datei, Satz) then
           writeln('Zelle besetzt oder Datei voll')end;
      's': begin
         liesNummer(Nummer);
         if gefunden(Datei, Nummer, Satz) then
           writeln('Preis:  ', Satz.Preis: 6:2)
         else
           writeln('Kein Satz mit dieser Nummer') end;
      'z': begin
         Zeilen := 1;
         for Zelle:= 1 to MaxIndex do
           {- Nur nichtleere Zellen ausdrucken}
           if Datei[Zelle].Nr <> 0 then
```

```
            {- Nach 20 Zeilen Stop. Enter setzt fort}
            if Zeilen > 20 then begin
              Zeilen := 1;
              readln end
            else begin
              writeln(Zelle:4,
              Datei[Zelle].Nr:6,
              Datei[Zelle].Preis:9:2);
              Zeilen := Zeilen + 1 end {if} end {'z'}
    end {case}
  until Wahl = 'e'
end. {Hauptprogramm}
```

Fragen

a) Da `hash` als Funktion in einem arithmetischen Ausdruck vorkommen darf, ist auch die folgende Notation korrekt:

```
Zellenzaehler := 1;
while ( Datei[ hash(Nr) ].Nr <> Nr )
and   ( Datei[ hash(Nr) ].Nr <> 0 )
and   ( Zellenzaehler < MaxIndex) do begin
 ...
```

Vergleichen Sie diese Alternative mit dem Programmcode.

b) Wie verhält sich die Funktion `eingefuegt`, wenn `hash(Nr)` auf die letzte Dateizelle verweist und diese besetzt ist?

2.4 Modell der indizierten Dateiorganisation

Ein Kontensatz bestehe aus den Feldern Kontonummer, Inhabername, Saldo und Kontentyp (Spar-, Anlage- oder Lohnkonto). Abfragemöglichkeiten seien zum Beispiel:

a) Wie hoch ist der Saldo des Kontos mit der Nummer 10'003?
b) Zeige eine nach dem Kontentyp sortierte Liste der Kontoinhaber.
c) Wie hoch ist der Saldo des ersten Satzes von Kontoinhaber Fritz Müller?
d) Drucke eine sortierte Liste der Inhaber mit dem Namen Meier.

Wie lassen sich diese Abfragen mit sequentiellen oder relativen Dateien beantworten? Die Frage a) lässt sich in einer relativen Datei durch Direktzugriff beantworten. b) ist nur dann einfach lösbar, wenn die Sätze nach dem Kontentyp sortiert sind. c) und d) sind in sequentiellen und relativen Dateien nur durch zeitaufwändiges sequentielles Suchen zu beantworten. Um lange Suchzeiten zu vermeiden, könnte man für jeden Abfragetyp eine eigene Datei erstellen. Zur Beantwortung von Fragen des Typs a) eine relative Datei, für Fragen des Typs b) eine sortierte sequentielle Datei usw. Mehrfach vorkommende (rendundante) Daten würden aber nicht nur Speicherplatz beanspruchen, sondern vor allem Änderungen erschweren. Wer zu Hause, im Büro und in der Reisetasche ein Telefonverzeichnis führt, weiss, wie schwierig es ist, alle Daten zu koordinieren. Eine Lösung, die redundante Daten minimiert, aber trotzdem den Zugriff über mehrere Felder erlaubt, bietet die indizierte Dateiorganisation.

Eine **indizierte** Datei enthält eines oder mehrere Inhaltsverzeichnisse (Indizes). Ein **Index** des Attributs Kontonummer nennt zum Beispiel zu jeder Kontonummer die Adresse des Kontensatzes (Tabelle 2.9). Diese ermöglicht den Direktzugriff auf einen beliebigen Kontensatz. Attribute, denen der Index die Satzadresse zuordnet, heissen **Schlüssel**. Ein Index ist deshalb in der Regel kleiner als die indizierte Datei und kann meist im Internspeicher gehalten werden. Wenn die Reihenfolge eines Index definiert ist, dann beschleunigt er nicht nur die Suche, sondern auch das Sortieren. Je nach Hauptaufgabe des Schlüsselattributs spricht man von einem *Zugriffs*- oder *Sortier*schlüssel. Im Gegensatz zum Index braucht die indizierte Datei nicht sortiert zu sein. Sollen ihre Sätze geordnet ausgegeben werden, so wird der sortierte Index *sequentiell* abgearbeitet. Auf die eigentlichen Dateisätze kann dann mit Hilfe des Indexes *direkt* zugegriffen werden.

Kontonummer	Adresse des Kontensatzes
10 001	6
9 050	20
300	2
...	...

Tabelle 2.9: Index zu einem eindeutigen Schlüssel *Kontonummer*

Existiert zu jedem Schlüsselwert nur ein Satz, so ist der Schlüssel eindeutig und heisst **Identifikationsschlüssel**. Identifikationsattribute werden unterstrichen. In einer Fahrzeugdatei ist zum Beispiel die Immatrikulationsnummer Identifikationsschlüssel. Das Feld Fahrzeugtyp ist hingegen mehrdeutig, weil es Duplikate enthält. Viele Datenbanksysteme verlangen, dass jeder Satz einer Tabelle eindeutig ist. Ein neuer Satz kann erst eingefügt werden, wenn der Wert seines Identifikationsattributs bekannt ist (Begriff der Entitätsintegrität von Abschnitt 6.4, Ziff. 8).

Ein Datenverwaltungssystem kann auch Attribute indizieren, die nicht eindeutig sind. Man bezeichnet Attribute, die nur das Suchen und Sortieren beschleunigen als *Sekundär*schlüssel und Identifikationsattribute als *Primär*schlüssel. Ein Index zu einem Primärschlüssel heisst **Primärindex**. Statt ein Identifikationsattribut zu indizieren, kann man dafür auch eine Hashfunktion definieren. Relationale Datenbanksysteme (Abschnitt 3.1) bilden Primärschlüssel oft mit Hashfunktionen ab, während Sekundärschlüssel indiziert werden.

Ein Schlüssel besteht aus einem oder mehreren Attributen. Je nachdem spricht man von einem *einfachen* oder *zusammengesetzten* Index. Wenn zum Beispiel das einfache Attribut Vorname einen Satz nicht eindeutig kennzeichnet, dann eignet sich vielleicht die Kombination der Attribute Vorname und Nachname als Identifikation.

Wenn sich für eine Tabelle kein natürlicher Identifikationsschlüssel anbietet, dann kann das Datenbanksystem für jeden Satz *automatisch* einen eindeutigen Schlüsselwert generieren. Access kennt zum Beispiel den Datentyp →`AutoWert`. Eindeutig wird eine künstliche Identifikation des Typs AutoWert, wenn sie als fortlaufend auf- oder absteigende Nummer (Inkrement oder Dekrement) oder als eindeutige Zufallszahl erzeugt wird. Bild 1.2 enthält einen Identifikationsschlüssel Aufgabe. Jeder neue Datensatz erhält die um 1 erhöhte Aufgabennummer des zuletzt angefügten Satzes.

Ein einfacher Primärindex besteht aus Sätzen der Form [Suchwert, Satzadresse]:

- *Suchwert* ist ein Wert des Primärschlüssels.
- *Satzadresse* ist zum Beispiel eine Nummer mit der Position des Satzes, der den Suchwert enthält. Sie erlaubt den Direktzugriff auf den gesuchten Satz der indizierten Datei.

Binärsuche

Zur Suche in einem Index eignen sich verschiedene Verfahren. Die sequentielle Suche ist aufwändig. Schneller ist die →**Binärsuche**. Wer zum Beispiel im Telefonbuch blättert, sucht binär:

1. Er springt in die Mitte.
2. Er schaut, ob der Suchwert in der linken oder rechten Hälfte liegen muss.
3. Er setzt die Schritte 1 und 2 in der gefundenen Hälfte fort, bis er nach weiteren Halbierungen die Seite mit dem Suchwert gefunden hat (rekursiver Schritt).

Die Bestimmung der Mitte und der linken bzw. rechten Hälfte setzen ein sortiertes Telefonbuch voraus. Der folgende Entwurfscode verfeinert die drei Schritte so, dass sie sie leicht in ein Programm umsetzen können:

```
Entwurf Suche rekursiv binär(links,rechts, Name,Mitte)
  {Mitte ergibt am Schluss die gesuchte Zellnummer}
  Mitte := (links + rechts) div 2;
  Falls links <= Mitte
    Falls Name = Index[Mitte]
      Name gefunden
    sonst falls Name < Index[Mitte]
      Suche rekursiv binär (links,Mitte-1, Name,Mitte)
    sonst {Name > Index[Mitte]}
      Suche rekursiv binär (Mitte+1,rechts, Name,Mitte)
  sonst
    Name nicht gefunden
```

Entwurfscode 2.10: Rekursive Binärsuche in einem Index

Gesucht sei die Nummer des Satzes mit dem eingegebenen Namen. `Index` ist ein Datenfeld, das von `Anfang` bis `Ende` durchnummeriert ist. Tabelle 2.11 veranschaulicht den Entwurfscode am Beispiel der Suche nach `PAUL`. `(links + rechts) div 2` ist jeweils die neue Mitte. Der Operator `div` führt eine ganzzahlige Division aus. `7 div 2` ergibt zum Beispiel 3 und einen Rest von 1. Die erste Mitte ist `(1 + 7 div 2) = 4`. Der neue Wert für `links` ist `Mitte + 1`, falls der Suchwert rechts der bisherigen Mittte liegt. `rechts` ist `Mitte - 1`, falls der Suchwert links der bisherigen Mitte liegt. `Name` wird insgesamt dreimal mit `Index[Nummer]` verglichen. Eine sequentielle Suche würde hingegen sieben Vergleiche erfordern (vgl. Aufgabe 2.7).

Nummer	1	2	3	4	5	6	7
Index[Nummer]	ANNA	BRUNO	DORA	FRANZ	KARIN	NORA	PAUL
1. Durchlauf	*L*			*M*			*R*
2. Durchlauf					*L*	*M*	*R*
3. Durchlauf							*L, M, R*

Tabelle 2.11: Beispiel einer Binärsuche (Links, Rechts, Mitte)

Das folgende Pascal-Programm implementiert den Entwurfscode 2.10:

```
program sucheRekursivBinaer;
{Satznummer aufgrund des Namens rekursiv binär suchen}

const
  Anfang = 1; Ende = 7;
  Index: array[Anfang..Ende] of string =
('ANNA','BRUNO','DORA','FRANZ','KARIN','NORA','PAUL');

function rekursivBinaerGefunden(
  links, rechts: integer;
  Name: string; var Mitte: integer): boolean;
  { Mitte gibt die gefundene Satznummer zurück }
begin
  Mitte := (links + rechts) div 2;
  if links <= Mitte then begin
    if Name = Index[Mitte] then
      rekursivBinaerGefunden := true
    else if Name < Index[Mitte] then
      rekursivBinaerGefunden :=
      rekursivBinaerGefunden(links,Mitte-1,Name,Mitte)
    else if Name > Index[Mitte] then
      rekursivBinaerGefunden :=
      rekursivBinaerGefunden(Mitte+1,rechts,Name,Mitte)
    end
  else
    rekursivBinaerGefunden := false
end;
```

```
var
  Nr: integer; Name: string;

begin { Hauptprogramm }
  ...
  if rekursivBinaerGefunden(Anfang,Ende,Name,Nr) then
    writeln('Gesuchte Satznummer = ', Nr)
  else
    writeln('Kein Satz mit diesem Schlüsselwert');
  ...
end.
```

Voraussetzung der Binärsuche ist ein sortierter Index. Damit ein Index nicht nach jedem neuen Eintrag umsortiert werden muss, kann ein Eintrag um zwei zusätzliche Felder erweitert werden. Ein Satz besteht dann aus [Adresse, Primärschlüssel, Adresse des nächstkleineren Schlüsselwerts, Adresse des nächstgrösseren Schlüsselwerts]. Der Index bildet dann einen **Binärbaum**. Die Tabelle 2.12 stellt die Beispieldaten des Programms `sucheRekursivBinaer` als Binärbaum dar. Jeder Eintrag (zum Beispiel Bruno) verweist auf seinen Vorgänger (Anna) und auf seinen Nachfolger (Dora). Die Binärbaum-Darstellung behält den schnellen Zugriff und die einfache sortierte Ausgabe bei. Im Gegensatz zur einfachen Binärsuche wird aber das Einfügen und Löschen von Indexeinträgen leichter.

Leider verlieren Binärbäume ihre Vorteile, wenn sie unausgeglichen werden. Ein Binärbaum wird zum Beispiel dann **unausgeglichen**, wenn er hintereinander gleichgerichtete Einträge aufnimmt - zum Beispiel nach Franz die Einträge Frida, Fridolin, Friedrich und Fritz -, das heisst wenn ein linker Ast wesentlich mehr Knoten enthält als der rechte Ast. Um die Auswirkungen unausgeglichener Binärbäume zu vermindern, wurden die binären Datenstrukturen und Algorithmen weiterentwickelt. Am verbreitetsten sind die **B-Bäume** (siehe zum Beispiel COR01).

Adresse	Schlüssel	Adresse des Vorgängers	Adresse des Nachfolgers
1	Anna	nil	2
2	Bruno	1	3
3	Dora	2	4
4	Franz	3	8
5	Karin	11	6
6	Nora	5	7
7	Paul	6	nil
8	Frida	4	9
9	Fridolin	8	10
10	Friedrich	9	11
11	Fritz	10	5

Tabelle 2.12: Index als Binärbaum (nil ist ein Zeiger, der nicht weiter verweist)

Aufgabe 2.6 (Suchen in Dateien)

Vergleichen Sie die sequentielle, direkte und binäre Suche in einem Datenfeld:

Suche	Voraussetzung	Algorithmus
direkt	....	....
sequentiell	....	....
binär	....	....

Aufgabe 2.7 (Effizienz des binären Suchens) *

a) Wie oft muss ein sortierter Bereich höchstens halbiert werden, um das gesuchte Element binär zu finden? Suchen Sie die Lösung, indem Sie die folgende Beispieltabelle ausfüllen. Notieren Sie in den ersten beiden Spalten vor dem Gleichheitszeichen die gefundene Zahl und nach dem Gleichheitszeichen die gleiche Zahl, aber in der ersten Spalte als Potenz zur Basis 2 und in der zweiten als Logarithmus zur Basis 2.

Zahl der Elemente (Numerus = Zweierpotenz)	Anzahl Halbierungen (Logarithmus des Numerus zur Basis 2)	Beispielbereiche (Gesucht ist jeweils die letzte Komponente)
$2 = 2^1$	$1 = \log_2$............	1 2
.... = ...	.... = $\log_2$............	1 2 3 4
.... = ...	.... = $\log_2$............	1 2 3 4 5 6 7 8
.... = ...	.... = $\log_2$............	1 2 3 4 5 6 7 8 9 10 11 12 13 14 15 16

b) Vergleichen Sie die Effizienz des sequentiellen und binären Suchens, indem Sie die folgende Tabelle vervollständigen:

Suche	durchschnittliche bzw. maximale Anzahl Vergleiche	Beispiel für 1024 (2**10) Elemente
sequentiell	....	....
binär	....	....

Verkettete Dateiorganisation

Ein Attributwert identifiziert einen Satz meist nicht eindeutig. Ein Sekundärindex wird deshalb einem Attributwert mehrere Speicheradressen zuordnen. Zum Beispiel können mehrere Kontensätze mit dem Inhabernamen "Fritz Müller" existieren. "Fritz Müller" kann sowohl ein Spar- als auch ein Lohnkonto besitzen, oder es können mehrere Bankkunden mit diesem Namen vorkommen. Eine Datei, die neben einem Primärindex zu weiteren oder allen Feldern Indizes enthält, nennt man teilweise oder vollständig **invertiert**.

Wir zeigen an einem Beispiel, wie ein Sekundärindex organisiert werden kann. Ein Index des Attributs Kontoinhaber enthalte für den gleichen Namen "Fritz Müller" mehrere Satzadressen (Tabelle 2.13). Das Indexattribut Speicheradresse müsste deshalb variabel lang sein. Dies erschwert die Verarbeitung, weil der Speicherplatz des Indexes nicht im voraus bestimmt werden kann. Das Modell der **verketteten** Dateiorganisation modifiziert deshalb für mehrdeutige Schlüssel den Index so, dass er pro Schlüsselwert nur noch eine einzige Satznummer enthält (Tabelle 2.14). Diese verweist nur auf den *ersten* Satz mit dem gesuchten Schlüsselwert. Der erste Satz enthält seinerseits die Adresse des zweiten Satzes, der wiederum die Adresse eines allfälligen dritten Satzes enthält, usw (Tabelle 2.15). Die Sätze mit dem gleichen Schlüsselwert werden also durch eine Kette von Satzadressen miteinander verbunden. Den Einstieg in diese Adresskette liefert der Index zum Schlüsselattribut.

Inhaber	Satzadressen	Zuordnung
Iwan Borkowsky	6	eindeutig
Fritz Müller	**12, 20, 30**	mehrdeutig
...	...	...

Tabelle 2.13: Grund für die Verkettung ist der mehrdeutige Schlüssel Fritz Müller

Inhaber	*Adresse des ersten Satzes*	*Bemerkung*
Iwan Borkowsky	6	Adresse des einzigen Satzes
Fritz Müller	**12**	Adresse des *ersten* Satzes
...	...	...

Tabelle 2.14: Die Verkettung ermöglicht einen Index mit Sätzen gleicher Länge

Adresse	*Kontonummer*	*Inhabername*	*Saldo*	*Fortsetzungsadresse*
12	10 030	Fritz Müller	-2 500	**20**
...				
20	04 562	Fritz Müller	3 400	**30**
...	...	...	...	...

Tabelle 2.15: Die indizierte Datei verkettet Sätze mit gleichem Schlüsselwert

Der Programmierer braucht sich um das Erstellen und Verwalten der Indizes und Adressketten nicht zu kümmern - sie sind für ihn unsichtbar (eingerahmte Spalten). Die verkettete Dateiorganisation ist speichereffizient und beschleunigt die Suche. Fortschreibungsoperationen können allerdings zu einer aufwändigen Neuorganisation der Satzadressen führen.

2.5 Wahl der geeigneten Dateiorganisation

Auf den ersten Blick enthalten die höheren Formen der Dateiorganisation nur Vorteile: Auf indizierte und relativ organisierte Dateien kann - im Gegensatz zu sequentiellen - sowohl direkt als auch sequentiell zugegriffen werden. Ein detaillierter Vergleich zeigt indessen, dass alle Organisationsmodelle über Vor- und Nachteile verfügen. Vergleich 2.16 zeigt, welche Organisation welchen Kriterien mehr (+) oder weniger (-) genügt:

Wahlkriterium	*sequentiell*	*relativ*	*indiziert*
Direktzugriff	-	++	++
Löschen/Ändern an Ort	-	++	++
Einfügen an Ort	-	1)	++
Speichereffizienz	++	(+)	-
CPU-Belastung	++	++	-
variable Satzlänge	++	2)	++
Magnetbandeignung	++	-	-
freie Schlüsselwahl bei Direktzugriff	-	-	++
mehrere Zugriffsschlüssel bei Direktzugriff	-	-	++
geeignet für formatierte Dateien	++	++	++
geeignet für Textdateien	++	-	-

Vergleich 2.16: Sequentielle, relative und indizierte Dateien

1) möglich, wenn an der laufenden Position eine leere Zelle existiert

2) Flexibilität nach oben durch die Zellengrösse begrenzt

Aufgabe 2.8 (Wahl der geeigneten Dateiorganisation)

a) Welche Dateiorganisation eignet sich für die folgenden drei Fälle?

b) Bestimmen Sie den Identifikationsschlüssel und gegebenenfalls weitere Schlüssel.

1) Ein Angestellter eines Detailhandelsgeschäfts tippt abends die Anzahl der verkauften Einheiten jedes Produkts ein. Sobald der kritische Lagerbestand unterschritten wird, schreibt das System eine Bestellung. Jede Woche wird ein zusammenfassender Bericht über die Lagerbewegungen geschrieben.

2) Ein Gaswerk liest jeden Monat den Zählerstand jedes Kunden in den Computer. Das System erzeugt darauf die Rechnungen und führt die Kundendatei nach. Die Kundendatei enthält unter anderem die folgenden Felder: Kundennummer, Name, Adresse, Guthaben.

3) Ein Krankenhaus unterhält ein Patienteninformationssystem. Bei Aufnahme eines Patienten werden Daten zur Person am Terminal erfasst. Später kommen Informationen zur Krankengeschichte hinzu.

Zusammenfassung

- Die *Dateiorganisation* bestimmt den Aufbau und die Zugriffsoperationen einer Datei.
- Eine *sequentiell* organisierte Datei erlaubt nur die Zugriffsoperationen "Lesen des nächsten Satzes" und "Schreiben des nächsten Satzes".
- Eine *relativ* organisierte Datei besteht aus Zellen fester Länge und erlaubt den direkten und sequentiellen Zugriff. Die Adresse eines Satzes lässt sich effizient aus der fortlaufenden Satznummer, der Dateiadresse und der Zellenlänge berechnen.
- Auf eine *indiziert* organisierte Datei kann ein Programm direkt oder sequentiell zugreifen. Ein Index ordnet jedem Wert des indizierten Attributs die Satzadresse zu. Das Attribut heisst Schlüssel und kann auch zusammengesetzt sein. Ein indizierter Zugriff erfordert eine Suche im Index und einen Direktzugriff in der Hauptdatei. Ein sortierter Index beschleunigt die Suche und die sortierte Ausgabe von Sätzen.
- Je nach Aufgabe des *Schlüssels* spricht man von einem Zugriffs-, Sortier- oder Identifikationsschlüssel. Der Zugriff auf einen Identifikationsschlüssel (Primärschlüssel) ist eindeutig, jener auf einen Sekundärschlüssel im allgemeinen mehrdeutig. Die Suche nach dem ersten Vorkommen eines mehrdeutigen Sekundärschlüssels ist direkt, der Zugriff auf die restlichen Vorkommen oft verkettet.
- Eine *Hashfunktion* berechnet aus einem nummerischen oder alphanummerischen Schlüsselwert eine Zelladresse. Eine einfache Methode ist das Divisionsrestverfahren. Wenn die Hashfunktion mehreren Schlüsselwerten die gleiche Zellenadresse zuordnet, dann weist eine Überlauforganisation den kollidierenden Adressen freie Zellen zu.
- Die meisten Programmiersprachen verwalten Dateien mit den folgenden Kategorien von *Befehlen*: Beschreibung der logischen und physischen Dateistruktur, Öffnen einer Datei, Lesen von Sätzen, Schreiben von Sätzen und Schliessen einer Datei.

Wiederholungsfragen

1. Welches Speichermedium ist direkt adressierbar?

a) Magnetband
b) Magnetplatte
c) Magnetkassette
d) Lochstreifen

2. Sequentiell organisierte Dateien erlauben ...

a) den direkten Zugriff auf einen Satz.
b) nur das Lesen des jeweils nächsten und jeweils vorangehenden Satzes.
c) nur das Lesen des ersten und des jeweils nächsten Satzes.
d) nur das Einfügen neuer Sätze am Anfang der Datei.

3. Was setzt die sequentielle Fortschreibung *nicht* voraus?

a) Die Stammdatei ist sortiert.
b) Die Bewegungsdatei ist sortiert.
c) Die Bewegungssätze erlauben den Direktzugriff.
d) Die Stammdatei ist sequentiell organisiert.

4. Relativ organisierte Dateien ...

a) verwenden nur Sätze unterschiedlicher Länge.
b) werden eingesetzt, wenn die Antwortzeit sekundär ist.
c) erschweren das Fortschreiben der Daten.
d) verwenden feste und adressierbare Zellen.

5. Eine Hashfunktion ...

a) eignet sich vor allem für sequentiell organisierte Dateien.
b) verwendet das Divisionsrestverfahren.
c) berechnet aus einer Indexdatei die richtige Zelle.
d) ermittelt aus einem Schlüsselwert eine Speicheradresse

6. Ein Index zu einem Identifikationsschlüssel heisst

a) Sekundärindex.
b) Primärindex.
c) Schlüsselindex.
d) Zugriffsindex.

7. Eine binäre Indexsuche verlangt einen

a) sortierten Index.
b) relativ organisierten Index.
c) Primärindex.
d) binären Index.

8. Welche Aussage ist falsch?

a) Indizes beschleunigen den Zugriff.
b) Zusammengesetzte Attribute können indiziert werden.
c) Eine Datei benötigt mehr Platz als ihre Indizes.
d) Der indizierte Zugriff ist schneller als der Hashzugriff.

9. Ordnen Sie die Eigenschaften 1 bis 5 den Organisationsformen A bis C zu.

1 sequentiell organisierte Datei
2 relativ organisierte Datei
3 indizierte Datei

A variable Satzlänge
B speichereffizient
C zugriffseffizient
D freie Wahl der Schlüsselattribute
E für frei formatierten Text

3 Dateiverwaltung

Neue Begriffe

Datenverwaltung
- Dateiverwaltung
- Datenbankverwaltung

Tabelle (Relation, Datei)
- Zeile (Tupel, Satz)
  - Attribut (Spalte, Feld)
    - Schlüsselattribut
      - Primärschlüssel (Identifikationsschlüssel)
      - Sekundärschlüssel (Zugriffsschlüssel)

Beispieloperationen in dBASE
- Datei
  - erstellen
  - öffnen
  - schliessen
  - indizieren
  - löschen
- Satz
  - einfügen
  - suchen
  - editieren
  - ausgeben
  - löschen

3.1 Datenverwaltung für den Endbenutzer

Mit **Drittgenerationssprachen** wie C kann der geübte Programmierer mit einer Vielfalt von Hardware und Software kommunizieren und schnelle und speichersparende Programme entwickeln. Diese Flexibilität hat aber ihren Preis: Das Erlernen der Sprache und die Entwicklung von Programmen sind zeitaufwändig. Auf Personalcomputern entstanden deshalb schon früh Endbenutzerwerkzeuge, mit denen auch der Anwender in der Fachabteilung massgeschneiderte Applikationen entwickeln kann. **Anwendersprachen** und **Viertgenerationssprachen** sind zwar weniger allgemein und flexibel als Drittgenerationssprachen, der Entwicklungskomfort ist aber so gross, dass viele Standardanwendungen nur einen Bruchteil des Aufwands konventioneller Werkzeuge benötigen. Die Arbeit mit Sprachen wie ›Visual Basic für Applikationen unter MS Access verringert zwar den Aufwand für die Definition des Problems und den Entwurf der Lösung nicht, sie vermindert aber den Programmier- und Testaufwand. Der Entwickler benötigt weniger Befehle, und eine komfortable Entwicklungsumgebung verkürzt die Entwicklungszeit. Die meisten Viertgenerationssprachen unterstützen eine intuitive Definition der Benutzeroberfläche und erlauben einen einfachen Zugriff auf Datenbanksysteme (engl. Data Base Management Systems, abgekürzt DBMS). Im Gegensatz zu Drittgenerationscode werden Viertgenerationsprogramme in der Regel interpretiert oder durch Applikationsgeneratoren in Drittgenerationsprogramme übersetzt. Sie sind deshalb weniger laufzeit- und speichereffizient.

Aufgabe eines Datenbanksystems ist es, Daten auf Formularen zu erfassen, in geeigneten Datenstrukturen zu verwalten und als Formulare und Berichte auszugeben. Der in den Kapiteln 1 (Daten und Dateien) und 2 (Dateiorganisation) eingeführte Begriff der Datei ist ein wichtiger Baustein von Datenbanksystemen. Dieses Kapitel führt eine Abstraktion des Dateibegriffs ein, die für Datenbanksysteme eine wichtige Rolle spielt. Relationale DBMS legen Daten in Tabellen an. Eine **Tabelle** (Relation) ist eine Sammlung von Daten zu einem bestimmten Thema. Die Tabelle 3.1 enthält zum Beispiel die Nummern, Inhaber, Kontentypen und Saldi aller Konten einer Sparkasse:

Nummer	*Inhaber*	*Typ*	*Saldo*
102	Schmid Willi	Sparkonto	2500
...	...	...	...

Tabelle 3.1: Beispieltabelle KONTO

Die Übersicht 3.2 verallgemeinert den Tabellenbegriff des Beispiels 3.1. Die erste und dritte Spalte nennen Ausdrücke und Synonyme für die Beispieldaten der zweiten Spalte. Die letzte Spalte verbindet sie mit den Bezeichnern der Kapitel 1 und 2. Die Spalte heisst "Analogie", weil sich die Begriffe der konventionellen Dateiverwaltung und jene relationaler Datenbanken nicht immer decken. Zum Beispiel entspricht eine Tabelle nicht immer einer Datei und umgekehrt. Einzelne PC-Datenbanksysteme legen jede Tabelle in einer getrennten Datei des Betriebssystems ab. Wenn eine Tabelle als Datei gespeichert ist, lässt sie sich nicht nur mit den DBMS-Operationen, sondern auch mit den gewohnten Dateioperationen des Betriebssystems manipulieren. Die meisten DBMS speichern hingegen mehrere Tabellen einer Datenbank in einer einzigen Datei des Betriebssystems. MS Access speichert zum Beispiel nicht nur alle Tabellen, sondern auch die übrigen Objekte einer Datenbank (Formulare, Berichte, gespeicherte Abfragen, Programme) in einer einzigen Datei.

Objekt	*Beispiele*	*Synonym*	*Analogie*
Tabelle	KONTO	Relation	Datei
Zeile	102,Schmid Willi,Sparkonto,2500	Tupel	Satz
Attribut	Nummer, Inhaber, Typ, Saldo	Spalte	Feld
Primärschlüssel	Nummer	Identifikation	-
Sekundärschlüssel	Inhaber	-	-

Übersicht 3.2: Terminologie von Tabellen

Viele Datenverwaltungssysteme konnten ursprünglich nur unverbundene Einzeldateien verwalten. Der Markt bietet auch heute noch Programme an, die sich mit der Verwaltung isolierter Dateien begnügen (**Dateiverwaltung**). Die gleichzeitige Verwaltung mehrerer verbundener Dateien ist Thema des fünften Kapitels (**Datenbankverwaltung**).

3.2 Operationen auf Daten

Datenbanksysteme kennen zwei Arten von Benutzerschnittstellen. Die Interaktion mit einer **Befehlsschnittstelle** wird stark vom Benutzer bestimmt. Diese Flexibilität zahlt er mit einem hohen Lernaufwand und zusätzlicher Schreibarbeit. Eine **Menüschnittstelle** ist hingegen auch für Anfänger ohne Syntaxkenntnisse geeignet. Die Übersicht 3.3 vergleicht die Vor- und Nachteile der beiden Benutzerschnittstellen.

Kriterium	Befehlsschnittstelle	Menüschnittstelle
Geschwindigkeit für Experten	++	-
Flexibilität	++	-
Lernfreundlichkeit	-	++
Fehlertoleranz	-	++

Übersicht 3.3: Befehls- und Menüschnittstellen

Menü- und Befehlsschnittstellen schliessen sich nicht aus. Denkbar sind auch gemischte Schnittstellen. Ein Beispiel sind die sogenannten **Two Way**-Tools. Sie generieren parallel zu den Aktionen, die der Anwender über Menüs, Dialogfenster, Schalter und andere ›Steuerelemente ausführt, Befehle. Den erzeugten Befehlscode kann der Entwickler weiterbearbeiten. Eine graphische Benutzeroberfläche lässt sich also durch die direkte Manipulation von Bildschirmobjekten (1), im Befehlsfenster (2) oder durch eine Kombination von (1) und (2) erstellen.

Um den Vergleich mit den Pascal-Programmen des zweiten Kapitels (Dateiorganisation) zu erleichtern, verwendet dieser Abschnitt eine Abstraktion der Befehlsschnittstelle des ersten PC-Datenbanksystems, dBASE. Sein Dateiformat und die Programmiersprache haben sich zum Quasistandard XBase entwickelt, den viele Datenbankprodukte noch heute berücksichtigen. Die praktische Bedeutung von DBASE hat allerdings stark abgenommen. Wir benützen im folgenden die prozedurale Sprache von dBASE zur Illustration typischer Operationen der Dateiverwaltung.

Die Abbildungen abstrahieren vom Layout der dBASE-Benutzeroberfläche. Die **Entwurfsansicht** erlaubt das Erstellen oder Ändern eines Datenbankobjekts, zum Beispiel eines Tabellen- oder Formularskeletts (Tabelle 3.4). Die **Datenblattansicht** füllt ein entworfenes Tabellen- oder Formularskelett mit Daten und gestattet das Suchen, Einfügen, Löschen und Editieren (Tabelle 3.5).

3.2.1 Deklarieren der Satzstruktur

Der Befehl `create KONTO` leitet einen Dialog zur Definition einer Tabelle `KONTO` ein (Tabelle 3.4):

Satznummer	Name	Typ	Länge	Dezimalstellen
1	*Nummer*	Zeichen	*6*	
2	*Inhaber*	Zeichen	*20*	
3	*Typ*	Zeichen	*1*	
4	*Saldo*	*Numerisch*	*8*	*2*

Tabelle 3.4: Entwurfsansicht einer dBASE-Tabelle (Benutzereingaben kursiv)

Erläuterungen

1. Feldname und Datentyp sind - wie in Pascal - obligatorische Inhalte der Satzbeschreibung. `Zeichen` ist der voreingestellte Datentyp. Er fasst die Pascal-Typen `string` und `char` zusammen. `Numerisch` entspricht den Datentypen `integer` und `real`.
2. Die Zahl der Zeichen oder Ziffern pro Feld muss für alle Datentypen (nicht nur für alphanummerische wie in Pascal) deklariert werden.

3.2.2 Öffnen und Schliessen

`use KONTO` *öffnet* die Datei `KONTO` und liest sie in einen **Arbeitsbereich**. Dies ist ein Teil des Internspeichers, der für eine Tabelle und die zugehörigen Dateien (zum Beispiel Indizes oder Formulare) reserviert ist. Im Gegensatz zum Pascal-Programm muss nicht angegeben werden, ob die Datei gelesen (`reset`) oder geschrieben (`rewrite`) werden soll. Weitere Angaben, zum Beispiel zur Dateiorganisation, sind nicht erforderlich. Solange keine Indizes erstellt werden, erfolgt der Zugriff auf einen Satz über die Satznummer oder sequentiell. dBASE ordnet jedem Satz in der Reihenfolge seiner Speicherung eine fortlaufende Satznummer zu. dBASE verwaltet aber keine leeren Zellen im Sinne des Modells der relativen Dateiorganisation. Bei einer indizierten Datei wird ein neuer Satz am Ende angefügt und der Index fortgeschrieben. Im Falle einer nichtindizierten Datei wird der Satz hingegen - aufwändig und analog zur sequentiellen Fortschreibung - an Ort eingefügt (Abschnitt 3.2.5). Das Laden einer neuen Datei in den gleichen Arbeitsbereich oder die Eingabe von `use` ohne Argument *schliessen* die laufende Datei.

3.2.3 Erstellen

Unmittelbar nach der Definition der Satzstruktur mit `create` kann der Benutzer Zeilen eingeben. Mit `append` können auch später noch Sätze am Ende der Datei angefügt werden. Tabelle 3.5. zeigt den Dialog nach dem Einfügen des ersten Satzes der Tabelle KONTO (Benutzereingaben sind kursiv). Die Satznummer wird von dBASE automatisch vergeben.

`Satznummer`	`1`
`Nummer`	*`102`*
`Inhaber`	*`Schmid Willi`*
`Typ`	*`Sparkonto`*
`Saldo`	*`2500`*

Tabelle 3.5: Datenblattansicht des ersten Satzes der dBASE-Tabelle `KONTO`

3.2.4 Suchen

a) Sequentielles Suchen

`display` zeigt Datensätze an, `display all` zum Beispiel alle Sätze in ihrer Eingabereihenfolge. Ein Vergleich mit dem Programm von Aufgabe 2.3 b) verdeutlicht, wieviel Programmierarbeit eine Anwendersprache im Vergleich zu einer Drittgenerationssprache wie Pascal einsparen kann. `display for` *`Kontentyp = "Sparkonto" .and. Saldo > 0 fields Inhaber, Saldo`* gibt die Felder *Inhaber* und *Saldo* aller Sätze des Typs Sparkonto mit einem positiven Saldo aus.

b) Direktes Suchen

`display record n` zeigt den n-ten Satz. Der Zugriff über die Satznummer bietet sich an, wenn zwischen der Satznummer und dem Identifikationsschlüssel eine einfache Beziehung besteht. Sie liegt zum Beispiel dann vor, wenn die Satznummer gleich der Kontonummer ist. Wenn nicht, so können beliebige Felder *indiziert* werden. `index on Inhaber to INHABERINDEX` erstellt zum Beispiel über dem Feld Inhaber eine Indexdatei `INHABERINDEX`. `find Schmid Willi` findet dann den ersten Satz mit dem Schlüsselwert "Schmid Willi". Die Indexdatei ist sortiert (Abschnitt 2.4); die Kontensätze können also auf- oder absteigend ausgegeben werden, ohne dass die Datei KONTO selbst sortiert ist.

Ein Index kann auch über mehreren Attributen gebildet werden, zum Beispiel über den Feldern Inhaber *und* Typ. Die Indexdatei enthält zu jedem Datensatz diese beiden Felder und die zugehörige Satznummer. Sätze mit dem gleichen Schlüsselwert werden nicht verkettet, sondern invertiert (Kapitel 2: Dateiorganisation). Indexdateien werden automatisch nachgeführt, wenn der Benutzer einen Satz löscht, editiert oder einfügt. Dies kostet Zeit. Die Zahl der invertierten Felder sollte deshalb klein sein.

Indizes sind normalerweise aufsteigend sortiert. dBASE und die meisten Datenbanksysteme indizieren auf Verlangen auch absteigend. Ausserdem kann der Benutzer nur jene Datensätze indizieren lassen, die einer bestimmten Bedingung genügen. Zum Beispiel kann er angeben, ob jeweils nur der erste von mehreren Sätzen mit dem gleichen Schlüsselwert in den Index eingehen soll. Damit kann er vermeiden, dass der Index Duplikate enthält.

3.2.5 Fortschreiben

Fortschreiben heisst Sätze löschen, einfügen oder editieren:

- `delete for <Bedingung>` löscht alle Sätze, deren Werte eine bestimmte Bedingung erfüllen. `delete for Typ = "Sparkonto" .or. Typ = "Anlagekonto"` löscht zum Beispiel alle Sätze, die Spar- und Anlagekonten betreffen. Nach einem Löschbefehl werden die zu löschenden Objekte in einen Zwischenspeicher gestellt. Erst nach einer Bestätigung wird sein Inhalt gelöscht. Vor der Bestätigung können die gelöschten Objekte wieder hergestellt werden.
- Die einfachste Form von `insert` fügt nach dem laufenden Satz eine neue Tabellenzeile ein. `insert` entspricht in einer indizierten Datei `append`, fügt also den neuen Satz am *Ende* der Datei an und führt gleichzeitig den Primärindex und die Sekundärindizes nach. Bei einer nichtindizierten Datei zeigt sich, dass dBASE nicht unserem Modell einer relativ organisierten Datei folgt. `insert` zieht eine aufwändige Neuorganisation der Datei nach sich, weil der Satz nicht einfach am Ende eingefügt werden kann. `insert` eignet sich deshalb besser für indizierte Dateien.
- `edit` erlaubt unter anderem das Ändern der Felder des laufenden oder des n-ten Satzes. Das Editieren des Feldinhalts entspricht dem Verändern von Zeichenketten in einem Texteditor.

Aufgabe 3.1 (Einfache Dateioperationen in dBASE)

Die Datei VORLESUNG enthalte die folgenden Sätze:

VORLESUNG

Nummer	*Name*	*Stunden*
1	‣BWL	4
2	‣VWL	3
5	Recht	2
8	Informatik	2

Versuchen Sie, die Wirkung der folgenden dBASE-Befehle auf die Datei VORLESUNG vorauszusagen:

a) `display files, use VORLESUNG`
b) `display all`
c) `display fields` *`Nummer, Name`*
d) `display record 3`
e) `go top`
f) `display next 2`
g) `display` *`Name`* `for` *`Stunden`* `= 2`
h) `display structure`
i) `index on` *`Nummer`* `TO` *`Vorles_key`*
j) `find 8, display`
k) `insert before`
l) `append`
m) `delete for` *`Nummer`* `< 2`
n) `go bottom, edit`

Aufgabe 3.2 (Operationen auf einer Datei)

a) Beschreiben Sie die Satzstruktur der Datei VORLESUNG (Aufgabe 3.1) in Ihrem Datenverwaltungssystem.
b) Geben Sie die folgende Sätze ein:
   2, VWL, 3
   3, Recht, 2
   4, Informatik I, 2
c) Indizieren Sie die Datei nach dem Feld *Nummer*.
d) Wenden Sie die folgenden Dateioperationen auf `VORLESUNG` an:
   - Fügen Sie den folgenden Satz ein: 1, BWL, 4.
   - Geben Sie die ganze Datei am Bildschirm aus.
   - Geben Sie die Felder *Nummer* und *Name* aller Sätze aus.

- Geben Sie die ersten zwei Sätze aus.
- Geben Sie alle Rechtsvorlesungen aus.
- Suchen Sie den Satz mit der *Nummer* 3 indiziert und geben Sie ihn aus.
- Ersetzen Sie im laufenden Satz Recht durch Mathematik.
- Ersetzen Sie BWL durch Recht.
- Löschen Sie den Satz mit der *Nummer* 4.

Aufgabe 3.3 (Ändern von Dateistrukturen)

Die Sätze der Datei VORLESUNG sollen um die Felder Dozent, Raum und Plätze erweitert werden. Die Inhalte der neuen Felder seien:

Meier, 111, 200
Müller, 112, 200
Weber, 110, 180
Schmid, 120, 100.

Aufgabe 3.4 (Operationen auf einer Tabelle)

Erstellen Sie eine Datei Ihrer Wahl (zum Beispiel eine Adress- oder eine Literaturdatei). Führen Sie insbesondere die folgenden Operationen aus:

- Sätze inspizieren
- Sätze einfügen, ändern und löschen
- Sätze suchen
- Indizes auf beliebigen Feldern bilden
- Indiziert suchen

Übung 3.5 (Einzeltabelle unter MS Access)

Lernziele

- Tabelle, Attribut (Feld), Primär- und Sekundärschlüssel definieren
- Einfache Tabellen, Formulare und Abfragen definieren
- Daten eingeben, ändern und sortieren

Wiederholungsfragen

1. Wie unterscheiden sich Datenbank und Tabelle?

a) Eine Datenbank entspricht einer Tabelle.
b) Eine Datenbank besteht aus Tabellen.
c) Eine Datenbank besteht aus mehreren Dateien.

3. Welche der folgenden Aussagen ist falsch?

a) Eine Tabellenzeile entspricht einem Datensatz.
b) Eine Tabellenspalte entspricht einem Feld.
c) Eine Tabellenzeile entspricht einem Attribut.

4. Welcher Schlüssel benötigt eine Tabelle immer?

a) Primärschlüssel
b) Sekundärschlüssel
c) beide Schlüssel

Vertiefungsfragen

1. Tabelle erstellen

a) Starten Sie Access und erstellen Sie eine leere Datenbank (»Datei neu/Datenbank/Speichern unter...).
b) Definieren Sie Kundennr als Primärschlüssel (»Rechtsklick auf einen Attributnamen/Primärschlüssel).
c) Definieren Sie Kundenname als Sekundärschlüssel (»Entwurfssicht/Feldeigenschaften/Indiziert/Ja (Duplikate möglich)).
d) Geben Sie einen beliebigen Satz ein.
e) Verlassen Sie Access, ohne zu speichern. Öffnen Sie dann die Tabelle 💻KUNDEN.mdb und zeigen Sie ein beliebiges Attribut in auf- und absteigender Reihenfolge an (»Rechtsklick auf einen Attributnamen/Aufsteigend oder Absteigend).

2. Formular erstellen

f) Öffnen Sie das vordefinierte KUNDENFORMULAR im Datenbankfenster (»F11/Formulare). Blättern Sie und fügen Sie die folgenden Zeilen ein:
8888, Müller, Malerstr. 88, 4051, Basel, 3000
9999, Wegener, Winterthurerstr. 99, 8015, Zürich, 4000

g) Erstellen Sie mit dem Formularassistenten eine Variante von KUNDENFORMULAR.

3. Tabelle abfragen

Dieser Abschnitt führt in einfache Abfragen auf einer Einzeltabelle ein. Systematisch werden Abfragen erst in Kapitel 5 behandelt.

h) Wo wohnt der Kunde Chaplin?
i) Wo wohnen die Kunden mit einer Kreditlimite zwischen 6000 und 9000?
j) Wie heissen die Kunden mit Wohnort Basel oder Zürich?
k) Welche Kunden haben eine Kreditlimite von mindestens 7000 und einen Namen, der mit B oder Z beginnt?

Abfrageschritte

1) Tabelle im Datenbankfenster wählen (»F11)
2) Abfrageattribute wählen (»Doppelklick auf jeden von der Abfrage benötigten Feldnamen)
3) Anzeigeattribute wählen (✓entfernen, falls das Attribut nicht angezeigt werden soll)
4) Abfragekriterien bestimmen (Die entsprechende Zeile des Schemas heisst Kriterien. Als Operatoren bieten sich an: <, >, <=, >=, UND. B* umfasst alle Zeichenketten, die mit B beginnen)
5) Abfrage ausführen (»Ansicht/Datenblattsicht)

Zusatzaufgaben

1. Gültigkeitsprüfung

l) Setzen Sie für das Feld Kreditlimite die Voreinstellung 100 und die Gültigkeitsregel >=0 (»Ansicht/Entwurfsansicht, Feldname links klicken, Feldeigenschaften unten)

2. Berechnende Abfragen

m) Wie hoch ist der Betrag, den die Kunden schulden würden, falls alle ihre Kreditlimite voll ausschöpfen würden?
n) Wie hoch ist die durchschnittliche Kreditlimite?

3. Änderungsabfragen

o) Setzen Sie die Kreditlimite für alle Kunden auf 1000.

p) Die Kreditlimite der Kunden aus Basel soll um 50% erhöht werden.

q) Löschen Sie alle Kunden, die in Zürich wohnen.

3.3 Kommunikation mit anderen Anwendungen

Dieser Abschnitt zeigt am Beispiel der Betriebssysteme von Microsoft, wie Datenbankanwendungen mit Textverarbeitungs-, Tabellenkalkulations- und anderer Software zusammenarbeiten können.

- Der Benutzer kann ein Datenbankobjekt **explizit importieren oder exportieren**. Er kann zum Beispiel eine Tabelle nach Access importieren, die eine andere Anwendung im dBASE-Format exportiert hat. Access wird dann das Objekt in das eigene Datenbankformat konvertieren, um die Daten ebenso schnell bearbeiten zu können wie eine selbst erstellte Tabelle. Wenn das exportierende Programm die Daten hingegen weiter fortschreiben soll, dann werden Inkonsistenzen zwischen den Daten beider Systeme entstehen. Datenbanksysteme können deshalb auch ohne Konversion auf Fremdformate zugreifen. Access kann zum Beispiel Originaltabellen von dBASE und Paradox direkt mit Access-Tabellen verbinden. Man nennt Datenbanken, die unterschiedliche Datenbanksysteme bearbeiten können, **heterogen**.
- Der Endbenutzer kann ein Objekt einer anderen Applikation **kopieren**. Zum Beispiel markiert er eine Tabelle, kopiert sie und fügt sie dann in ein Textdokument ein. Die Tabelle wechselt dabei ihren Charakter. Im Textverarbeitungsprogramm ist sie nur noch Text oder Graphik und nicht mehr Datenbanktabelle. Datenbankfunktionen lassen sich auf der Tabellenkopie nicht mehr anwenden.
- →**OLE** (Object Linking and Embedding) erlaubt das Verknüpfen oder Einbetten eines Objekts einer anderen Applikation. Im Gegensatz zum blossen Kopieren bleibt die ursprüngliche Funktionalität des Objekts erhalten. Ein Dokument, das ein OLE-Objekt aus einer anderen Anwendung enthält, heisst **Verbunddokument**. Access nutzt OLE zum Beispiel für die folgenden Aufgaben: Es erstellt zusammen mit einem Textverarbeitungs-

programm Serienbriefe oder bettet ein Tabellenkalkulations-Objekt als sogenannte Pivot-Tabelle in ein Formularfeld des Datentyps OLE ein. Eine **Pivot-Tabelle** ist eine interaktive Kalkulationstabelle, die grosse Mengen von Daten formatiert, berechnet und zusammenfasst. Sie heisst Pivot-Tabelle, weil sich ihre Zeilen- und Spaltenüberschriften zu Analysezwecken an der Diagonale spiegeln lassen oder mit anderen Worten drehen lassen. (to pivot heisst "sich drehen"). Eine Access-Abfrage kann eine Pivot-Tabelle erstellen, und die Tabelle kann dann mit allen Funktionen von MS Excel bearbeitet werden.

- **DDE** (Dynamic Data Exchange) lässt den Entwickler Daten und ‣Makros zwischen zwei gleichzeitigen Anwendungen auf dem eigenen oder verschiedenen Rechnern austauschen. Der Austausch heisst dynamisch, weil die ‣Client-Anwendung jederzeit eine Verbindung zu einer ‣Server-Anwendung aufbauen und beenden kann. Im folgenden Beispiel verlangt der Textverarbeitungs-Client Daten vom Datenbank-Server. Einmal initialisiert, läuft die Kommunikation automatisch ab.

  (1) Client *Word* öffnet einen Kanal zum Server *Access*.
  (2) *Word* verlangt ein bestimmtes Datenelement (Adresse) von *Access*.
  (3) Server *Access* sendet den Adressatz an *Word*.
  (4) *Word* integriert die Adresse in einen Briefkopf
  (5) *Word* schliesst den Kanal zu *Access*.

  Damit ein Client die Dienste eines Servers nutzen kann, muss er den *Servernamen* und den gewünschten *Serverdienst* kennen. Ausserdem muss er wissen, welches *Datenelement* (zum Beispiel welchen Adressatz) der Server senden soll. Im obigen Beispiel heisst der Server "MSAccess" und der Dienst "d:\db\ADRESSEN". Datenelement ist der Name einer Abfrage auf der Datenbank ADRESSEN. Ein Datenbanksystem kann auch Client sein - etwa dann, wenn es eine Verbindung zu einem Tabellenkalkulationsprogramm aufbaut und den Server auffordert, den Inhalt einer bestimmten Zelle des Tabellenblatts zu berechnen und zu senden.

Sowohl Endbenutzer als auch Programmierer können Kommunikationsmöglichkeiten nutzen. Mit Kopieren und OLE kann der *Endbenutzer* Objekte anderer Anwendungen editieren, ohne das laufende Programm zu verlassen. Je nach Anwendung sind die Objekte Tabellen, Texte, Graphiken, Bilder oder Klänge. Mit DDE und OLE-Automatisierung kann der *Programmierer* Objekte aus verschiedenen Programmen im gleichen Code manipulieren.

Übersicht 3.6 vergleicht die Möglichkeiten des Endbenutzers und verwendet die folgende Terminologie: Eine bestimmte Anwendung *produziert* ein Objekt, das von einer anderen Anwendung *konsumiert* wird. Der Produzent erzeugt dabei mit seinen eigenen Fähigkeiten ein Dokument, das der Konsument kopiert, übernimmt, verknüpft oder einbettet.

Verfahren	*Kommunikationsobjekt*	*Bearbeitbar*	*Transfer*
Kopieren	Kopie	nein	einfach
Verknüpfen	Verweis auf Original und Produzent	ja	aufwändig
Einbetten	Kopie und Verweis auf Produzent	ja	aufwändig

Übersicht 3.6: Kommunikation mit anderen Anwendungen

Die Möglichkeiten einer Kommunikation zwischen dem Produzenten (Server) und dem Konsumenten (Client) unterscheiden sich in folgender Hinsicht:

Eine erste Alternative lässt den Konsumenten nur das fertige Produkt **kopieren**. Zum Beispiel kann der Benutzer eines Datenbanksystems mit "Copy und Paste" eine fertige Anschrift aus einem Textdokument kopieren und in einen Datensatz einfügen. Stattdessen kann er auch auf das Textdokument und den Produzenten verweisen. So kann er statt einer Kopie nur Verweise auf die Anschrift und das benutzte Textverarbeitungsprogramm speichern. Ein Verweis auf den Produzenten ermöglicht die Weiterverarbeitung im Konsumenten. Zum Beispiel kann der Benutzer von Access ein Tabellenkalkulationsfeld - ohne die Datenbank zu verlassen - in Excel weiter bearbeiten. Der Datensatz verweist auf das Spreadsheet und das Tabellenkalkulationsprogramm. Das Spreadsheet kann später direkt aus Excel oder indirekt aus der Datenbank fortgeschrieben werden. Beide Male bearbeitet der Benutzer die gleiche Datei mit der Funktionalität von Excel. Man nennt dies eine **Verknüpfung** zwischen dem Konsumenten Access und dem Produzenten Excel. Statt auf das Original zu verweisen, kann der Konsument aber auch eine Kopie verwenden. Man spricht dann von der **Einbettung** einer Kopie in ein Konsumenten-Dokument. Das Original lässt sich später mit der Erstellungsanwendung in eine andere Richtung weiter bearbeiten. Die Beispielanwendung TESTS kann zum Beispiel Aufgabeninhalte des Typs OLE verarbeiten. In einer OLE-Aufgabe kann insbesondere ein unter MS Word erstellter Aufgabentext eingebettet sein. Das Word-Dokument ist also permanenter Teil der Aufgabenbank TESTVERWALTUNG_BACKEND.MDB.

Sowohl die Verknüpfung als auch die Einbettung verweisen auf Dateiverzeichnisse und Geräte. Der Transfer verknüpfter oder eingebetteter Dokumente auf andere Verzeichnisse und Geräte muss deshalb Verweise nachführen. Der Konsument muss den Produzenten auch vom neuen Verzeichnis oder Gerät aus finden können.

Die Beispiele 3.7 und 3.8 veranschaulichen das einfache Kopieren und das komplexere Verknüpfen. Im ersten Beispiel kopiert ein Textverarbeitungsprogramm den Datensatz eines DBMS-Produzenten. Weil der Satz nur kopiert und nicht verknüpft oder eingebettet wird, ist eine Weiterbearbeitung unter dem DBMS nicht mehr möglich. Im zweiten Beispiel aktiviert der Benutzer eines Datenbanksystems ein Textprogramm und erzeugt vor Ort einen eingebetteten Text (Vor-Ort-Aktivierung). Das vom DBMS indirekt mit dem Textprogramm erzeugte Unikat kann später auch direkt aus dem Textprogramm geändert werden. Solche Änderungen zeigt die verknüpfte DBMS-Anwendung automatisch an.

1. Eine Adresse in der Datenbankanwendung markieren
2. Die markierte Adresse in die Zwischenablage kopieren
3. Einen Brief im Textverarbeitungssystem öffnen
4. Die Adresse aus der Zwischenablage in den Brief einfügen

Beispiel 3.7: Einen Datensatz in einen Text kopieren

1. Der Benutzer eines Datenbanksystems aktiviert durch einen Doppelklick auf dem Feld Abstract eines Datensatzes das verknüpfte Textprogramm
2. Er kann den Feldinhalt - ohne den Kontext des Datenbanksystems zu verlassen - mit der gewohnten Oberfläche des Textprogramms bearbeiten
3. Er verlässt das Textprogramm. Der bearbeitete Text ist nun Teil der Datenbank

Beispiel 3.8: Ein Datenfeld mit einem Textdokument verknüpfen

Aus der Sicht des Datenbanksystems sieht eine Verknüpfung oder Einbettung wie folgt aus: Ein Feld des Datentyps OLE kann jedes beliebige OLE-fähige Dokument aus einer anderen Anwendung enthalten. In einem ersten Datensatz zum Beispiel ein Bild, in einem nächsten eine Tonfolge und in einem dritten ein Tabellenkalkulationsblatt. Wenn der Benutzer zweimal auf ein OLE-Feld klickt, so wird die Erstellungsanwendung geöffnet und das betreffende Dokument kann bearbeitet werden.

Ein *verknüpftes* OLE-Dokument stammt immer aus einer externen Datei. Das OLE-Feld gibt an, *wo* die externe Datei gespeichert ist. Solange sie nicht in ein anderes Verzeichnis verlagert wird, bleibt die Verknüpfung bestehen. Ein

Doppelklick auf das Feld zeigt also immer die aktuelle Version des verknüpften Dokuments. Die Verknüpfung beansprucht weniger Speicher als die Einbettung, weil das OLE-Dokument nicht in die Datenbank kopiert wird. Ein *eingebettetes* OLE-Dokument wird hingegen dupliziert und im OLE-Feld der Tabelle gespeichert. Kopiert wird der aktuelle Zustand des Dokuments. Künftige Änderungen an der Originalversion des OLE-Dokuments schlagen sich in der eingebetteten Kopie nicht mehr nieder. Dafür kann der Benutzer die Kopie nach seinem Ermessen weiter bearbeiten, ohne das Original zu verändern.

Verknüpfen und Einbetten spielen sich vor dem folgenden Hintergrund ab: Eine sogenannte Systemdatenbank registriert alle OLE-Objekte und die damit verknüpften Programme. Aktiviert der Benutzer in einem Verbunddokument (zum Beispiel in einem Access-Feld, das auf einen Word-Text verweist) ein registriertes Objekt, so weiss das Betriebssystem, welches Programm es aufrufen soll.

Nicht nur der Endbenutzer, sondern auch der Entwickler kann OLE nutzen. OLE erlaubt dem *Endbenutzer* das Verknüpfen und Einbetten von Objekten anderer Anwendungen. Analog lässt die sogenannte **OLE-Automatisierung** den *Programmierer* Anwendungen verknüpfen, ohne dass er den Quellcode der Anwendungen benötigt oder Objektcode aus einer Programmbibliothek statisch einbinden muss (→Objektmodell). Wie DDE erfordert die OLE-Automatisierung Interprozess-Kommunikation, indem sie gleichzeitig ablaufende Programme kommunizieren lässt.

In Beispiel 3.9 verbindet der Entwickler je ein OLE-fähiges Datenerfassungs-, Datenbank-, Tabellenkalkulations- und Datenanalyseprogramm. Er verkettet die Softwarepakete über ihre Eingabe- und Ausgabedaten. So kann er aus mehreren Programmen eine Anwendung entwickeln, die sonst ein Vielfaches an Entwicklungsaufwand erfordert. Allerdings setzt die OLE-Automatisierung voraus, dass der Entwickler die verketteten Anwendungen gut kennt und alle dem OLE-Standard gehorchen.

Ein Datenerfassungsprogramm liest Börsendaten per Modem in eine Datenbank. Einen Teil der Daten verarbeitet ein Tabellenkalkulationsprogramm und gibt die Ergebnisse an eine Datenanalyse-Applikation weiter, die mit Hilfe eines ‣neuronalen Netzes eine Börsenvorhersage erstellt.

Beispiel 3.9: OLE-Automatisierung

Ein Entwickler, der OLE einsetzen will, geht in drei Schritten vor. Zuerst stellt er eine *Verbindung* zur anderen Applikation her, etwa zwischen seinem Datenbanksystem und einem Tabellenkalkulationsprogramm. Dann erzeugt er eine *Instanz* des gewünschten Automatisierungsobjekts (Excel stellt zum Beispiel über hundert verschiedene Typen von Objekten zur Verfügung. Jeder Typ kapselt einen bestimmten Aspekt von Excel). In einem dritten Schritt *programmiert* er schliesslich mit den Eigenschaften und Methoden des instanzierten Objekts. Er manipuliert die andere Applikation, als hätte er einen unmittelbaren Zugang zu ihren Daten und Prozeduren.

Das Visual Basic-Programm 3.10 ruft Access auf, um einen Verkaufsbericht am Bildschirm anzuzeigen. Dazu instanziert es ein Objekt des Typs "Access.Application", nutzt die Methoden `OpenReport` (Bericht drucken) und `OpenCurrentDatabase` (Datenbank öffnen) sowie die Objekteigenschaft `Visible` und die Anzeigekonstante `acPreview`.

```
Sub zeigeVerkaufsbericht()
  'Access-Instanz als OLE-Objektvariable deklarieren
  Dim AcInstanz As Object

  'Objekt erzeugen und der Objektvariablen zuweisen
  Set AcInstanz = CreateObject("Access.Application")

  '-- Access sichtbar starten
  AcInstanz.Visible = True
  '-- Datenbank VERKAUF.MDB öffnen
  AcInstanz.OpenCurrentDatabase "c:\db\VERKAUF.MDB"
  '-- Bericht Verkaufszahlen drucken
  AcInstanz.DoCmd.OpenReport "Verkaufszahlen",acPreview
End Sub
```

Programm 3.10: OLE-Automatisierung zwischen Visual Basic und Access

---

Aufgabe 3.5 (OLE-Objekte)

Bestimmen Sie die Art der Kommunikation mit der anderen Anwendung. Begründen Sie ihre Antwort.

a) Sie speichern das Logo einer Lieferantenfirma.
b) Jeder Bericht soll das eigene Firmenlogo enthalten.
c) Sie speichern einen Teil einer Excel-Tabelle in einem Verkaufsbericht.
d) Die Personaltabelle soll das Bild jedes Mitarbeiters enthalten.
e) Jedes Mitarbeiterformular soll den (in einem Textverarbeitungsprogramm erstellten) Lebenslauf enthalten.

Zusammenfassung

- Ein *Datenbanksystem* verwaltet im Gegensatz zu einem Dateisystem nicht isolierte Dateien, sondern zusammengehörende Dateien und ihre Beziehungen.
- Die Entwicklung von Datenbankanwendungen mit *Viertgenerationswerkzeugen* ist weniger aufwändig als der Einsatz von Werkzeugen der dritten Generation. Drittgenerationssprachen sind aber flexibler und ermöglichen laufzeit- und speichereffizientere Lösungen.
- Den Begriffen Datei, Satz und Feld entsprechen in relationalen Datenbanken die Begriffe *Tabelle*, *Zeile* und *Attribut.*
- *Befehlsschnittstellen* eignen sich wegen ihrer Flexibilität für erfahrene Benutzer, während Anfänger *Menüschnittstellen* wegen des geringeren Lern- und Schreibaufwands vorziehen.
- Ob man Dateien befehls- oder menüorientiert verwaltet, die *Grundoperationen* sind gleich: Dateien werden erstellt, geöffnet, indiziert, geschlossen und gelöscht. Und Sätze werden eingefügt, direkt oder sequentiell gesucht, editiert, ausgegeben und gelöscht.
- Unter den Betriebssystemen von Microsoft *kommunizieren* Anwendungen durch Importieren und Exportieren, Kopieren oder Einbetten und Verknüpfen. Der Programmierer kann eine Zusammenarbeit zwischen verschiedenen gleichzeitigen Applikationen durch DDE (Dynamic Data Exchange) und OLE-Automatisierung implementieren.
- *Verknüpfen* (engl. linking) integriert ein Dokument einer anderen Anwendung, indem es auf den Standort des Dokuments und auf die Erstellungsanwendung verweist. Von nun an lässt sich das Dokument aus der Konsumentenanwendung heraus durch Aufruf des Produzenten weiter bearbeiten.
- *Einbetten* (engl. embedding) integriert ein Dokument einer anderen Anwendung, indem es eine Kopie des Dokuments einbettet und auf deren Erstellungsanwendung verweist. Von nun an kann das integrierte Dokument unabhängig vom Original und vor Ort weiter bearbeitet werden.
- *OLE-Automatisierung* befähigt den Programmierer, Kernfunktionen einer anderen Anwendung aus seinem Programm aufzurufen.

Wiederholungsfragen

1. Ein Programm zur Verwaltung isolierter Dateien heisst

a) Datenbankverwaltungssystem.
b) Betriebssystem.
c) Datenbanksystem.
d) Dateiverwaltungssystem.

2. Ordnen Sie die Eigenschaften 1 bis 5 den Sprachkategorien A und B zu.

1 speichereffizient
2 laufzeiteffizient
3 anwendernah
4 produktiv
5 lernaufwändig

A Drittgenerationssprachen
B Viertgenerationssprachen

3. Ordnen Sie die Merkmale 1 bis 4 den Benutzerschnittstellen A und B zu.

1 fehlertoleranter
2 schnell für den geübten Benutzer
3 lernfreundlicher
4 flexibler

A Befehlsschnittstelle
B Menüschnittstelle

4. Ordnen Sie die Synonyme 1 bis 7 den richtigen Begriffen A bis D zu.

1 Satz
2 Identifikation
3 Spalte
4 Feld
5 Record
6 Datei
7 Relation

A Attribut
B Primärschlüssel
C Zeile
D Tabelle

5. Ordnen Sie die Eigenschaften 1 bis 12 den richtigen Verfahren A bis F zu.

1 Linking
2 Dynamic Data Exchange
3 Embedding
4 Cut and Paste
5 Copy and Paste
6 Kopie wird nicht erstellt
7 Kopie wird erstellt
8 Verweis auf die Erstellungsanwendung
9 Verweis auf das Original
10 nur für den Programmierer geeignet
11 Vor-Ort-Aktivierung
12 Transfer einfach

A Kopieren
B Verschieben
C Verknüpfen
D Einbetten
E DDE
F OLE-Automatisierung

4 Datenentwurf

Neue Begriffe

Ziele
- Redundanz minimieren
- Datenabhängigkeit minimieren

Tabellenmodell
- Objekttypen als Tabellen
- Objekte als Zeilen
- Attribute als Spalten

Anomalien
- Einfüge -
- Lösch -
- Änderungs -

Verhältnis zwischen
- Attributen als Abhängigkeit
- Tabellen als Beziehungen

Datenbankstrukturdiagramm
- Objekttypen (Tabellen)
- Beziehungen
  - 1 : 1
  - 1 : m
  - m : n

Normalisierung
- erste Normalform
- zweite Normalform
- dritte Normalform

Dank der Fortschritte der Datenbanktechnologie kann sich die Fachabteilung auf die betriebswirtschaftlichen Aspekte des Daten*entwurfs* konzentrieren. Die effiziente Datenspeicherung und -manipulation ist zwar immer noch wichtig, implementationstechnische Restriktionen haben aber für den Anwender an Bedeutung verloren. Stattdessen rückt der konzeptuelle und logische Datenentwurf in den Vordergrund. Ein *konzeptuelles* **Datenmodell** bildet die Bedürfnisse einer Miniwelt - zum Beispiel einer Fachabteilung - auf bestehende und künftige Anwendungen ab. Es kümmert sich kaum um die praktischen Einschränkungen von Datenbanksystemen. Ein *logisches* Datenmodell berücksichtigt hingegen eine bestimmte Klasse von DBMS, zum Beispiel die relationalen Datenbanksysteme (Kapitel 7). Es abstrahiert aber immer noch von den Anforderungen eines bestimmten Softwareprodukts. Erst das *physische* Modell passt das logische Datenmodell den Restriktionen des verwendeten Produkts an.

Dieses Kapitel bewegt sich an der Grenze zwischen konzeptueller und logischer Modellierung und diskutiert die wichtigsten Ziele des Datenentwurfs, die Minimierung von Redundanz und Datenabhängigkeit. Es veranschaulicht, welche Anomalien beim unüberlegten Datenentwurf auftreten können. Die Wahrscheinlichkeit von Anomalien wird durch das Normalisierungsverfahren verringert. Wir führen es an Beispielen ein und stellen es in den Gesamtzusammenhang des Datenentwurfs.

4.1 Ziele

4.1.1 Minimale Redundanz

Bisher haben wir nur unverbundene Dateien und Tabellen mit wenigen Attributen betrachtet. Ein betriebliches Informationssystem beschreibt aber Hunderte, ja Tausende von Attributen. Ihre Aufnahme in eine einzige Tabelle ist aus zwei Gründen nicht sinnvoll:

1) Datenverwaltungssysteme beschränken aus implementationstechnischen Gründen die Zahl der Sätze pro Tabelle, der Felder und Zeichen pro Satz und der Zeichen pro Feld.
2) Je mehr Felder ein Satz enthält, desto grösser ist die Wahrscheinlichkeit, dass ein Teil seiner Information auch in anderen Sätzen vorkommt. So speichert die Tabelle VERANSTALTUNG aus den Attributen Name, Dozent, Abteilung mehrmals das gleiche Paar [Dozent, Abteilung], falls der gleiche

Dozent mehrere Veranstaltungen hält. Dies führt nicht nur zur Verschwendung von Speicherplatz, sondern auch zu Problemen beim Fortschreiben der Tabelle. Der folgende Tabellenauschnitt sagt zum Beispiel zweimal, dass der Dozent Fritz Müller der ›BWL-Abteilung angehört.

VERANSTALTUNG

Name	Dozent	Abteilung
Informatik II	Müller Fritz	BWL
Organisationslehre I	Müller Fritz	BWL
...	...	...

Duplikate, die ohne Informationsverlust weggelassen werden können, nennt man **redundant**. Text 4.1 nennt ein besonders augenfälliges Beispiel von Redundanz. Weil Redundanz nicht nur Speicherplatz verschwendet, sondern auch zu Änderungsproblemen führt, ist die Minimierung der Redundanz ein wichtiges Ziel des Datenentwurfs.

Eine Untersuchung an einer amerikanischen Universität ergab, dass Studierende während des Studiums die Matrikelnummer mehr als 300mal nennen mussten. Fast jedes Mal gaben sie zusammen mit der Matrikelnummer Daten wie Vorname, Name und Semester an. Insgesamt zählte man 99 Dateien, welche neben zusätzlicher Information all diese Daten speicherten.

Beispiel 4.1: Redundante Daten

4.1.2 Minimale Datenabhängigkeit

Anwendungen ohne Zugriff auf Datenbanksysteme ordnen jedem Programm eigene Dateien zu. Die Datei- und Satzvereinbarungen der Programme überlappen sich deshalb stark. Die gleiche Kundenadresse wird zum Beispiel in einem halben Dutzend Dateien deklariert. Ändert eine Adresse, so müssen sechs Dateien nachgeführt werden. Form und Inhalt der zugreifenden Programme hängen stark von den Daten ab. Ändert die Satzstruktur einer Adressdatei (etwa durch die Aufnahme eines zusätzlichen Feldes), so müssen alle Programme mit der neuen Satzdeklaration kompiliert werden. Neben der Redundanzminimierung ist deshalb die **minimale Abhängigkeit** der Programme von Änderungen der Daten ein wichtiges Ziel des Datenentwurfs.

Redundanz und Datenabhängigkeit minimieren ist nicht einfach. Ähnlich wie die Datenstrukturen und Algorithmen grosser Programme müssen die logische und physische Organisation grosser Datenbestände *vor* der Datenerfassung, -manipulation und -speicherung sorgfältig entworfen werden. Der folgende Abschnitt beschreibt einige Methoden des Datenentwurfs.

4.2 Methoden

Redundanz lässt sich vor allem dann vermeiden, wenn die gewünschten Attribute sorgfältig auf geeignete Tabellen verteilt werden. Der erste Teil dieses Abschnitts zeigt an Beispielen, wie man einen Teil der Redundanz, die bei der Tabellendefinition auftritt, vermeiden kann. Das **Normalisierungsverfahren** spaltet eine Tabelle mit redundanten Einträgen in mehrere Tabellen mit weniger Redundanz. Der zweite Teil verallgemeinert die am Beispiel gewonnene Lösung und stellt die Normalisierung in den Gesamtzusammenhang des Datenentwurfs.

4.2.1 Beseitigung von Anomalien

Ausgangslage

Ein Objekttyp VERANSTALTUNG werde durch die Attribute Name, Stunden, Dozent, Raumnummer, Plätze und Semester beschrieben. Eine Veranstaltung findet jede Woche zur gleichen Zeit im gleichen Raum statt. Die Raumzuteilung kann sich aber von Semester zu Semester ändern. Die Tabelle 4.2 veranschaulicht diese Spezifikation an drei Beispielzeilen.

VERANSTALTUNG

<u>Name</u>	*Stunden*	*Dozent*	*Raumnummer*	*Plätze*	*Semester*
Recht	2	Meier	111, 112	200, 150	SS93, SS94
BWL	4	Schmid	111	200	WS94, SS95
VWL	3	Müller	112	150	SS94, WS95

Tabelle 4.2: Attribute mit Wiederholungsgruppen (umrandet)

Jede Zeile enthält mindestens eine **Wiederholungsgruppe**. Das heisst, mindestens eine ihrer Zellen besteht aus *mehreren* Attributwerten. Identifikationsschlüssel ist der Veranstaltungsname (Wir nennen den Identifikations- oder Primärschlüssel auch bloss Schlüssel und unterstreichen ihn).

Erste Transformation

Viele Softwareprodukte, aber auch theoretische Überlegungen zum Datenentwurf, setzen feste Feldlängen voraus. Wiederholungsgruppen widersprechen diesem Erfordernis. In einem ersten Normalisierungsschritt redefinieren wir deshalb die Tabelle VERANSTALTUNG ohne Wiederholungsgruppen. Weil nun aber ein Veranstaltungsname allein die Tabellenzeile nicht mehr identifiziert, erweitern wir den Schlüssel (Tabelle 4.3). Neue Identifikation wird das zusammengesetzte Attribut Name+Semester, weil nach Spezifikation pro Semester nur eine einzige Veranstaltung mit dem gleichen Namen stattfinden kann.

VERANSTALTUNG

Name	*Semester*	*Stunden*	*Dozent*	*Raumnummer*	*Plätze*
Recht	SS93	2	Meier	111	200
Recht	SS94	2	Meier	112	150
BWL	WS94	4	Schmid	111	200
BWL	SS95	4	Schmid	111	200
VWL	SS94	3	Müller	112	150
VWL	WS95	3	Müller	112	150

Tabelle 4.3: Anomalien durch den neuen Schlüssel (umrandet)

Die Tabelle 4.3 enthält zwar keine Wiederholungsgruppen mehr, die entstandene Redundanz bewirkt aber die folgenden Anomalien:

a) **Einfügeanomalie**: Die Identifikation eines Satzes setzt nun die Attribute Name *und* Semester voraus. Es ist daher nicht möglich, eine neue Veranstaltung in die Tabelle aufzunehmen, bevor nicht die Werte *beider* Attribute bekannt sind.

b) **Löschanomalie**: Wird einer der beiden Schlüsselwerte gelöscht, so identifiziert der verbleibende Wert den Satz nicht mehr. Identifikationsschlüssel dürfen also weder völlig noch teilweise gelöscht werden.

c) **Änderungsanomalie**: Wird ein Attribut geändert, so müssen unter Umständen *mehrere* Sätze geändert werden. Achtet der Benutzer nicht darauf, dass *alle* Sätze geändert werden, so entstehen Inkonsistenzen. Wenn zum Beispiel der Veranstaltungsname 'Recht' in 'Recht für Wirtschaftswissenschafter' umbenannt werden soll, so müssen mehrere Sätze (im Beispiel 4.3 zwei) geändert werden.

Aufgabe 4.1 (Anomalien)

Welche Anomalien entstehen in der Tabelle VERANSTALTUNG von Beispiel 4.3, wenn (a) im ersten Satz der Wert für Stunden geändert wird und (b) eine neue Veranstaltung in die Tabelle aufgenommen wird, von der erst der Name feststeht?

Ein Teil der Anomalien lässt sich durch eine Aufteilung von VERANSTALTUNG in eine gekürzte Tabelle mit dem gleichen Namen und eine weitere Tabelle ORGANISATION beheben (Tabellen 4.4 und 4.5).

Zweite Transformation

VERANSTALTUNG

Name	*Stunden*
Recht	2
BWL	4
VWL	3

Tabelle 4.4: Keine Einfügeanomalie mehr

In Tabelle 4.4 besteht die Einfügeanomalie nicht mehr. In der modifizierten Tabelle VERANSTALTUNG können wir nämlich eine Veranstaltung mit Name und Stunden einfügen, ohne dass das Semester bereits bekannt sein muss.

Die Resttabelle ORGANISATION von Abbildung 4.5 enthält aber immer noch Redundanz, welche sich zum Beispiel in der folgenden Einfügeanomalie äussert: Weil die Identifikation eines Satzes die Schlüsselattribute Name und Semester benötigt, kann ein neuer Raum nur dann in die Tabelle aufgenommen

ORGANISATION

Name	*Semester*	*Raumnummer*	*Plätze*	*Dozent*
Recht	SS93	111	200	Meier
Recht	SS94	112	150	Meier
BWL	WS94	111	200	Schmid
BWL	SS95	111	200	Schmid
VWL	SS94	112	150	Müller
VWL	WS95	112	150	Müller

Tabelle 4.5: Resttabelle nach der Spaltung von VERANSTALTUNG

werden, wenn Name *und* Semester der im Raum stattfindenden Veranstaltung bekannt sind. Viele relationale Datenbanksysteme prüfen für jeden neuen Satz, ob bereits ein Duplikat mit dem gleichen Schlüsselwert existiert. Tabelle 4.5 kann dies erst dann prüfen, wenn der neue Satz einen vollständigen Schlüssel enthält. Ein Satz mit einem Teilschlüssel liesse sich noch nicht von bereits vorhandenen Sätzen mit dem gleichen Teilschlüsselwert unterscheiden. Das Erfordernis eindeutiger Tabellenzeilen - ein zentraler Punkt relationaler Datenbanksysteme - wäre nicht erfüllt.

Neben der im letzten Absatz beschriebenen Einfügeanomalie enthält die Tabelle ORGANISATION auch Lösch- und Änderungsanomalien. Der Leser findet diese Anomalien leicht selbst.

Dritte Transformation

Ein Teil der Anomalien von ORGANISATION lässt sich durch eine weitere Aufspaltung in eine gekürzte Tabelle mit dem gleichen Namen ORGANISATION und eine dritte Tabelle RAUM beseitigen (Tabellen 4.6 und 4.7):

ORGANISATION

Name	*Semester*	*Dozent*	*Raumnummer*
Recht	SS93	Meier	111
Recht	SS94	Meier	112
BWL	WS94	Schmid	111
BWL	SS95	Schmid	111
VWL	SS94	Müller	112
VWL	WS95	Müller	112

Tabelle 4.6: ORGANISATION mit weniger Redundanz (Verbundwerte umrandet)

RAUM

Raumnummer	Plätze
111	200
112	150

Tabelle 4.7: Keine Anomalien mehr (Verbundwerte umrandet)

Die folgende Änderungsanomalie von ORGANISATION besteht nun nicht mehr: In der neuen Tabelle RAUM kann das Wertepaar [Raumnummer, Plätze] nicht mehr redundant vorkommen. Und Änderungen führen nicht mehr zu Inkonsistenzen. Die drei Transformationsschritte haben allerdings die Redundanz der Ausgangstabelle nicht völlig beseitigt. Anders als in VERANSTALTUNG und RAUM können in der Tabelle ORGANISATION wegen des zusammengesetzten Schlüssels immer noch Anomalien vorkommen.

Die Vermeidung von Anomalien darf nicht zu isolierten Tabellen führen. Die entstehenden Tabellen müssen über **Verbundattribute** in der gleichen Beziehung bleiben, wie vor der Transformation (Abschnitt 4.2.2). Zum Beispiel muss sich die Frage nach der Zahl der Plätze, die Dozent Meier im SS93 zur Verfügung stehen, auch nach der Transformation noch beantworten lassen. In unserem Beispiel bleiben die drei Tabellen wie folgt verbunden: Das Verbundattribut zwischen den Tabellen VERANSTALTUNG und ORGANISATION ist Name, jenes zwischen ORGANISATION und RAUM Raumnummer.

Die schrittweise Aufspaltung einer Tabelle mit dem Ziel der Redundanzverminderung nennt man **Normalisierung**. Wir haben die Normalisierungsschritte intuitiv und an einem Beispiel durchgeführt. Abschnitt 4.3 verallgemeinert das Verfahren und stellt es in den Gesamtzusammenhang des Datenentwurfs. Zuerst vertieft aber Abschnitt 4.2.2 die Verbindung von Tabellen durch Verbundattribute.

4.2.2 Datenbankstrukturdiagramme

Ein sorgfältiger Datenentwurf ist auch dann wichtig, wenn das Datenbanksystem nicht dem bisher verwendeten Tabellenmodell folgt. Die Terminologie dieses Abschnitts spricht deshalb auch von von Objekttypen statt von Tabellen. Sätze des gleichen **Objekttyps** bestehen aus den gleichen Attributen und sind gleich strukturiert. Zwischen Objekttypen bestehen →**Beziehungen**, welche durch →**Datenbankstrukturdiagramme** graphisch dargestellt werden: Objekttypen sind Kästchen und Beziehungen Pfeile zwischen den Kästchen. Der dritte Transformationsschritt des letzten Abschnitts lässt sich zum Beispiel als Übergang zwischen den Datenbankstrukturdiagrammen der Bilder 4.8 und 4.9 darstellen.

Ein Satz der Tabelle VERANSTALTUNG kann mit mehreren Sätzen der Tabelle ORGANISATION verbunden sein. Eine solche Beziehung nennt man **1:m** (sprich eins zu m), weil 1 Satz aus der einen Tabelle zu einem oder mehreren Sätzen der anderen Tabelle in Beziehung steht. Die 1:m-Beziehung (auch etwa 1:n-Beziehung genannt) zwischen VERANSTALTUNG und ORGANISATION lässt sich wie folgt beschreiben: Eine Veranstaltung kann mehrere organisatorische Konstellationen haben (Kombinationen von Semester, Raum, Plätzen und Dozent).

Die Bilder 4.8 und 4.9 enthalten nur 1:m-Beziehungen. Eine 1:m-Beziehung enthält auf der 1: - Seite einen einfachen Pfeil und auf der :m-Seite einen doppelten Pfeil. Daneben sind auch 1:1- und m:n-Beziehungen möglich. Eine **1:1**-Beziehung ordnet jedem Datensatz einer Tabelle genau einen Satz einer anderen Tabelle zu und umgekehrt. Die 1:1-Beziehung zwischen zwei verschiedenen Tabellen ist selten, weil sie sich ohne zusätzliche Redundanz auch in einer einzigen Tabelle speichern lässt (Abschnitt 4.3, lit. d). Eine 1:1-Beziehung wird graphisch als Verbindungsgerade dargestellt, die auf beiden Seiten mit einem Pfeil endet. Eine **m:n**-Beziehung besteht zum Beispiel unter der folgenden Voraussetzung zwischen einer Tabelle STUDIERENDE und einer Ta-

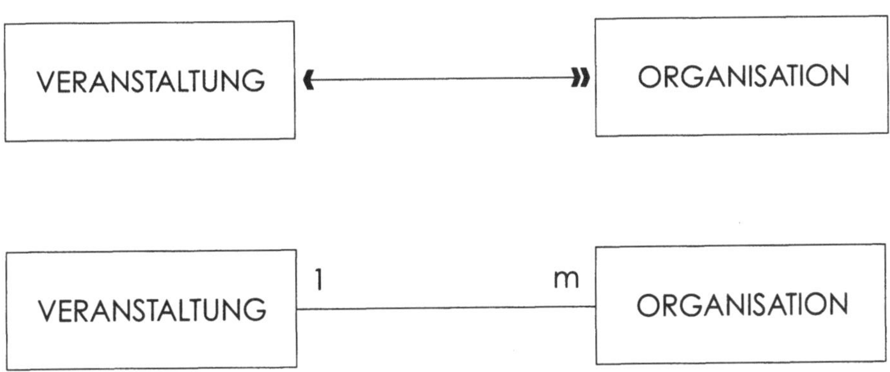

Bild 4.8: Darstellungen der 1:m-Beziehung zwischen den Tabellen 4.4 und 4.5

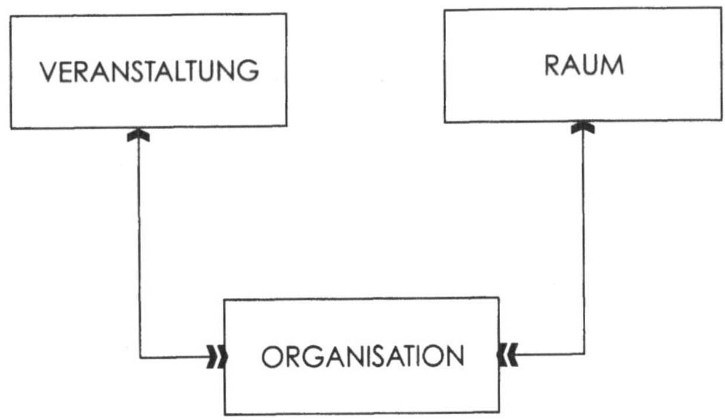

Bild 4.9: 1:m-Beziehungen zwischen den Tabellen 4.4, 4.6 und 4.7

belle DOZIERENDE: Ein Studentin kann bei mehreren (m) Dozierenden hören, und eine Dozentin unterrichtet mehrere (n) Studierende. Eine m:n-Beziehung enthält auf jeder Seite der Verbindungslinie einen doppelten Pfeil.

Übersicht 4.10 fasst die Beziehungstypen 1:1, 1:m und m:n zusammen. Ausserdem definiert sie die zusätzlichen Beziehungen 1:c und 1:mc. Diese gelten auch dann, wenn einem Satz der einen Tabelle *kein* Satz aus der anderen Tabelle entspricht. Datenbanksysteme unterstützen in der Regel die fett gedruckten 1:1- und 1:m-Beziehungen automatisch. Sie stellen zum Beispiel sicher, dass in einer solchen Beziehung einem Satz immer auch mindestens ein anderer Satz entspricht (›Beziehungsintegrität, vgl. Abschnitte 6.1 und 6.2). Die Prüfung der übrigen Beziehungstypen muss der Anwender meist selbst implementieren. Abschnitt 4.4 wird zeigen, dass der Anwender des relationalen Datenmodells die m:n-Beziehung zwischen zwei Tabellen durch eine dritte (benutzerdefinierte) Verbindungstabelle abbilden muss.

Beziehungstyp	*linke Seite (... :)*	*rechte Seite (: ...)*
1:1	**1 Satz**	**1 Satz**
1:c	1 Satz	kein oder 1 Satz
1:m	**1 Satz**	**1 oder mehrere Sätze**
1:mc	1 Satz	kein, 1 oder mehrere Sätze
m:n	1 oder mehrere Sätze	1 oder mehrere Sätze

Übersicht 4.10: Beziehungstypen (Fette Typen werden automatisch unterstützt)

Relationale Datenbanksysteme knüpfen Beziehungen zwischen zwei Tabellen durch übereinstimmende Werte von **Verbundattributen** (engl. common fields). Der Wert des Primärschlüssels der einen Tabelle (*Haupt*tabelle) stimmt mit einem oder mehreren Werten eines Attributs der anderen Tabelle (*Detail*tabelle) überein. Das Attribut der Detailtabelle, das mit dem Primärschlüsselwert der Haupttabelle übereinstimmt, heisst **Fremdschlüssel**. In RAUM ist Raumnummer Primärschlüssel (Tabelle 4.7). Die Verbindung zu ORGANISATION wird durch einen Fremdschlüssel des gleichen Namens geknüpft (Tabelle 4.6). Eine Beziehung muss nicht durch Verbundattribute des gleichen Namens geknüpft werden. Statt Raumnummer könnte der Fremdschlüssel ebenso gut nur Nummer oder Saalnummer heissen. Erforderlich ist nur, dass die *Wertebereiche des Primär- und Fremdschlüssels kompatibel* sind. Der Endbenutzer kann Haupt- und Detailtabelle einfach traversieren. Wenn er die eine Tabelle durchläuft, bewegt das System den Datensatzzeiger der anderen Tabelle synchron. Es zeigt also laufend Sätze mit gleichen Verbindungswerten.

In einer 1:m-Verbindung ist das Verbundattribut der Haupttabelle gleichzeitig Primärschlüssel und enthält deshalb nur Unikate. Das Fremdschlüsselattribut der Detailtabelle darf auch Duplikate enthalten. Nach der dritten Transformation kann sich zum Beispiel ein VERANSTALTUNGssatz auf mehrere ORGANISATIONssätze beziehen, während sich ein ORGANISATIONssatz nur auf einen VERANSTALTUNGssatz bezieht. Ein RAUMsatz ist mit mehreren ORGANISATIONssätzen verbunden, während ein ORGANISATIONssatz nur mit einem RAUMsatz verbunden ist. Das Datenbankstrukturdiagramm besteht aus zwei 1:m-Beziehungen (Bild 4.9).

Bild 4.11 zeigt das Datenbankstrukturdiagramm von Bild 4.9 in der Darstellung des Datenbanksystems Access. Wegen der gleich benanntenVerbundattribute kann Access das Diagramm ohne Zutun des Benutzers erzeugen. Zusätzlich lassen sich Eigenschaften der dargestellten Verknüpfung definieren - zum Beispiel die Anforderung, die Beziehungsintegrität automatisch zu prüfen (Abschnitte 6.2 und 7.2.3).

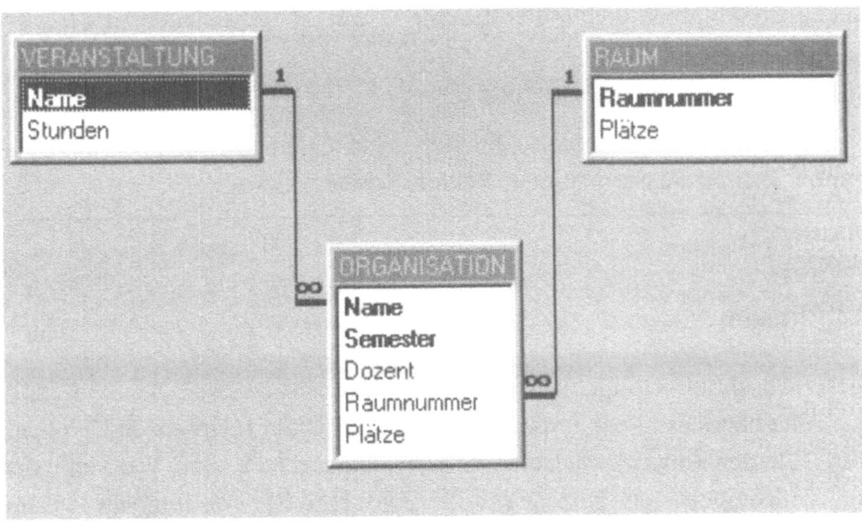

Bild 4.11: Datenbankstrukturdiagramm von Bild 4.9 in MS Access

Aufgabe 4.2 (Beziehungen zwischen Objekttypen)

Suchen Sie nach Beziehungen der Typen 1:1, 1:m und m:n zwischen den folgenden Objekttypen:

a) Mutter - Kind
b) Dozent - Student
c) Ehemann - Ehefrau
d) Kunde - Bestellung

Aufgabe 4.3 (Datenbankstrukturdiagramm)

Zeichnen Sie ein Datenbankstrukturdiagramm einer nichtnormalisierten Datenbank zum folgenden Sachverhalt:

Ein Zoo beherbergt viele Tierarten. Von jeder Tierart gibt es mehrere Exemplare. Jede Tierart wird vom gleichen Pfleger betreut. Eine Tierart benötigt eine bestimmte Mischung verschiedener Futtermittel, die bei mehreren Lieferanten bestellt werden können. Die Tierarten sind in unterschiedlichen Räumen untergebracht. Einige dieser Räume enthalten ein Abteil zur Lagerung von einem oder mehreren Futtermitteln.

Aufgabe 4.4 (Datenbankstrukturdiagramm)

Verbinden Sie die folgenden Objekttypen in einem Datenbankstrukturdiagramm: Lehrer, Klassenzimmer, Rektor, Schüler, Lektion.

4.3 Phasen

Dieser Abschnitt verallgemeinert das Normalisierungsbeispiel von Abschnitt 4.2.1 und bettet es in ein einfaches Phasenmodell des relationalen Datenentwurfs. Für den Entwurf von Datenbanken existiert eine Vielfalt von Methoden und Werkzeugen (siehe zum Beispiel HAL95, HAL01). Das folgende Phasenmodell deckt nur einen kleinen Teil der Probleme ab, die der Entwurf umfangreicher und komplexer Datenbanken stellt. Es erfüllt aber seinen Hauptzweck, nämlich das Normalisierungsverfahren, das Datenbankstrukturdiagramm und den Problemkreis der Integritätssicherung (Abschnitt) unter dem Dach eines einfachen Datenentwurfs zu vereinen.

1. Sammle die Anforderungen der künftigen Anwender

Dazu gehören Anforderungen an die Definition, Eingabe, Ausgabe, Änderung und die Abfrage von Daten.

2. Identifiziere Objekttypen und interpretiere Sie als Tabellen

a) Entwerfe eine Tabelle für jeden Objekttyp des Objektbereichs

Kommen zum Beispiel im Betrieb XY Angestellte und Abteilungen vor, so erstellen wir die Tabellen ANGESTELLTE und ABTEILUNGEN. Diese anfängliche Bildung von Objekttypen ist nicht immer eindeutig und muss später oft revidiert werden.

b) Ordne jeder Tabelle eine Identifikation zu

Für die Tabelle ANGESTELLTE ist die Personalnummer eine mögliche Identifikation. Sie ist für den eindeutigen Zugriff auf eine Tabellenzeile notwendig, zum Beispiel bei Verknüpfungen von Tabellen über einen Fremdschlüssel. Ausserdem ermöglicht sie auch die spätere Normalisierung der in Schritt a) gefundenen Tabellen.

Gelegentlich eignen sich mehrere Attribute als Schlüssel. Einen dieser **Schlüsselkandidaten** wählt man mehr oder weniger willkürlich. Einfache Schlüssel eignen sich zum Beispiel besser als zusammengesetzte (Abschnitt 4.2.1). Der Unterschied zwischen Schlüssel und Schlüsselkandidat fällt nicht mit dem Unterschied zwischen Primär- und Sekundärschlüssel zusammen. Ein Sekundärschlüssel braucht - im Gegensatz zu einem Schlüsselkandidaten - eine Tabellenzeile nicht eindeutig zu kennzeichnen. Er beschleunigt nur den Zugriff oder die Sortierung (Abschnitt 2.4: Modell der indizierten Dateiorganisation).

Aufgabe 4.5 (Schlüsselkandidaten)

Bezeichnen Sie für die folgenden Fälle die Schlüsselkandidaten und wählen Sie einen Schlüssel:

ANGESTELLTE(Personalnr., AHV-Nummer, Abteilungsnummer, Name, Adresse)
ABTEILUNGEN(Abteilungsnummer, Name, Leiter, Angestelltenzahl).

---

c) Bestimme die restlichen Attribute

Für die Tabelle ANGESTELLTE sind neben einem Schlüsselattribut wie Personalnummer Merkmale wie Name, Adresse, Mitarbeiterzahl und Gehalt denkbar. Diese Zuordnung von Attributen zu einer Tabelle kann in einem späteren Schritt revidiert werden.

d) Verbinde die Tabellen durch Fremdschlüssel

Die Objekttypen DIPLOMAND und REFERENT sollen den Zusammenhang zwischen dem Fremdschlüsselbegriff (Abschnitt 4.2.2) und 1:1-, 1:m- und m:n-Beziehungen veranschaulichen: Hat jeder Diplomand genau einen Referenten und betreut jeder Referent nur einen Diplomanden, so besteht eine **1:1**-Beziehung. Jede Tabelle muss dann die Identifikation der anderen Tabelle enthalten. Nur so ist es möglich, für einen beliebigen Diplomanden (Referenten) den betreuenden Referenten (den betreuten Diplomanden) zu finden. Enthält eine Tabelle die Identifikation einer anderen Tabelle als Attribut, so nennt man das Attribut Fremdschlüssel. Die folgenden Tabellengerüste beschreiben die 1:1-Beziehung allgemein:

TABELLE1(Identifikation1, ..., Identifikation2) % Identifikation2 ist Fremdschlüssel
TABELLE2(Identifikation2, ..., Identifikation1) % Identifikation1 ist Fremdschlüssel

Abschnitt 4.2.2 (Datenbankstrukturdiagramme) hat bereits darauf hingewiesen, dass sich 1:1-Beziehungen in einer einzigen Tabelle darstellen lassen. Eine Tabelle EHEGATTEN kann zum Beispiel die Beziehung Heirat wie folgt darstellen:

EHEGATTEN(Versicherungsnr,Name,Geschlecht,..,Versicherungsnr).

Jede Zeile wird durch die Versicherungsnummer des Ehegatten identifiziert. Alle Ehegatten werden ausserdem durch weitere Attribute, zum Beispiel Name und Geschlecht, charakterisiert. Das letzte Attribut ermöglicht die Verbindung zum Ehepartner. Eine Spaltung der Tabelle würde sich logisch nur dann aufdrängen, wenn entweder polygame Beziehungen (1:m oder m:n) erlaubt wären oder Ehegattinnen und Ehegatten durch unterschiedliche Attribute beschrieben würden.

Betreut ein Referent mehrere Diplomanden und hat ein Diplomand genau einen Referenten, so besteht eine **1:m**-Beziehung. Die Detailtabelle DIPLOMAND muss die Identifikation der Haupttabelle REFERENT enthalten, damit für jeden Diplomanden die Beziehung zum entsprechenden Referentensatz geknüpft werden kann. Die Haupttabelle REFERENT darf hingegen die Identifikation von DIPLOMAND nicht als Fremdschlüssel enthalten, da dies wegen der 1:m-Beziehung zu Wiederholungsgruppen führen würde. Wenn zu einem bestimmten Referenten die betreuten Diplomanden gesucht sind, so muss in der Detailtabelle DIPLOMAND über den Fremdschlüssel Referent nach allen entsprechenden Sätzen gesucht werden. Allgemein lautet die 1:m-Beziehung (Verbundattribute fett):

HAUPTTABELLE(*Identifikation2*, ...)
DETAILTABELLE(Identifikation1, ..., *Identifikation2*).

Eine **m:n**-Beziehung besteht dann, wenn ein Referent mehrere Diplomanden und ein Diplomand mehrere Referenten haben kann. Im relationalen Datenbankmodell muss eine **Verbindungstabelle** eingerichtet werden, damit Abfragen von einer Tabelle zur anderen möglich werden (vgl. Abschnitt 4.4):

TABELLE1(Identifikation1, ...)
TABELLE2(Identifikation2, ...)
VERBINDUNG(Identifikation1, Identifikation2, ...).

Die Verbindungstabelle kann ausser den beiden Fremdschlüsseln weitere Attribute enthalten, zum Beispiel das Datum der Anmeldung bei den Referenten. Die Identifikation der Verbindungstabelle besteht aus den beiden Fremdschlüsseln Identifikation1 und Identifikation2.

Die Verbindung von Tabellen durch Fremdschlüssel ist nicht nur im zweiten Entwurfsschritt (Darstellung der Anforderungen in Tabellenform) von Bedeutung, sondern spielt auch in der Normalisierung eine wichtige Rolle.

3. Normalisiere die Tabellen

Wir formulieren die Normalisierungsschritte allgemein und verdeutlichen sie dann am Hochschulbeispiel von Abschnitt 4.2.1 (Beseitigung von Anomalien).

a) Erster Normalisierungsschritt

Eine Tabellenzelle darf nur *einen* Attributwert enthalten. Kommen in einer Tabelle Wiederholungsgruppen vor, so muss für jeden Wert der Wiederholungsgruppe eine Tabellenzeile eingefügt werden. Ausserdem wird die Identifikation erweitert (Bild 4.12).

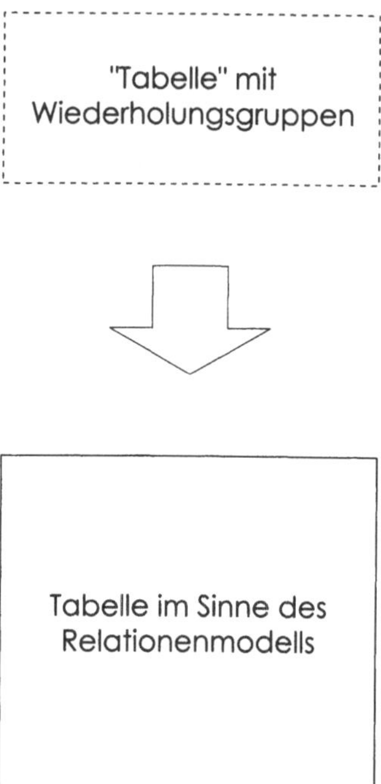

Bild 4.12: 1. Normalisierungsschritt: Wiederholungsgruppen aufteilen

Im Hochschulbeispiel führt der erste Normalisierungsschritt von einer Ausgangstabelle mit einem einfachen Schlüssel zu einer Ergebnistabelle mit einem zusammengesetzten Schlüssel:

Ausgangstabelle: VERANSTALTUNG(Name, Semester, ...)
Ergebnistabelle: VERANSTALTUNG(Name, Semester, ...).

Die Entfernung von Wiederholungsgruppen führt zu Redundanz. Werden aus VERANSTALTUNG(Name, Semester, Stunden, Dozent, Raumnummer, Plätze) alle Wiederholungsgruppen entfernt, so kommen die Paare [Name, Stunden] und [Raumnummer, Plätze] mehrfach vor. Ausserdem identifiziert der Veranstaltungsname eine Zeile nicht mehr. Der neue Schlüssel heisst Name+Semester. Eine Tabelle ohne Wiederholungsgruppen und mit einem erweiterten Schlüssel nennt man **in erster Normalform**.

b) Zweiter Normalisierungsschritt

> Bilde aus jenen Attributen, die nur von einem *Teil* des zusammengesetzten Schlüssels abhängen, eine neue Tabelle. Dieser Schlüsselteil wird Identifikation der neuen Tabelle (Bild 4.13).

Im Hochschulbeispiel wird die Ausgangstabelle VERANSTALTUNG gekürzt, und aus den restlichen Attributen entsteht die abgespaltene Tabelle ORGANISATION.

Ausgangstabelle:
VERANSTALTUNG(Name,Semester, Stunden, Dozent, Raum, Plätze)
Ergebnistabellen:
VERANSTALTUNG(Name, Stunden)
ORGANISATION(Name,Semester, Raumnummer, Plätze, Dozent)

Die *zusammengesetzte* Identifikation von ORGANISATION ist notwendig, weil die gleiche Veranstaltung in verschiedenen Semestern stattfinden kann. Hin-

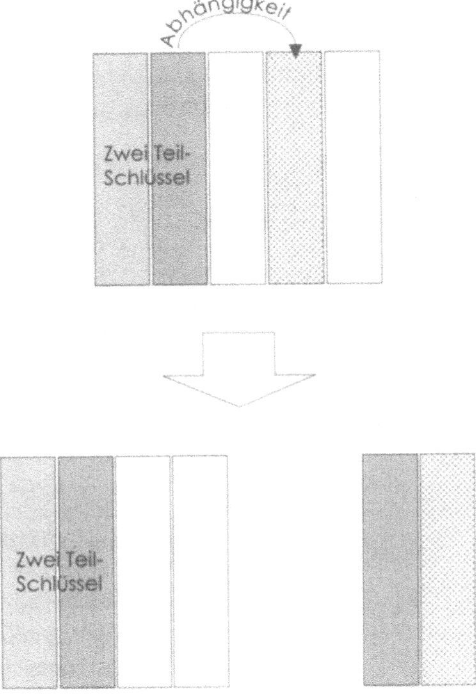

Bild 4.13: 2. Normalisierungsschritt: *Teilschlüssel*-Abhängigkeiten abspalten

gegen ist die Stundenzahl einer Veranstaltung allein durch ihren Namen bestimmt. Das Attribut Stunden hängt also nur von einem Teil der Identifikation ab. Gemäss Regel bilden deshalb die Attribute Name und Stunden eine neue Tabelle. Name wird Identifikation der neuen Tabelle und kommt weiterhin auch in der Tabelle ORGANISATION vor. Das Schlüsselattribut Name ist zwar redundant, eine Verbindung zwischen VERANSTALTUNG und ORGANISATION ist aber nur über Name möglich. Tabellen in erster Normalform, die keine teilschlüsselabhängigen Attribute enthalten, heissen **in zweiter Normalform**.

Im zweiten und dritten Normalisierungsschritt spielt der Begriff der Abhängigkeit zwischen zwei Attributen eine wichtige Rolle. Abhängigkeiten unterscheiden sich von den Beziehungen der Datenbankstrukturdiagramme von Abschnitt 4.2.2: Datenbankstrukturdiagramme beschreiben *Beziehungen* zwischen ganzen Tabellen. *Abhängigkeiten* bestehen hingegen zwischen zwei Attributen einer Tabelle. Ein Attribut B hängt von einem anderen Attribut A der gleichen Tabelle genau dann ab, wenn zu jedem Zeitpunkt t jeder Wert von A eindeutig einen Wert B = f(A) bestimmt. Man sagt auch, A determiniere B und stellt dies als A → B dar. Weil zu jedem A genau ein B existiert, lässt sich B auch als Funktion von A interpretieren. Man spricht deshalb auch von **funktionaler Abhängigkeit**. Wir lassen in der Folge "funktional" weg und sprechen nur von Abhängigkeit. Die Tabellen 4.14 und 4.15 fassen die Beziehungen und Abhängigkeiten der Datenbank Hochschule zusammen.

Beziehung	*Haupttabelle*	*Detailtabelle*	*Bedeutung*
1:m	VERANSTALTUNG	ORGANISATION	Eine Veranstaltung kann mehrere Organisationsformen annehmen
1:m	RAUM	ORGANISATION	Ein Raum kann in mehreren Organisationsformen vorkommen

Tabelle 4.14: Beziehungen zwischen den normalisierten Hochschultabellen

Bestimmendes Attribut	*Bestimmtes Attribut*	*Bedeutung*
Name →	Stunden	Mit dem Namen einer Veranstaltung ist immer auch deren Stundenzahl bekannt
Raumnummer →	Plätze	Ein bestimmter Raum hat eine bestimmte Anzahl Plätze

Tabelle 4.15: Abhängigkeiten in der Datenbank Hochschule

Abhängigkeiten bestehen nicht nur zwischen einfachen, sondern auch zwischen zusammengesetzten und einfachen Attributen. Bei der Normalisierung von Tabellen sind beide Fälle wichtig:

- Der zweite Normalisierungsschritt untersucht, ob ein Nichtschlüsselattribut von einem Teil eines *zusammengesetzten* Schlüssels abhängt.
- Der dritte Schritt untersucht, ob Nichtschlüsselattribute von anderen Nichtschlüsselattributen abhängen.

Aufgabe 4.6 (Abhängigkeit von Attributen)

Bestimmen Sie in den folgenden Fällen, ob ein Attribut von einem anderen abhängt. Nennen Sie dabei die getroffenen Annahmen.

a) Ist der Kundenname in einer Tabelle KUNDEN von der Kundennummer abhängig?
b) Ist eine Kundenadresse in der selben Tabelle vom Kundennamen abhängig?
c) Ist in der Tabelle ANGESTELLTE von Aufgabe 4.5 die Abteilungsnummer von der Angestelltennummer abhängig?
d) Ist in der Tabelle VERANSTALTUNG der Name des Dozenten abhängig vom Veranstaltungsnamen?

---

c) Dritter Normalisierungsschritt

> Bilde aus jenen *Nichtschlüssel*attributen, die von anderen Nichtschlüsselattributen abhängen, eine neue Tabelle (Bild 4.16).

In der Datenbank Hochschule bestimmt das Attribut Raumnummer die Zahl der Plätze. Raumnummer und Plätze sind beides Nichtschlüsselattribute und bilden deshalb eine neue Tabelle:

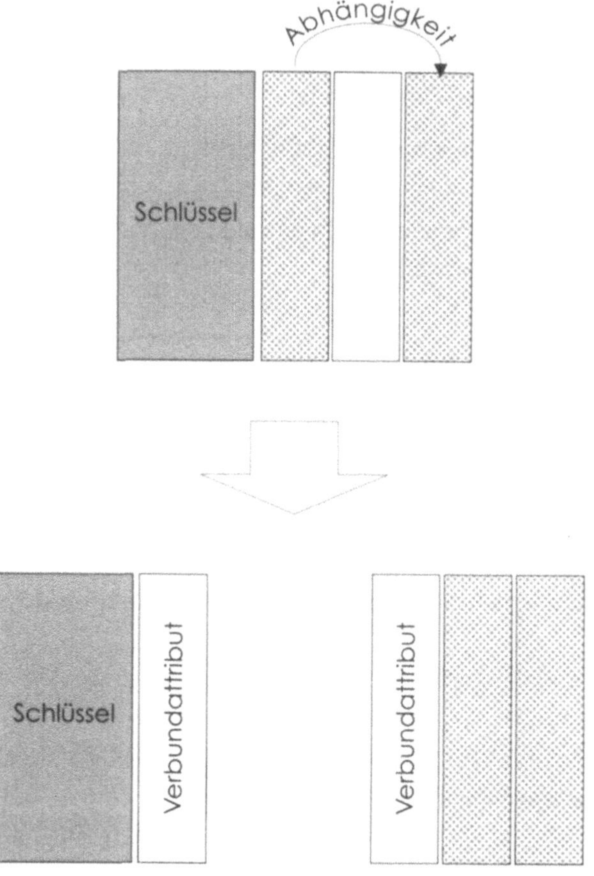

Bild 4.16: 3. Normalisierungsschritt: Nichtschlüssel-Abhängigkeiten abspalten

Ausgangstabelle:
ORGANISATION(Name,Semester, Raumnummer, Plätze, Dozent)
Ergebnistabellen:
RAUM(Raumnummer, Plätze)
ORGANISATION(Name,Semester, Dozent, Raumnummer)

Eine Datenbank aus Tabellen in zweiter Normalform, die keine nichtschlüsselabhängigen Attribute enthalten, ist **in dritter Normalform**.

Das Verbundattribut Raumnummer verknüpft RAUM und ORGANISATION. Wenn die Organisationstabelle dieses Verbundattribut nicht enthielte, wäre zum Beispiel die folgende Abfrage nicht mehr möglich: Wieviele Plätze stehen für die Vorlesung BWL im Wintersemester 2002 zur Verfügung?

4. Entwerfe Regeln zur Erhaltung der Integrität der Daten

Die Minimierung von Redundanz und Datenabhängigkeit lässt sich unter das Hauptziel der Datenverwaltung subsumieren, die Erhaltung der **Datenintegrität**. Eine Datenbank genügt diesem Ziel, wenn ihre Daten richtig und vollständig bleiben. Neben der Normalisierung helfen andere Vorkehren, die →Integrität zu fördern. Dazu gehören Regeln, welche die Wertebereiche für Attribute einschränken. Die Wertebereiche der Attribute Abteilungsnummer und Versicherungsnummer lassen sich zum Beispiel durch die folgenden Regeln einschränken:

- Die Abteilungsnummer darf 50 nicht überschreiten
- Die Versicherungsnummer enthält eine Prüfziffer (Aufgabe 6.10).

Abschnitt 1.1.3 ist bereits auf einfache Prüfungen der Gültigkeit von Attributwerten eingegangen. Kapitel 7 (Relationale Datenbanken) wird komplexere Aspekte der Integrität behandeln.

4.4 Fallstudie zur Normalisierung

Ein Weinliebhaber bildet seinen Weinkeller auf eine Datenbank ab. Er geht vom Datenbankstrukturdiagramm 4.17 aus: Ein Land produziert Weine mehrerer Sorten, zum Beispiel Rotwein und Rosé. Eine Sorte wird ihrerseits in mehreren Ländern produziert, zum Beispiel in Algerien und der Schweiz. Zwischen LAND und SORTE besteht also eine m:n-Beziehung. Zwischen SORTE und WEIN existiert hingegen eine 1:m-Beziehung: Eine Sorte kommt in mehreren Weinen vor, Weisswein zum Beispiel in den Weinen St. Saphorin und Fendant. Ein bestimmter Wein gehöre hingegen zu genau einer Sorte. Dézaley ist zum Beispiel immer ein Weisswein.

Die Abbildung der m:n-Beziehung erfordert Verbundattribute für LAND und SORTE. Die Suche nach den Ländern, in denen eine bestimmte Sorte produziert wird, ist nämlich nur dann möglich, wenn SORTE über den Schlüssel von LAND auf die Zeilen von LAND zugreifen kann. Weil die Beziehung zwischen LAND und SORTE m:n ist, muss umgekehrt auch LAND die Identifikation von SORTE enthalten. Die Tabellen bestehen also beide aus mindestens den folgenden Attributen:

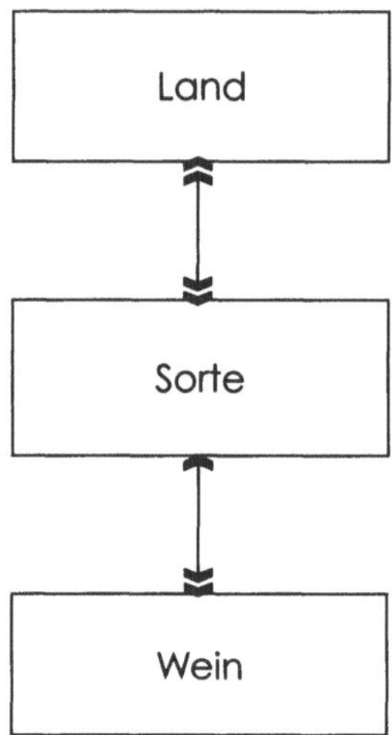

Bild 4.17: Datenbankstrukturdiagramm Weinkeller

LAND (Land, Sorte)
SORTE (Sorte, Land).

Mögliche Tabelleninstanzen sind dann:

LAND
Schweiz, Rotwein
Schweiz, Rosé
Schweiz, Weisswein
Algerien, Rotwein

SORTE
Rotwein, Algerien
Rotwein, Schweiz
Rosé, Schweiz
Weisswein, Schweiz.

Solange nicht zusätzliche Attribute definiert werden, ist eine der beiden Tabellen überflüssig. Erweitern wir die beiden Tabellen um die Nichtschlüsselattribute Kontinent und Trinktemperatur, so erhalten wir die folgenden Tabellen:

LAND (Land, Sorte, Kontinent)
SORTE (Sorte, Land, Trinktemperatur)

Dazu passen die folgenden Beispiele:

LAND
Schweiz, Rotwein, Europa
Schweiz, Rosé, Europa
Schweiz, Weisswein, Europa
Algerien, Rotwein, Afrika

SORTE
Rotwein, Algerien, 12-18
Rotwein, Schweiz, 12-18
Rosé, Schweiz, 8
Weisswein, Schweiz, 8.

In den neuen Tabellen kommen allerdings die Wertepaare [Land, Kontinent] und [Sorte, Trinktemperatur] redundant vor. Grund ist ein Verstoss gegen die zweite Normalisierungsregel. Die Attribute Kontinent und Trinktemperatur sind beide nur von einem Teil statt vom ganzen Schlüssel abhängig. Wir entfernen deshalb jenen Teil des zusammengesetzten Schlüssels, von dem das Nichtschlüssel-Attribut nicht abhängt und erhalten die folgenden Tabellen:

LAND (Land, Kontinent)
SORTE (Sorte, Trinktemperatur).

Damit gehen aber die Verbindungsattribute zwischen LAND und SORTE verloren. Es ist nicht mehr möglich, eine Beziehung zwischen den beiden Tabellen zu knüpfen. Wir bilden deshalb aus den entfernten Attributen eine neue Tabelle:

LAND-SORTE (Land, Sorte).

Die Beispieltabellen sind dann:

LAND
Schweiz, Europa
Algerien, Afrika

SORTE
Rotwein, 12-18
Rosé, 8
Weisswein, 8

LAND-SORTE
Schweiz, Rotwein
Schweiz, Rosé
Schweiz, Weisswein
Algerien, Rotwein.

Die Einführung einer Verbindungstabelle LAND-SORTE hat die Redundanz bei den Nichtschlüsselattributen beseitigt. Zusammenfassend können wir verallgemeinern:

> Eine m:n-Beziehung zwischen zwei Tabellen muss über eine **Verbindungstabelle**, die mindestens aus den Schlüsseln der beiden Tabellen besteht, abgebildet werden. Jeder Schlüssel kommt so in einer der verbundenen Tabellen und der Verbindungstabelle vor (Redundanz der Schlüsselattribute).

Um SORTE mit dem Objekttyp WEIN des Datenbankstrukturdiagramms 4.17 zu verbinden, fügen wir in WEIN das Verbindungsattribut Sorte ein. Ausserdem soll WEIN neben dem Namen auch die Traubenart enthalten, zum Beispiel Gamay.

WEIN (Name, Sorte, Traubenart).

Da ein bestimmter Wein zu genau einer Sorte gehört (Bild 4.17), entstehen in WEIN keine redundanten Einträge. Mit dem neuen Verbindungsattribut Sorte ist es möglich, die 1:m-Beziehung zwischen SORTE und WEIN zu knüpfen: Die Trinktemperatur für eine bestimmte Weinsorte erfahren wir in der Tabelle SORTE, während wir die Bezeichnungen und Traubenarten der gleichen Sorte durch Suchen in WEIN finden.

Die Tabellen zum Datenbankstrukturdiagramm von Bild 4.17 lauten nach der Normalisierung:

LAND (Land, Kontinent)
SORTE (Sorte, Trinktemperatur)
LAND-SORTE (Land, Sorte)
WEIN (Name, Sorte, Traubenart).

Normalisierungsprozesse verlaufen algorithmisch, sobald die Schlüssel und Attributabhängigkeiten bekannt sind. Benutzer können sich aber nicht immer über die Existenz und Richtung von Abhängigkeiten einigen - zum Beispiel, ob eine Abhängigkeit zwischen Traubenart und Sorte vorliegt. Wenn ja, so wäre unsere Datenbank (genauer die Tabelle WEIN) noch nicht in dritter Normalform. Wenn das Attribut Sorte den Wertebereich [Rotwein, Rosé, Weisswein] hat und Gamay eine Traubenart ist, so könnte man wie folgt argumentieren: In einer Weinkarte kann die Bezeichnung Gamay sowohl unter den Rotweinen als auch unter den Rosé-Weinen vorkommen. Weil die Traubenart (zum Beispiel Gamay) die Sorte nicht determiniert, enthält WEIN keine Nichtschlüssel- und Teilschlüssel-Abhängigkeiten mehr. Die Datenbank ist also in dritter Normalform.

4.5 Automatische Normalisierung

Kapitel 4 ist von den Anomalien des Datenentwurfs ausgegangen und hat die drei Normalisierungsregeln an Beispielen eingeführt. Dann hat es das Vorgehen am Abhängigkeitsbegriff verallgemeinert und algorithmisiert. Die Normalisierungsschritte lassen sich so weit automatisieren, dass ein Algorithmus den Benutzer nach Ausgangsinformation, vor allem nach den gewünschten Attributen und ihren Abhängigkeiten, fragt und dann eine normalisierte Datenbank vorschlägt. Viele Entwurfswerkzeuge finden allerdings die Lösung(en) nicht selbständig, sondern helfen dem Benutzer nur, grobe Fehler zu vermeiden. Das Ergebnis bleibt oft unvollständig oder fehlerhaft, weil die Programme nicht die explizite Eingabe von Abhängigkeiten verlangen. So verlangt der Tabellenanalyse-Assistent von MS Access "nur" Beispieltabellen und spaltet sie nach einer Redundanzanalyse in weniger redundante Tabellen. Dies erspart dem Anwender das Erlernen des Abhängigkeitsbegriffs.

Das Prozedere von Abschnitt 4.3 (Phasen des Datenentwurfs) verlangt keine Beispieltabellen. Es geht top down vor, indem es Beziehungen zwischen Tabellengerüsten definiert und die Gerüste aufgrund von Abhängigkeiten normalisiert. MS Access verlangt stattdessen Tabellen mit möglichst *typischen* Beispielzeilen. Die Erstellung von Beispieltabellen, die alle möglichen Redundanzen *vor* dem praktischen Einsatz einer Datenbank berücksichtigen, verlangt aber ebensoviel Voraussicht wie die Suche nach Abhängigkeiten. Und die *nachträgliche* Normalisierung einer bestehenden Datenbank nimmt zu Beginn das Auftreten von Anomalien und eine aufwändige Restrukturierung der Datenbank in Kauf. Sie handelt sich Anomalien ein, die ein top down-Vorgehen von vornherein vermieden hätte.

Sinnvoller ist ein *ergänzender* Einsatz des Tabellenanalyse-Assistenten von MS Access. Im ersten Schritt werden nach einer sorgfältigen Analyse der funktionalen Abhängigkeiten die Normalisierungsregeln angewendet. Nachdem die entworfenen Tabellenskelette mit den ersten Daten gefüllt worden sind, kann der Tabellenanalyse-Assistent Daten identifizieren, die mehrfach vorkommen. Die Ergebnisse dienen dann dazu, Fehler des ursprünglichen Datenentwurfs zu verbessern.

Aufgabe 4.7 (Abhängigkeiten, Anomalien, Normalisierung)

Lösen Sie für die untenstehenden Tabellen ARTIKEL und ANGESTELLTE je die folgenden Aufgaben. Begründen Sie Ihre Antworten.

1) Bestimmen Sie die Identifikation.
2) Welche Abhängigkeiten bestehen zwischen den Attributen?
3) Beschreiben Sie anhand eines Beispiels mindestens eine Anomalie, die aus den unnormalisierten Tabellen entstehen kann.
4) Normalisieren Sie die Tabelle. Begründen Sie Ihr Vorgehen, indem Sie sich auf die Normalisierungsregeln stützen.

Tabellen

a) Von einem Artikel wird in einer Filiale mit der Anschrift Adresse eine bestimmte Menge verkauft:
   ARTIKEL(Artikel, Filiale, Menge, Adresse)
b) Ein Angestellter arbeitet an genau einem Projekt, und das Projekt wird in genau einer Abteilung abgewickelt.
   ANGESTELLTE(Angestellter, Projekt, Abteilung)

Aufgabe 4.8 (Normalisierung)

Die folgende Tabelle beschreibt Bohrlöcher. Jedes Loch wird an einem bestimmten Ort von einer Firma gebohrt, die ihren Auftrag von einer Ölfirma erhalten hat (Die Aufgabe stammt aus BRAD82).

a) Welche Spalten enthalten Redundanz? (Suchen Sie nicht einfach mehrfach vorkommende Einträge. Identifizieren Sie vielmehr die Abhängigkeiten zwischen Attributen und bestimmten Sie dann die redundante Einträge)
b) Normalisieren Sie die Tabelle.
c) Stellen Sie die Beziehung im Datenbankstrukturdiagramm dar.

Ölfirma	*Sitz*	*Direktor*	*Bohrloch*	*Ort*	*Bohrfirma*
Westgas	Houston	Jones	23	Alaska	Drillpete
Multoil	Calgary	Smith	39	Yukon	Deepdrill
Eastpete	Chicago	Hind	41	Mexico	Borefirm
Westgas	Houston	Jones	47	Texas	Gasrig
Multoil	Calgary	Smith	58	Alaska	Drillpete
Westgas	Houston	Jones	62	N. Sea	Deepdrill
Eastpete	Chicago	Hind	74	Texas	Gasrig

Aufgabe 4.9 (Normalisierung)

Spalten Sie die folgende Tabelle so in drei Tabellen auf, dass möglichst wenig Daten redundant gespeichert werden:

Bestellnr	*Kundennr*	*Kundenname*	*Bestelldatum*	*Produktnr*	*Menge*
158 204	28 000	Meier	01-08-95	21 405	24
				21 510	18
				44 020	4
				56 785	18
				80 702	12
158 205	88 000	Tobler	02-08-95	21 405	12
				32 840	2
				44 020	8
				62 320	24

Aufgabe 4.10 (Normalisierung)

Lösen Sie zur Tabelle VERANSTALTUNG die folgenden Aufgaben.

1) Welche Abhängigkeiten bestehen zwischen den Tabellenattributen?
2) Normalisieren Sie die Tabelle. Begründen Sie Ihr Vorgehen, indem Sie sich auf die Normalisierungsregel von Abschnitt 4.2, Ziffer 3 (Phasen des Datenentwurfs) stützen. Unterstreichen Sie die Identifikationsschlüssel.

VERANSTALTUNG

Name	*Einteilung*	*Tag*	*Studierende*	*Leiter*	*Funktion*	*Lehrbuch*
Englisch	A-O	MO	..., ...	...	...	...
Englisch	P-Z	DI	..., ...	..	...	...
Mathematik	A-K	MO	..., ...	...	...	...
...	...	...	..., ...	...	...	...

- Jede Veranstaltung wird in verschiedenen Gruppen durchgeführt. Die Einteilung verweist auf die Anfangsbuchstaben der Studentennamen.
- Jede Gruppe (Kombination von Veranstaltung und Einteilung) hat mehrere Studierende und genau einen Übungsleiter. Studierende werden durch Matrikelnummern, Übungsleiter durch Versicherungsnummern bezeichnet.
- Ein Übungsleiter hat genau eine Funktion, zum Beispiel Professor oder Lehrbeauftragter.
- Jede Gruppe verwendet genau ein Lehrbuch.
- Eine Gruppe trifft sich jede Woche am gleichen Tag.

Aufgabe 4.11 (Höhere Normalformen)

Die drei in Abschnitt 4.2 (Phasen des Datenentwurfs) besprochenen Normalisierungsschritte vermindern die Redundanz oft nicht ganz. Beispiel: Ein Angestellter kennt verschiedene Programmiersprachen und beherrscht mehrere Fremdsprachen. Nach Anwendung der ersten Normalisierungsregel enthält die Tabelle nur einen Wert pro Attribut und alle drei Attribute bilden die Identifikation. Wenn zum Beispiel der Angestellte 1534 die Programmiersprachen BASIC und COBOL und die Fremdsprache Englisch kennt, dann ergeben sich die folgenden Tabellenzeilen:

Angestellter	Programmiersprache	Fremdsprache
1534	BASIC	Englisch
1534	COBOL	Englisch
...	...	...

Die besprochenen Normalisierungsregeln ändern die Tabelle nicht, da keine Nichtschlüsselattribute existieren. Die zweite und die dritte Normalisierungsregel lässt sich also gar nicht anwenden. Man hat deshalb für die (seltenen) Fälle, in denen die drei Normalformen nicht genügen, weitere Entwurfsregeln entwickelt. Teilaufgabe b) stellt eine dieser Regeln vor.

a) Beschreiben Sie eine Einfügeanomalie für diese Tabelle

b) Begründen Sie, weshalb die Anomalie seltener auftritt, wenn die Information auf die folgenden Tabellen aufgeteilt wird:
(Angestellter, Programmiersprache)
(Angestellter, Fremdsprache).

Aufgabe 4.12 (m:n-Beziehung in einer Stückliste) *

So wie ein Rezept die Zutaten eines Gerichts angibt, enthält eine **Stückliste** die Bestandteile eines Produkts. Diese sind ihrerseits wieder aus Teilen zusammengesetzt. Dieser Prozess des Auflösens von Teilen in Bestandteile kann fortgesetzt werden bis zu den nicht mehr auflösbaren Einzelteilen.

Bild 4.18 stellt eine einfache Stückliste graphisch dar. Die Stückliste enthält zwei Endprodukte T1 und T2. Beide Endprodukte enthalten das Teil T3, welches seinerseits aus den Teilen T4 und T5 zusammengesetzt ist. T1 enthält zusätzlich T6 und T4, während T2 noch das Teil T5 verwendet. Die Zahlen an den Pfeilen informieren, wie viele untergeordnete Teile (**Söhne**) in ein übergeordnetes Teil (**Vater**) eingehen. Vom Sohn T3 gehen zum Beispiel 4 Exemplare in das Vaterprodukt T1 und 5 Exemplare in den Vater T2 ein. T3 ist selbst wieder Vater von T4 und T5 und enthält 4 Exemplare von T4 und 2 Exemplare von T5.

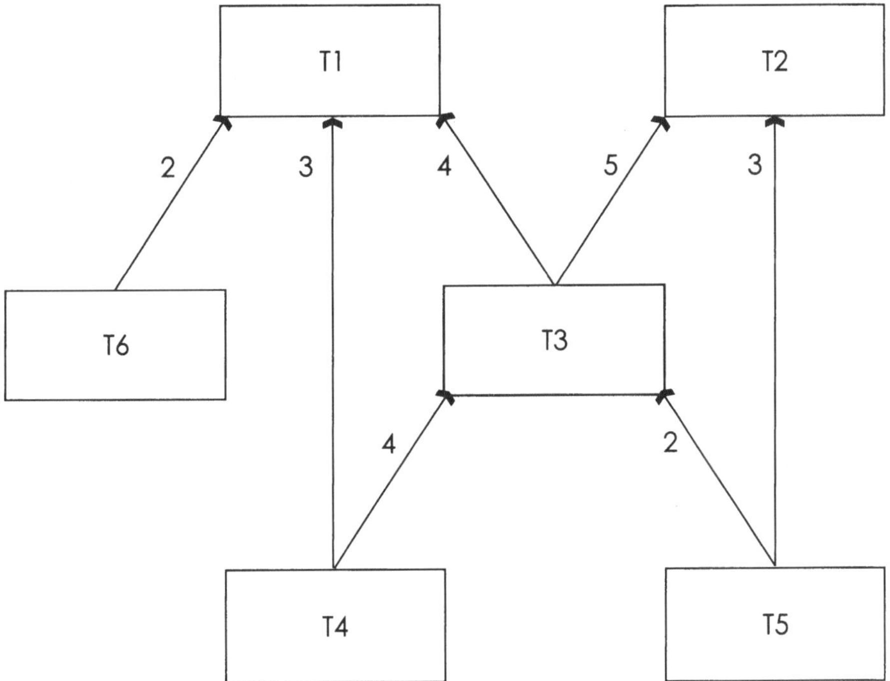

Bild 4.18: Die Stückliste als rekursive m:n-Beziehung

Die Stücklistenbeziehung lässt sich als rekursive (auf sich selbst bezogene) m:n-Beziehung im Datenbankstrukturdiagramm darstellen (Bild 4.19). Jedes Teil kann mehrere andere Teile enthalten und jedes Teil kann in mehreren anderen Teilen enthalten sein. Wie kann man nun eine solche Stücklistenbeziehung in Tabellenform speichern?

Bild 4.19: Die Stückliste als rekursive m:n-Beziehung

Vorschlag 1: Die Tabelle TEIL enthält folgende Attribute (Das Attribut Zahl nennt die Anzahl der jeweiligen Söhne)

TEIL

Vater	*Söhne*	*Zahl*	*Lieferant*	*Gewicht*
...	...	...	...	...
...	...	...	...	...
...	...	...	...	...
...	...	...	...	...
...	...	...	...	...
...	...	...	...	...

Diese Tabellenstruktur eignet sich nicht, weil in zwei Attributen Wiederholungsgruppen auftreten können. Ein bestimmtes Teil kann zum Beispiel mehrere Söhne enthalten.

Vorschlag 2: TEIL enthält die folgenden Attribute:

Vater	Sohn	Zahl	Lieferant	Gewicht
...	...	...	...	...
...	...	...	...	...
...	...	...	...	...
...	...	...	...	...
...	...	...	...	...
...	...	...	...	...
...	...	...	...	...
...	...	...	...	...
...	...	...	...	...
...	...	...	...	...

Die Tabelle enthält alle Vater-Sohn-Kombinationen einer Stückliste (Vater+Sohn ist die Identifikation für einen TEIL-Satz). Nachteil dieser Tabellenstruktur ist die Redundanz in den Attributen Lieferant und Gewicht. In unserer Beispielstückliste enthält zum Beispiel das Endprodukt T1 die Söhne T3, T4 und T6. Weil so drei Vater-Sohn-Kombinationen mit dem gleichen Vater T1 existieren, werden die Informationen zu Lieferant und Gewicht dreimal statt nur einmal gespeichert.

a) Füllen Sie die Tabellen der Vorschläge 1 und 2 so weit wie möglich mit den Zahlen der Beispielstückliste.
b) Entwickeln Sie einen dritten Vorschlag, der die Redundanzen in den Attributen Lieferant und Gewicht beseitigt. Füllen Sie die Tabellen mit den Werten des Datenbankstrukturdiagramms.

Aufgabe 4.13 (Entwurf einer Datenbank)

Ein Mitarbeiter wird durch seine Versicherungsnummer identifiziert und hat einen Namen und einen Wohnort. Er arbeitet in genau einer Abteilung gleichzeitig an mehreren Projekten. Jede Abteilung und jedes Projekt besitzt genau einen Namen. In einer Abteilung sind mehrere Mitarbeiter beschäftigt, und an einem Projekt arbeiten mehrere Personen.

a) Entwickeln Sie eine normalisierte Datenbank.
b) Stellen Sie die Beziehungen zwischen den entstehenden Tabellen als Datenbankstrukturdiagramm dar.

Aufgabe 4.14 (Entwurf einer Datenbank)

Eine Datenbank soll die folgende Information über Patienten enthalten:

1) Attribute

- Einlieferungsnummer des Patienten
- Name des Patienten
- Adresse des Patienten
- Personalnummern der verantwortlichen Krankenschwestern
- Namen der verantwortlichen Krankenschwestern
- Namen der Operationen
- Datum und genaue Zeit der Operationen
- Name des postoperativen Medikaments
- Name der Nebenwirkung des postoperativen Medikaments

2) Abhängigkeiten zwischen den Attributen

- Der Patient kann mehrere Operationen durchgemacht haben.
- Für die postoperative Pflege ist genau eine Schwester verantwortlich.
- Nach einer Operation werde nur ein Medikament verabreicht.
- Jedes Medikament habe nur eine Nebenwirkung.

Aufgabe

a) Entwerfen Sie eine Datenbank so, dass möglichst wenig Daten redundant gespeichert werden.
b) Stellen Sie die Beziehungen zwischen den normalisierten Tabellen als Datenbankstrukturdiagramm dar.

Aufgabe 4.15 (Entwurf einer Datenbank)

Eine Datenbank soll Informationen über die Wälder einer Region enthalten. Sie enthält folgende Attribute:

Attribut	*Beschreibung*
Wald	Name
Gemeinde	...
Eigentümer	...
Art	Ein Wald beherbergt mehrere Baumarten
Höhe	maximale Höhe der Art
Baumnr	Einige Wälder sind Versuchswälder, an denen der Einfluss der Luftverschmutzung getestet wird. In diesen Wäldern werden geeignete Bäume mit einer Nummer identifiziert
Pflanzdatum	...
Messnummer	Von jedem Versuchsbaum werden in regelmässigen Abständen Messproben entnommen
Messergebnis	Der Inhalt der Messung ist hier unwichtig
Messdatum	...

a) Entwerfen Sie eine Datenbank, die möglichst wenig Daten redundant speichert.

b) Stellen Sie die Beziehungen zwischen den entworfenen Objekttypen in einem Datenbankstrukturdiagramm dar.

Aufgabe 4.16 (Automatische Normalisierung)

Für Benutzer von MS Access: Versuchen Sie, die VERANSTALTUNG (Tabelle 4.3) mit dem Tabellenanalyse-Assistenten zu normalisieren.

Übung 4.17 (Entwurf einer Datenbank)

Lernziele

- funktionale Abhängigkeit
- erste bis dritte Normalform
- Verbund
- Datenbankstrukturdiagramm

Wiederholungsfragen

1. Was ist Ziel der Normalisierung?

a) Redundanz maximieren
b) Datenunabhängigkeit minimieren
c) Einfüge-, Lösch und Änderungsanomalien vermeiden

2. Welches sind Kennzeichen von Tabellen in erster Normalform?

a) Wiederholungsgruppen
b) gleich lange Tabellenspalten
c) Tabellenzellen mit höchstens einem Wert

3. Welche Mängel haben Tabellen in zweiter Normalform?

a) Abhängigkeiten zwischen Nichtschlüsselattributen
b) Wiederholungsgruppen
c) Abhängigkeiten von einem Teilschlüssel

Vertiefungsfragen

Die Kaliba AG handelt mit Kleidern und Accessoires, die aus Asien importiert werden. Das Auftragsformular enthält das *Datum*, die *Auftragsnr*, den *Auftragsnamen* und für jeden bestellen Artikel die *Artikelmenge* und den *Vereinbarungspreis*. Ausserdem nennt es die *Kundennr* und den *Kundennamen*. Diese stehen zusammen mit der *Strasse*, der *PLZ*, dem *Ort* und die *Kreditlimite* auch in der Kundenkartei (vgl. Übung 3.5). Eine weitere Kartei enthält schliesslich die *Artikelnr*, den *Artikelnamen*, den *Katalogpreis* und den *Lagerbestand* jedes Artikels. Der Artikelname ist im Gegensatz zur Artikelnr nicht immer eindeutig.

1. Entwerfen Sie eine normalisierte Datenbank

a) Erstellen Sie aus den erwähnten Attributen eine Ausgangstabelle in erster Normalform. Markieren Sie die Attribute mit Wiederholungsgruppen und bestimmen Sie den Identifikationsschlüssel (*Ausgangstabelle in erster Normalform*).
b) Überführen Sie die Tabelle in die zweite Normalform (*Teilschlüssel-Abhängigkeiten identifizieren* und *Tabellen zweiter Normalform ableiten*).
c) Führen Sie die dritte Normalform ein. Markieren Sie die Verbundattribute (*Nichtschlüssel-Abhängigkeiten identifizieren* und *Tabellen in 3. Normalform mit Verbundattributen ableiten*).
d) Zeichnen Sie ein Datenbankstrukturdiagramm

2. Passen Sie die Datenbank an Änderungen an

e) Da sich Kleiderpreise oft ändern, notieren die Mitarbeiter für jeden Artikel das *Änderungsdatum* des Preises. Normalisieren Sie wenn nötig ein zweites Mal.

f) Damit die Spedition weiss, ob ein Kunde eine Lastwagenzufahrt hat, kann ein Kunde zusätzlich zur Rechnungsadresse eine *Lieferadresse* und ein boolsches Attribut *LKW-Zufahrt* haben.

Zusatzaufgabe

Physisch sind die Artikel auf die Lagerorte Rheinhafen, Flughafen und Zentrallager verteilt. Jeder Lagerort hat eine Adresse aus einem eindeutigen *Lagernamen*, einer *Strasse*, einer *PLZ* und einem *Ort*. Ein Artikel ist durch die Kombination von *Lagername*, *Hallennr*, *Gangnr* und *Fachnr* auffindbar.

Wichtig ist nicht nur der *Lagerbestand* jedes Artikels pro Lagerort, sondern auch eine Teilmenge davon, der *Vormerkbestand*. Dies ist der für Kunden reservierte, aber noch nicht ausgelieferte Bestand.

g) Integrieren Sie die neuen Attribute in normalisierter Form.

Zusammenfassung

- Hauptziel des Datenentwurfs ist die *Datenintegrität*. Dazu tragen die Teilziele der Minimierung der Redundanz und der Datenabhängigkeit bei.
- *Hauptphasen* des Datenentwurfs sind
  - Anforderungen spezifizieren
  - Objekttypen und Beziehungen im Datenbankstrukturdiagramm zeigen
  - Attribute identifizieren und den Objekttypen (Tabellen) zuordnen
  - Normalisieren
  - Integritätsregeln identifizieren.
- *Datenbankstrukturdiagramme* stellen Beziehungen zwischen den Objekttypen einer Datenbank dar. Beziehungen sind vom Typ 1:1, 1:m oder m:n.
- In relationalen Datenbanken müssen m:n-Beziehungen durch eine zusätzliche Tabelle, eine sogenannte Verbindungstabelle dargestellt werden.
- Das *Normalisierungsverfahren* ist Teil des Datenentwurfs. Es verringert das Risiko redundanter Daten und hilft Einfüge-, Lösch- und Änderungsanomalien vermeiden.
- Ein Attribut B ist von einem einfachen oder zusammengesetztenAttribut A *abhängig*, wenn zu einem Wert von A genau ein Wert von B gehört.
- Die folgenden *Normalisierungsregeln* reduzieren einen grossen Teil der Redundanzen von Tabellen:
  - Wiederholungsgruppen eliminieren (neue Zeilen und Teilschlüssel einfügen).
  - Aus den teilschlüsselabhängigen Attributen und dem Teilschlüssel eine neue Tabelle bilden.
  - Aus den nichtschlüsselabhängigen Attributen eine neue Tabelle bilden.
  - Falls notwendig, Verbundattribute einfügen.

Wiederholungsfragen

1. Was bedeutet Integrität?

a) Verständlichkeit und Konsistenz
b) Richtigkeit und Vollständigkeit
c) Effizienz und Performance
d) Effizienz und Sparsamkeit

2. Welche Massnahme unterstützt die Datenunabhängigkeit?

a) Statt eines Dateipfads ein Alias verwenden.
b) Statt sequentieller indizierte Dateien verwenden.
c) Die zweite Normalisierungsregel durchgängig anwenden.
d) Zusammengesetzte Schlüssel durch künstliche ersetzen.

3. Bei welchen Operationen können Anomalien auftreten?

a) insert, query, update
b) delete, query, view
c) insert, delete, update
d) query, update, create

4. Datenbankstrukturdiagramme verbinden ...

a) Attribute.
b) Beziehungen.
c) Objekttypen.
d) Datenbanken.

5. Eine Verbindungstabelle ist erforderlich, wenn ...

a) zwischen zwei Tabellen eine 1:1-Beziehung besteht.
b) ein Attribut von einem Teilschlüssel abhängt.
c) zwischen zwei Tabellen eine m:n-Beziehung besteht.
d) eine Abhängigkeit zwischen zwei Nichtschlüssel-Attributen besteht.

6. Attribut B ist abhängig von Attribut A, falls ...

a) zu jedem Vorkommen von B mehrere Vorkommen von A existieren.
b) eine Funktion der Art A = f(B) besteht.
c) zu jedem Vorkommen von B genau ein Wert von A existiert.
d) ein Wert von A genau einen Wert von B identifiziert.

7. Wie heissen Attribute, die auf eine andere Tabelle verweisen?

a) Kandidatenschlüssel.
b) Primärschlüssel.
c) Fremdschlüssel.
d) Sekundärschlüssel.

8. Ordnen Sie die Regeln 1 bis 4 den Normalisierungsschritten A bis C zu.

1 Nichtschlüssel-Abhängigkeiten erkennen und eine neue Tabelle bilden
2 m:n-Beziehungen über eine Verbindungstabelle abbilden
3 Teilschlüssel-Abhängigkeiten identifizieren und eine neue Tabelle bilden
4 Wiederholungsgruppen eliminieren

A erster Normalisierungsschritt
B zweiter Normalisierungsschritt
C dritter Normalisierungsschritt

5 Datenbankverwaltung

Neue Begriffe

- Abfragen
  - Auswahlabfragen
    - Verknüpfen von Tabellen
      - Dateibereiche in dBASE
      - Verknüpfungsarten
        - Verbund (Exklusionsverknüpfung)
        - Inklusionsverknüpfung
    - Abfragesprachen
      - prozedurale -
      - nichtprozedurale - (deklarative -)
        - Queries by Example
          - Operationen
          - Auswahlkriterien
  - Aktionsabfragen
- Optimierung lokaler Datenbanken
  - globale Optimierung
  - Datentypen
  - Redundanzminimierung
  - Indizierung
- Datenbankverwaltung und Tabellenkalkulation
  - Gemeinsamkeiten
  - Unterschiede

Das dritte Kapitel hat in die Verwaltung unverbundener Dateien eingeführt. Die Ausführungen über den Datenentwurf zeigen aber, dass Datenbanken in der Regel aus vielen verbundenen Tabellen bestehen. Das nächste Kapitel verlegt deshalb den Schwerpunkt von der *Datei-* auf die *Datenbank*verwaltung. Es illustriert am Beispiel der Datenbank Hochschule von Abschnitt 4.2 wichtige Abfrage- und Änderungsoperationen. Die Programmiersprache von dBASE und die Abfragesprache QBE veranschaulichen den Unterschied zwischen prozeduralen und deklarativen Abfragesprachen. Ein Vergleich zwischen Tabellenkalkulations- und Datenbankanwendungen beendet schliesslich das Kapitel.

Eine **Datenbankanwendung** besteht aus der Anwendungslogik, den Tabellen, ›Formularen und ›Berichten (Bild 5.1):

- *Formulare* und *Berichte* sind Eingabe- und Ausgabegerüste für Tabellenwerte und werden bereits in den Spezifikations- und Entwurfsphasen definiert. Die *Anwendungslogik* folgt meist später und beschreibt die Abfolge der einzelnen Verarbeitungsschritte. Das sechste Kapitel wird die Datenbankobjekte Formular und Bericht in den Gesamtzusammenhang der Anwendungsentwicklung stellen.
- Die folgenden Komponenten unterstützen die Umsetzung der Spezifikations- und Entwurfsergebnisse: *Formulargeneratoren* ermöglichen das interaktive Zeichnen von Formularen. *Berichtsgeneratoren* erstellen aufgrund einer Spezifikation ein Programm, das ›Berichtsdateien für Drucker und Bildschirme erstellt. Ein *Applikationsgenerator* erzeugt schliesslich ganze Standardanwendungen automatisch. In der Regel übersetzt er eine Standardspezifikation in ein Quellprogramm, das der Entwickler programmiersprachlich verfeinern und erweitern kann.
- Die *Datenbankmaschine* bildet den Kern eines DBMS. Sie erfüllt unter Vernachlässigung der Benutzerschnittstelle die eigentlichen Aufgaben eines Datenbanksystems und speichert Massendaten so, dass der Zugriff sicher und schnell erfolgt. Die Datenbankmaschine ist ein unabhängiges Modul, falls mehrere Produkte auf einen gemeinsamen datenverwaltenden Kern zugreifen. Ein Beispiel einer Datenbankmaschine ist die MS Jet Engine (*J*oint *E*ngine *T*echnology) von ›Microsoft. Auf sie greifen MS Access, ›Visual Basic und andere Programmiersprachen zu.

Übersicht 5.2 fasst die wichtigsten →Datenbankobjekte und die zugehörigen Werkzeuge zusammen:

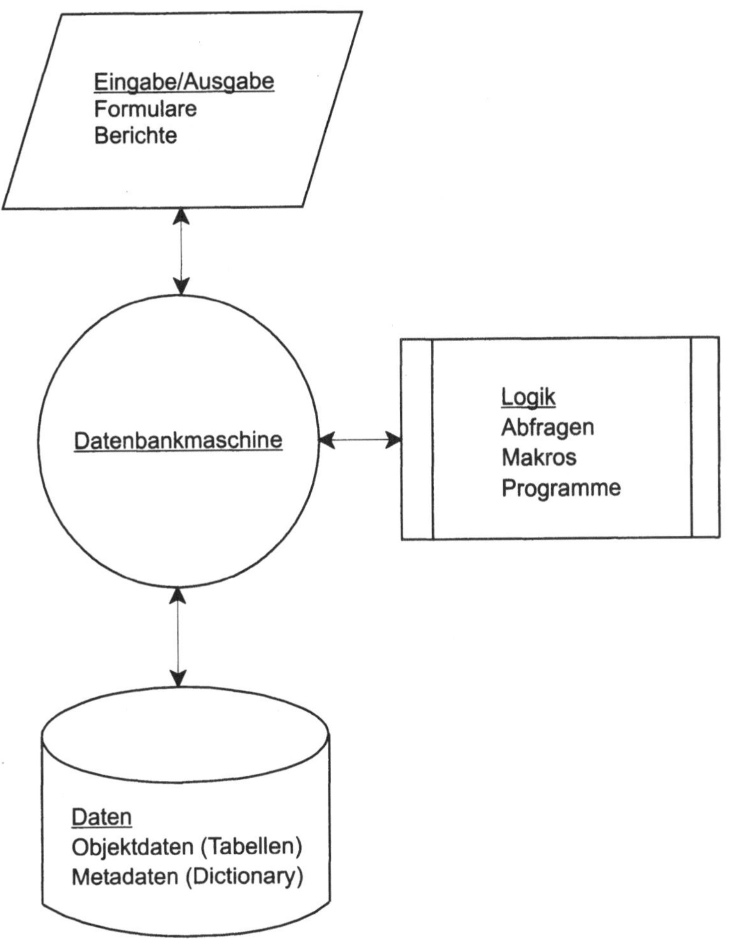

Bild 5.1: Aufbau einer Datenbankanwendung

Datenbankobjekte	*Werkzeug*
Tabellen	Datenentwurfs- und -definitionshilfen
Formulare	Formulargenerator
Berichte	Berichtsgenerator
Abfragen	Abfragesprachen
Programme, ›Makros	Applikationsgenerator, Programmier-/Makrosprachen

Übersicht 5.2: Datenbankobjekte und ihre Werkzeuge

5.1 Abfragen

Oft versteht man unter einer Abfrage (engl. query) eine Anweisung, die Daten sucht, aber nicht ändert. Im weiteren Sinn kann eine Abfrage auch Daten ändern: **Auswahl**abfragen suchen Daten, ohne sie zu ändern. **Aktions**abfragen schreiben Daten fort. Zu den Aktionsabfragen gehören Anfüge-, Lösch-, Aktualisierungs- und Tabellenerstellungsabfragen. Die *Anfüge*abfrage fügt die Ergebniszeilen einer Abfrage in eine Tabelle. Eine *Lösch-* bzw. *Aktualisierungs*abfrage entfernt bzw. ändert alle Zeilen, die eine bestimmte Bedingung erfüllen. Die *Tabellenerstellungs*abfrage erstellt aus dem Ergebnis einer Abfrage eine neue Tabelle.

5.1.1 Prozedurale Verknüpfung von Tabellen

Kapitel 4 (Datenentwurf) hat gezeigt, wie die Redundanzminimierung aus wenigen unnormalisierten Tabellen zu normalisierten Datenbanken aus vielen verbundenen Tabellen führt. Abfragen auf solchen Datenbanken setzen deshalb meist die Verknüpfung mehrerer Tabellen voraus. Auch ein Formular wird sich oft auf mehrere Tabellen beziehen. Am Beispiel der normalisierten Datenbank Hochschule verknüpfen wir zwei Tabellen in der Befehlssprache von dBASE (Tabellen 5.3).

Um die Namen aller Rechtsdozenten zu finden, genügt die Tabelle ORGANISATION. Die dBASE-Befehle `use ORGANISATION` und `display all Dozent for Name = 'Recht'` geben zum Beispiel den Dozenten Meier zweimal aus. Zur Beantwortung der Frage, wieviele Stunden Dozent Meier im Sommersemester 1999 unterrichtet, müssen hingegen ORGANISATION und VERANSTALTUNG verknüpft werden.

Datenbanksysteme verarbeiten gleichzeitig Daten aus mehreren Tabellen im Internspeicher. Der *Endbenutzer* braucht sich im allgemeinen nicht um die Verwaltung des Speichers zu kümmern. Wer hingegen in der prozeduralen Datenbanksprache von dBASE *programmiert*, ordnet jeder laufenden Tabelle einen Dateipuffer, einen sogenannten **Arbeitsbereich**, zu. dBASE führt für jeden dieser Bereiche einen eigenen Datensatzzeiger, der die jeweilige Zeilenposition in der Tabelle festhält. Die zuerst geöffnete Tabelle steht automatisch im ersten Arbeitsbereich zur Verfügung. Will der Programmierer gleichzeitig zusätzliche Tabellen benutzen, so öffnet er in anderen Arbeitsbereichen weitere Tabellen. Der Befehl select <Arbeitsbereich> wechselt zum gewünschten Arbeitsbereich. Ein Arbeitsbereich wird mit einer Nummer oder ei-

VERANSTALTUNG

Name	*Stunden*
Recht	2
BWL	3
VWL	3

ORGANISATION

Name	*Semester*	*Dozent*	*Raumnummer*
Recht	SS93	Meier	111
Recht	SS94	Meier	112
BWL	WS94	Schmid	111
BWL	SS95	Schmid	111
VWL	SS95	Müller	112
VWL	WS95	Müller	112

RAUM

Raumnummer	*Plätze*
111	200
112	150

Tabellen 5.3: Normalisierte Datenbank Hochschule (Verbundattribute umrandet)

nem Namen - zum Beispiel dem Namen der darin enthaltenen Tabelle - bezeichnet.

Die Stundenzahl des Dozenten Meier im Sommersemester 1999 ergibt sich aus den folgenden Befehlen:

a) `use ORGANISATION` öffnet die Datei ORGANISATION.

b) `display all for` *`Semester`* `= 'SS93' .and.` *`Dozent`* `= 'Meier' fields` *`Name`* nennt alle Veranstaltungen, die der Dozent Meier im Sommersemester 1999 hält. In der Datenbank Hochschule ist die Antwort **`Recht`**.

c) `select 2` wechselt in den zweiten Arbeitsbereich.

d) `use VERANSTALTUNG` öffnet die Datei VERANSTALTUNG im Arbeitsbereich 2.

e) Die folgende Anweisung verwendet das Ergebnis 'Recht' aus Schritt b) und nennt dessen Stundenzahl: `display all for` *`Name`* `= 'Recht' fields` *`Stunden`*.

Diese Abfrage ist aus zwei Gründen umständlich: Die prozedurale Abfragesprache von dBASE zwingt den Programmierer, eine bestimmte Reihenfolge der Anweisungen einzuhalten. Ausserdem muss er sich beim Wechsel des Arbeitsbereichs das Zwischenergebnis Recht merken. Abschnitt 5.1.3 (Queries by Example) stellt eine benutzerfreundlichere Abfragesprache vor, und die Abbildung 5.8 fasst die prozeduralen Schritte a) bis e) in einer einzigen Anweisung zusammen. Kapitel 7 (Relationale Datenbanksysteme) wird schliesslich begründen, weshalb prozedurale Abfragesprachen trotzdem sinnvoll sind.

5.1.2 Verbund

Der letzte Abschnitt hat gezeigt, wie umständlich es ist, wenn sich der Benutzer ein erstes Abfrageergebnis merken muss, damit er es in einer zweiten Abfrage wiederverwenden kann. Die meisten Abfragen erfordern zwei oder mehr Tabellen und führen über mehrere Zwischenergebnisse. Deklarative Abfragesprachen ermitteln deshalb die erforderlichen Tabellen durch eine Analyse einer einzigen Abfrage und *verbinden* sie dann automatisch.

Eine **Verbund**operation verknüpft zwei Tabellen zu einer Ergebnistabelle, welche aus allen Zeilen der Ausgangstabellen besteht, deren Verbundattributwerte übereinstimmen. Entstehen dabei mehrfach vorkommende Spalten, so werden die redundanten automatisch gestrichen. dBASE verbindet zwei Tabellen mit `join`. Die folgende Befehlsfolge vereinigt zum Beispiel ORGANISATION und RAUM zur Ergebnistabelle VERBUND (Tabellen 5.4):

```
a) use RAUM
b) select 2
c) use ORGANISATION
d) join with RAUM to VERBUND;
   for RAUM->Raumnummer = Raumnummer
   fields Name,Semester,Dozent,Raumnummer,RAUM->Plätze
```

Das Präfix `RAUM` in `RAUM->Raumnummer` und `RAUM->Plätze` zeigt an, dass Raumnummer und Plätze Attributnamen des Arbeitsbereichs `RAUM` sind. Attributnamen ohne Präfix beziehen sich auf den laufenden Arbeitsbereich. Laufender Arbeitsbereich ist ORGANISATION.

`join` vergleicht jeden Satz einer ersten Tabelle mit allen Sätzen einer zweiten Tabelle. Wenn die `for`-Bedingung erfüllt ist, werden die passenden Sätze verbunden und der Ergebnistabelle angefügt. Die Attribute nach `for` nennt man

ORGANISATION

Name	*Semester*	*Dozent*	*Raumnummer*
Recht	SS93	Meier	111
Recht	SS94	Meier	112
BWL	WS94	Schmid	111
BWL	SS95	Schmid	111
VWL	SS94	Müller	112
VWL	WS95	Müller	112

RAUM

Raumnummer	*Plätze*
111	200
112	150

VERBUND

Name	*Semester*	*Dozent*	*Raumnummer*	*Plätze*
Recht	SS93	Meier	111	200
Recht	SS94	Meier	112	150
BWL	WS94	Schmid	111	200
BWL	SS95	Schmid	111	200
VWL	SS94	Müller	112	150
VWL	WS95	Müller	112	150

Tabellen 5.4: Der Verbund in dBASE am Beispiel (Verbundwerte umrandet)

Verbundattribute. In unserem Beispiel sind sie schattiert und tragen den gleichen Namen. Damit man sie trotzdem unterscheiden kann, wird das Attribut Raumnummer des zweiten Dateibereichs mit RAUM qualifiziert.

Eine solche Verbindung heisst **Exklusionsverknüpfung** oder Verbund, weil die Ergebnistabelle "exklusiv" jene Zeilen enthält, welche die Verbundbedingung erfüllen. Wenn - wie in unserem Beispiel - der Verbundoperator = ist, so nennt man den Verbund ausserdem Gleichheitsverknüpfung oder **equi-join** (von engl. equal).

Aufgabe 5.1 (Verbund)

Verbinden Sie die Tabellen ORGANISATION und VERANSTALTUNG über dem Verbundattribut Name. (Erweitern Sie also die Tabelle ORGANISATION um die Spalte Stunden)

5.1.3 Queries by Example

Prozedurale und deklarative Abfragen

Die dBASE-Befehlsfolge von Abschnitt 5.1.1 (Tabellen verknüpfen) ist prozedural. Der Programmierer einer →**prozeduralen** Abfragesprache muss natürlichsprachliche Abfragen nicht nur in eine formale Sprache übersetzen, sondern auch die Befehle richtig anordnen. In einer →**deklarativen** Sprache wie ›SQL (engl. Structured Query Language, Abschnitt 6.3.1) kann er hingegen seine Frage als eine einzige Anweisung formulieren. Allerdings verlangt auch SQL die Beherrschung von Syntaxvorschriften. Beispiel 5.5 formuliert eine einfache Abfrage auf einer Tabelle WALD in einer prozeduralen und einer deklarativen Sprache. Wir verzichten auf eine Erklärung der einzelnen Befehle. Wichtig ist nur der grundsätzliche Unterschied zwischen der prozeduralen und nichtprozeduralen Vorgehensweise.

Natürlichsprachliche Formulierung

Welche Eigenschaften charakterisieren die Wälder der Gemeinde Oberwil?

Prozedurale Formulierung in der Befehlssprache von dBASE

```
use WALD
copy to TMP                % temporär zwischenspeichern
use TMP
delete for Gemeinde <> 'Oberwil'
total on WALD to ERGEBNIS  % Duplikate eliminieren
display all
```

Deklarative Formulierung in SQL

```
select *
from WALD
```

Beispiel 5.5: Natürlichsprachliche, prozedurale und deklarative Abfragen

Queries by Example

Query by Example (→QBE) erfordert im Gegensatz zu einer prozeduralen Datenbanksprache keine geordnete Befehlssequenz. Ausserdem benutzt es eine intuitivere Syntax als SQL. Die meisten Datenbanksysteme enthalten das QBE-Konzept in einer mehr oder weniger mächtigen Variante.

Wer eine QBE-Abfrage erstellt, wählt ...

(1) die *Tabellengerüste*, deren Attribute interessieren
(2) die *Spalten* (Attribute), die in der Antworttabelle erscheinen sollen
(3) die *Kriterien* für die Auswahl der Zeilen der Antworttabelle
(4) die *Verbundattribute*, welche die Tabellen verknüpfen
(5) die *Aktionen* (etwa die Berechnungen), welche die Abfrage ausführen soll
(6) den Namen, unter dem die Abfragelogik *gespeichert* werden soll.

Im Gegensatz zu einer textuellen Abfragesprache wie SQL wählt der Benutzer in (1) nur die Namen der erforderlichen Tabellen. Ihre Attribute braucht er nicht zu kennen. Das QBE-System präsentiert die Attribute automatisch als Teil der gewählten Tabellengerüste. Ihre Auswahl erfolgt menügesteuert und ist in kleinen Datenbanken einfach. In grossen erleichtern Views und Data Dictionaries die Übersicht. ›Views konfrontieren den Benutzer nur mit dem relevanten Ausschnitt der Datenbank, und ein ›Data Dictionary erleichtert die Tabellensuche durch Synonyme der Tabellen- und Attributnamen.

Das Abfrageergebnis ist selbst wieder eine Tabelle, die sich mit den gewohnten Operationen weiterbearbeiten lässt. Dazu gehört vor allem das Verknüpfen mit weiteren Tabellen. Query by Example gehorcht so einer Grundregel relationaler Abfragen: Das Ergebnis einer Abfrage auf eine Menge von Relationen ist selbst wieder eine Relation (Abschnitt 6.3: Operationen auf Tabellen).

QBE auf einer einzigen Tabelle

Die Tabellen 5.6 bis 5.8 veranschaulichen die Abfrage "Welcher Dozent unterichtet Recht?". Die Abfrage ist einfach, weil sie nur eine einzige Tabelle erfordert. Der Benutzer wählt ...

(1) das Tabellengerüst aus einem Menü (Tabelle 5.6).
(2) die Ausgabespalte, indem er die Marke √ setzt (Tabelle 5.7).
(3) das Kriterium, indem er es in die passende Spalte schreibt (Tabelle 5.7).

ORGANISATION

Name	*Semester*	*Dozent*	*Raumnummer*

Tabelle 5.6: Tabellengerüst ohne Einträge

ORGANISATION

Name	*Semester*	*Dozent*	*Raumnummer*
Recht		√	

Tabelle 5.7: Tabellengerüst mit Einträgen

ANTWORT

Dozent
Meier

Tabelle 5.8: Antworttabelle für die QBE-Anfrage von Tabelle 5.7

Anders als das Ergebnis des dBASE-Befehls `display all` *`Dozent`* `for` *`Name`* `= 'Recht'` enthält die Antworttabelle keine Duplikate. Der Name Meier erscheint in der Antworttabelle nur einmal. QBE erlaubt allerdings auch die Ausgabe von Duplikatzeilen, zum Beispiel mit der Marke √+. Andere Modifikationen von √ bestimmen die Sortierreihenfolge des Ergebnisses.

QBE auf mehreren Tabellen

Viele Abfragen erfordern die Verknüpfung *mehrerer* Tabellen. Zwei Tabellen lassen sich verbinden, wenn beide Attribute mit kompatiblen Wertebereichen enthalten. In VERANSTALTUNG und ORGANISATION (Abschnitt 5.1.1) heisst das Verbundattribut *Name*. Es könnte allerdings auch "Name" in VERANSTALTUNG und "Veranstaltung" in ORGANISATION heissen. Wichtig ist nur, dass die Wertebereiche der Verbundattribute vereinbar sind.

Die Abfrage 5.9 enthält die Gerüste von ORGANISATION und VERANSTALTUNG und die Einträge für die Frage "Wieviele Stunden unterrichtet Dozent Meier im Sommersemester 1999". Sie besteht aus den folgenden Teilen:

- √ markiert die Ausgabespalte *Stunden*.
- SS93 und Meier bestimmen jene Zeilen von ORGANISATION, die mit VERANSTALTUNG verbunden werden sollen.
- x bezeichnet das Verbundattribut.

ORGANISATION

Name	*Semester*	*Dozent*	*Raumnummer*
x	SS93	Meier	

VERANSTALTUNG

Name	*Stunden*
x	√

ANTWORT

Stunden
2

Abfrage 5.9: QBE auf zwei Tabellen

Die beiden Verbundattribute werden mit einem gemeinsamen Wert wie x markiert. Man setzt als Verbindungswert statt x oft irgend einen *Beispiel*wert (engl. example element) wie Recht. Deshalb der Name "Query by *Example*".

MS Access visualisiert eine Verknüpfung besonders anschaulich. Eine Linie verbindet die beiden Tabellen und zeigt, ob eine 1:1 oder eine 1:m-Beziehung vorliegt (Abfrage 5.10). Schlüsselattribute sind fett markiert. Der Benutzer erstellt die QBE-Abfrage, indem er mit "Drag and Drop" die gewählten Tabellen ORGANISATION und VERANSTALTUNG verknüpft, die Tabellen- und Feldnamen in die untere Fensterhälfte kopiert, die Kriterien setzt und die Anzeigefelder markiert.

Abbildung 5.11 vergleicht die dBASE-Verbundoperation von Abschnitt 5.1.2 mit einer Query by Example. Das Beispiel zeigt, wie anschaulich die QBE-Abfrage ist. Der Benutzer markiert nur die Antwortattribute mit √ und die Verbundspalte mit x.

Selektionskriterien

Die Kriterien für die Auswahl von Spalten und Zeilen beschränken sich nicht auf die Markierung von Ausgabefeldern und die Nennung von Übereinstimmungswerten. Übersicht 5.12 nennt weitere Möglichkeiten, die Kriterien zu modifizieren.

Die folgenden Beispiele illustrieren die logischen Operationen **Konjunktion** (`und`), **Disjunktion** (`oder`) und **Negation** (`nicht`). Je nach QBE-Implemen-

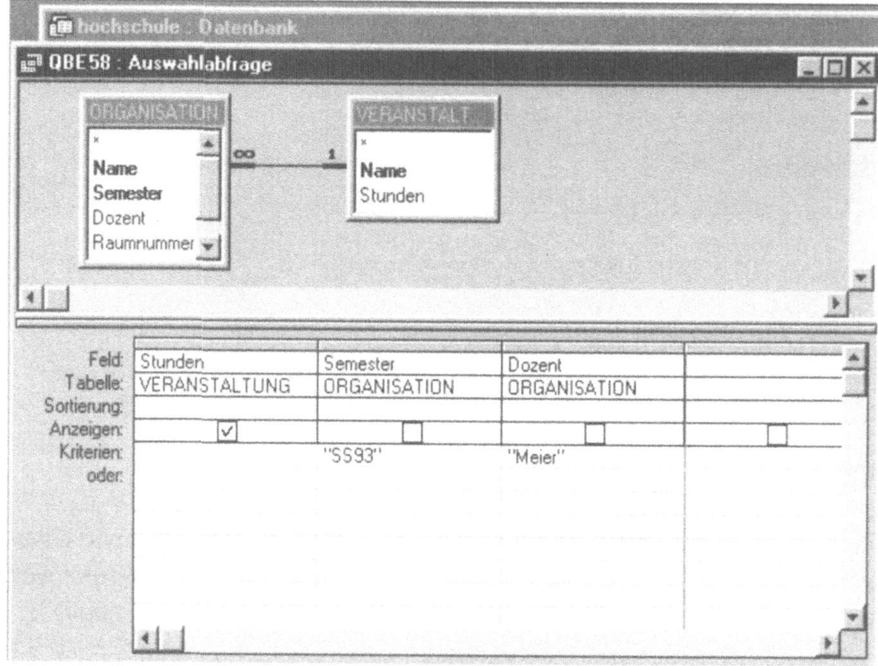

Abfrage 5.10: Die QBE-Abfrage 5.9 in MS Access

tation werden auch andere Schreibweisen verwendet. Die Glieder einer Disjunktion werden zum Beispiel auf verschiedene Zelen geschrieben, oder ein Komma ersetzt `und`. Die Tabellen 5.13 und 5.14 stellen die folgenden Abfragen dar:

- "Welche Dozenten lehren im Sommersemester 1999 *oder* 2001?".
- "Welche Dozenten lehren *weder* im Sommersemester 1999 *noch* im Sommersemester 2000?". (Der logische Operator *weder ... noch* entspricht der Konjunktion `nicht ... und nicht ...)`.

Aktionsabfragen

Queries by Example müssen sich nicht auf Auswahlabfragen beschränken, sie können als Aktionsabfragen auch Tabellen ändern. Die wichtigsten Änderungsoperationen sind:

- Zeilen aus einer oder mehreren Quelltabellen in eine Zieltabelle einfügen
- Zeilen entfernen
- einzelne Attributswerte fortschreiben.

a) *Prozedurale* dBASE-Abfrage

```
use RAUM
select 2
use ORGANISATION
join with RAUM to VERBUND for RAUM->Raumnummer=Raumnummer
  fields Name, Semester, Dozent, Raumnummer, RAUM->Plätze
```

b) *Deklarative* QBE-Abfrage

ORGANISATION

Name	Semester	Dozent	Raumnummer
√	√	√	x

Vergleich 5.11: Prozedurale und deklarative Verbundanweisung

Selektionskriterien	Wichtige Operatoren
Exakte Vergleiche	`= < > <= >=`
Mustervergleiche	Platzhalter, zum Beispiel `?` und `wie` (`?WL` deckt BWL und VWL ab. `wie Basel` und `wie Basle` ergeben beide den Wert `wahr`)
Logische Operatoren	`und oder nicht`
Arithmetische Operatoren	`+ - * / ()`
Gruppenoperatoren	`Summe, Durchschnitt, Häufigkeit, Maximum, Minimum`
Übrige Operatoren	`kein Eintrag, heutiges Datum`

Übersicht 5.12: Weitere Auswahlkriterien für Queries by Example

Datenerfassung und -analyse

Such- und Änderungsvorgänge lassen sich mit Aufgaben der Datenerfassung und -analyse verknüpfen:

- Eine Abfrage kann dazu dienen, die Datenerfassung einfacher und sicherer zu gestalten. Das Feld NR. des Erfassungsformulars von Bild 1.2 zeigt zum Beispiel, wie eine Abfrage eine Liste erstellt, die ein **Lookup-Menü** der erlaubten Eingabewerte präsentiert.
- Ein **Kalkulationsfeld** berechnet seinen Wert selbst, sobald ein bestimmtes Ereignis eintritt. Nachdem der Benutzer zum Beispiel ein bestimmtes Formularfeld ausgefüllt hat, bestimmt eine Abfrage automatisch aus der Be-

ORGANISATION

Name	Semester	Dozent	Raumnummer
	SS93 oder SS95	√	

ANTWORT

Dozent
Müller
Schmid

Tabellen 5.13: Disjunktion (oder)

ORGANISATION

Name	Semester	Dozent	Raumnummer
	nicht SS93 und nicht SS94	√	

ANTWORT

Dozent
Meier
Müller

Tabellen 5.14: Konjunktion und Negation (und, nicht)

nutzereingabe und den Werten anderer Tabellen den Inhalt des Kalkulationsfeldes.

- Die **Duplikatsuche** prüft, welche Werte oder Wertekombinationen in einer Tabelle mehrfach vorkommen.

Verknüpfung über eine Drittabelle

Manchmal möchte man zwei Tabellen verknüpfen, die keine Verbundattribute enthalten. Man wird dann nach einer Drittabelle suchen, welche die beiden Tabellen *indirekt* verknüpft.

Die Wein-Datenbank von Abschnitt 4.3 enthält die folgenden Tabellen:

WEIN (*Name*, *Sorte*, *Traubenart*).
LAND (*Land*, *Kontinent*)
SORTE (*Sorte*, *Trinktemperatur*)
LAND-SORTE (*Land*, *Sorte*)

Wenn der Benutzer nach dem Kontinent fragt, auf dem ein bestimmter Wein wächst, so wird er zunächst die Tabellen WEIN und LAND anschauen. Weil aber die beiden Tabellen keine kompatiblen Verbundattribute enthalten, benötigt man zusätzlich die Drittabelle LAND-SORTE.

Exklusions- und Inklusionsverknüpfung

Neben dem Verbund (**Exklusionsverknüpfung**, engl. inner join) existieren weitere Verknüpfungssarten. Eine **Inklusionsverknüpfung** (engl. outer join) verbindet *alle* Datensätze einer Tabelle mit jenen einer anderen Tabelle - unabhängig davon, ob sie einem Datensatz in der anderen Tabelle entsprechen. Weil sie alle Datensätze verknüpft - *inklusive* jene, deren Attribute nicht über-

SORTE (Verbundwerte dunkel schattiert)

Sorte	*Trinktemperatur*
Rotwein	12-18
Rosé	8
Weisswein	8

WEIN

Name	*Sorte*
Dézaley	Weisswein
Dôle	Rotwein
St. Saphorin	Weisswein

EXKLUSION

Name	*Sorte*	*Trinktemperatur*
Dézaley	Weisswein	12-18
Dôle	Rotwein	8
St. Saphorin	Weisswein	12-18

INKLUSION

Name	*Sorte*	*Trinktemperatur*
Dézaley	Weisswein	12-18
Dôle	Rotwein	8
St. Saphorin	Weisswein	12-18
?	**Rosé**	**8**

Tabellen 5.15: Exklusions- und Inklusionsverknüpfungen SORTE - WEIN

einstimmen - heisst sie Inklusionsverknüpfung. Die Inklusionsverknüpfung ergibt im Gegensatz zur Exklusionsverknüpfung immer ein Resultat.

Eine Variante der Wein-Datenbank von Abschnitt 4.3 soll den Unterschied zwischen der Exklusions- und Inklusionsverknüpfung veranschaulichen (Tabellen 5.15). Die Exklusionsverknüpfung kombiniert nur *entsprechende* Datensätze der Tabellen SORTE und WEIN. Die Inklusionsverknüpfung kombiniert hingegen *alle* Datensätze. Dabei entsteht der Nullwert ?.

Aufgabe 5.2 (Queries by Example)

Formulieren Sie in Ihrem Datenbanksystem die folgenden Abfragen an die Datenbank Hochschule als Queries by Example:

Abfragen auf einer einzigen Tabelle

a) Welche Räume enthalten mehr als 100 *und* weniger oder gleich 200 Plätze?
b) Welche Dozentennamen beginnen mit den Anfangsbuchstaben M *oder* S?
c) Welche Veranstaltungen gehören zur BWL *oder* finden im Raum 111 statt?

Abfragen auf mehreren Tabellen

d) Welche Fächer mit einer Stundenzahl von 3 werden in Räumen mit mehr als 150 Plätzen angeboten?
e) Wieviele Stunden BWL werden im WS94 angeboten?

Aufgabe 5.3 (Deklaratives und prozedurales Verknüpfen von Tabellen) *

1) Formulieren Sie die folgenden Abfragen a) bis c) an die Datenbank Hochschule als Queries by Example.
2) Versuchen Sie, die Abfragen a) bis c) in einer prozeduralen Befehlssprache, zum Beispiel jener von Visual Basic oder dBASE, nachzuvollziehen.

a) Für welche Dozenten ist ein Raum mit 150 Plätzen reserviert?
b) Wieviele Stunden BWL unterrichtet Dozent Schmid im Sommersemester 2001?
c) Wieviele Plätze enthält der Raum, in dem Dozent Schmid im Sommersemester 2001 eine vierstündige BWL-Veranstaltung hält?

5.2 Aktionsabfragen

5.2.1 Überblick

Abschnitt 5.1 hat Aktionsabfragen in Anfüge-, Lösch-, Aktualisierungs- und Tabellenerstellungsabfragen eingeteilt. Wir vertiefen diese Klassen an einigen Beispielen und nehmen das Fortschreibungsproblem von Abschnitt 2.2.5 wieder auf.

Tabellenerstellungsabfrage

Die Tabellenerstellungsabfrage erstellt aus dem Ergebnis einer Abfrage eine neue Tabelle. Tabellenerstellungsabfragen können zum Beispiel ...

- eine Exporttabelle für eine andere Anwendung, etwa ein Tabellenkalkulationsprogramm, erstellen.
- in regelmässigen Abständen historische Daten speichern.
- Sicherungskopien erstellen.
- Abfragen optimieren.

Optimieren heisst die Leistung komplexer Abfragen verbessern. Komplexe Abfragen entstehen vor allem bei der Erzeugung von Formularen und Berichten. Wenn eine Abfrage jedesmal, wenn sie eingesetzt wird, mehrere Tabellen verknüpft, dann kann man sie beim ersten Mal als Tabellenerstellungsabfrage stellen und später nur noch ihre Ergebnistabelle verwenden. Diese Technik eignet sich aber nur für Abfragen, deren Ausgangsdaten sich selten ändern.

Löschabfrage

Eine Löschabfrage - zum Beispiel der dBASE-Befehl `delete` aus Abschnitt 3.2.5 - entfernt alle Zeilen, die eine bestimmte Bedingung erfüllen, aus einer oder mehreren Tabellen. Sie entfernt immer vollständige Datensätze und nicht einzelne Felder.

Anfügeabfrage

Eine Anfügeabfrage - zum Beispiel die dBASE-Befehle `append`, `insert` und `edit` aus den Abschnitten 3.2.2 und 3.2.5 - fügen Datensätze oder -werte in eine Tabelle. Sie ermöglichen zum Beispiel ...

- das Anfügen von Datensätzen, die bestimmte Bedingungen erfüllen.
- das Anhängen von Datensätzen, wenn einige Felder der einen Tabelle in einer anderen Tabelle nicht existieren. Angenommen, eine Tabelle A enthal-

te zehn Felder, und es sollen Datensätze aus einer anderen Tabelle B angefügt werden, deren Feldnamen mit acht der zehn Feldnamen der Tabelle A identisch sind. Eine Anfügeabfrage fügt die Daten der identischen Felder an, und lässt die anderen Felder weg.

Aktualisierungsabfrage

Aktualisierungsabfragen ändern Datensätze nach bestimmten Kriterien. Eine Abfrage kann zum Beispiel alle Preise einer Ware um 10 % herabsetzen. Der nächste Abschnitt veranschaulicht die Aktualisierung am Beispiel einer vereinfachten Variante der stapelweisen Fortschreibung von Abschnitt 2.2.

5.2.2 Fortschreibung

In Abschnitt 2.2 haben wir eine sortierte sequentielle Stammdatei mit einer sortierten sequentiellen Bewegungsdatei fortgeschrieben. Die folgenden dBASE-Befehle leisten ähnliches wie das Pascal-Programm `sequentiell-`

STAMM (alt)

Kontonummer	Betrag
10 000	2 500.-
10 001	100 000.-
10 002	-5 000.-
10 011	1 000.-
10 235	500.-

BEWEGUNG

Kontonummer	Betrag
10 001	1 000.-
10 235	-1 000.-

STAMM (neu)

Kontonummer	Saldo	Bemerkungen
10 000	2 500.-	
10 001	101 000.-	nach Addition von 1 000.-
10 002	-5 000.-	
10 011	1 000.-	
10 235	-500.-	nach Addition von - 1 000.-

Tabelle 5.16: Update der Datei STAMM

`Fortschreiben` von Abschnitt 2.2. Sie schreiben die Tabelle STAMM mit den Sätzen der Tabelle BEWEGUNG fort (Tabelle 5.16):

a) `use BEWEGUNG index BEWEGUNG`

b) `select STAMM`

c) `use STAMM index STAMM`

d)
```
update on Kontonummer
from BEWEGUNG
replace Betrag with STAMM->Betrag + BEWEGUNG->Betrag
```

Im Gegensatz zum Pascal-Programm `sequentiellFortschreiben` verarbeiten die Befehle a) bis d) Bewegungssätze nur dann, wenn bereits Stammsätze mit der gleichen Kontonummer existieren. Neue Sätze müssen getrennt in STAMM eingefügt werden. Ähnlich wie die sequentielle Fortschreibung setzt auch die Anweisung d) voraus, dass die beiden Dateien nach der Kontonummer sortiert oder indiziert sind. Mit dem Schlüsselwort `random` können allerdings - mit Effizienzeinbussen - auch unsortierte Bewegungsdateien verarbeitet werden.

Aufgabe 5.4 (Fortschreibung)

Ein Händler hält eine Stammdatei LAGER(Lagernummer, Name, Menge, Preis), die er mit einer Bewegungungsdatei periodisch nachführt. Die Datei BEWEGUNG(Lagernummer, Menge, Preis) enthält unter anderem die zu- oder abgegangene Menge und den Preis. Beide Dateien sind sortiert.

Formulieren Sie die Befehle zur Fortschreibung der Datei LAGER mit der Datei BEWEGUNG.

Aufgabe 5.5 (Implementation einer einfachen Datenbank)

Ein Verein erstellt eine Adressdatei. Ein Adresssatz besteht aus folgenden Feldern:

- *Nummer* eines Mitglieds (4 Ziffern)
- *Nachname* (15 Zeichen)
- *Vorname* (10 Zeichen)
- *Strasse* (20 Zeichen)
- *Ort* (20 Zeichen)

- *PLZ* (4 Ziffern)
- *Summe* der Beiträge (6 Ziffern vor und 2 Ziffern nach dem Komma).

a) Erstellen Sie mit einigen frei gewählten Beispielsätzen eine Datei ADRESSEN (Feld *Summe* noch offen lassen).

b) Ändern Sie die Satzstruktur von ADRESSEN, indem Sie ein zusätzliches Feld *Telefon* definieren.

c) Geben Sie die Telefonnummern ein.

d) Die Vereinsmitglieder können während eines Jahres beliebig viele Beiträge zahlen. Man könnte diese Zahlungen am Ende jedes Adressatzes anfügen. Da viele Datenbanksysteme keine variablen Satzlängen vorsehen, müsste die maximale Zahl der Beiträge bereits bei der Definition der Satzstruktur bestimmt werden. Um diese Beschränkung zu vermeiden und um Speicherplatz zu sparen, erfassen wir die Beiträge in einer zweiten Datei BEITRÄGE mit der folgenden Satzstruktur:
   - *Nummer* des Mitglieds (Verbindungsfeld zu ADRESSEN)
   - *Beitrag*
   - *Datum* der Zahlung.

   Erstellen Sie eine Beispieldatei BEITRÄGE. Fügen sie für einige Mitglieder mehrere Sätze an. Die Beiträge eines bestimmten Mitglieds müssen nicht unmittelbar hintereinander stehen.

e) Indizieren Sie die Datei ADRESSEN nach dem zusammengesetzten Schlüssel *Name+Vorname* und die Tabelle BEITRÄGE nach *Nummer*.

f) Arbeiten Sie mit den Dateien ADRESSEN und BEITRÄGE:
   - Suchen Sie in ADRESSEN einen Satz indiziert.
   - Suchen Sie darauf in BEITRÄGE die passenden Beitragszahlungen.

Übung 5.6 (QBE unter MS Access)

Lernziele

- Auswahlabfragen auf verbundenen Tabellen
- Aktionsabfragen auf verbundenen Tabellen

Wiederholungsfragen

1. Wie unterscheiden sich Auswahl- und Aktionsabfragen?

a) Aktionsabfragen erlauben die Aktualisierung von Tabellen
b) Auswahlabfragen ändern Tabellen
c) Aktionsabfragen sind immer QBE-Abfragen

2. Was verlangt die referenzielle Integrität?

a) zu jedem Fremdschlüsselwert einen passenden Primärschlüsselwert
b) zu jeder Haupttabelle eine Detailtabelle
c) zu jedem Primärschlüsselwert einen passenden Fremdschlüsselwert

3. Was ist ein Verbundattribut?

a) ein Primärschlüsselattribut, das in zwei Tabellen gleich heisst
b) die Voraussetzung einer QBE-Abfrage
c) ein Attribut, dass eine Beziehung zwischen zwei Tabellen ermöglicht

Vertiefungsfragen

Laden Sie die Datenbank AUFTRÄGESKELETT.mdb. Sie enthält die folgenden Tabellen und Attribute:

ARTIKEL: Artikelnr, Artikelname, Katalogpreis, Lagerbestand
AUFTRAG: Auftragsnr, Kundennr, Datum
AUFTRAGSPOSTEN: Auftragsnr, Artikelnr, Artikelmenge, Vereinbarungspreis
KUNDE: Kundennr, Kundenname, Strasse, PLZ, Ort, Kreditlimite.

1. Abfragen auf einer einzigen Tabelle

a) Suchen Sie alle Kunden, die mit Z beginnen (vgl. »Hilfe/Index/Platzhalterzeichen")

2. Verknüpfung von zwei Tabellen

Gehen Sie wie folgt vor (vgl. »Hilfe/Index/Beziehungen/Übersicht):

1) »Extras/Beziehungen/Tabelle anzeigen
2) Verbundattribut der Ersttabelle auf jenes der Zweitabelle ziehen.

b) Verknüpfen Sie die Tabellen ARTIKEL, AUFTRAG, AUFTRAGSPOSTEN und KUNDE in einem *Datenbankstrukturdiagramm* und bilden Sie die folgenden Beziehungen ab:

- Ein Auftragsatz verweist auf mehrere Auftragsposten-Sätze
- Ein Auftragsposten-Satz verweist auf mehrere Artikelsätze.

Zu einem Kundensatz können mehrere Auftragssätze gehören.

3. Abfragen auf mehreren Tabellen

Gehen Sie wie folgt vor (vgl. »Hilfe/Index/Abfragen/Übersicht):

1) Datenbankfenster (»F11)
2) Register »Abfragen
3) »Neu
4) »Entwurfsansicht
5) Tabellen wählen
6) QBE-Schema ausfüllen
7) Ein Rechtsklick und dann "Datenblattsicht" zeigt das Ergebnis
8) Abfragename vergeben.

c) Welche Aufträge (Auftragsnr) hat Kunde Gebser erteilt?
d) Welche Artikel und Mengen hat Zanforlin vom 1. bis 20.11.99 bestellt?

4. Berechnende Abfragen

Informieren Sie sich unter »Hilfe/Index/Berechnete Felder/Durchführen von Berechnungen in einer Abfrage.

e) Wieviel wurde durchschnittlich von jedem Artikelnamen verkauft? (Beispiel einer *vor*definierten Berechnung)
f) Ermitteln Sie zu jedem Artikelnamen den niedrigsten und höchsten Vereinbarungpreis (Beispiel einer *vor*definierten Berechnung)
g) Wie hoch ist das gesamte Auftragsvolumen? (Beispiel einer *benutzer*definierten Berechnung)

5. Aktualisierungsabfragen

Gehen Sie wie folgt vor (vgl. »Hilfe/Index/Abfragen/Aktionsabfragen/Aktualisierungsabfragen):

1) Zu aktualisierende Datensätze auswählen (wie in Ziffer 3)
2) »Abfrage/Aktualisierungsabfrage
3) Aktualisierungsausdruck einsetzen (z.B. [Lagerbestand]+10)
4) »Abfrage/Ausführen

5) »Rechtsklick/Datenblattansicht zeigt das Ergebnis
6) Abfragename vergeben

h) Erhöhen Sie den Lagerbestand *aller* Artikel um 10 Stück.
i) Erhöhen Sie den Lagerbestand an *Anzügen* um 11 Stück.

Zusatzaufgabe

j) Ermitteln Sie alle Kunden, die vom 1.11.99 bis 20.11.99 von einem bestimmten Artikel für mehr als 500.- eingekauft haben.

   Hinweise

   - Definieren Sie in der Entwurfsansicht unter anderem die drei Spalten: Datum, Kundenname und den mathematischen Ausdruck für das Postentotal (Artikelmenge * Vereinbarungspreis).
   - Definieren Sie die Auftragssumme und das Kriterium Zeitraum mit dem Ausdruckseditor (Symbol "Aufbauen").

k) Welche Kunden erhalten vom 1.11.99 bis 20.11.99 wieviel Rabatt, wenn der Rabatt 10% vom jeweiligen Auftragstotal ist, falls das Total mehr als 500.- beträgt.

✔ AUFTRÄGE.mdb

5.3 Optimierung lokaler Datenbanken

Überlegungen zur Speicher- und Laufzeiteffizienz von Datenbankanwendungen sind wichtig: Einerseits spielen der interne und externe Speicherplatz eine wichtigere Rolle als zum Beispiel in Text- und Tabellenkalkulationsprogrammen. Andererseits greifen Datenbankanwendungen oft auf entfernte ›Server-Datenbanken zu und belasten die Kommunikationsinfrastruktur. Die folgenden Ausführungen beschränken sich auf die Optimierung lokaler Datenbanken auf Arbeitsplatzrechnern. Die Leistung entfernter Server-Datenbanken diskutiert Abschnitt 8.9.

a) Globale Optimierung

Die folgenden Massnahmen erhöhen die Leistung von ›Multitasking-Anwendungen allgemein:

- Minimiere die Zahl der Anwendungen im Mehrprogrammbetrieb.

- Erweitere und beschleunige den *internen* Speicherplatz.
- Erweitere und beschleunige den *virtuellen* Speicherplatz. Virtueller Speicher ist schneller externer "Ersatzspeicher", der den Internspeicher bei Bedarf erweitert.
- Erweitere und beschleunige den *externen* Speicherplatz. Dazu gehört die **Defragmentierung**. Wiederholtes Löschen und Einfügen von Tabellen kann zu einer fragmentierten ("zerstückelten") Datenbank und damit zur schlechten Nutzung der Festplatte führen. Defragmentieren kopiert die Datenbank so um, dass sie fortlaufende Speicherblöcke besetzt. MS Access nennt den Vorgang "Komprimieren", weil die Datenbank dabei etwas kleiner wird. Weil MS Access eine Datenbank in einer einzigen Datei speichert, heisst Komprimieren die Datenbankdatei kompakt an einen neuen Ort speichern.

b) Optimierung von Basistabellen

Im Gegensatz zu den virtuellen Tabellen des nächsten Abschnitts liegen **Basistabellen** permanent auf dem Externspeicher. Die folgenden Massnahmen verbessern die Speichereffizienz und die Geschwindigkeit des Zugriffs auf Basistabellen:

- *Minimiere die Redundanz.* Kapitel 4 hat bereits auf die Anomalien hingewiesen, welche ein unsorgfältiger Datenentwurf begünstigt. Vor allem erschweren aber redundant gespeicherte Daten die speicher- und laufzeiteffiziente Datenverwaltung.
- *Wähle speicher- und laufzeiteffiziente Datentypen.* Abschnitt 1.1.1 nennt Kriterien für die Wahl der Datentypen. Eine sorgfältige Wahl kann nicht nur Speicherplatz sparen, sondern auch Datenbankoperationen - vor allem Tabellenverknüpfungen - beschleunigen. Den passenden Datentyp wählen heisst vor allem die kleinstmögliche Feldgrösse wählen und Verbundattributen gleiche (statt nur kompatible) Datentypen zuweisen.
- *Indiziere Attribute mit grosser Zugriffshäufigkeit.* Eine wichtige Optimierungsmassnahme ist die richtige Wahl der Indexfelder. Indizes (Indexe) beschleunigen das Suchen, Sortieren und Verknüpfen von Tabellen (Abschnitt 2.4). Wichtig ist deshalb die Indizierung von Verbundattributen und von Feldern, die in Abfragebedingungen eingehen. Die Indizierung (Indexierung) verlangsamt aber das Einfügen, Löschen und Fortschreiben und benötigt Speicherplatz. Die wahllose Indizierung möglichst vieler Attribute ist deshalb eine schlechte Strategie.

c) Optimierung virtueller Tabellen

Wenn eine **Ergebnistabelle** weiter verarbeitet wird, ohne sie vorher permanent zu speichern, so spricht man von einer **virtuellen** Tabelle. Virtuelle Tabellen werden bei genügend Platz im Hauptspeicher abgelegt. Eine **View** (Kapitel 7) oder mit anderen Worten eine Benutzersicht ist eine virtuelle Tabelle, die ein Datenbankverwalter aus den Attributen verschiedener Tabellen erstellt und die er mit den meisten Tabellenoperatoren manipulieren kann. Views dienen in erster Linie der Abschirmung von Benutzern vor der Komplexität einer grossen Datenbank. Sie werden als Abfragen gespeichert, deren Ergebnistabellen nur temporär existieren.

Ein Abfrage auf einer virtuellen Tabelle beansprucht mehr Zeit als der Zugriff auf ein permanentes Abbild der virtuellen Tabelle, weil die virtuelle Tabelle vor jeder Abfrage erstellt werden muss. Statt jedesmal eine View zu erstellen, kann mit einer Tabellenerstellungsabfrage (Abschnitt 5.1) ein **Snapshot** erstellt werden, der einen "Schnappschuss" der Ergebnistabelle permanent speichert. Veränderungen in den zugrundeliegenden Tabellen werden allerdings - anders als bei Views - nicht automatisch, sondern nur in bestimmten Abständen nachgetragen. Schnappschüsse bieten sich deshalb vor allem für stabile Datenbestände an.

d) Optimierung von Abfragen

Die oben erwähnten datenbank- und tabellenbezogenen Optimierungen beeinflussen *indirekt* auch die Abfragen auf diesen Datenbanken und Tabellen. Abfragen *direkt* optimieren heisst zeitintensive Operationen meiden. Laufzeitineffizient sind vor allem die Ergebnisgruppierung - zum Beispiel die Berechnung der Anzahl, der Summe oder des Durchschnitts aller Attributwerte (vgl. den Gruppenbruch von Aufgabe 2.2), berechnete Spalten (Abschnitt 5.1.3) und die Sortierung *nicht* indizierter Felder.

5.4 Datenbankverwaltung und Tabellenkalkulation

Die wichtigste Datenstruktur von Tabellenkalkulationsprogrammen (Spreadsheet-Programmen) ist die Tabelle. Vergleich 5.17 nennt einige *Gemeinsamkeiten* von Tabellenkalkulations- und Datenbankprogrammen.

Ausser den Gemeinsamkeiten hat jede Programmkategorie ihre eigenen Stärken: Tabellenkalkulationsprogramme in der raschen Verknüpfung nummerischer Daten und in What if-Simulationen, Datenbanksysteme in der sicheren

Operation	*Argumente*
Datendarstellung	Tabellen
Bewegen	zur folgenden/vorangehenden Zelle zur ersten/letzten Zelle zur folgenden/vorangehenden Zeile zur ersten/letzten Zeile
Suchen	nach Auswahlkriterien
Sortieren	nach Sortierkriterien
Ändern	von Zellinhalten
interaktives Löschen/Einfügen	einer Zeile oder Spalte
selektives Löschen	bestimmter Zeilen
Gültigkeitsprüfung	von Eingabedaten
Passwörter	für Anwendungsobjekte, insbesondere Tabellen
Programmiersprache wie VBA	zur Applikationsentwicklung
Import/Export	von Fremdformaten (z. B. von ASCII-Daten)

Vergleich 5.17: *Gemeinsamkeiten* von Spreadsheet-Programmen und DBMS

und benutzerfreundlichen Verwaltung von Massendaten. Vergleich 5.18 nennt einige *Stärken (+) und Schwächen (-)* der beiden Programmkategorien.

Oft ist es sinnvoll, die jeweiligen Stärken der beiden Programmkategorien so zu nutzen, dass jede Aufgabe der bestgeeigneten Anwendung übertragen wird. Abschnitt 3.3 (Kommunikation mit anderen Anwendungen) zeigt, wie Kommunikationsmechanismen, zum Beispiel ›OLE und DDE, die Aufgabenverteilung steuern können.

Tabellenkalkulation	*Datenbankverwaltung*
- Kapazitätsgrenze: i.a. Internspeicher	+ Kapazitätsgrenze: Externspeicher
- Tabellenoperatoren weniger mächtig	+ ausgebaute Tabellenoperatoren
- i.a. nur eine oder wenige Tabellen	+ leichte Verknüpfung vieler Tabellen
- Abfragemöglichkeiten weniger komfortabel und umfassend	+ allgemeine und benutzerfreundliche Abfragesprachen
+ auch mehrdimensionale Tabellen	- nur zweidimensionale Tabellen
+ auch Formeln als Zellinhalte	- keine Formeln als Zellinhalte
+ komplexe numerische Operationen	- i.a. einfache numerische Operationen
- keine Benutzersichten	+ Benutzersichten

Vergleich 5.18: *Unterschiede* zwischen Spreadsheet-Programmen und DBMS

Zusammenfassung

- Eine Datenbankanwendung besteht aus den *Datenbankobjekten* Tabellen, Formulare, Berichte, Abfragen und Programme.
- *Auswahlabfragen* beantworten im Gegensatz zu *Aktionsabfragen* eine Frage, ohne Daten zu ändern.
- Der Anwender einer *prozeduralen* Abfragesprache muss eine natürlichsprachliche Abfrage nicht nur in eine formale Sprache übersetzen, sondern auch die Befehle richtig ordnen. Im Gegensatz dazu spielt die Reihenfolge der Operationen in *deklarativen* Sprachen wie SQL oder QBE keine Rolle.
- Oft können Abfragen nur beantwortet werden, wenn man zuvor Tabellen verbindet und erst dann die Frage beantwortet. Eine *Verbundoperation* verknüpft zwei Tabellen zu einer Ergebnistabelle, die alle Zeilen enthält, deren Verbundattributwerte der gleichen Bedingung genügen.
- Wer eine *QBE-Anfrage* stellt, wählt die Tabellen, die Spalten, die Selektionskriterien und allenfalls die Verbundattribute sowie die Aktionen, welche die Abfrage ausführen soll. Das Ergebnis ist wieder eine Tabelle, die in weitere Abfragen eingehen kann.
- Aus der Anwendersicht manipulieren Datenbanksysteme und *Tabellenkalkulationsprogramme* ähnlich strukturierte Tabellen. Sie unterscheiden sich aber in folgenden Punkten: Mehrbenutzerbetrieb, Verwaltung von Massendaten, mehrdimensionale Tabellen, komplexe Berechnungen und Integritätstests.
- Die folgenden *Optimierungsmassnahmen* können die Speicher- und Laufzeiteffizienz lokaler Datenbanken verbessern: Optimierungen des externern und internern Speichers, Datentypoptimierungen, Redundanzminimierung, eine sorgfältige Indizierung sowie die Vermeidung zeitintensiver Abfragetypen.

Wiederholungsfragen

1. Ordnen Sie die Aufgaben 1 bis 6 den Systemkomponenten A bis G zu (Mehrfachzuordnungen sind möglich).

1 Massendaten verwalten
2 Metadaten verwalten
3 Bildschirmformulare erstellen
4 Berichtsdateien formatieren
5 deklarative Anfragen formulieren
6 Anwendungslogik spezifizieren

A Forms Generator
B Report Generator
C Application Generator
D Datenbankmaschine
E Data Dictionary
F SQL
G QBE

2. Welche Aussage ist *falsch*?

a) Normalisierte Datenbanken erfordern mehr Verbundoperationen.
b) Die Verbundoperation vereinigt Tabellen.
c) Verbundoperationen beanspruchen die Systemressourcen stark.
d) Der Verbund setzt gleiche Namen der Verbundattribute voraus.

3. Ordnen Sie die Werkzeuge 1 bis 5 den Kategorien A oder B zu.

1 SQL
2 Programmiersprache von dBASE
3 Visual Basic für Applikationen
4 QBE
5 COBOL

A prozedurale Sprachen
B deklarative Sprachen

4. Welche Funktion erfüllen DBMS *und* Tabellenkalkulationsprogramme?

a) Auswahlkriterien für die Suche verwenden
b) Mehrdimensionale Tabellen erstellen
c) Komplexe nummerische Operationen durchführen
d) Benutzersichten erstellen

5. Eine QBE-Abfrage enthält eine Verbundoperation, wenn

a) die Verknüpfungsattribute mit √ markiert sind.
b) mindestens eine der Tabellen ein Kreuz (x) enthält.
c) die Verbundattribute beider Tabellen einen gleichen Eintrag enthalten.
d) die beiden Primärschlüssel durch ein Beispielelement verbunden sind.

6. Welcher Teil einer SQL-Anweisung nennt die Tabellenattribute, die in das Ergebnis eingehen?

a) `order by`
b) `select`
c) `from`
d) `where`

7. Was ist eine View?

a) eine Projektion
b) eine Selektion
c) ein Verbund
d) eine Abfrage, die eine virtuelle Tabelle ergibt

8. Ordnen Sie die Stärken 1 bis 6 den Anwendungen A oder B zu:

1 Benutzersichten
2 Tabellenoperationen
3 automatische Integritätstests
4 komplexe Berechnungen
5 mehrdimensionale Tabellen
6 Mehrbenutzerbetrieb

A Datenbankprogramme
B Tabellenkalkulationsprogramme

6 Relationale Systeme

Neue Begriffe

Datenmodelle
- Relationenmodell
- Netzwerkmodell
- hierarchisches Modell

Datenmodell - Relationenmodell
- Objekttyp - Tabellengerüst
  - Objektmenge - Tabelle
    - Objekt - Zeile
      - Attribut - Spalte
        - Wert - Zellinhalt

Relationenmodell
- relationale Grundoperationen
  - Selektion
  - Projektion
  - Verbund
- Abfragesprachen
  - prozedurale -
  - nichtprozedurale - (deklarative -)
    - textuelle -
      - SQL
    - graphische -
      - QBE
- Kriterien für relationale Systeme
  - Relationen
  - Nullwerte
  - Benutzersichten
  - Integritätsbedingungen
  - Transaktionen
  - Tabellen als Operanden

6.1 Datenmodelle

Die Datenmodellierung ist ein wichtiger Teil der Anwendungsentwicklung (Bild 6.1). Sie bildet einen Ausschnitt aus der Realität - eine sogenannte **Miniwelt** - so ab, dass er von einem Datenbanksystem verwaltet werden kann. Das Ergebnis heisst **Datenmodell** und beschreibt (1) die erlaubten Datentypen, (2) ihre Operationen und (3) ihre Einschränkungen:

- Ein Datenmodell muss einfache und zusammengesetzte *Daten* beschreiben können. Abschnitt 1.1.1 hat einfache Datentypen wie `Zahl` und `Text` und zusammengesetzte Datentypen wie `record` und `file` beschrieben.
- Ausserdem stellt es *Operationen* bereit, die Daten einfügen, suchen, ändern und löschen. Die Kapitel 3 und 5 beschreiben ›Operationen, mit denen Datenverwaltungssysteme unverbundene und verbundene Tabellen manipulieren.
- Es erlaubt die Formulierung von Regeln, welche die Wertebereiche und Operationen einmal definierter Daten dem jeweiligen Fall anpassen. Abschnitt 1.1.3 (Gültigkeit von Attributwerten) hat zum Beispiel Regeln diskutiert, welche den Wertebereich von Attributen *einschränken*. Oder die ›Beziehungsintegrität schränkt die Art der Beziehungen zwischen zwei Tabellen ein (Abschnitte 4.2.2 und 6.2).

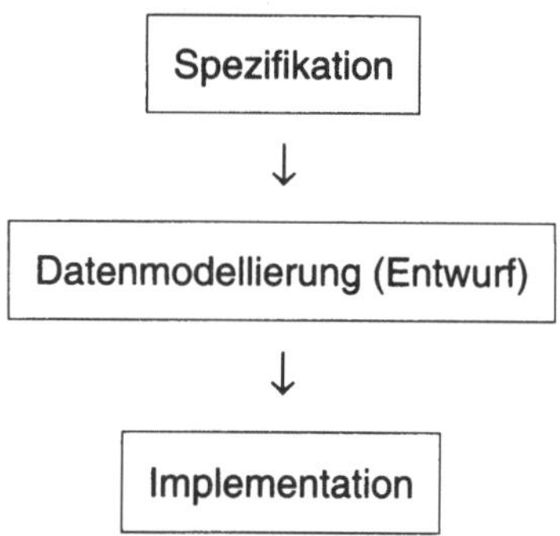

Bild 6.1: Datenmodellierung als Teil der Anwendungsentwicklung

Die verbreitetsten Datenmodelle sind das Relationen- und das Netzwerkmodell. Kapitel 10 skizziert einen neueren Ansatz, das objektorientierte Datenmodell. Die folgenden Abschnitte beschreiben die Eigenschaften des Relationenmodells und untersuchen, wie weit ausgewählte Datenbanksysteme den

Anforderungen des Modells genügen. Der letzte Abschnitt vergleicht das Relationenmodell mit dem Netzwerkmodell.

Konkrete Datenbanksysteme setzen der Modellierungsfreiheit Grenzen. Relationale Datenbanken akzeptieren zum Beispiel nur Tabellen als Objekte. Die Tabellendarstellung ist einschränkend, weil sie keine hierarchisch zusammengesetzten Attribute und keine Wiederholungsgruppen erlaubt. Beispielsweise lässt sich eine variable Anzahl von Schlagworten für ein Dokument nicht in einer Tabellenzeile mit fixer Länge abbilden (Abschnitt 7.2.3).

6.2 Relationale Datenbanken als Tabellenmengen

Die Miniwelt Hochschule lässt sich durch *Objekttypen* wie Studierende, Dozierende, Verwaltungspersonal, Veranstaltungen usw. beschreiben. Das →Relationenmodell stellt Objekttypen als Tabellengerüste dar. Ein *Tabellengerüst* (Relationenschema) enthält eine feste Anzahl einfacher Attribute (Spalten) und kann beliebig viele Zeilen aufnehmen. Statt von einer *Tabelle* spricht man auch von einer *Relation.* Weil eine Relation in der Mathematik eine Menge ist und deshalb keine Duplikate enthält, darf eine Zeile nur einmal in der selben Tabelle vorkommen. Die Tabelle STUDENT enthält zum Beispiel vier unterscheidbare Zeilen:

STUDENT

Matrikelnr	Name	*Wohnort*
34	Müller	St. Gallen
35	Müller	Mörschwil
45	Schmid	Teufen
65	Lang	St. Gallen

Aus praktischen Gründen definiert man Zeilen bereits dann als gleich, wenn ihre Primärschlüsselwerte gleich sind (In STUDENT ist das Attribut Matrikelnummer Primärschlüssel).

Die Vorschrift eines eindeutigen Primärschlüssels ist nicht nur wegen der mengentheoretischen Fundierung des Tabellenbegriffs wichtig. Sie ermöglicht auch die Prüfung der sogenannten **Beziehungsintegrität**. Sie verlangt, dass in einer 1:m-Beziehung jedem Fremdschlüsselwert genau ein Primärschlüsselwert entspricht (Kapitel 4: Datenentwurf). Nehmen wir zum Beispiel an, dass jeder Diplomarbeiter von einem Referenten betreut wird und dass jeder Referent mehrere Studierende betreuen kann. Diese 1:m-Beziehung setzt voraus, dass sich jeder Referentensatz eindeutig identifiziern lässt. Viele Datenbanksysteme prüfen diese Eindeutigkeitsregel (→**Entitätsintegrität**) automatisch, sobald ein Primärschlüssel definiert wird. Wenn zum Beispiel im Datenbanksystem ›Paradox das Attribut *Matrikelnummer* als Identifikation definiert wird, so prüft das System für jeden neuen Satz, ob dessen Matrikelnummer nicht bereits in der Tabelle vorkommt. MS Access und ›SQL ermöglichen ebenfalls Tabellen im Sinne des Relationenmodells, lassen aber auch "Tabellen" ohne eindeutige Zeilen zu.

Aufgabe 6.1 (Begriff der Relation)

Begründen Sie, weshalb die folgenden "Tabellen" keine Relationen im Sinne des relationalen Datenmodells sind:

A

Matrikelnr	*Prüfungsnr*	*Prüfungsname*	Prüfungsdatum
34	1	BWL	030496
34	2	VWL	030194
34	2	VWL	030196
65	1	Recht	102396

B

Matrikelnr	*Prüfungsnr*	Prüfungsname	*Prüfungsdatum*
34	1	BWL	030496, 231096
34	2	VWL	030496
65	1	Recht	231096, 251096

Neben der Tabelle STUDENT existiere eine Tabelle PRÜFUNG:

Prüfungsnr	*Prüfungsname*
1	BWL
2	VWL
3	Recht

Zwischen STUDENT und PRÜFUNG bestehe die folgende m:n-Beziehung: Ein Student oder eine Studentin X kann mehrere Prüfungen bestanden haben, und eine Prüfung Y kann von mehreren Studierenden bestanden worden sein. Eine m:n-Beziehung wird im Relationenmodell über eine Verbindungstabelle geknüpft:

VERBINDUNG

Matrikelnr	Prüfungsnr	Prüfungsdatum
34	1	30.04.2000
34	2	30.03.2000
65	3	23.10.2000

Abschnitt 4.3 (Eine Fallstudie zur Normalisierung) hat gezeigt, dass eine andere Lösung zu Anomalien führt. In komplexen Datenbanken mit vielen Objekt- und Beziehungstypen kann der Datenentwurf - nicht zuletzt wegen der Auflösung von m:n-Beziehungen - zu einer Fülle normalisierungsbedingter Tabellen führen.

6.3 Operationen auf Tabellen

Endbenutzer stellen Abfragen an relationale Datenbanken in deklarativen Sprachen wie QBE und SQL. Die Grundlage der physischen Operationen eines Datenbanksystems sind indessen implementationsnahe einfache Basisoperationen, sogenannte relationale Grundoperationen (Abschnitt 6.3.2). Wir veranschaulichen an Beispielen, wie sich Abfragen in relationale Grundopera-

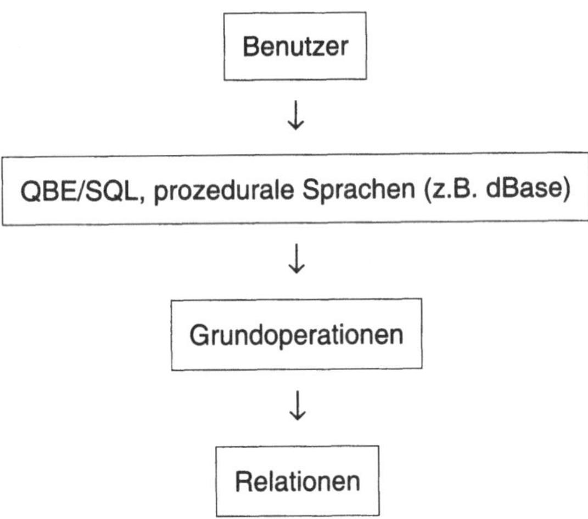

Bild 6.2: Von der Endbenutzerabfrage zu physischen Relationen

tionen zerlegen lassen, welche die Grundlage für die physischen Operationen des Datenbanksystems bilden (Bild 6.2).

Eine Abfrage an die Datenbank Hochschule laute zum Beispiel: "Welches sind die Matrikelnummern und Namen der Studierenden, die nach dem 30. März 2000 eine Prüfung bestanden haben?". Die Antwort entsteht durch eine Folge von Manipulationen auf Tabellen und ist selbst wieder eine Tabelle. Der nächste Abschnitt führt in die Abfragesprache SQL ein. Eine SQL-Abfrage leitet aus einer Menge von Basistabellen eine Ergebnistabelle ab.

6.3.1 SQL als deklarative Abfragesprache

→SQL (engl. Structured Query Language) ist die einzige standardisierte Datenbanksprache. Sie ist deshalb von grosser praktischer Bedeutung. Beispiel 6.3 illustriert, welche Rolle SQL bei der Integration von Datenbankabfragen in betriebliche Abläufe spielen kann. Es beschreibt die Abwicklung telefonischer Bestellungen mit Computertelefonie und einem SQL-Datenbanksystem.

1. Ein Kunde bestellt via Touch-Tone Input (Touch-Tone Input ist vor allem in den USA verbreitet und erlaubt die Eingabe von Information über die alphanummerische Tastatur des Telefons).
2. Das verwendete Telefonsystem erlaubt der Firma die automatische Identifikation des Kunden. Die Bestellapplikation integriert die Identifikation in eine *SQL*-Anweisung, die Kundendaten abruft.
3. Die Anwendung prüft die Verfügbarkeit der bestellten Ware, indem sie eine *SQL*-Abfrage auf die Lagerbewirtschaftungs-Datenbank startet.
4. Die Applikation bestätigt dem Kunden die Bestellung per Fax.

Beispiel 6.3: Ein Beispiel zur Bedeutung von SQL in betrieblichen Applikationen

SQL ist weit verbreitet, denn es ist

- *portabel*, weil sich die meisten Produkte bemühen, nicht allzu sehr vom ›ANSI/ISO Standard abzuweichen (Abschnitt 6.3.4).
- *einbettbar*, weil es sich aus prozeduralen Sprachen, zum Beispiel C oder COBOL, aufrufen lässt.
- *terminalunabhängig*, weil es sich - im Gegensatz zu QBE - unabhängig von einem bestimmten ›GUI bedienen lässt.

- *deklarativ*, weil der Benutzer eine Abfrage nicht als geordnete Folge von Operationen darstellen muss. Eine umgangssprachliche Abfrage besteht aus einem einzigen SQL-Ausdruck.

Der am häufigsten gebrauchte SQL-Befehl ist →`select`. Er wählt im einfachsten Fall eine Tabelle und bildet aus jenen Attributwerten, die eine bestimmte Selektionsbedingung erfüllen, eine sortierte Ergebnistabelle. Vereinfacht lautet sein Format:

```
select      [distinct] <Attribut1>, ..., <AttributN>
from        <Tabelle>
where       <Selektionsbedingung>
order by    <Sortierkriterium>
```

Das Schlüsselwort `distinct` stellt sicher, dass das Ergebnis einer SQL-Abfrage wieder eine Relation ist, also keine Duplikate enthält. Wenn zum Beispiel gefragt wird, ob eine Studentin Prüfungen nach dem 30. März 2000 bestanden hat, so erwähnt sie die Ergebnistabelle nur ein einziges Mal, obwohl sie vielleicht seither mehrere Prüfungen bestanden hat. `order by` sortiert die Ergebnistabelle. Voreingestellt ist eine aufsteigende Sortierreihenfolge. Das zusätzliche Schlüsselwort `desc` sortiert absteigend.

6.3.2 Relationale Grundoperationen

SQL und QBE setzen sich das Ziel, Endbenutzern und Programmierern die Verwaltung von Datenbanken zu erleichtern. Das DBMS übersetzt ihre Anweisungen in Befehlsprozeduren, die sich leicht in physische Operationen auf Speicherobjekten übersetzen lassen. Man kann zeigen, dass sich SQL- und QBE-Ausdrücke als Sequenzen relationaler **Grundoperationen** darstellen lassen. Wir definieren im folgenden die Grundoperationen Selektion, Projektion und Verbund, und Abschnitt 6.3.3 zeigt an Beispielen, wie sich Abfragen in Folgen dieser Grundoperationen auflösen lassen.

1. Selektion

Beispiel 6.4 zeigt an der Datenbank Hochschule eine Selektion. Die Ergebnistabelle enthält alle Zeilen der Ausgangstabelle, die eine bestimmte Bedingung erfüllen. Selektieren heisst also alle Zeilen der Ausgangstabelle kopieren, welche der Selektionsbedingung genügen (Bild 6.4).

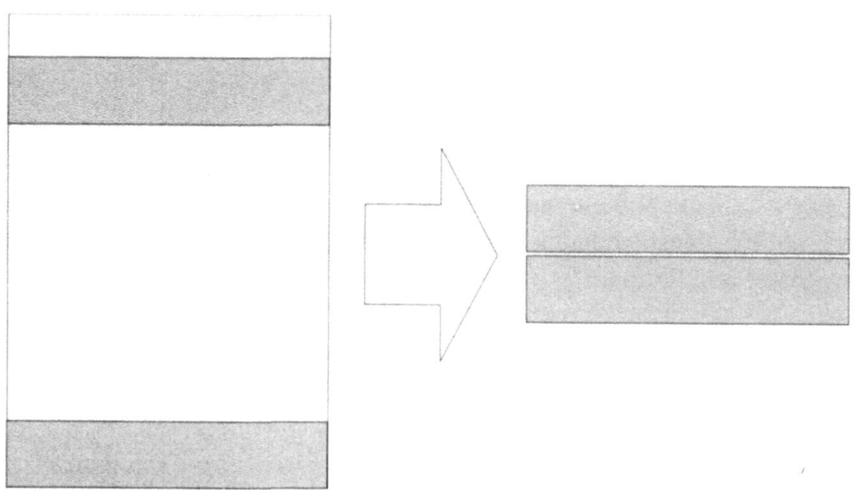

Bild 6.4: Selektion (Tabellenzeilen kopieren)

Der folgende SQL-Befehl zeigt die Antworttabelle ERGEBNIS des Beispiels 6.5 an:

```
select    *
from      VERBINDUNG
where     Prüfungsdatum > '30.04.2000'
```

ERGEBNIS enthält alle (*) Attribute der Zeilen von VERBINDUNG, welche der Selektionsbedingung *Prüfungsdatum > '30.04.2000'* genügen. Dieser einfache Befehl enthält die wichtigsten Elemente einer Abfrage mit `select`:

`select`	Welche Spalten enthält die Ergebnistabelle?
`from`	Aus welchen Tabellen stammt das Ergebnis?
`where`	Verbundbedingung und Selektionsbedingungen?
`order by`	Welche Spalten sind Sortierkriterien?

Von einer Selektion spricht man erst, wenn nicht nur der Operand, sondern auch das Ergebnis eine Tabelle ist. Der dBASE-Befehl[1] `display for` *Prü-*

1 Viele xBASE-Varianten erlauben Abfragen in einer prozeduralen Befehlssprache und in einem SQL- oder QBE-Dialekt. Im folgenden verstehen wir unter dBASE-Code immer einen Programmabschnitt in der prozeduralen Befehlsssprache.

a) Ausgangstabelle

VERBINDUNG

Matrikelnr	Prüfungsnr	Prüfungsdatum
34	1	30.04.2000
34	2	30.03.2000
65	3	23.10.2000

b) Selektionsbedingung

Prüfungsdatum > 30. April 2000

c) Ergebnistabelle

ERGEBNIS

Matrikelnr	Prüfungsnr	Prüfungsdatum
65	3	23.10.2000

Beispiel 6.5: Selektion

`fungsdatum > {30.04.94}`[1] wählt zwar wie der SQL-Befehl jene Zeilen von VERBINDUNG, welche der `for`-Bedingung genügen. Er gibt die Antwort aber nur auf dem Bildschirm und nicht als wiederverwendbare Ergebnistabelle aus. `delete all for Prüfungsdatum <= {"30.04.94"}` belässt in der Ausgangsdatei VERBINDUNG zwar alle Zeilen, welche die `for`-Bedingung nicht erfüllen als Tabelle, ändert dabei aber die Ursprungstabelle. Einer Selektion im Sinne von SQL entspricht der dBASE-Befehl `copy to ERGEBNIS for Prüfungsdatum > {30.04.94).`

2. Projektion

Das Ergebnis einer Projektion enthält alle Spalten der Ausgangstabelle, die eine bestimmte Bedingung erfüllen (Bild 6.6).

---

1 Die geschweiften Klammern konvertiert ein Datum so, dass mit ihm gerechnet werden kann. Datumsarithmetik ohne Konversion wäre möglich, wenn das Datum in einem nummerischen Feld und im Format JJMMTT gespeichert wird. Das Datum 940411 ist dann zum Beispiel grösser (später) als das Datum 931224.

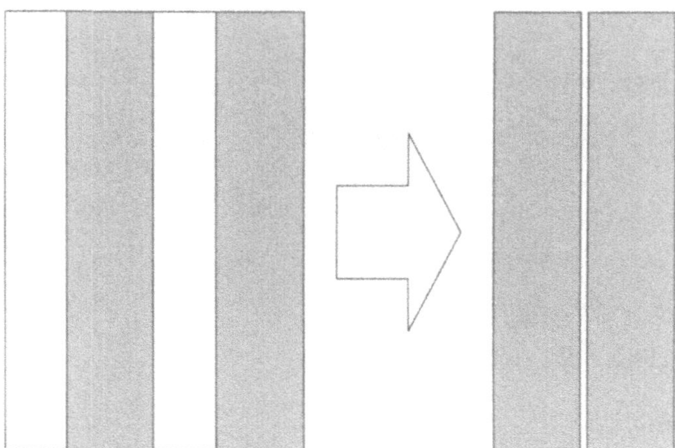

Bild 6.6: Projektion (Tabellenspalten kopieren)

Projizieren heisst Spalten kopieren. Entstehen durch das Kopieren von *Teilen* der Identifikation mehrfach vorkommende Zeilen (Duplikate), so werden sie automatisch gestrichen. Das Ergebnis wäre sonst keine Tabelle im Sinne des

a) Ausgangstabelle

STUDENT

Matrikelnr	Name	*Wohnort*
34	Müller	St. Gallen
35	Müller	Mörschwil
45	Schmid	Teufen
65	Lang	St. Gallen

b) Projektionsbedingung

Name

c) Ergebnistabelle

ERGEBNIS

Name	*Bemerkungen*
Müller	*Duplikat gestrichen*
Schmid	
Lang	

Beispiel 6.7: Projektion

Relationenmodells. In Beispiel 6.7 besteht das Ergebnis der Projektion nur aus der Spalte *Name*.

Der nächste SQL-Befehl projiziert mehrere Attribute auf eine Ergebnistabelle:

```
select  <Attribut1>, ..., <AttributM>
from    <Tabelle>
```

In dBASE ergibt `copy to ERGEBNIS fields Name` nicht unbedingt eine Tabelle, da wegfallende Spalten zu Mehrfachzeilen führen können.

3. Verbund

Abschnitt 5.1.2 hat die Verbundoperation am dBASE-Befehl `join` eingeführt. Der Verbund vereinigt zwei Tabellen mit mindestens einem gemeinsamen Verbundattribut zu einer Ergebnistabelle. Bild 6.8 schattiert das Verbundattribut leicht und die Ergebnistabelle stark. Die gebräuchlichste Art des Verbunds kombiniert jene Zeilen, deren Werte für das Verbundattribut identisch sind. Entstehen mehrfach vorkommende Spalten, so werden sie gestrichen.

Beispiel 6.9 veranschaulicht die Verbundoperation an einem Beispiel. Der SQL-Befehl nennt zuerst die beiden Tabellen und dann die Verbundbedingung:

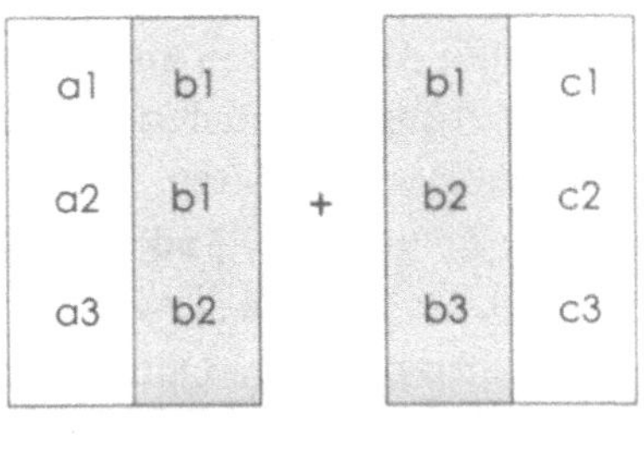

Bild 6.8: Verbund (Tabellen zeilenweise zusammenfügen)

```
select *
from VERBINDUNG, PRÜFUNG
where VERBINDUNG.Prüfungsnr = PRÜFUNG.Prüfungsnr.
```

a) Ausgangstabellen

VERBINDUNG

Matrikelnr	Prüfungsnr	Prüfungsdatum
34	1	03.04.1995
34	2	30.03.1995
65	3	23.10.1995

PRÜFUNG

Prüfungsnr	Prüfungsname
1	BWL
2	VWL
3	Recht

b) Verbundattribut

Prüfungsnr

Beispiel 6.9: Verbund (Verbundattribut hell schattiert)

Verbundoperationen können die Antwortzeit einer Abfrage entscheidend beeinflussen. Datenbanksysteme implementieren sie deshalb möglichst effizient. Zu den Optimierungsmethoden gehören Indizierung und Hashing der Verbundattribute (Abschnitte 2.3 und 2.4). Andere DBMS setzen sogar parallele Prozessoren ein, um Verbundoperationen zu beschleunigen. Die Antwortzeit für eine Abfrage hängt nicht nur von der Optimierung einer Grundoperation wie des Verbunds ab, sondern wird auch beeinflusst durch die Reihenfolge der Grundoperationen insgesamt. Der nächste Abschnitt zeigt, wie das Datenbanksystem Abfragen in Folgen von Grundoperationen auflöst und wie ihre Reihenfolge die Effizienz beeinflusst.

Wir haben die relationalen Grundoperationen an SQL- und dBASE-Operationen veranschaulicht. Grundoperationen lassen sich auch als QBE-Abfragen darstellen. Der Projektion entspricht in QBE die Markierung von Ausgabespalten. Eine Selektion stellt QBE durch Setzen von Spaltenkriterien dar, und der Verbund entspricht der graphischen Verknüpfung von Tabellengerüsten mit einer Marke, zum Beispiel x oder einem Beispielelement.

6.3.3 Auflösung von Abfragen in Grundoperationen

Die Abfrage "Welches sind die Matrikelnummern und Namen der Studenten, die nach dem 30. März 1994 eine Prüfung bestanden haben?" lässt sich auf eine Folge der Grundoperationen Selektion, Projektion und Verbund reduzieren. Operanden sind die folgenden Tabellen:

STUDENT (Matrikelnr, Name, Wohnort)
VERBINDUNG (Matrikelnr, Prüfungsdatum, Prüfungsnr)

Eine mögliche Abfolge (Prozedur) von Grundoperationen lautet:

1. Selektiere die VERBINDUNGszeilen mit der Bedingung "Prüfungsdatum > 30.03.94".
2. Verbinde das Selektionsergebnis mit STUDENT. Verbundattribut ist die Matrikelnummer.
3. Projiziere das Verbundergebnis auf die Attribute Matrikelnummer und Name.

Die Erstellung von Prozeduren von Grundoperationen ist aus den folgenden Gründen schwierig:

- Die Reihenfolge der Operationen ist von Bedeutung.
- Für eine bestimmte Abfrage bieten sich oft mehrere Lösungen mit unterschiedlicher Speicher- und Laufzeiteffizienz an (Aufgabe 6.4).
- Zwischenergebnisse müssen verwaltet werden.

Diese Nachteile wiegen so schwer, dass die Anwender der ersten PC-Datenbanksysteme oft die Redundanzminimierung der einfachen Formulierung von Abfragen geopfert haben. Um Verbundoperationen zu vermeiden, haben sie möglichst grosse Tabellen entworfen. Moderne Datenbanksysteme bieten deklarative Sprachen an, die eine Abfrage in einer einzigen Anweisung darstellen. Der Benutzer beschreibt in SQL oder QBE das gewünschte Abfrageergebnis und programmiert nicht, *wie* das Ergebnis ermittelt werden soll. Das Datenbanksystem transformiert dann die Anweisung automatisch in eine Folge von Grundoperationen. In SQL muss die Abfrage "Welches sind die Matrikelnummern und Namen der Studenten, die nach dem 30. März 1994 eine Prüfung bestanden haben?" nicht als Prozedur von Grundoperationen programmiert werden, sondern besteht aus einer einzigen Anweisung:

```
select distinct STUDENT.Matrikelnr, Name
from STUDENT, VERBINDUNG
where STUDENT.Matrikelnr=VERBINDUNG.Matrikelnr %Verbund
and Prüfungsdatum > '30.03.94'                 %Selektion
```

Eine natürlichsprachliche, eine deklarative und eine prozedurale Variante der gleichen Abfrage auf zwei Tabellen soll verdeutlichen, wieviel Programmieraufwand Abfragesprachen wie SQL und QBE dem Benutzer abnehmen. Die Antworttabelle soll die Dozenten, die Namen und die Semester aller Veranstaltungen mit einer Stundenzahl grösser als 2 enthalten.

Ausgangstabellen

VERANSTALTUNG

Name	*Stunden*
Recht	2
BWL	3
VWL	3

ORGANISATION

Name	*Semester*	*Dozent*	*Raumnummer*
Recht	SS93	Meier	111
Recht	SS93	Meier	112
BWL	WS93	Schmid	111
BWL	SS95	Schmid	111
VWL	SS94	Müller	112
VWL	WS95	Müller	112

Antworttabelle

ANTWORT

Dozent	*Name*	*Semester*
Müller	VWL	SS94
Müller	VWL	WS95
Schmid	BWL	WS93
Schmid	BWL	SS95

a) Natürlichsprachliche Abfrage

Welches sind die Dozenten, die Namen und die Semester aller Veranstaltungen mit einer Stundenzahl grösser als 2?

b) Deklarative Abfrage (SQL)

```
select    Dozent, Name, Semester
from      VERANSTALTUNG, ORGANISATION
where     VERANSTALTUNG.Name = ORGANISATION.Name
          and Stunden > 2
order by  Dozent
```

`VERANSTALTUNG.Name = ORGANISATION.Name` ist die Verbundbedingung, `Stunden > 2` die Selektionsbedingung und `Dozent` das Sortierkriterium.

c) Prozedurale Abfrage

Das folgende Beispiel soll nicht die einen dBASE-Befehl diskutieren, sondern nur an einem Beispiel zeigen, wie komplex die prozedurale Darstellung einer einfachen SQL-Abfrage ausfallen kann.

Die Ausgabe der folgenden Prozedur erscheint auf dem *Bildschirm*. Die Prozedur erstellt also keine Ergebnistabelle im Sinne von SQL. `set relation to Name into VERANSTALTUNG` ordnet den laufenden Arbeitsbereich `ORGANISATION` der Tabelle `VERANSTALTUNG` zu. Dies hat den folgenden Vorteil: Bewegt man sich auf der Tabelle `ORGANISATION`, so wird der Datensatzzeiger der zugeordneten Tabelle `VERANSTALTUNG` automatisch so positioniert, dass er auf dem ersten Datensatz steht, dessen Wert von *Name* mit jenem der laufenden Datei übereinstimmt. `set relation to ... into` unterstützt also die Verarbeitung von Tabellen, zwischen denen eine 1:m- oder 1:1-Beziehung besteht (Abschnitt 4.2.2).

```
** Tabellen öffnen

* Voraussetzung sind zwei Indizes:

* a) VERANSTALTUNG ist nach Name indiziert
* b) ORGANISATION ist nach Dozent indiziert

use VERANSTALTUNG index IndexNachName % -> set relation
select 2
use ORGANISATION index IndexNachDozent % -> Sortierung
```

```
** Tabellen verknüpfen und am Bildschirm ausgeben

set relation to Name into VERANSTALTUNG
do while .not. eof()
  select VERANSTALTUNG
  locate for Name=ORGANISATION->Name .and. Stunden > 2

  if .not. eof()
    ** Satz anzeigen
    ? ORGANISATION->Dozent+ ' ' + Name + ' ' + ;
      ORGANISATION->Semester
  endif
  select ORGANISATION
  skip                                    && - nächster Satz
enddo
```

Aufgabe 6.2 (Abfragesprachen) *

Transformieren Sie die folgende SQL-Anweisung in ...

a) eine entsprechende QBE-Abfrage
b) eine Folge prozeduraler Befehle (etwa in dBASE oder Visual Basic)

(1) Ausgangstabellen

VERANSTALTUNG

Name	*Stunden*
Recht	2
BWL	3
VWL	3

ORGANISATION

Name	*Semester*	*Dozent*	*Raumnummer*
Recht	SS93	Meier	111
Recht	SS94	Meier	112
BWL	WS94	Schmid	111
BWL	SS95	Schmid	111
VWL	SS94	Müller	112
VWL	WS95	Müller	112

RAUM

Raumnummer	Plätze
111	200
112	150

(2) Deklarative Abfrage in SQL

```
select distinct VERANSTALTUNG.Name,
        Stunden,
        Dozent,
        RAUM.Raumnummer,
        Plätze
from    VERANSTALTUNG, ORGANISATION, RAUM
where   VERANSTALTUNG.Name = ORGANISATION.Name and
        ORGANISATION.Raumnummer = RAUM.Raumnummer and
        RAUM.Raumnummer = 111
```

(3) Ergebnistabelle

VERANSTALTUNG.Name	Stunden	Dozent	RAUM.Raumnummer	Plätze
Recht	2	Meier	111	200
BWL	3	Schmid	111	200

Aufgabe 6.3 (Reduktion von Abfragen auf relationale Grundoperationen) *

Die Datenbank der Aufgabe 4.15 enthält Informationen über die Wälder des Kantons St. Gallen. Die Tabellengerüste lauten:

WALD
Wald
Gemeinde
Eigentümer

BAUMART
Art (Tanne, Fichte etc.)
Höhe (maximale Höhe einer Baumart)

BAUM
Name (des Waldes)
Art (Tanne, Fichte etc.)

Pflanzdatum
Baumnr

Einige Wälder sind Versuchswälder, an denen der Einfluss der Luftverschmutzung getestet wird. In diesen Wäldern werden geeignete Bäume mit einer *Baumnr* identifiziert.

Eine (unvollständige) Datenbank enthalte die folgenden Tabellen:

WALD

Wald	*Gemeinde*	*Eigentümer*
Freudenberg	St. Gallen	Ortsbürger
Menzlen	St. Gallen	Meier
Löffelsberg	Ebersol	Locher

BAUMART

Art	*Höhe*
Fichte	60
Föhre	50
Buche	40

BAUM

Baumnr	Art	*Wald*	*Pflanzdatum*
1	Buche	Menzlen	300303
2	Fichte	Freudenberg	400330
3	Fichte	Freudenberg	800902
4	Buche	Freudenberg	350208
5	Föhre	Löffelsberg	800501

Formulieren Sie die folgenden Abfragen als Prozeduren der relationalen Grundoperationen Selektion, Projektion und Verbund, als prozedurale Befehle, als SQL-Anweisung und als QBE-Abfrage:

a) Zeige alle Attribute der Wälder der Gemeinde St. Gallen.
b) Zeige den Namen und den Eigentümer aller Wälder der Gemeinde St. Gallen.
c) Zeige die Namen aller Wälder der Gemeinde St. Gallen, die Fichten enthalten.
d) Zeige die Baumnummern und Eigentümer aller Fichten.
e) Zeige die Namen aller Wälder, die mehr als eine Art enthalten.

Aufgabe 6.4 (Optimierung von Datenbankabfragen) *

Die folgende Abfrage an die Datenbank von Aufgabe 6.3 soll als Folge relationaler Grundoperationen dargestellt werden: "Zeige die Namen und die Eigentümer aller Wälder der Gemeinde St. Gallen an, die Fichten enthalten". Vergleichen Sie die folgenden Varianten A und B auf ihre Effizienz.

Variante A

1) Ausgangstabellen: WALD, BAUM
   Operation: Verbund
   Verbundattribute: *Wald* (Name des Waldes)
   Ergebnistabelle: T1
2) Ausgangstabelle: T1
   Operation: Selektion
   Bedingung: *Ort* = St. Gallen und *Art* = Fichte
   Ergebnistabelle: T2
3) Ausgangstabelle: T2
   Operation: Projektion
   Bedingung: Spalten von T3 seien *Wald* und *Eigentümer*
   Ergebnistabelle: T3

Variante B

1) Ausgangstabelle: WALD
   Operation: Selektion
   Bedingung: *Ort* = St. Gallen
   Ergebnistabelle: T1
2) Ausgangstabelle: BAUM
   Operation: Selektion
   Bedingung: *Art* = Fichte
   Ergebnistabelle: T2
3) Ausgangstabellen: T1, T2
   Operation: Verbund
   Verbundattribut: *Wald*
   Ergebnistabelle: T3
4) Ausgangstabelle: T3
   Operation: Projektion
   Bedingung: Spalten von T4 seien *Name* und *Eigentümer*
   Ergebnistabelle: T4

Übung 6.5 (Relationenmodell unter MS Access)

Lernziele

- Grundbegriffe von Datenmodellen
- Grundbegriffe des Relationenmodells
- Relationale Grundoperationen
- Abfrageergebnisse als Operanden

Wiederholungsfragen

1. Eine Relation ...
a) verlangt einen Sekundärschlüssel
b) erlaubt keine Duplikatzeilen
c) erlaubt keine Nullwerte

2. Welche Forderung stellt die Entitätsintegrität?
a) Jede Tabellenzeile ist eindeutig
b) Zu jedem Satz einer Haupttabelle gehört ein Satz einer Detailtabelle
c) Jede Entität lässt sich als Tabelle darstellen

3. Eine QBE-Abfrage ...
a) setzt sich aus Selektion, Projektion und Verbund zusammen
b) ist prozedural
c) lässt sich auf eine Folge relationaler Grundoperationen zurückführen.

Vertiefungsfragen

Laden Sie die Datenbank 💻 HOCHSCHULESkelett.mdb aus den folgenden Tabellen und Attributen:

STUDENTin: Matrikelnr, Name, Wohnort
PRÜFUNG: Prüfungsnr, Prüfungsname
VERBINDUNG: Matrikelnr, Prüfungsnr, Prüfungsdatum.

1. Relationale Grundbegriffe

a) Klicken Sie im Datenbankfenster (F11) auf die Tabelle STUDENTin und entnehmen Sie ihr Beispiele für die folgenden Begriffe: Wert, Attribut, Objekt, Objektmenge, Objekttyp und Relation.

2. Integritätsbedingungen

b) Implementieren Sie für jede Tabelle die Entitätsintegrität.

c) Verknüpfen Sie die Tabellen STUDENTin, PRÜFUNG, und VERBINDUNG in einem Datenbankstrukturdiagramm und implementieren Sie dabei die referenzielle Integrität.

d) Finden Sie mit der Hilfefunktion heraus, was die Optionen "Aktualisierungsweitergabe" und "Löschweitergabe" der referenziellen Integrität bedeuten.

3. Relationale Grundoperationen

e) Führen Sie die folgende Abfrage durch: Welche Studierenden sind nicht in St.Gallen wohnhaft? Um welche Grundoperation handelt es sich?

f) Führen Sie die folgende Abfrage durch: Welche Matrikelnummern und Namen von Studierenden enthält die Tabelle STUDENTin? Um welche Grundoperation handelt es sich?

g) Erstellen Sie eine Tabelle aller mündlichen Prüfungen. Die Tabelle soll folgende Attribute enthalten: Prüfungsnummer, -name und datum sowie Matrikelnummer des Prüflings. Um welche Grundoperation handelt es sich?

h) Stellen Sie die folgende Abfrage: Welches sind die Matrikelnummern und Namen der Studierenden, die vor dem 23.10.98 eine Prüfung bestanden haben? Geben Sie dieser Abfrage den Namen "Deklarativ".

i) Wenn Sie nichts vorsehen, ist die Ergebnistabelle von Abfrage h keine Relation, weil sie Duplikate enthält. Ändern Sie dazu die Eigenschaft "Keine Duplikate" in der Entwurfssicht der Abfrage "Deklarativ".

j) Nennen Sie die drei Grundoperationen, aus denen sich die Abfrage h zusammensetzt.

k) Überprüfen Sie Ihre Antwort auf die letzte Frage, indem Sie der Reihe nach die drei Grundoperationen als QBE-Abfragen implementieren. Das Ergebnis der dritten Grundoperation muss schliesslich dem Ergebnis der Abfrage h entsprechen. Speichern Sie die Grundoperationen als Abfragen unter den Namen "DeklarativSelektion1", "Deklarativ...2" und "Deklarativ...3" ab. Sie können so das Ergebnis der Abfrage für den Entwurf der nächsten Abfrage wieder verwenden.

Zusatzaufgaben

l) Erstellen Sie eine Abfrage Deklarativ2: "Welches sind die Namen, die Semester und die DozentInnen der Vorlesungen, deren Stundendotation grösser als 2 ist?" Sortieren Sie das Ergebnis nach dem Attribut DozentIn.

m) Nennen Sie die drei Grundoperationen, aus denen sich die Abfrage h zusammensetzt.

n) Überprüfen Sie Ihre Antwort auf die letzte Frage, indem Sie der Reihe nach die Grundoperationen als QBE-Abfragen implementieren. Das Ergebnis der letzten Grundoperation muss dem Ergebnis der Abfrage l entsprechen.

✔ HOCHSCHULE.mdb

Übung 6.6 (SQL unter MS Access)

Lernziele

- select
- Unterabfrage
- insert
- update
- delete
- Funktionen sum, min, max, avg

Wiederholungsfragen

1. Eine select-Abfrage ist eine ...

a) Aktionsabfrage
b) Aktualisierungsabfrage
c) Auswahlabfrage

2. Welche Aussage ist richtig?

a) Jede QBE-Abfrage ist unter MS Access in SQL darstellbar
b) Jede SQL-Abfrage ist unter MS Access in QBE darstellbar
c) SQL und QBE sind in MS Access aequivalent

3. Ordnen Sie die SQL-Schlüsselwörter A bis E den Argumenten 1 bis 5 zu:

A select
B select distinct
C from

D where
E order by
1 wählt eine oder mehrere Tabellen
2 Sortierkriterium
3 ergibt eine Ergebnistabelle ohne Duplikate
4 eines oder mehrere Attribute
5 Verbund- oder Selektionsbedingung

Vertiefungsfragen

Formulieren Sie alle SQL-Abfragen zunächst auf Papier und implementieren Sie sie erst dann in MS Access, und zwar in den folgenden Schritten:

1) Datenbankfenster (F11)/Abfragen/Neu/Entwurfsansicht
2) Schliessen (ohne eine Tabelle hinzuzufügen)
3) Symbolleiste: Ansicht/SQL
4) Anweisung eingeben
5) Symbolleiste: Ansicht/Datenblattansicht
6) Symbolleiste: Ansicht/SQL, falls Korrektur

Laden Sie die Datenbank 🖫 KALIBASkelett.mdb. Falls Sie direkt von der CD ROM oder vom Server laden, können Sie nicht auf die geladenen Dateien schreiben. Kopieren Sie deshalb die Datenbank auf Ihre Festplatte und entfernen Sie im Fall der CD ROM den Schreibschutz.

Die Datenbank enthält die folgenden Tabellen und Attribute:

ARTIKEL: Artikelnr, Name, Katalogpreis, Lagerbestand
AUFTRAG: Auftragsnr, Kundennr, Datum
AUFTRAGSPOSTEN: Auftragsnr, Artikelnr, Artikelmenge, Vereinbarungspreis
KUNDE: Kundennr, Kundenname, Strasse, PLZ, Ort, Kreditlimite
MITARBEITER: Personalnr, Name, Vorgesetztennr.

Access transformiert reservierte Wörter von SQL in Grossschrift (auch wenn Sie die Wörter im Entwurfseditor klein schreiben).

1. Abfragen auf einer einzigen Tabelle

a) Wo wohnt der Kunde Chaplin?
b) Wie heissen die Kunden, die in Basel oder Zürich wohnen? Vergleichen Sie diese SQL-Abfrage mit der QBE-Version.

2. Abfragen auf mehreren Tabellen

c) Welche Aufträge (Auftragsnr) hat Kunde Gebser erteilt? Vergleichen Sie diese SQL-Abfrage mit der QBE-Version.

d) Was hat Kunde Zanforlin zwischen dem 1. und 20.11.99 bestellt (Artikelname und Menge)? Verwenden Sie für das Datum das folgende Format: #01/11/99# (statt 1.11.99).

3. Berechnende Abfragen

e) Wieviel wurde durchschnittlich von jedem Artikelnamen verkauft?

f) Ermitteln Sie zu jedem Artikelnamen den niedrigsten und höchsten Vereinbarungpreis. Vergleichen Sie diese SQL-Abfrage mit der QBE-Version.

4. Aktualisierungsabfragen

g) Erhöhen Sie den Lagerbestand *aller* Artikel um 10 Stück.

h) Erhöhen Sie den Lagerbestand an *Anzügen* um 11 Stück.

5. Unterabfragen (engl. subqueries)

i) Welches ist der nächste Vorgesetzte von Feller?

j) Welches ist der *über*nächste Vorgesetzte von Feller? Wenn Sie Sie in der Entwurfssicht den Menüpunkt "Ansicht/Entwurfsansicht" klicken, dann sehen Sie die Übersetzung der SQL-Abfrage in die QBE-Version.

k) Welche Kunden (Kundennr, Kundenname) wohnen am gleichen Ort wie der Kunde Zanforlin?

6. Vereinigung von Tabellen (engl. union)

l) Interpretieren Sie die folgende Abfrage:

```
select Kundenname
from KUNDE union
select MitarbeiterIn
from MITARBEITERIN
```

Prüfen Sie Ihre Interpretation in Access.

m) Prüfen Sie, ob die Abfrage l auch in QBE implementierbar ist. Welchen Schluss über das Verhältnis von QBE und SQL ziehen Sie?

Zusatzaufgabe

k) Finden Sie durch Experimentieren heraus, welche Unterschiede zwischen den von Hand erstellten SQL-Abfragen und den automatischen SQL-Übersetzungen äquivalenter QBE-Abfragen bestehen.

✔ KALIBA.mdb

6.3.4 SQL im praktischen Einsatz

Der letzte Abschnitt hat den deklarativen Aspekt von SQL betont. Der Benutzer braucht eine SQL-Abfrage nicht als Sequenz von Einzeloperationen zu programmieren. Er muss auch nicht wissen, ob und welche Felder *indiziert* sind. Und solange die Attributnamen eindeutig sind, braucht er auch nicht anzugeben, in *welchen* Tabellen die Attribute vorkommen. Wir haben diese Eigenschaften an Auswahlabfragen kennen gelernt. Im folgenden nennen wir überblicksartig einige Arten von Aktionsabfragen und vertiefen dann einige praktische Aspekte.

Kategorien von SQL-Anweisungen

Neben Auswahlabfragen stellt SQL Aktionsabfragen zur Definition und Verwaltung von Daten bereit (Übersicht 6.10).

SQL-Anweisungen	*Zweck*	*Anweisungen*
Data *Definition* Language (DDL)	Definition von Datenbankobjekten	`create, alter, drop` `table, view, index`
Data *Manipulation* Language (DML)	Abfrage Änderung	`select` `insert,delete,update`
Data *Control* Language (DCL)	Transaktionssteuerung Schutz und Sicherheit	`lock,commit,rollback` `grant,revoke`

Übersicht 6.10: Kategorien von SQL-Anweisungen

Aufgabe 6.5 (Verbreitete SQL-Anweisungen)

Beschreiben Sie die Aufgaben der folgenden zusammengehörenden SQL-Anweisungen:

```
create schema authorisation Müller
```

```
create table VERANSTALTUNG (
  Name char(30) not null,
  Stunden decimal(3),
  unique (Name)
)

create table ORGANISATION (...)

create table RAUM (...)

select Stunden
from VERANSTALTUNG
where Name = 'BWL'

insert
into VERANSTALTUNG(Name, Stunden)
values ('Informatik', 2)

update VERANSTALTUNG
set Stunden = 2 * Stunden
where Name = 'Informatik'

delete
from VERANSTALTUNG
where Stunden > 4

create view SCHWEIZERKUNDEN (Nr, Name) as
  select Nr, Name
  from KUNDEN
  where Land = 'Schweiz'
```

Rekursive Abfragen

Aufgabe 4.12 hat am Beispiel einer Stückliste die rekursive m:n-Beziehung eingeführt. Eine weitere rekursive Beziehung ist die 1:m-Beziehung "Vorgesetzter - Untergebene". Die Relation MITARBEITER (Tabelle 6.11) zeigt einen Ausschnitt aus einer Unternehmenshierarchie. Der Mitarbeiter mit der Personalnummer *2* hat zum Beispiel den Vorgesetzten 1 und die Untergebenen 4 und 5. Die Beziehung zwischen einem Vorgesetzten und mehreren Untergebenen heisst rekursiv, weil jeder Untergebene seinerseits Vorgesetzter sein kann.

MITARBEITER

Mitarbeiter	*Vorgesetzter*
1	null
2	1
3	1
4	*2*
5	*2*
...	...

Tabelle 6.11: Eine rekursive 1:m-Beziehung

Die Frage nach den *nächsten* Vorgesetzten des Mitarbeiters 5 lässt sich als SQL-Abfrage formulieren:

```
select  Vorgesetzter
from    MITARBEITER
where   Mitarbeiter = 5             % Antwort = 2
```

Ohne weiteres lässt sich auch die folgende Frage in SQL ausdrücken: "Welches ist der *übernächste* Vorgesetzte von Mitarbeiter 5?". Dazu setzen wir nach `where` die obige Frage nach dem nächsten Vorgesetzten des Mitarbeiters 5 ein:

```
select  Vorgesetzter
from    MITARBEITER
where   Mitarbeiter = (
  select  Vorgesetzter              % Unterabfrage
  from    MITARBEITER
  where   Mitarbeiter = 5 )         % Antwort = 1
```

Die letzte SQL-Abfrage enthält eine **Unterabfrage** (engl. subquery). Solange die Zahl der Unterabfragen - oder mit anderen Worten die Ebene des Vorgesetzten - bekannt ist, lässt sich jede rekursive Abfrage nach einem n-ten Vorgesetzten analog formulieren. Für den folgenden Abfragetyp reicht aber die Mächtigkeit vieler SQL-Implementationen nicht mehr aus: "Welches sind die Vorgesetzten des Mitarbeiters mit der Personalnummer 5?". Der SQL-Dialekt von Oracle bietet die SQL-Klauseln `connect by` und `start with` an und formuliert die Frage wie folgt:

```
Select    Vorgesetzter
from      MITARBEITER
```

```
connect by Mitarbeiter = prior Vorgesetzter
start with Mitarbeiter = 5         % Antwort = 2, 1
```

Die fett markierten Sprachelemente stellen eine rekursive Beziehung zwischen dem Mitarbeiter 5 und seinen Vorgesetzten her.

Schnittstellen zu allgemeinen Programmiersprachen

SQL erlaubt als deklarative Sprache knappe Abfragen. Seine Benutzerfreundlichkeit ist aber eingeschränkt. Einerseits ist SQL für einfache Abfragen weniger intuitiv als QBE, andererseits eignet es sich nur zusammen mit Sprachen der dritten und →vierten Generation zur Entwicklung ganzer Applikationen. Ironisierend sagt man, SQL sei eine Abkürzung für "*S*carcely *Q*ualifies as *L*anguage". SQL kümmert sich insbesondere nicht um die Gestaltung der Benutzerschnittstelle, zum Beispiel um Menüs, Schaltknöpfe oder Mausoperationen. Diesen Mängeln hilft man ab, indem man SQL-Anweisungen aus allgemeineren Dritt- und Viertgenerationssprachen aufruft. Solche in andere Sprachen eingebettete SQL-Befehle heissen **embedded commands**.

Der folgende Programmausschnitt stammt aus der Ereignisprozedur Form_Open des Formularmoduls Frm_Zuordnung von Testverwaltung.mdb. Der programmiersprachliche Befehl `Execute` ruft die eingebettete SQL-Anweisung `SQLInsert` auf:

```
SQLInsert = "INSERT INTO FRAGENTEXT " & _
  "(Fragenschlüssel, Fragentext) " & _
  "VALUES ('" & strFragenschlüssel & "', '');"

CurrentDb.Execute SQLInsert, dbFailOnError
```

Die Variable `SQLInsert` enthält die SQL-Aktionsanweisung, welche die Attribute `Fragenschlüssel` und `Fragentext` mit der Nummer der laufenden Zuordnungsaufgabe und einem leeren Fragentext initialisiert. Das TESTS-Hilfethema →*SQL versus DAO* vergleicht an einem ähnlichen Beispiel die Einbettung von SQL und die prozedurale Tabellenverarbeitung mit der Datenzugriffs-Bibliothek →DAO.

Einen ähnlichen Ansatz verfolgt die *standardisierte Schnittstelle* von SQL. Wenn die Ergebnistabelle aus einer *einzelnen Zeile* besteht, so speichert die folgende Anweisung die Attributwerte der Zeile in die Variablen 1 bis N:

```
select  <Attr1>, ..., <AttrN>
into    :<Var1>, ..., :<VarM>
```

```
from    <TABELLE>
where   <Selektionsbedingung>
```

exec sql select Stunden INTO :Stundenzahl from VERANSTALTUNG where Name = 'BWL' speichert zum Beispiel den Wert 3 des Attributs Stunden in die Variable Stundenzahl. Die einbettende Programmiersprache kann diese Variable weiterverarbeiten.

Besteht die Ergebnistabelle hingegen aus mehreren Zeilen, so verwendet SQL eine Zeilenmarke, den sogenannten **Cursor**. declare <Ergebnistabelle> cursor for <select-Anweisung> deklariert eine Ergebnistabelle mit Cursor. open <Ergebnistabelle> erzeugt das Ergebnis durch die select-Anweisung der Deklaration, und fetch passt die Position des Cursors der Ergebnistabelle an. fetch weist den Variablen 1 bis N die Werte der aktuellen Ergebniszeile zu:

```
fetch <Richtung oder Position> <Ergebnistabelle>
into  :<Var1>, ..., :<VarN>
```

<Richtung> kann die nächste, vorangehende, erste oder letzte Zeile der Ergebnistabelle sein. <Position> bezeichnet die fortlaufende Zeilennummer. fetch wird in der Regel aus dem Schleifenkörper eines Programms aufgerufen. Im Gegensatz zu SQL verarbeitet das einbettende Programm die Ergebnistabelle also *zeilen*weise (Satz für Satz). Operanden eines typischen SQL-Befehls sind hingegen ganze *Tabellen*.

Bild 6.12 beschreibt die **Einbettung** von SQL-Anweisungen in eine Zielsprache wie C oder COBOL. Ein ›Präprozessor übersetzt die eingebetteten SQL-Befehle in Aufrufe aus einer ›*proprietären* Bibliothek von Unterprogrammen. In einem letzten Schritt wird der Objektcode kompiliert. Für ein neues Betriebssystem muss der Quellcode neu kompiliert werden. Entwicklern, die neben portablem Quellcode auch übertragbaren *Objekt*code erzeugen möchten, bieten viele Datenbankssysteme eine *standardisierte* Bibliothek von Unterprogrammen an, die alle Systeme einibinden können, die sicêh an das sogenannte **Call Level Interface (CLI)** von SQL halten. CLI ist die Grundlage von ›**ODBC** (Open Database Connectivity), einem Industriestandard zur Kommunikation mit Datenbanksystemen (Abschnitt 8.5: Lokale Datenbanken und Server-Datenbanken).

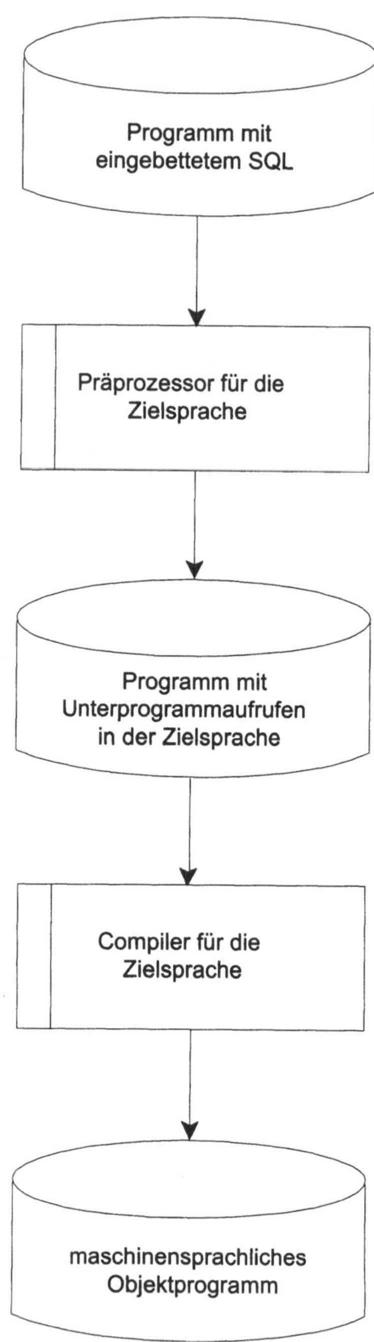

Bild 6.12: Vom eingebetteten SQL zum ablauffähigen Maschinencode

Standardisierung

SQL ist die einzige standardisierte Datenbanksprache. ›ANSI hat 1986 mit SQL-86 einen kleinsten gemeinsamen Nenner von damals bestehenden Implementationen standardisiert. SQL-89 hat einige ›proprietäre Erweiterungen vereinheitlicht. SQL-92 (SQL2) ist wesentlich mehr als ein neuer kleinster gemeinsamer Nenner. Heute bieten die meisten SQL-Systeme nur eine Teilmenge von SQL-92 an. Vieles von der 700 Seiten umfassenden Definition wird erst im Laufe der nächsten Jahre angeboten werden. Der künftige Standard, SQL3, soll eine Schnittstelle zu relationalen *und* objektorientierten Datenbanksystemen (Kapitel 10) anbieten.

Trotz der Standardisierung durch ANSI und ›ISO existieren Dialekte, die oft ...

- untereinander inkompatible Erweiterungen definieren oder
- nur eine Teilmenge eines der drei Standards implementieren oder
- verschiedene Teilmengen eines Standards implementieren oder
- gar keiner Variante von ANSI SQL folgen.[1]

In der Regel weichen Dialekte, die von PC-Datenbanksystemen stammen - zum Beispiel MS Access - stärker vom Standard ab als Dialekte, die von Anfang an für den Mehrbenutzerbetrieb entwickelt wurden - zum Beispiel die Abfragesprachen von Oracle und DB2. Abweichungen vom Standard bedeuten oft einen geringeren Funktionsumfang. Eine häufige und einschränkende Abweichung von SQL-Dialekten liegt darin, dass die Daten einer Ergebnistabelle nur eingeschränkt so geändert werden können, dass sich die Änderungen auch auf die Basistabellen auswirken.

SQL-Anwender können auf auf zweierlei Art vorgehen. Zum einen benutzen sie den lokalen →SQL-Dialekt des eigenen Datenbanksystems (engl. **local** SQL). Dieser Dialekt kann mehr oder weniger von Standard-SQL abweichen und führt SQL-Anweisungen auf der eigenen ›Datenbankmaschine aus. Einige Datenbanksysteme übersetzen jede QBE-Abfrage automatisch in lokales SQL und erlauben dem Benutzer die Änderung und Weiterverwendung des erzeugten SQL-Code.

---

1 Die Dialekte Access SQL und SQL Server von Microsoft weichen zum Beispiel in den laufenden Versionen in wichtigen Punkten von ANSI SQL ab und sind auch untereinander nicht kompatibel.

Im Gegensatz zu Local SQL sendet **Pass-Through** SQL die Anweisungen über das Netz an die Datenbankmaschine des Server-Datenbanksystems (Kapitel 8: Client/Server-Systeme). Der Server prüft die Syntax und führt die Anweisungen auf der eigenen Datenbankmaschine aus. Im Gegensatz zu Local SQL sind die in Pass-Through SQL verwendeten SQL-Dialekte - je nach Server-DBMS - umfangreicher und halten sich stärker an den Standard. Allerdings erlaubt die Pass-Through-Funktionalität lokaler Datenbanksysteme oft nur lesende Abfragen (Auswahlabfragen).

6.4 Weitere Eigenschaften relationaler Systeme

Edgar F. Codd (COD90, COD85), einer der Begründer des Relationenmodells, postulierte zwölf Regeln für relationale Datenbanksysteme. Wir greifen einige heraus und wenden sie auf ausgewählte DBMS-Produkte an.

1. Katalog

Die erste Codd'sche Regel formuliert das zentrale Kriterium relationaler Datenmodelle:

> Alle Daten in relationalen Datenbanken müssen in Tabellen dargestellt sein

Diese Regel betrifft nicht nur Benutzer-, sondern auch Metadaten. Als →**Metadaten** bezeichnet man Daten, die hinter (griech. "meta") den eigentlichen Daten, den Objektdaten, stehen. Zu den Metadaten gehören zum Beispiel die Definitionen von Basistabellen, Views, Synonymen, Wertebereichen, Indizes, Datenbankprozeduren, Integritätsregeln sowie Benutzern und Benutzergruppen. Metadaten werden im **Katalog** (engl. →data dictionary) abgelegt. Er besteht aus Tabellen, die sich mit den gewohnten SQL-Anweisungen abfragen und ändern lassen. Tabelle 6.13 zeigt einen Ausschnitt aus den Metadaten unserer Beispieltabelle ORGANISATION.

Attributname	*Attributtyp*
Name	alphabetisch (10)
Semester	alphabetisch (4)
Dozent	alphabetisch (10)
Raum	nummerisch

Tabelle 6.13: Ausgewählte Metadaten der Tabelle ORGANISATION

Datenbankprodukte genügen den Codd'schen Anforderungen in unterschiedlichem Ausmass. Manchmal lassen sich auf Katalogdaten zumindest einfache Abfrageoperationen anwenden. Oft lassen sich Metadaten aber erst verknüpfen, wenn man sie zuvor in Tabellenform speichert. Erst dann können sie zum Beispiel über QBE verbunden werden. Die Forderung, dass Katalogänderungen direkt auf die Objektdaten durchschlagen, wird von den meisten DBMS aus Sicherheitsgründen nicht oder nur vorsichtig umgesetzt. Entweder kann der Endbenutzer Katalogdaten nur lesen, oder Katalogänderungen erfordern besondere Privilegien.

2. Eindeutigkeit

> Jeder nicht zusammengesetzte Wert einer relationalen Datenbank muss logisch durch eine Kombination von Tabellenname, Primärschlüssel und Attributname auffindbar sein

Eine wichtige Folgerung aus dieser Regel ist die Eindeutigkeit des Primärschlüssels (→Entitätsintegrität). Bestimmte Datenbanksysteme gewährleisten sie automatisch. In MS Access und dBASE stellt sie der Benutzer durch die Definition eines eindeutigen Index sicher.

3. Konsistente Behandlung von Nullwerten

> Nullwerte stellen in Attributen, die nicht Teil eines Primärschlüssels sind, fehlende oder unbekannte Information dar und werden durchgängig gleich - insbesondere unabhängig vom Datentyp des Attributs - behandelt

Ein **Nullwert** (engl. null) ist eine Konstante, die einen nicht vorhandenen Wert darstellt. Sie unterscheidet sich vom nummerischen Wert 0 und vom alphanummerischen Leerstring (""). Die Unterscheidung ist zum Beispiel dann wichtig, wenn bei der Auswertung eines Fragebogens zwischen nicht ausgefüllten Feldern (null) und einer expliziten leeren Antwort ("" oder 0) unterschieden werden muss.

Die folgende Anweisung ergibt alle Konteninhaber mit dem Stand 0.00:

```
select Name, Konto
from KUNDE
where Konto = 0.00
```

```
Lies die Daten der laufenden Bestellung vom Benutzer
Lies den entsprechenden Kundensatz von der Tabelle KUNDE
Wenn (Kundensatz.Saldo+Rechnungsbetrag)<=Kreditlimite dann
  Kundensatz.Saldo := Kundensatz.Saldo + Rechnungsbetrag
  Schreibe den Kundensatz in die Tabelle KUNDE
  Schreibe den Bestellsatz in die Tabelle BESTELLUNGEN
```

Pseudocode 6.15: Transaktion "Bestellung aufnehmen"

Die folgende Anweisung wählt hingegen alle Zeilen, die in der Spalte Konto keinen Wert enthalten:

```
select Name, Konto
from KUNDE
where Konto is null
```

Der Unterschied zwischen `null` und `0` ist bei Berechnungen wichtig. Bei der Ermittlung eines Durchschnittswerts fliesst 0 zum Beispiel in die Berechnung ein, während `null`-Werte unberücksichtigt bleiben. Ist ein Operand eines arithmetischen Ausdrucks `null`, so wird das Ergebnis des Ausdrucks ebenfalls `null`.

Die Bedeutung der konsistenten Behandlung von Nullwerten verdeutlicht die QBE-Abfrage 6.14. Die Tabelle ORGANISATION enthalte in der dritten Zeile der Spalte Raum keinen Wert. Wenn ein Datenbanksystem solche Nullwerte erlaubt, so muss es entscheiden, wie es eine Abfrage mit Verneinung behandelt. Zum Beispiel, ob in Abfrage 6.14 Sätze mit Nullwerten in der Spalte Raum zu den durch `not 111` erzeugten Zeilen gehören sollen. ›Paradox-Abfragen schliessen zum Beispiel Nullwerte ein. Ausserdem prüft Paradox, ob durch Einfügen von Nullwerten im Primärschlüssel die Eindeutigkeitsregel (Entitätsintegrität) verletzt wird.

4. Abfragesprache

> Ein relationales Datenbanksystem enthält eine →Abfragesprache, die mindestens die folgenden Funktionen unterstützt:

a) Datendefinition
b) Viewdefinition
c) interaktive und programmgesteuerte Datenmanipulation
d) Definition von Integritätsbedingungen

ORGANISATION

Name	*Semester*	*Raum*	*Plätze*	*Dozent*
Recht	SS93	111	200	Meier
Recht	SS94	112	150	Meier
BWL	WS94		200	Schmid
BWL	SS95	111	200	Schmid
VWL	SS94	112	150	Müller
VWL	WS95	112	150	Müller

QBE-Abfrage

Name	*Semester*	*Raum*	*Plätze*	*Dozent*
√	√	not 111		

Abfrage 6.14: Behandlung von Nullwerten (Nullwert umrandet)

e) Definition von Transaktionen.

5. Views

Eine **View** ist eine logische Sicht auf die Datenbank, die ein Datenbankverwalter oder ein Benutzer aus den Spalten und Zeilen mehrerer Tabellen erstellt und die er mit den gewohnten Operatoren manipulieren kann. Während eine Basistabelle permanent auf einem Externspeicher existiert ("real" ist), ist eine Sicht nur virtuell und existiert nur vorübergehend. Eine View wirkt wie ein Fenster über den Basistabellen. Es verdeckt Teile davon und lässt andere Teile sichtbar. Mit Sichten lassen sich irrelevante oder vertrauliche Daten vor ausgewählten Benutzern verbergen. Ausserdem gestalten Views oft benötigte Abfragen einfacher. Mit einer Sicht können die Spalten einer Tabelle umbenannt und umgestellt werden. Es können aber auch mehrere Tabellen zu einer einzigen Sicht verknüpft werden.

Aufgabe 6.6 (Views)

Stellen Sie sich für das folgende Relationenschema mögliche Sichten (Views) vor. Denken Sie vor allem daran, dass unterschiedliche Benutzergruppen unterschiedliche Informationsbedürfnisse haben und dass Teile der Daten für bestimmte Gruppen vertraulich sind.

MITARBEITER(Personalnummer, Abteilungsnummer, Name, Konfession, Position, Gehalt, Gratifikation, Studienabschluss)

Zur Definition einer Sicht kann praktisch jede select-Anweisung verwendet werden. Ein Viewname kann seinerseits in select-, insert, update- und delete-Anweisungen eingehen. Die folgende SQL-Anweisung definiert eine Sicht GLÄUBIGER, die alle Spalten der Basistabelle KUNDE und alle Zeilen mit einem positiven Saldo enthält:

```
create view GLÄUBIGER as
  select *
  from KUNDE
  where Saldo > 0.
```

Die Abfragesprachen einfacher Datenbanksysteme unterstützen Views nicht. In Paradox kann zwar der Datenbankverwalter festlegen, welche Tabellen und Attribute der Anwender mit welchen Operationen manipulieren kann. Ein Äquivalent zum SQL-Befehl `create view` existiert aber nicht. dBASE bietet zwar einen Befehl `create view` an, er hat aber nichts mit dem gleichnamigen SQL-Befehl zu tun. Paradox, dBASE und MS Access unterstützen hingegen die Eigenschaft d) von Ziffer 4, sie prüfen automatisch wichtige Integritätsbedingungen (Abschnitt 6.2).

6. Transaktionen

Transaktionen sind vor allem in *Mehrbenutzer*-Datenbanken wichtig. Wenn mehrere Rechner durch ein Netz verbunden sind oder verschiedene Terminals an einem gemeinsamen Rechner hängen, können mehrere Anwender gleichzeitig auf die gleichen Daten zugreifen. Man bezeichnet solche Zugriffe auch als **nebenläufig** (engl. concurrent). Nebenläufig sind zum Beispiel Flugbuchungen. Ohne Vorsichtsmassnahmen könnten mehrere Reisebüros gleichzeitig auf denselben Sitzplatz zugreifen, ihn am Terminal einem Kunden anbieten und dann buchen. Der Platz könnte so aus Versehen mehrmals verkauft werden. Transaktionen definieren deshalb zusammengehörende Datenbankoperationen, die zu Ende geführt werden müssen, bevor ein anderer Benutzer auf die gleichen Daten zugreift. Kapitel 9 vertieft das Mehrbenutzerproblem an verteilten Datenbanken.

Neben der Steuerung gleichzeitiger Zugriffe existieren weitere Gründe für das Transaktionskonzept. Ein Datenbanksystem muss zum Beispiel darauf achten, dass eine Transaktion, die wegen eines Benutzer-, Programm- oder Hardwarefehlers abbricht, rückgängig gemacht wird. Die Verhinderung gleichzeitiger Zugriffe und die Rückgängigmachung abgebrochener Transaktionen fördern beide die Integrität der Datenbank.

Um das Transaktionskonzept besser zu motivieren, veranschaulichen wir den Mehrbenutzerzugriff an der **Sperrstrategie** von MS Access. Access ist im wesentlichen ein lokales Datenbanksystem, das anders als ein Server-DBMS (Kapitel 8) in erster Linie für Einzelanwender entwickelt wurde. In den folgenden Fällen kann es aber trotzdem zum gleichzeitigen Zugriff mehrerer Anwendungen auf die gleichen Daten kommen: (1) Ein Teil der Daten befindet sich auf einem Netzrechner, und mehrere *Arbeitsplatzrechner* greifen im Mehrbenutzerbetrieb auf diese Daten zu. (2) Die Anwendung und ihre Daten befinden sich zwar auf dem gleichen Rechner, zusätzliche *Anwendungen* greifen aber im ›Multitasking-Betrieb auf die gleichen lokalen Daten zu.

Wer Daten unter MS Access ändert, kann andere Anwendungen daran hindern, gleichzeitig dieselben Daten fortzuschreiben. Das Datenbanksystem **sperrt** auf Verlangen des Benutzers ausgewählte Daten für eine begrenzte Zeit (engl. to lock). Während der Sperre darf nur der sperrende Benutzer auf die Daten zugreifen, und nach ihrer Bearbeitung muss er die Daten wieder freigeben (engl. to unlock).

Der Access-Benutzer kann auf Mehrbenutzerzugriffe mit drei Strategien antworten:

- Er sperrt *keine* Datensätze: Wer einen Datensatz speichern möchte und sieht, dass der Satz inzwischen von einem anderen Benutzer geändert worden ist, kann (1) die Änderungen des anderen Benutzers überschreiben, (2) die eigenen Änderungen in die Zwischenablage kopieren oder (3) die eigenen Änderungen verwerfen. Die Strategien 2 und 3 sind "altruistisch", weil sie andere Benutzer ohne Einschränkungen auf die gleichen Daten zugreifen lassen.
- Er sperrt *ausgewählte* Datensätze: Das System sperrt die Page (dt. Seite oder Block), die der Benutzer gerade bearbeitet. Eine **Page** ist eine blosse Speichereinheit und hat im Gegensatz zu einer Zeile oder Tabelle keine inhaltliche Bedeutung. Eine Access-Page ist zum Beispiel 2K (2048 Bytes) gross und enthält in der Regel mehrere Sätze. Falls ein anderer Benutzer versucht, einen Satz der gesperrten Seite zu bearbeiten, lässt ihn Access

warten, bis der laufende Benutzer den Satz gespeichert hat (zum Beispiel, nachdem er ds laufende Formularfeld verlassen hat).

- Er sperrt *alle* Datensätze: Access sperrt alle Datensätze, die der Benutzer bis zum Schliessen des Formulars bearbeitet. Diese Strategie ist für andere Benutzer sehr einschränkend.

Zusammenfassend ist eine **Transaktion** eine Folge von Operationen, die logisch zusammengehören und eine Datenbank von einem konsistenten Zustand in einen anderen überführen. Eine Datenbank ist in einem konsistenten Zustand, falls ihre Daten keine Integritätsbedingungen verletzen. Eine Transaktion muss deshalb entweder vollständig durchgeführt werden (engl. **committed**), oder die Datenbank muss in den Zustand vor der Transaktion zurückgesetzt werden (engl. **rolled back**). Ein anschauliches Beispiel einer Transaktion ist die Verbuchung eines Geschäftsfalls in der doppelten Buchhaltung. Wird nur die Lastschrift oder nur die Gutschrift der Buchung durchgeführt, so wird die Datenbank inkonsistent.

Pseudocode 6.15 zeigt ein weiteres Beispiel einer Transaktion. Bricht die Transaktion vor ihrem Ende ab, so setzt die Transaktionsverwaltung die Datenbank auf den Zustand vor Schritt 1 zurück. Damit sich eine Transaktion rückgängig machen lässt, kann man den Zustand vor der Transaktion (engl. before image) auf einem Externspeicher ablegen. Als Alternative kann man die Transaktion nicht direkt auf der Datenbank ausführen, sondern vorläufig auf einer temporären Datei (engl. after image). Erst nach der endgültigen Übergabe der Transaktion wird das after image auf die Datenbank kopiert.

Transaktionen, deren Grenzen vom Benutzer definiert werden, heissen *explizit*. Automatisch durch das Datenbanksystem definierte Transaktionen nennt man *implizit*. Implizite Transaktionen werden zum Beispiel automatisch für die SQL-Befehle update, insert oder delete definiert. Diese Befehle lösen zusammengehörige Operationen aus, die eine ganze Gruppe von Zeilen ändern und dabei die Konsistenz der Datenbank bewahren.

Transaktionen verbessern nicht nur die Integrität, sondern auch die Performance, weil sie die Zahl der Zugriffe auf Externspeicher vermindern. Zwischenergebnisse werden in einem schnellen Puffer gespeichert und erst dann auf den Externspeicher geschrieben, wenn die Transaktion beendet ist. Hauptgrund für das Transaktionskonzept ist indessen der sichere Zugriff mehrerer Benutzer auf die gleichen Daten. Kapitel 9 vertieft den Transaktionsbegriff an verteilten Datenbanken.

Aufgabe 6.7 (Transaktion)

Die folgende Transaktion soll den beiden Geschäftsregeln unter b) genügen. Vervollständigen Sie die Anweisungen unter a), indem Sie die erste Geschäftsregel mit Pseudocode prüfen. Die zweite Geschäftsregel wird bereits implizit gewährleistet.

a) Transaktion

```
Transaktion Transfer(Kontonr_1, Kontonr_2, Betrag)
  % – Lastschrift
  select Saldo
  from KONTO
  where Kontonr = Kontonr_1;
  ...

  update KONTO
  set Saldo = Saldo - Betrag
  where Kontonr = Kontonr_1;
  ...

  % – Gutschrift
  select Saldo
  from KONTO
  where Kontonr = Kontonr_2;
  ...

  update KONTO
  set Saldo = Saldo + Betrag
  where Kontonr = Kontonr_2;

  commit
```

b) Geschäftsregeln

- Kontenbestand >= 0
- Summe der beteiligten Kontenbestände vor der Transaktion = Summe der beteiligten Kontenbestände nach der Transaktion

---

7. Tabellenoperatoren

> Operanden von Abfrage- und Editieroperatoren können auch ganze *Tabellen* und nicht nur einzelne Sätze sein

Ältere Datenbanksysteme zwingen den Benutzer, Tabellen satzweise zu verarbeiten. Abschnitt 6.3.3 (Auflösung von Abfragen in Grundoperationen) hat an einer dBASE-Prozedur veranschaulicht, wie kompliziert eine Abfrage mit prozeduralen Steueranweisungen (`while`, `if/then`) und satzweisen Operatoren (`locate`, `skip`) sein kann. Die Operatoren relationaler Datenbanksysteme beziehen sich deshalb vor allem auf ganze Tabellen und weniger auf einen einzelnen Satz.

8. Integritätsprüfungen

Die Abschnitte 1.1.3 (Gültigkeit von Attributwerten) und 4.2 (Methoden des Datenentwurfs) haben bereits einzelne Aspekte der Richtigkeit und Vollständigkeit einer Datenbank angesprochen. Die Mindestforderung von Codd lautet:

> Das System prüft automatisch die Entitäts- und die Beziehungsintegrität

Die **Entitäts**integrität schreibt vor, dass sich jede Tabellenzeile von allen anderen unterscheide. Deshalb dürfen Identifikationsschlüssel keine Nullwerte enthalten. Die **Beziehungs**integrität verlangt, dass zu jedem Fremdschlüsselwert ein passender Primärschlüsselwert in der verbundenen Tabelle existiert. Die Beziehungsintegrität ist einer der Gründe, weshalb das relationale Modell die Entitätsintegrität voraussetzt (vgl. Abschnitt 6.2).

Die Access-Einstellung "referenzielle Integrität" hindert den Benutzer daran, eine Zeile in eine Detailtabelle einzufügen, wenn die Haupttabelle keine zugehörige Zeile enthält. Umgekehrt ist auch das Löschen von Hauptsätzen nicht erlaubt, solange noch ein Detailsatz mit dem Hauptsatz verbunden ist. Ausserdem dürfen Änderungen der Haupttabelle nicht zu verwaisten Detailsätzen führen (vgl. aber Abschnitt 7.2.3).

Zwischen den folgenden Tabellen bestehe eine 1:m-Beziehung:

VERANSTALTUNG(<u>Name</u>, Stunden) % Haupttabelle
ORGANISATION(<u>Name</u>, <u>Semester</u>, Dozent, Raumnummer). % Detailtabelle

Zur Haupttabelle VERANSTALTUNG können mehrere Zeilen der Detailtabelle ORGANISATION gehören. Das zusammengesetzte Attribut Name+Semester bildet den Primärschlüssel von ORGANISATION. Der Teilschlüssel Name ist zugleich Primärschlüssel der Haupttabelle VERANSTALTUNG und vermittelt als Fremdschlüssel die 1:m-Beziehung zu VERANSTALTUNG. Die folgende Anweisung im SQL-Dialekt von ›ADABAS definiert die Haupttabelle und die 1:m-Beziehung zur Detailtabelle:

```
create table VERANSTALTUNG(
  Name char,
  Stunden numeric constraint Stunden between 1 and 4,
  primary key (Name)
  foreign key (Name)
  references ORGANISATION
  on delete cascade)
```

Die Anweisung definiert nicht nur den Aufbau der Tabelle VERANSTALTUNG, sondern enthält auch eine Gültigkeitsregel und definiert einen Primär- und einen Fremdschlüssel. Die Gültigkeitsregel `constraint Stunden between 1 and 4` beschränkt Stundeneingaben auf das Intervall zwischen 1 und 4. Die Löschregel `on delete cascade` legt fest, was mit den Fremdschlüsselzeilen von ORGANISATION geschehen soll, wenn eine Primärschlüsselzeile von VERANSTALTUNG gelöscht wird. ADABAS erlaubt die folgenden Löschregeln (Abschnitt 7.2.3 behandelt die Löschregeln von MS Access):

- `on delete` *`restrict`* warnt den Benutzer, wenn er Veranstaltungsszeilen ohne die entsprechenden Organisationszeilen löschen will.
- `on delete` *`cascade`* löscht die zugehörigen Organisationszeilen automatisch.
- `on delete` *`set null`* und `on delete` *`set default`* setzen die Fremdschlüsselwerte auf `null` bzw. einen anderen Wert.

Benutzerdefinierte Integritätsbedingungen lassen sich deklarativ oder prozedural formulieren. Ideal ist es, wenn sich Integritätsregeln mit der Datenbeschreibungssprache (zum Beispiel mit den ›DDL-Anweisungen von SQL) so formulieren lassen, dass sie für die ganze Datenbank gelten. Dies gilt in der Regel für die Definition der Entitäts- und Beziehungsintegrität. Die oben erwähnte Gültigkeitsregel `constraint Stunden between 1 and 4` ist ein weiteres Beispiel einer *deklarativen* Gültigkeitsregel. Deklarative Integritätsregeln lassen sich einfach definieren und werden in den Systemkatalog aufgenommen, während *prozedurale* Integritätsprüfungen Teil des Anwendungscode sind. Kapitel 8 (Client/Server-Systeme) illustriert prozedurale Integritätsbedingungen an gespeicherten Prozeduren und Triggern .

Neben der Entitäts- und Beziehungsintegriät prüfen Datenbanksysteme weitere Integritätsanforderungen auf Verlangen. Übersicht 6.16 nennt Integritätsregeln, die sich in den meisten SQL-DBMS deklarativ definieren lassen.

Integritätsregel	*SQL*
Entitätsintegrität	`primary key`
Eindeutigkeit von Nichtschlüsseln	`distinct`
Beziehungsintegrität	`foreign key`
Verbot von Nullwerten	`create/alter/drop domain, not null`
Voreingestellte Werte (engl. defaults)	`create/alter/drop domain`
Typenprüfung (Prädikative-, Aufzählungs-, Teilbereichstypen)	`create/alter/drop domain`
Wertreihenfolge	`create/alter/drop domain`

Übersicht 6.16: Beispiele von Integritätsregeln

Aufgabe 6.8 (Integritätsregeln)

Beschreiben Sie, ob und wie die Ihnen bekannte(n) Programmiersprache(n) die folgenden Datentypen prüfen:

- Prädikative Typen (zum Beispiel integer, character)
- Aufzählungstypen (zum Beispiel [rot, blau, grün])
- Teilbereichstypen (zum Beispiel 0 bis und mit 9).

Aufgabe 6.9 (Integritätsregeln)

Die folgenden Definitionen in ADABAS SQL enthalten Integritätsregeln. Interpretieren Sie die Anweisungen.

a)
```
create table BUCHUNG(
Buchungsnummer fixed (4) key,
Kontonummer fixed (4),
Ankunft date not null,
Abreise date constraint
  Abreise > Ankunft and Abreise < '31.12.1997',
```

```
  foreign key (Kontonummer)
  references KUNDE
  on delete cascade)
```

b)
```
Anrede char (7) constraint
   Anrede in ('Herr', 'Frau', 'Firma')
```

c)
```
Saldo fixed (7,2) constraint
   Saldo > -10000 and Saldo < 10000
```

Aufgabe 6.10 (Integritätskontrolle durch eine →Prüfziffer)

Zur Erkennung von Eingabefehlern können Prüfziffern beitragen. Ziel ist es, aus einer alphanummerischen Eingabe eine Prüfziffer zu berechnen, welche die meisten Fehler entdeckt. Der Einfachheit halber beschränken wir uns auf Zahleneingaben. Als Beispiel diene die ISBN-Nummer (*I*nternationale *S*tandard -*B*uch*N*ummer). Ihre letzte Ziffer ist immer eine Prüfziffer. Nach jeder Eingabe wird die Prüfziffer wieder berechnet. Stimmt sie nicht mehr mit der bereits eingegebenen Prüfziffer überein, so ist ein Fehler aufgetreten und der Benutzer wird um eine Korrektur gebeten.

Geprüft werde die Eingabe 2309. Vor ihrer erstmaligen Eingabe werde nach einem bestimmten Verfahren 8 als Prüfziffer berechnet und an die Zahl gehängt. Künftig wird also statt 2309 die erweiterte Zahl 23098 übertragen. Bei jeder Eingabe die Prüfziffer neu berechnet und mit der Endziffer 8 verglichen.

Das Berechnungsverfahren wird so gewählt, dass sich möglichst viele Eingabefehler im Prüfziffernvergleich niederschlagen. Wir entwickeln in zwei Stufen ein geeignetes Verfahren: Schritt a) führt zu einem einfachen Algorithmus, der aber nicht alle Fehler erfasst. Schritt b) verfeinert das Verfahren. *Gegeben* sei eine Zahl, zum Beispiel 2309, und *gesucht* sei die Eingabe einschliesslich der Prüfziffer, zum Beispiel `2309<Prüfziffer>`.

a) Einfacher Test mit ganzzahliger Division durch 11

Ein naiver Test berechnet die Quersumme. Die Quersumme von 2309 ist zum Beispiel 14 (2+3+0+9). Wir verbessern den Test so, dass er statt der Zahl eine *Ziffer* ergibt. Der Rest der ganzzahligen Division der Quersumme durch 10 liegt zum Beispiel immer zwischen 0 und 9 . Eine weitere Verbesserung ersetzt 10 durch 11. Man kann nämlich zeigen, dass die Verwendung der Primzahl 11 mehr Fehler entdeckt.

Rest heisst lateinisch modulus, man nennt das Verfahren deshalb **Modulo-11-** **-Methode**. Ein kleiner Nachteil ist allerdings, dass der Rest nun auch 10 sein kann. Die Zahl 10 lässt sich aber leicht einstellig darstellen, indem man sie als Buchstaben codiert. ISBN-Nummern stellen 10 zum Beispiel durch die "Ziffer" X dar (etwa ISBN 3-540-08505-X oder allgemein: <Gruppennummer>-<Verlagsnummer>-<Titelnummer>-<Prüfziffer>).

Unser Zahlenbeispiel lässt sich wie folgt zusammenfassen:

```
(1) Quersumme(2309) mod 11 = 8.
```

Die Gleichung besagt, dass sich die Prüfziffer 8 aus dem Rest der ganzzahligen Division der Quersumme von 2309 mit 11 ergibt. Man sieht leicht, dass dann auch die folgende Gleichung gilt:

```
(2) Quersumme(23098) mod 11 = 0.
```

(1) berechnet die Prüfziffer aus der ursprünglichen Zahl. (2) testet jede Eingabe, ob sie plausibel ist oder mit anderen Worten, ob die Prüfziffer *nach* der Eingabe gleich der Prüfziffer *vor* der Eingabe ist. Für das Eingabebeispiel 23098 lautet die Gleichung (2+3+0+9+ 8) mod 11 = 0. Die Quersumme ist also 22, und 22 mod 11 ist 0. Wenn der Test nicht 0 ergibt, so wird der Benutzer um eine Korrektur der falsch eingegebenen Zahl gebeten.

b) Vollständiger Test mit Gewichtung

Wenn die fehlerhafte Eingabe aus einer Permutation der richtigen Ziffernfolge besteht, zum Beispiel aus 20398 statt aus 23098, so entdeckt der Plausibilitätstest a) den Kopierfehler nicht. Solche *Vertauschungsfehler* sind häufig. Man ändert deshalb das Verfahren so, dass die Quersumme aus gewichteten Ziffern berechnet wird. Die Quersumme von 2309 ist dann zum Beispiel $\mathit{5} * 2 + \mathit{4} * 3 + \mathit{3} * 0 + \mathit{2} * 9 = 40$. Die gewichtete Quersumme von 40 ergibt ganzzahlig dividiert durch 11 den Rest 7. Man sieht leicht, dass der Test für 20397 und 23097 verschiedene Prüfziffern berechnet, also den Drehfehler entdeckt.

Diese Variante des Modulo-11-Tests entdeckt in 995 von 1000 Fällen die fehlerhafte Eingabe und ist ein guter Kompromiss zwischen rechnerischer Einfachheit und Prüfsicherheit.

Als Ergebnis halten wir die folgenden Formeln für die Berechnung der Prüfziffer einer `Zahl` und den Test auf die Plausibilität einer `ZahlMitPrüfziffer` fest:

Aufgabe

a) Schreiben Sie ein Programm, das den Plausibilitätstest implementiert.
b) Vergleichen Sie die Prüfung der ISBN mit jener der →Matrikel in TESTS.

6.5 Relationenmodell und Netzwerkmodell

Die Datenbanktechnologie hat seit den 60er-Jahren eine abwechslungsreiche Geschichte erlebt. Getrieben vom technologischen Fortschritt haben sich die Architekturen der Datenbanksysteme und die Methoden des Datenentwurfs laufend geändert. Die Abbildung 6.17 legt ein grobes Raster über vier Jahrzehnte DBMS-Entwicklung.

Die meisten der heute angebotenen Datenbanksysteme sind *relational*. Sie manipulieren in erster Linie ganze Tabellen und nicht einzelne Sätze. Eine Abfrage braucht zum Beispiel kein Rezept zu enthalten, *wie* das DBMS Tabellen durchlaufen soll. Hierarchische und Netzwerk-Datenbanksysteme arbeiten

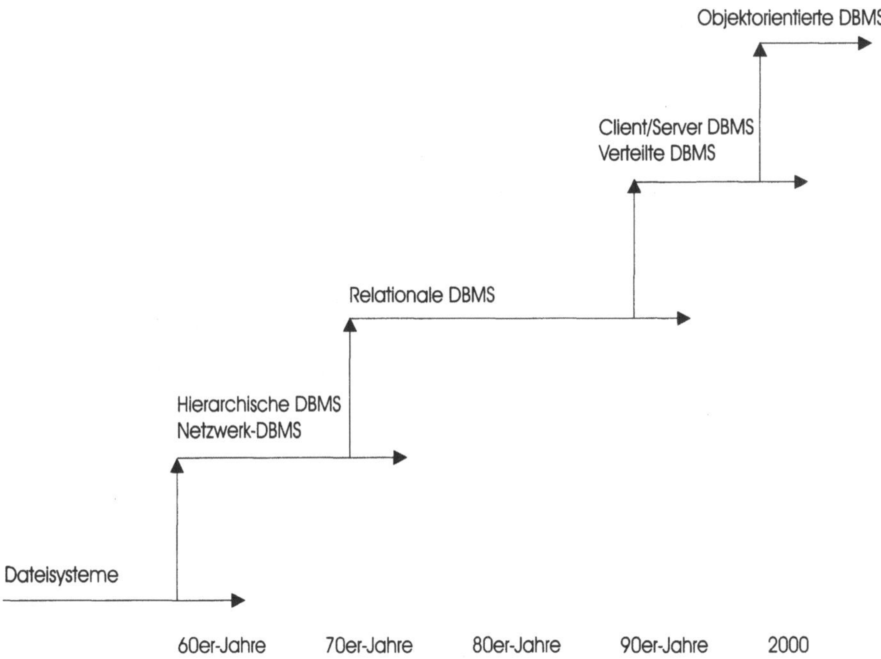

Bild 6.17: Geschichte der DBMS-Entwicklung

hingegen satzorientiert. Ihr Benutzer macht sich oft Gedanken über die Manipulation und Abfrage einzelner Sätze. Viele Applikationen fussen immer noch auf dem *Netzwerk-* oder dem *hierarchischen* Modell. Ohne das theoretische Modell zu vertiefen, nennen wir einige Eigenschaften, die **Netzwerk**systeme von relationalen Datenbanksystemen unterscheiden.

a) Speicher- und Laufzeiteffizienz

Die Datenbeschreibung und -manipulation des Netzwerkmodells passen sich stärker an die physische Darstellung der Objekte und ihrer Beziehungen auf einem konkreten Rechner an. Deshalb lässt sich das Netzwerkmodell leichter speicher- und laufzeiteffizient implementieren als das Relationenmodell.

Netzwerksysteme sind insofern weniger einschränkend als relationale DBMS, als sie Wiederholungsgruppen erlauben und keine expliziten Verbundattribute erfordern. Nichtrelationale Systeme vermindern die beim ersten Normalisierungsschritt entstehenden Redundanzen durch variable Satzlängen und explizite Verbindungsfelder zwischen Tabellen durch Adressverweise. Netzwerksysteme bilden Beziehungen durch implizite, vor dem Benutzer verborgene, **Zeiger** (engl. pointers) ab. Während relationale Objekte durch benutzerdefinierbare Verbundattribute verknüpft werden, enthält ein Zeiger die physische Adresse eines verknüpften Satzes. Die Bilder 6.18 bis 6.20 motivieren, weshalb dieses Implementationsverfahren die Ausdruckskraft eines Datenmodells einschränkt.

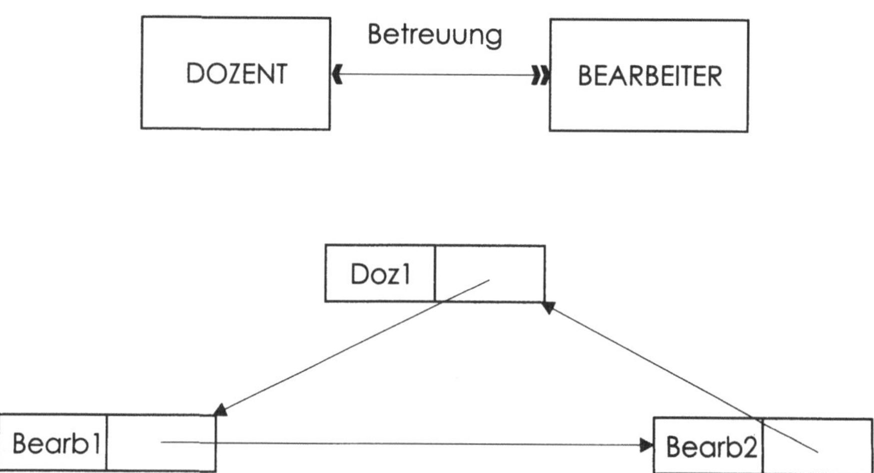

Bild 6.18: Implementation einer 1:m-Beziehung in einer Netzwerkdatenbank

Die drei Bilder zeigen im oberen Teil ein Datenbankstrukturdiagramm für eine 1:m- bzw. m:n-Beziehung. Der untere Teil skizziert eine mögliche Implementation. Als Beispiele dienen ausgewählte Objekte und Beziehungen der durch das Datenbankstrukturdiagramm definierten Objekt- und Beziehungstypen. Objekte (Sätze) werden als Kästchen dargestellt, Verbindungen zwischen Objekten durch Pfeile. Die Pfeile stellen rechnerabhängige Adressverweise dar. Jeder Satz enthält ein oder mehrere für den Benutzer unsichtbare Felder, welche die Adressen des nächsten Satzes der jeweiligen Beziehung enthalten.

Bild 6.18 zeigt eine Implementationsmöglichkeit für eine 1:m-Beziehung. Ein Dozent Doz1 betreut zwei Diplomanden Bearb1 und Bearb2. Um einen durch den Dozenten betreuten Studenten zu finden, beginnen wir bei dem im Adressfeld des Dozenten genannten Satz und folgen der Satzkette solange, bis wir den Seminararbeiter finden. Um rasch wieder zum Dozentensatz zu gelangen, verweist das Adressfeld des letzten Studenten wieder auf den Dozentensatz. Die 1:m-Beziehung zwischen den Objekttypen DOZENT und BEARBEITER entsteht also durch das Traversieren der Ringliste eines Dozenten und seiner Diplomanden (Zwischen Doz1 und den Bearbeitern Bearb1 und Bearb2 besteht eine 1:2-Beziehung).

Bild 6.19 zeigt, wie zwei 1:m-Beziehungen mit dem *gemeinsamen* Objekttyp BEARBEITER implementiert werden können. Ein Dozent betreut mehrere Di-

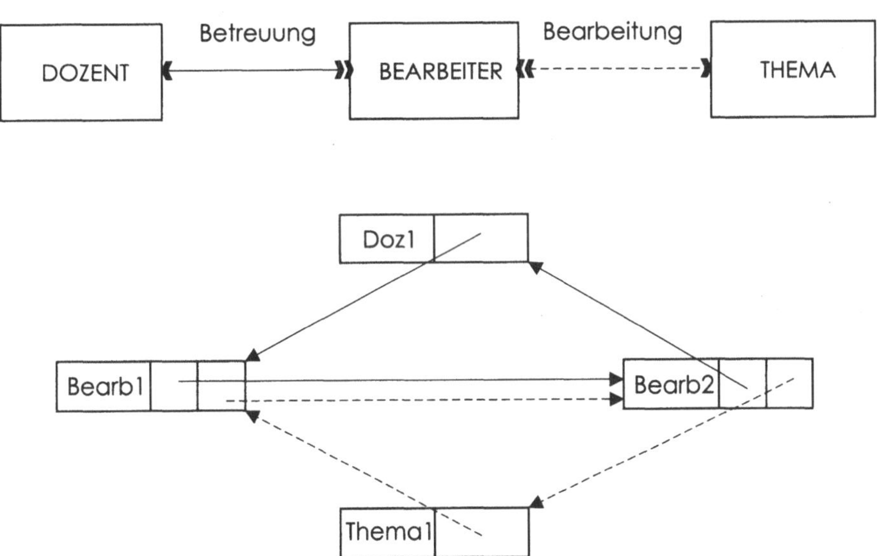

Bild 6.19: Zwei 1:m-Beziehungen in einer Netzwerkdatenbank

plomarbeiter, und ein Thema kann von mehreren Diplomanden bearbeitet werden. Die Zahl der Adressfelder eines Satzes ist gleich der Zahl der Beziehungen des Satzes. Der Objekttyp BEARBEITER ist durch eine ausgezogene Beziehung (Betreuung) und eine gestrichelte (Bearbeitung) mit den Objekttypen DOZENT und THEMA verbunden. Also muss jeder Bearbeitersatz zwei Adressfelder enthalten.

Bild 6.20 verdeutlicht die Probleme, die entstehen, wenn der bisherige Implementationsansatz auf m:n-Beziehungen angewendet wird. Ein Dozent betreut mehrere Diplomanden, und ein Diplomand wird von mehreren Dozenten betreut. Die ausgezogenen Linien zeigen den Beziehungsteil "Ein Dozent betreut mehrere Diplomanden", die gestrichelten bzw. gepunkteten Linien den anderen Teil der m:n-Beziehung. Jeder Diplomand ist so Ausgangspunkt einer Adresskette. Jedesmal wenn die Datenbank um einen Diplomanden wächst, müssen die Sätze der betreuenden Dozenten um ein zusätzliches Adressfeld erweitert werden. Während für 1:m-Beziehungen die Zahl der Adressfelder pro Satz bereits beim Datenentwurf bekannt ist (ein Feld pro Beziehung), ändert sich die Zahl der benötigten Adressfelder bei m:n-Beziehungen laufend. *Weil das Netzwerkmodell durch Implementationsüberlegungen dieser Art beeinflusst worden ist, lassen sich m:n- und rekursive Beziehungen* (zum Beispiel "Ein Mitarbeiter ist Vorgesetzter eines anderen Mitarbeiters") *in Netzwerk-Datenbanken nicht ohne Weiteres abbilden.*

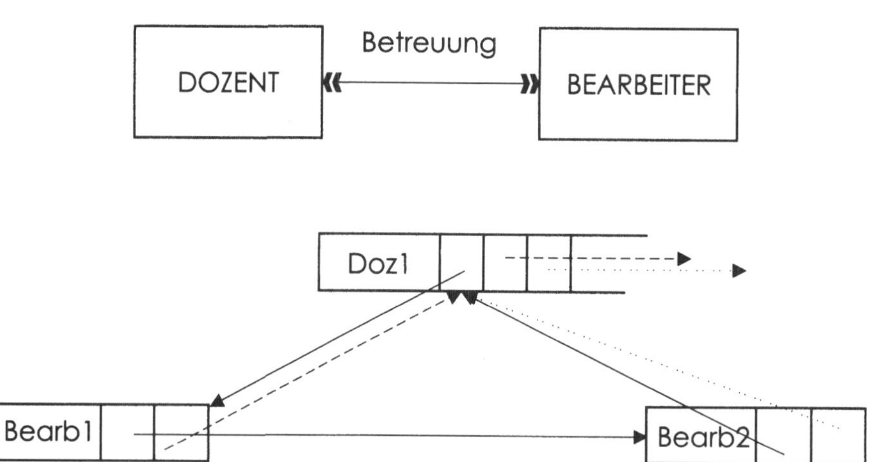

Bild 6.20: Implementation einer m:n-Beziehung in einer Netzwerkdatenbank

b) Mangelnde Benutzerfreundlichkeit

Die Strukturen der Abbildungen 6.18 bis 6.20 legen eine bestimmte Speicherdarstellung für Datenbankobjekte nahe. Entscheidungen für eine Datenstruktur beeinflussen die Algorithmen zur Abfrage und Manipulation der Daten. Bild 6.21 formuliert einen Algorithmus für eine Abfrage, die auf der Datenstruktur von Bild 6.19 navigiert. Die Abfrage heisst "Suche alle Dozenten, die eine Diplomarbeit mit dem Thema X vergeben haben".

Der folgende Entwurfscode veranschaulich, weshalb Netzwerksysteme weniger benutzerfreundlich sind als relationale Systeme:

```
Suche alle Dozenten mit der Diplomarbeit X
  Suche das Diplomarbeitsthema X in der Datei THEMA
  Folge der Kette Bearbeitung bis zum ersten Diplomanden
  Solange die Kette Bearbeitung nicht zu Ende ist
    Folge der Kette Betreuung bis zum ersten Dozenten
    Zeige den Dozentennamen
    Lies den nächsten Bearbeitersatz der Kette Bearbeitung
```

Hauptgründe für die Benutzerunfreundlichkeiten von Abfragen unter dem Netzwerkmodell sind:

- Die Datenstruktur des Relationenmodells ist für den Benutzer plausibler als das mit impliziten Zeigern arbeitende Netzwerkmodell.
- Die Operationen relationaler Systeme sind mächtiger. Sie manipulieren im Gegensatz zu Netzwerksystemen auch ganze Tabellen und nicht nur Tabellenzeilen bzw. Sätze.
- Netzwerksysteme enthalten oft keine nichtprozeduralen Abfragesprachen in der Art von SQL.

c) Mangelnde Flexibilität

Netzwerksysteme sind weniger flexibel. Das Ändern einer einmal definierten Datenbank ist schwieriger. Netzwerksysteme eignen sich deshalb eher für Anwendungen mit relativ statischen Datenstrukturen.

Zusammenfassung

- Die meisten Datenbanksysteme folgen dem relationalen *Datenmodell*. Ältere Datenbanksysteme sowie Anwendungen mit hohen Effizienzanforderungen und relativ statischen Datenstrukturen verwenden hierarchische und Netzwerkmodelle. Wenn die feste Tabellenstruktur relationaler Systeme dem Modellierungsziel nicht gerecht wird, eignen sich objektorientierte Datenmodelle.
- Das *Relationenmodell* bildet Objekttypen als Tabellengerüste ab. Dabei wird die Modellierungsfreiheit insofern eingeschränkt, als sich hierarchische Attribute und Wiederholungsgruppen nur unnatürlich abbilden lassen.
- Abfragen auf relationalen Datenbanken lassen sich in prozeduralen oder deklarativen Sprachen formulieren. *Deklarative* Abfragen sind benutzerfreundlicher, weil sie nicht das "Wie" einer Abfrage programmieren, sondern lediglich das "Was" in einer einzigen Anweisung spezifizieren.
- Die Anweisungen deklarativer Abfragesprachen wie QBE und SQL werden vom System in Folgen relationaler *Grundoperationen* übersetzt. Wichtige Grundoperationen sind Selektion, Projektion und Verbund. Die Selektion kopiert Zeilen, die Projektion Spalten, und der Verbund fügt zwei Tabellen über einem Verbundattribut zusammen. Der Anwender deklarativer Abfragesprachen braucht sich über die Auflösung in Grundoperationen, insbesondere ihre Reihenfolge, keine Gedanken zu machen.
- *SQL* ist zwar weniger intuitiv als QBE, ist aber wegen seiner Standardisierung portabler. Ausserdem lässt es sich aus prozeduralen Sprachen aufrufen.
- Integritätsregeln prüfen, ob Daten korrekt und vollständig bleiben. Relationale Datenbanksysteme sollten mindestens die Entitäts- und Beziehungsintegrität gewährleisten. Die *Entitätsintegrität* schreibt eindeutige Tabellenzeilen vor. Die *Beziehungsintegrität* verlangt, dass in einer 1:m-Beziehung jedem Fremdschlüsselwert der Detailtabelle genau ein Primärschlüsselwert der Haupttabelle entspricht.
- Eine *Sicht* (engl. view) ist eine virtuelle ("berechnete") Tabelle aus Attributen von Basistabellen. Sie verbirgt irrelevante oder vertrauliche Daten und erleichtert die Erstellung von Abfragen.

- Eine *Transaktion* ist eine Folge von Operationen, die logisch zusammengehören und eine Datenbank ohne Konsistenzverletzung ändern. Transaktionen sind vor allem für Mehrbenutzer-Datenbanken wichtig.
- *Netzwerk- oder hierarchische* Datenmodelle erfordern vom Benutzer mehr implementationstechnische Rücksicht. Während relationale Datenbanken Tabellen über gemeinsame Werte verbinden, bildet der Anwender dieser Datenmodelle Beziehungen durch Zeiger ab. Zwar sind Netzwerk- und hierarchische Modelle manchmal effizienter. Relationale Modelle sind dafür offener gegenüber Änderungen der Datenbankstrukturen.

Wiederholungsfragen

1. Das Relationenmodell ist charakterisiert durch

a) Zeilen, Spalten und Integritätsbedingungen.
b) Tabellen, relationale Operationen und Integritätsbedingungen.
c) Relationen, Entitätsintegrität und Beziehungsintegrität.
d) Relationen, Primärschlüssel und Fremdschlüssel.

2. Ordnen Sie die Termini 1 bis 6 den Ausdrücken A bis F zu.

1 Tabelle
2 engl. domain
3 Tabellengerüst
4 Zeile
5 Spalte
6 Zellinhalt

A Relationenschema
B Relation
C Tupel
D Attribut
E Wertebereich
F Wert

3. Die Entitätsintegrität ist erfüllt, wenn ...

a) alle Sekundärschlüssel eindeutig sind.
b) ein Attribut keine Nullwerte haben darf.
c) jede Tabellenzeile eindeutig ist.
d) nur ein Schlüsselkandidat existiert.

4. Die Beziehungsintegrität erfordert, dass zu jedem Primärschlüsselwert der Haupttabelle ein ...

a) Fremdschlüsselwert der Haupttabelle existiert.
b) Sekundärschlüsselwert ohne Nullwert existiert.
c) Sekundärschlüsselwert der Detailtabelle passt.
d) passender Fremdschlüsselwert existiert.

5. Deklarative Abfragesprachen ...

a) formulieren eine Abfrage in einer einzigen Anweisung.
b) spezifizieren, was und wie abgefragt wird.
c) sind laufzeiteffizienter als prozedurale Abfragesprachen.
d) sind weniger benutzerfreundlich als prozedurale Abfragesprachen.

6. Welches sind wichtige relationale Grundoperationen?

a) Errichten, Einfügen, Ändern und Projizieren
b) Editieren, Abfragen und Fortschreiben
c) Selektieren, Projizieren und Verbinden
d) Aktualisieren, Verknüpfen und Selektieren

7. Eine Projektion ...

a) löscht eine Spalte.
b) löscht mehrere Zeilen.
c) verbindet zwei Tabellen.
d) kopiert eine oder mehrere Spalten.

8. Relationale Grundoperationen sind wichtig bei der ...

a) Normalisierung von Datenbanken.
b) Steuerung von Transaktionen.
c) Zusammensetzung eines relationalen Schemas.
d) Optimierung von Abfragen.

9. Welche Aussage ist *falsch*? Eine Transaktion ...

a) wird ganz oder gar nicht ausgeführt.
b) verhindert Dateninkonsistenz.
c) besteht meist aus mehreren Lese- und/oder Schreiboperationen.
d) wird vom Programmierer definiert.

10. Ordnen Sie die Eigenschaften 1 bis 5 den Datenmodellen A und B zu.

1 Effizienz
2 Flexibilität
3 Benutzerfreundlichkeit
4 explizite Verbindungsfelder
5 Adressierungsfelder (Pointer)

A Relationale Datenmodell
B Netzwerk-Datenmodell

11. Ordnen Sie die Eigenschaften 1 bis 5 den Arten A und B von Abfragesprachen zu.

A prozedurale Abfragesprachen
B deklarative Abfragesprachen

1 Abfragen bestehen in der Regel aus einer einzigen Anweisung.
2 Ein Beispiel ist QBE.
3 Das Sprachkonzept unterstützt Optimierungen durch den Programmierer.
4 Ein Beispiel ist SQL.
5 Die Reihenfolge der Anweisung ist wichtig.

12. Netzwerk-Datenbanken sind *nicht* ...

a) effizient.
b) anpassungsfähig.
c) verzeigert.
d) satzorientiert.

13. Relationale Datenbanksysteme ...

a) verarbeiten Transaktionen schneller als andere DBMS.
b) eignen sich nicht für nummerische Datenbanken.
c) stellen Daten als Relationen und nicht als Tabellen dar.
d) verknüpfen Daten durch gemeinsame Elemente und nicht durch Zeiger.

14. Eine SQL-Anweisung enthält eine Verbundoperation, wenn ...

a) sie eine Unterabfrage enthält.
b) ihre `from`-Klausel mehrere Tabellen nennt.
c) sie eine `order by`-Klausel enthält.
d) das Schlüsselwort `join` vorkommt.

7 Anwendungsentwicklung

Neue Begriffe

Benutzerschnittstellen
- Befehlsschnittstelle
- Menüschnittstelle

Eingabe/Ausgabe
- Bildschirmformulare
- Berichte

Entwicklungswerkzeuge
- Programmiersprachen
  - eingebaute -
  - externe -
- Makrosprachen
- Generatoren
  - Bildschirm-
  - Berichts-
  - Applikations-

Programmentwicklung
- Spezifikation
- Dialogentwurf
- Datenentwurf
- Algorithmischer Entwurf
- Codierung
  - Ereignisorientierte Programmierung
  - SQL-Einbettung

7.1 Benutzerschnittstelle

Datenbanksysteme enthalten Schnittstellen für Endbenutzer und Entwickler. Dieses Kapitel geht am Beispiel von MS Access und Visual Basic für Applikationen (VBA) auf die Entwicklerschnittstelle eingebauter Viertgenerationssprachen ein. Datenbanksprachen wie Access Basic, ObjectPAL (›Paradox Application Language) und dBASE eignen sich vor allem für kleine und mittlere Anwendungen. Wir beschreiben die Entwicklungsphasen solcher Projekte und veranschaulichen sie an einer einfachen Fallstudie zur Literaturverwaltung.

7.1.1 Befehls- und menügesteuerte Benutzerschnittstellen

Die letzten Kapitel haben die QBE-Schnittstelle und Befehlssprachen eingeführt. Eine *Befehls*schnittstelle setzt Detailkenntnisse einer Befehlssprache wie jener von dBASE voraus und kann bei längeren Anweisungsfolgen zu aufwändiger Tipparbeit führen. Komfortablere Benutzerschnittstellen steuern den Dialog über graphische ›Steuerelemente, insbesondere *Menüs*, und QBE-Tabellengerüste. Der Benutzer lernt keine Befehlswörter, sondern wählt die Datenbankfunktionen aus Tabellengerüsten und Menüs. Solche Dialoge sind für den unerfahrenen Benutzer gut geeignet, für den geübten aber wegen der häufigen Bildschirmwechsel oft umständlich und weniger flexibel. Die meisten Datenbanksysteme enthalten deshalb eine **Entwicklerschnittstelle** mit einer eingebauten Programmiersprache, welche die Erstellung benutzerdefinierter Steuerelemente erlaubt. Der Entwickler wählt auf einfache Weise Steuerelemente, ändert ihre Eigenschaften, plaziert sie auf Formularen oder Berichten und verbindet sie mit Tabellen, Abfragen und Ereignisprozeduren.

7.1.2 Formulare und Berichte

Ein **Formular** (engl. form) ist ein Bildschirmfenster mit eingebetteten →Steuerelementen (Feldern), die eine benutzerfreundliche Eingabe, Änderung und Ausgabe von Datensätzen ermöglichen. Die →**Datenherkunft** eines Steuerelements kann eine Basistabelle, die Ergebnistabelle einer Abfrage oder ein programmiersprachlicher Ausdruck sein. Bild 7.1 zeigt einen Datensatz aus einer einzigen Tabelle in der Formularsicht. Das Formular enthält ein Bitmapobjekt, das durch Doppelklick editiert werden kann. Wichtige Steuerelemente

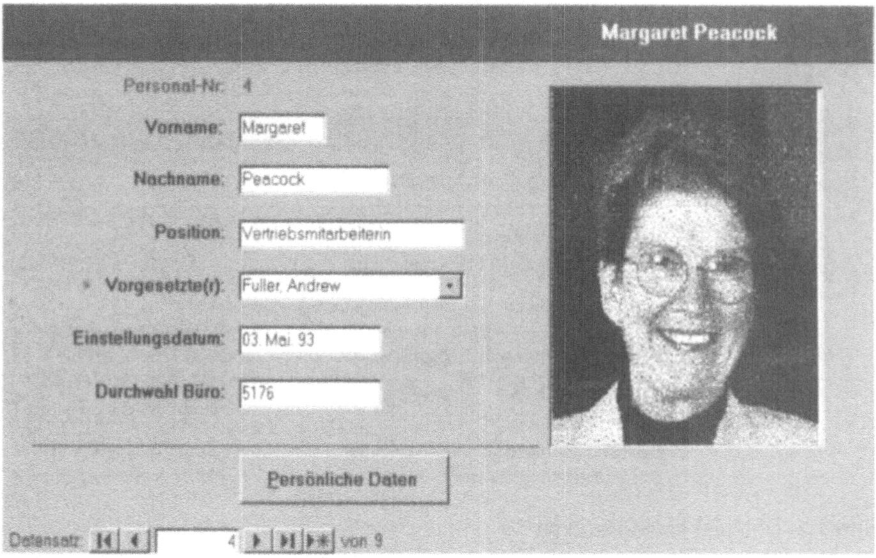

Bild 7.1: Beispiel eines Formulars

sind die →Navigationsschaltflächen links unten. Mit ihnen kann der Benutzer die laufende Tabellenzeile bestimmen.

Der Entwickler kann einem Eingabefeld eine →**Gültigkeitsregel oder -prozedur** zuordnen. Ein Klick auf die ›Befehlsschaltfläche "Persönliche Daten" des Formulars 7.1 führt zum Eingabefeld Sozialversicherungsnummer. Deren Gültigkeitsbedingung testet, ob die letzte Ziffer mit der Ziffer übereinstimmt, die sich mit einem Prüfziffernalgorithmus aus der Nummer berechnen lässt (Aufgabe 6.10). Wenn mehrere Formulare aus Daten der gleichen Tabelle gespiesen werden, ordnet man die Gültigkeitsbedingung der Tabelle statt mehreren Steuerelementen zu. Nach einer Änderung der Gültigkeitsbedingung muss nur eine Tabelle statt mehrere Steuerelemente angepasst werden.

Während das gleiche Formular die Eingabe *und* Ausgabe von Datensätzen übernehmen kann, ist der →**Bericht** (engl. report) ein reines Ausgabemedium. Er ist meist ein Abfrageergebnis, das auf einem Ausgabegerät in der gewünschten Reihenfolge und Formatierung angezeigt wird. Ein Beispiel ist der in Bild 7.2 dargestellte Verkaufsbericht.

Grössere Unternehmen verwalten Tausende von Papier- und Bildschirmformularen. Beispiel 7.3 beschreibt wie Papierformulare durch Bildschirmformulare ersetzt werden können (vgl. den Begriff des Workflow in Kapitel 9).

Umsatzsummen nach Anzahl

04. Jun. 96

Umsatz:	Bestell-Nr:	Firma:	Zähler:
SFr. 11'188	10417	Simons bistro	1
SFr. 10'165	10691	QUICK-Stop	2
SFr. 10'192	10540	QUICK-Stop	3
SFr. 10'496	10479	Rattlesnake Canyon Grocery	4
SFr. 9'921	10515	QUICK-Stop	5
SFr. 9'195	10424	Mère Paillarde	6
SFr. 8'623	10514	Ernst Handel	7

Bild 7.2: Beispiel eines Berichts

1. Ein Mitarbeiter erstellt am Bildschirm ein Formularskelett.
2. Der Kunde füllt das ausgedruckte Formularskelett handschriftlich aus.
3. Der Kunde übermittelt das ausgefüllte Formular per Fax.
4. Der Rechner speichert das übermittelte Formular als graphische Datei.
5. Die Formularsoftware übersetzt die Faxdatei in eine Textdatei (OCR).
6. Die Formularsoftware übergibt die Textdatei einer Datenbank.
7. Die Datenbank konvertiert das Textformat in das Datenbankformat.

Beispiel 7.3: Automatische Formularverwaltung

7.1.3 Eingebaute Programmier- und Makrosprachen

Eingebaute Programmiersprachen ersetzen die Funktionalität und Entwicklungskomfort externer Sprachen wie C und COBOL durch jene angepasster Viertgenerationssprachen:

- Als dedizierte Programmiersprachen stellen diese Viertgenerationssprachen mächtige *Datenbankfunktionen* bereit, die im Vergleich zur konventionellen Programmierung Entwicklungs- und Wartungsaufwand sparen.
- Eingebaute Entwicklungsumgebungen erleichtern oft auch die Implementation von →*Benutzerschnittstellen.* Ein **Bildschirmgenerator** erstellt zum Beispiel Formulare nach der Spezifikation des Benutzers. Er ist oft

Teil eines umfassenden **Applikationsgenerators**, der die schnelle Erstellung von Prototypen unterstützt. Der Programmierer kann den Prototyp durch Ändern und Anfügen eigener oder vorgefertigter Programmteile zu einer komplexen Anwendung ausbauen.

- Die Ausgabe von Daten auf Bildschirm, Drucker und Dateien wird durch **Berichtsgeneratoren** (engl. report designers) unterstützt.
- Anwendungen, die mit eingebaute Sprachen entwickelt werden, sind allerdings meist weniger portabel als Programme, die mit standardisierten Sprachen wie C und Cobol erstellt werden. Im besten Falle bildet sich durch die weite Verbreitung einer eingebauten Sprache ein ›Industriestandard. Einige Datenbanksprachen auf Personalcomputern lehnen sich zum Beispiel mehr oder weniger an dBASE an und bilden den Quasistandard XBase. Andere Produkte, zum Beispiel Visual Basic für Applikationen, erlangen durch ihre Verbreitung einen Bekanntheitsgrad, der ähnliche Vorteile wie jene standardisierter Sprachen mit sich bringt. →**Visual Basic für Applikationen** (VBA) ist ein interpretierter Basic-Dialekt von Microsoft und eignet sich für die applikationsübergreifende Programmierung, insbesondere zur Verknüpfung der Microsoft-Programme Access, Excel und Project. Abschnitt 7.2.5 veranschaulicht VBA an der Fallstudie Literaturverwaltung und das Anwendungspaket TESTS der CD ROM enthält eine umfangreiche und nachvollziehbare VBA-Anwendung.
- Die *Laufzeit- und Speichereffizienz* eingebauter Viertgenerationssprachen liegt in der Regel unter jener konventioneller Sprachen der dritten Generation.

Wichtige Eigenschaften eingebauter Datenbanksprachen sind:

a) Die Entwicklerschnittstelle baut auf der *Syntax und Semantik der Benutzerschnittstelle* auf. Die dBASE-Programmierschnittstelle verwendet zum Beispiel alle interaktiven Befehle wieder, die Abschnitt 3 eingeführt hat. `use`, `display`, `find` oder `replace` erfüllen im Programm eine gleiche oder ähnliche Aufgabe wie als Benutzerkommandos. Viele Programme bestehen nur aus einer Reihe von Benutzeraktionen, die man speichert, aufruft und dann Befehl für Befehl direkt ausgeführt (vgl. ›Makros). Ein Programm muss also nicht zuerst übersetzt und mit Bibliotheksroutinen gebunden werden. Man nennt eine solche Entwicklungsumgebung **interpretierend**. Sie verringert die Entwicklungszeit, indem sie den edit-compile-link-run-Zyklus einer Drittgenerationssprache um die Phasen “compile” und “link” verkürzt. Um die geringere Laufzeiteffizienz interpretierender

Sprachen zu verbessern, werden manchmal Compiler angeboten. Der Interpreter dient dann noch der schnellen Entwicklung eines Prototyps. Nach Abschluss der Testphase kann der Prototyp in einen kompakteren und schnelleren Zwischencode oder in direkt ablauffähigen Maschinencode übersetzt werden.

b) Explizite →*Vereinbarungen* sind oft nicht nötig. Die Datentypen der Tabellenattribute sind zwar aus den Tabellendefinitionen bekannt, die Typen der übrigen Variablen werden aber erst bei Gebrauch **implizit deklariert.** Wenn die Zuweisung `Antwort = "ja"` zum Beispiel die Zeichenfolge `"ja"` in die Variable `Antwort` speichert, so erhält `Antwort` implizit den Datentyp `Text`. Die implizite Bestimmung des Datentyps nimmt zwar Tipparbeit ab, kann aber die Programmierdisziplin sowie die Programmeffizienz und -sicherheit negativ beeinflussen (Abschnitt 1.1.1: Objekte, Attribute und Datentypen).

c) Eingaben und Ausgaben lassen sich einfach →*formatieren*, vor allem durch Bildschirmmasken und Feldformate. Zum Beispiel fordert die Eingabemaske '99/99/9999' die Benutzerin zur Eingabe eines Datums auf. Tippt sie ein ungültiges Zeichen, so erscheint ein visuelles oder akustisches Signal. Bildschirmformate lassen sich nicht nur programmiersprachlich, sondern auch mit einem interaktiven Bildschirmgenerator erzeugen. Die so spezifizierten Bildschirme können leicht in Programme eingebaut werden.

d) Der Entwickler kann vom *Endbenutzer* erstellte Datenbankobjekte - zum Beispiel Tabellen, Formulare, gespeicherte Abfragen und Makros - wieder verwenden. So kann der Access-Entwickler bereits vorhandene QBE- und SQL-Abfragen in den Programmcode einbetten (Abschnitt 6.3.4: SQL im praktischen Einsatz). Die leichte Einbettung deklarativ erstellter Datenbankobjekte in prozedurale Programme geht noch weiter: Wenn eine QBE-Abfrage entworfen wird, erzeugt MS Access im Hintergrund die entsprechende SQL-Anweisung. Der Entwickler kann die generierte SQL-Zeichenfolge weiter bearbeiten und überall dort eingeben, wo ein Tabellen-, Abfrage- oder Feldname stehen kann.

e) Die meisten DBMS zeichnen Benutzeraktionen als ‣**Makros** auf. Die Reaktionen auf die vom Benutzer ausgelösten Ereignisse, insbesondere auf Tastatur und Maus, werden aufgezeichnet und in Programmbefehle übersetzt. Makros lassen sich nachbearbeiten und bilden die Grundlage von Routinen der eingebauten Programmiersprache. Der Übergang zwischen Makros und eigentlichen Programmen ist deshalb fliessend.

Eine andere Möglichkeit, Prototypen zu erstellen, die sich verfeinern und erweitern lassen, bieten die erwähnten Applikationsgeneratoren. Der Benutzer kann einfache Programme erzeugen, indem er das Format der Eingaben und Ausgaben sowie die erlaubten Abfrageoperationen spezifiziert.

7.1.4 Anwendungsentwicklung

Eingebaute Datenbanksprachen wie VBA (Visual Basic für Applikationen) und ObjectPAL (›Paradox Application Language) eignen sich vor allem für kleine und mittlere Applikationen. Solche Projekte bestehen aus Entwurfs-, Programmier- und Testarbeiten, die ein einzelner Programmierer in einigen Wochen oder Monaten abschliessen kann. Die Entwicklung solcher Systeme lässt sich in fünf →*Phasen* einteilen:

1) Die →**Spezifikation** formuliert die Anforderungen aus der Sicht der künftigen Benutzer.
2) Der →**Dialogentwurf** definiert die Bildschirm- und Berichtsformate zur Ein- und Ausgabe.
3) Sind die Ein- und Ausgabedaten bekannt, kann ein →**Data Dictionary** erstellt werden. Im einfachsten Fall ist dies eine Tabelle, die Namen, Datentypen, Kurzbeschreibungen und andere Eigenschaften der Datenelemente enthält. Das Data Dictionary der Implementationsphase kann aber auch aus Dutzenden von Systemtabellen bestehen, welche die ›Metadaten aller Datenbankobjekte enthalten (Abschnitt 6.4). Unter MS Access kann der Anwender zum Beispiel auf einer einzigen Bildschirmseite alle Metadaten einer Basistabelle benutzerfreundlich definieren. Dazu gehören:

   Feldnamen und -beschreibungen
   Datentypen
   Primär- und Sekundärschlüssel
   Ein- und Ausgabeformate
   Beschriftungen in Formularen
   Voreinstellungen
   Verbote von Nullwerten
   Gültigkeitsregeln und -meldungen.

   Das Data Dictionary ist Grundlage für den Datenentwurf. Der →**Datenentwurf** sollte nach Möglichkeit das Auftreten von Anomalien verhüten (Kapitel 4).

4) Der **algorithmische** Entwurf (→Modulentwurf) ist das Bindeglied zwischen den Ein- und Ausgabedaten. Der algorithmische Kern von administrativen Programmen ist allerdings klein. Die Hauptarbeit besteht im Erstellen der Benutzerschnittstelle und in der Übertragung von Daten. Für den algorithmischen Entwurf eignen sich Techniken wie ›Pseudocode (→Entwurfscode), Struktogramm und Programmablaufplan.
5) Die Phase →**Implementation und** →**Test** beginnen mit der Erstellung der Quelldateien, die direkt oder nach der Übersetzung in Zwischencode oder Maschinencode ausgeführt werden. Die meisten Datenbanksysteme enthalten eingebaute Editoren und weitere Werkzeuge, welche die Codierung und den Test erleichtern.

7.2 Fallstudie Literaturverwaltung

Die folgende Fallstudie will nicht bibliographische Angaben ideal verwalten. Vielmehr verdeutlicht sie an einem einfachen Problem typische Entwicklungsphasen einer Datenbankanwendung. Im Interesse der Verständlichkeit bleibt der Funktionsumfang beschränkt und die Benutzerschnittstelle einfach. Die Codierung in VBA zeigt nur einen Ausschnitt aus den Möglichkeiten einer eingebauten Viertgenerationssprache. Sie finden den ablauffähigen Code auf der CD ROM unter 🖫...\GrundlagenExcel\BeispieleAufgaben\Literaturverwaltung.mdb. Ein komplexeres und ausgiebig in TESTS.chm dokumentiertes Anwendungsbeispiel steht in ...\BeispieleAufgaben\Fallbeispiel TESTS.[1]

7.2.1 Kurzspezifikation

Ein Literaturverwaltungsprogramm erlaube die folgenden Operationen:

- die bibliographischen Angaben Dokumentnummer, Autor, Titel, Verlag und Jahr für jedes Dokument anfügen, ändern und löschen
- für jedes Dokument Schlagwörter anfügen, ändern und löschen
- mit ›Platzhalterzeichen nach Dokumenten mit den gewünschten bibliographischen Angaben suchen

1 Jeder mit → eingeleitete Ausdruck wird in der CD ROM-Datei TESTS.chm am Anwendungspaket TESTS veranschaulicht.

- Schlagworte mit UND bzw. ODER verknüpfen und die zutreffenden Dokumente anzeigen.

Bevor wir das Projekt aus der Sicht des Entwicklers nachvollziehen, betrachten wir die fertige Anwendung aus der Endbenutzersicht. Sie folgt einer →*Menüstruktur*, die sich aus der Kurzspezifikation ergibt:

- Dokumente verwalten
  - Ändern
    - Dokumente
    - Schlagworte
  - Suchen
    - Bibliographische Angaben
    - Schlagworte
  - Beenden

Der nächste Abschnitt setzt diese Menüstruktur in eine Folge von Bildschirmformularen um.

7.2.2 Dialogentwurf

Das Formular DOKUMENTE ÄNDERN (Bild 7.4) enthält eine →*Menüleiste* mit der im letzten Abschnitt vorgestellten Struktur. Wenn der Benutzer auf einen übergeordneten Menüpunkt klickt, dann gelangt er zu einem weiteren Menüpunkt. Falls der Menüpunkt keine untergeordneten Menüpunkte mehr hat, dann ruft er eine zugeordnete Menüprozedur auf. Eine *Menüprozedur* kann ein Hyperlink, ein ›Makro oder ein VBA-Unterprogramm sein. Der Menüpunkt Info führt zum Beispiel zu einer Webseite und Dokumente führt ein Makro aus, das DOKUMENTE ÄNDERN öffnet. Dieses Formular lässt die Benutzerin Dokumente durch bibliographische Angaben beschreiben. Ausserdem kann sie im eingebetteten →›Unterformular jedem Dokument eines oder mehrere Schlagwörter zuordnen.

Während die Formulare DOKUMENTE ÄNDERN und SCHLAGWORTE ÄNDERN vom Menüpunkt Ändern aufgerufen werden, gehören die Formulare BIBLIOGRAFISCHE ANGABEN SUCHEN (Bild 7.5) und SCHLAGWORTE SUCHEN (Bild 7.6) zum übergeordneten Menüpunkt Suchen. Sie ermöglichen die Identifikation von Dokumenten mit bestimmten bibliographischen Angaben oder Schlagworten. Das Formular 7.6 illustriert die Suche nach bibliographischen Angaben mit Hilfe von›Platzhalterzeichen. Ein Klick auf die Befehlsschaltflä-

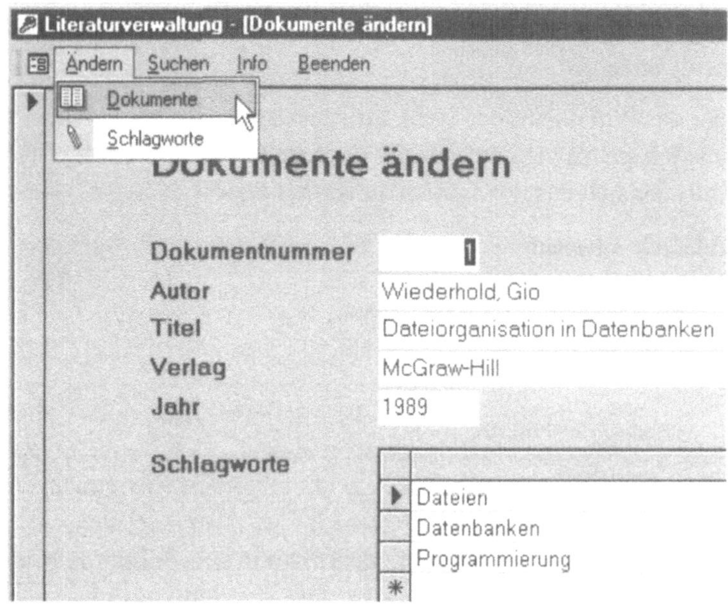

Formularausschnitt 7.4: DOKUMENTE ÄNDERN

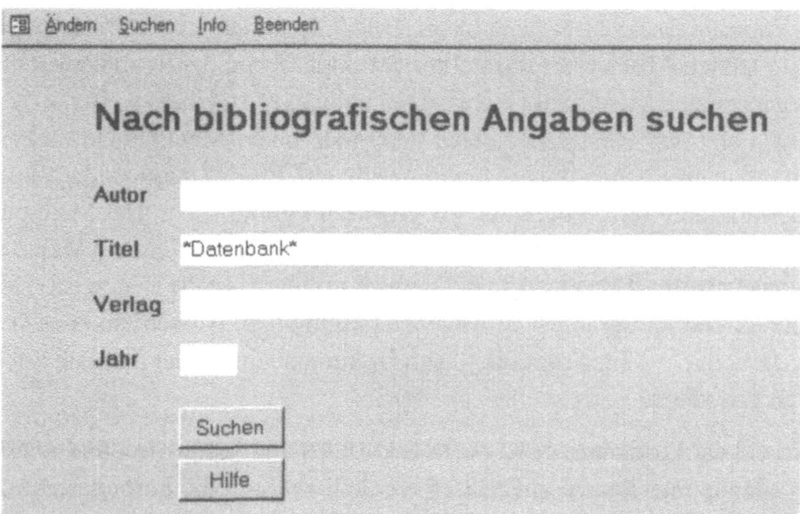

Formularausschnitt 7.5: NACH BIBLIOGRAPHISCHEN ANGABEN SUCHEN

che Suchen zeigt alle Dokumente, deren Titel das Wort "Datenbank" enthalten. Formularausschnitt 7.7 zeigt ein →Listenfeld mit zwei markierten

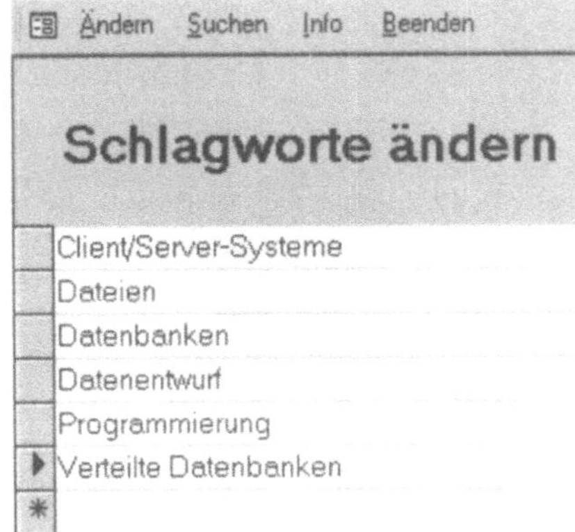

Formularausschnitt 7.6: SCHLAGWORTE ÄNDERN

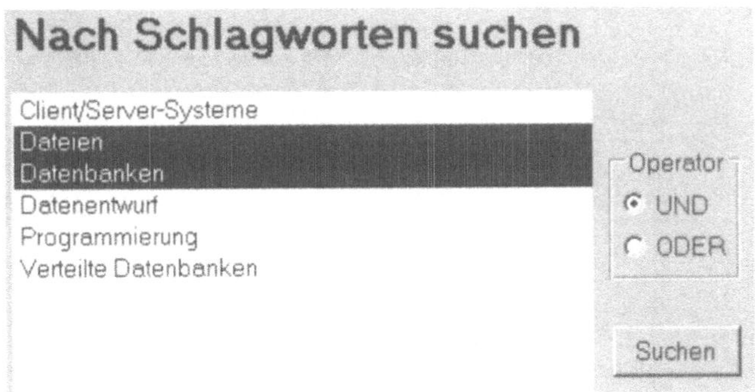

Formularausschnitt 7.7: NACH SCHLAGWORTEN SUCHEN

Schlagworten: Ein Klick auf die Befehlsschaltfläche Suchen zeigt alle Dokumente, die mit "Dateien" und "Datenbanken" beschlagwortet sind (siehe Formularausschnitt 7.15).

Formulare werden in den Entwicklungsphasen Spezifikation und Dialogentwurf erstellt. In späteren Phasen kommen weitere Objekte hinzu. Insgesamt unterscheidet MS Access die folgenden →**Datenbankobjekte**:

Tabellen
Abfragen
Formulare
Berichte
Makros
Module.

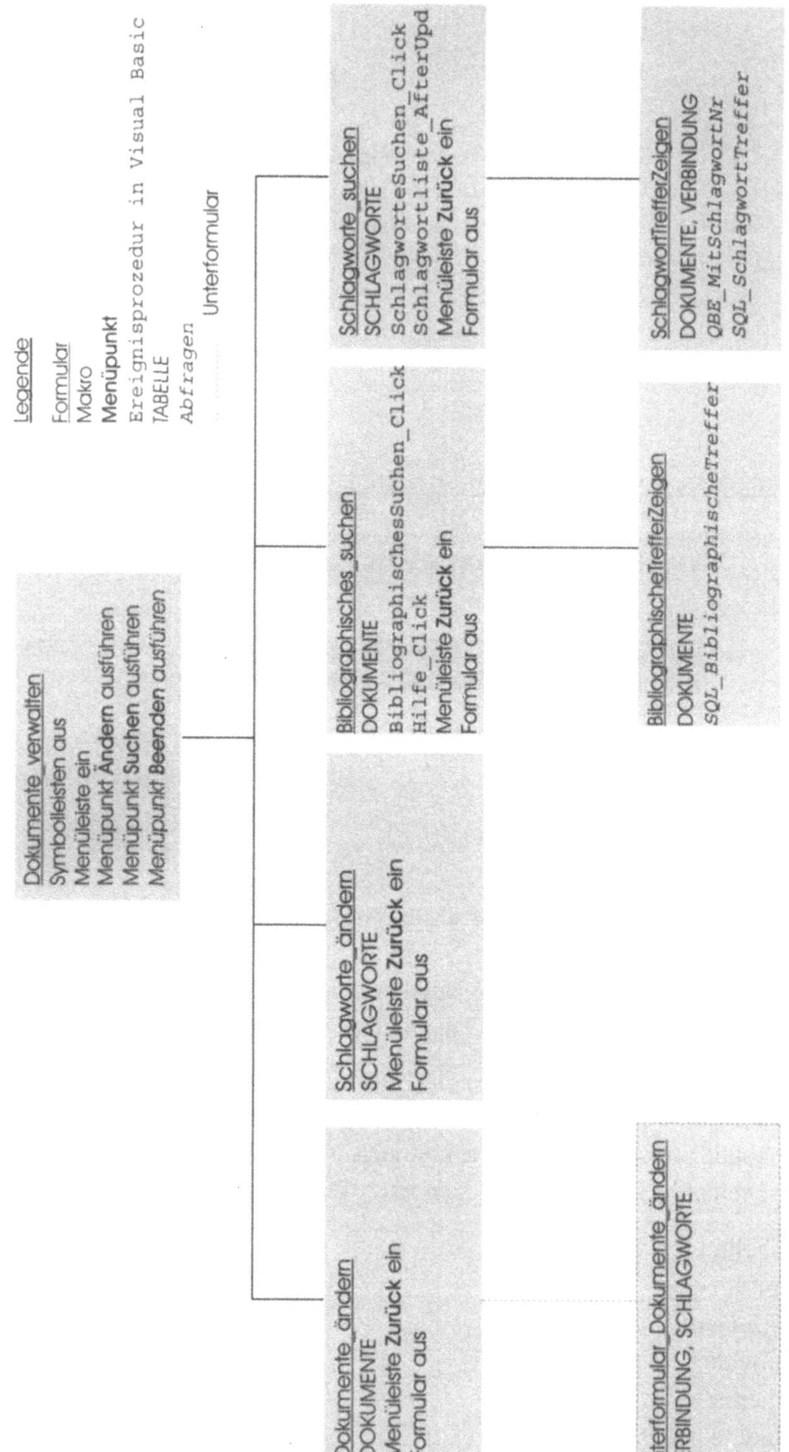

Übersicht 7.8: Datenbankobjekte der Anwendung Literaturverwaltung

Die Übersicht 7.8 fasst die bereits eingeführten *Menüleisten* und *Formulare* zusammen und fügt weitere Objekte hinzu: *Tabellen* oder *Abfragen* sind Datenquellen von Formularen. Die Beispielanwendung Literaturverwaltung enthält der Einfachheit halber keine →*Berichte*. Die Formulare werden durch *Makros* eingeschaltet. Es bleibt dem Benutzer überlassen, ein Formular über das Schliessfeld rechts oben zu entfernen. →*Ereignisprozeduren* werden ausgeführt, sobald ein bestimmtes Ereignis auftritt - zum Beispiel ein Klick auf die Befehlsschaltfläche Suchen.

Module enthalten Programmcode. In Access besteht ein benutzerdefiniertes →Modul aus ▸VBA-Vereinbarungen und -Anweisungen, die als Einheit gespeichert werden und von anderen Modulen genutzt werden können. Ein *Formular- bzw. Berichts*modul reagiert auf Ereignisse, die in einem Formular bzw. Bericht auftreten. Ein *Standard*modul enthält Hilfsprozeduren, die sich aus anderen Modulen aufrufen lassen. Ein *Klassenmodul* definiert einen Objekttyp, von dem sich beliebig viele Instanzen (Objekte) erstellen lassen. Unsere Beispielanwendung enthält nur Formularmodule. Ein Formularmodul ist vordefiniertes Klassenmodul, das der Entwickler um selbstdefinierte Ereignisprozeduren erweitern kann.

Die oberen Ebenen der Hierarchie 7.8 spiegeln die bereits erwähnte Menüstruktur. Formulare lassen sich in Access mit Makros oder mit VBA öffnen. Die Tabelle 7.9 beschreibt die Makros der Übersicht 7.8:

Makro	Aufgabe
ÖffneDokumenteÄndern	öffnet das Formular DOKUMENTE_ÄNDERN
ÖffneSchlagworteÄndern	öffnet SCHLAGWORTE_ÄNDERN
ÖffneBibliografischeAngabenSuchen	öffnet BIBLIOGRAPHISCHES_SUCHEN
ÖffneSchlagworteSuchen	öffnet SCHLAGWORTE_SUCHEN

Übersicht 7.9: Datenobjekte "Makros"

7.2.3 Datenentwurf

Die Formulare von 🖫Literaturverwaltung.mdb beziehen ihre Daten aus Tabellen oder Abfragen auf Tabellen. Ein naiver Datenentwerfer könnte eine einzige Tabelle DOKUMENTE entwerfen. Wenn er allerdings mehrere Schlagwörter pro Dokument erlaubt, dann verletzt er die erste Normalisierungsregel (Verbot von Wiederholungsgruppen). Eine normalisierte Lösung besteht deshalb aus mindestens zwei Tabellen:

DOKUMENTE(Dokumentnummer, Autor, Titel, Verlag, Jahr)
SCHLAGWORTE(Dokumentnummer, Schlagwort)

Die beiden Tabellen sind durch eine ›m:n-Verbindung verknüpft. Ausserdem hätte eine Beschränkung auf diese beiden Tabellen den Nachteil, dass die Tabelle SCHLAGWORTE ein langes Schlagwort, das auf viele Dokumente zutrifft, oft wiederholt. Die folgende Lösung gehorcht den Normalisierungregeln und ist speichereffizienter:

DOKUMENTE(Dokumentnummer, Autor, Titel, Verlag, Jahr)
VERBINDUNG(Dokumentnummer, Schlagwortnummer)
SCHLAGWORTE(Schlagwortnummer, Schlagwort)

Bei Tabellenattributen des Typs `Text` und `Memo` unterscheidet Access zwei Arten leerer Werte: Nullwerte (Abschnitt 6.4) und leere Zeichenketten (" "). Enthält eine Tabelle KUNDEN zum Beispiel das Attribut Faxnummer, so kann der Entwickler festlegen, dass der Benutzer keinen Wert eingeben soll, wenn der Kunde kein Faxgerät besitzt (*Nullwert*). Die Eingabe einer *leeren Zeichenfolge* soll hingegen bedeuten, dass der Benutzer noch nicht weiss, ob der Kunde ein Gerät besitzt. Ein Nullwert bedeute also "unzutreffend" und eine leere Zeichenfolge "noch unbekannt".

Der Access-Entwickler markiert die Attributeigenschaft "Eingabe erforderlich" mit "ja", wenn er Nullwerte verbieten will, und die Eigenschaft "Leere Zeichenfolge" mit "ja", wenn er die Eingabe leerer Zeichenfolgen erlauben möchte. Er kann also vier Fälle unterscheiden:

"Eingabe erforderlich"	*"Leere Zeichenfolge"*	*Bemerkung*
nein	nein	"unzutreffend/noch unbekannt" nicht unterscheidbar
ja	nein	Leereingaben verboten
nein	ja	"unzutreffend/noch unbekannt" unterscheidbar
ja	ja	"unzutreffend" nicht durch einen Nullwert codierbar

Die Tabellen 7.10 bis 7.12 definieren die Tabellen DOKUMENTE, VERBINDUNG und SCHLAGWORTE. Die Primärschlüssel sind unterstrichen. Die zweite Spalte ordnet jedem Attribut einen Datentyp zu, und die dritte Spalte nennt jene Spalten, für welche eine Eingabe obligatorisch ist (also keine Nullwerte erlaubt sind). Die letzte Spalte ordnet ausgewählten Attributen einen einfachen Index zu. Weil Access Primärschlüssel automatisch indiziert, steht die entsprechende Markierung in Klammern.

Die Deklarationen von Jahr und Schlagwortnummer sind erklärungsbedürftig: Tabelle 7.10 weist dem Merkmal Jahr den Typ Text zu, damit der Benutzer im Suchformular BIBLIOGRAPHISCHES_SUCHEN ›Platzhalterzeichen verwenden kann. Das Attribut Schlagwortnummer ist vom Typ AutoWert. Access ordnet so automatisch jedem neu definierten Schlagwort die nächst höhere Schlagwortnummer zu (vgl. Abschnitt 2.4). Weil Access einen Primärschlüssel automatisch indiziert, stehen die jeweiligen Markierungen in Klammern.

Name	*Typ*	*Eingabe erforderlich*	*Leere Zeichenfolge*	*indiziert*
Dokumentnummer	Zahl	√		(√)
Autor	Text		√	√
Titel	Text		√	√
Verlag	Text		√	√
Jahr	Text		√	√

Tabelle 7.10: Tabelle DOKUMENTE

Name	*Typ*	*Eingabe erforderlich*	*Leere Zch.folge*	*indiziert*
Schlagwortnummer	AutoWert	(generiert)	(generiert)	(√)
Schlagwort	Text	√	,	

Tabelle 7.11: Tabelle SCHLAGWORTE

Name	*Typ*
Dokumentnummer	Zahl
Schlagwortnummer	Zahl

Tabelle 7.12: Tabelle VERBINDUNG

Schliesslich kann der Entwickler jedem Feld ein Eingabeformat und eine Gültigkeitsregel mit Fehlermeldung zuordnen. Zum Beispiel kann er Eingaben zum Erscheinungsjahr eines Dokuments auf die ganzen Zahlen zwischen 1945 und dem laufenden Jahr beschränken.

Das Datenbankstrukturdiagramm 7.13 zeigt die Beziehungen zwischen den Tabellen DOKUMENTE, SCHLAGWORTE und VERBINDUNG. Die Dialogbox Beziehungen erlaubt das Ein- oder Ausschalten der folgenden Beziehungseigenschaften:

- referenzielle Integrität
- Aktualisierungsweitergabe
- Löschweitergabe.

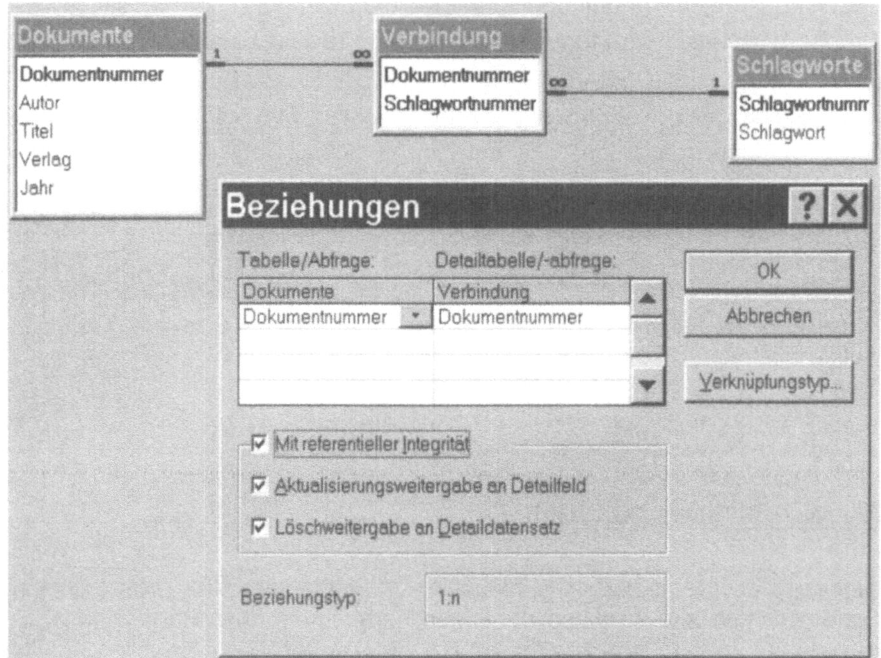

Datenbankstrukturdiagramm 7.13: Tabellen der Literaturverwaltung

Die referenzielle Integrität und die zugehörigen Lösch- und Änderungsregeln hat bereits Abschnitt 6.4 diskutiert. Wer alle drei Beziehungseigenschaften der Dialogbox auf "ja" setzt, erlaubt Lösch- und Änderungsoperationen, welche die Voreinstellung verbietet. Wenn in einer Haupttabelle Primärschlüsselwerte geändert werden, dann führt Access automatisch die Detailtabelle so nach, dass die referenzielle Integrität gewahrt bleibt. Wenn der Benutzer zum Beispiel den Primärschlüssel Dokumentnummer in der Haupttabelle DOKUMENTE ändert, dann führt das System automatisch die entsprechenden Primärschlüsselwerte der Detailtabelle VERBINDUNG nach. Wenn Löschweitergabe markiert ist und aus der Haupttabelle Zeilen gelöscht werden, so löscht Access automatisch die dazu passenden Zeilen der Detailtabelle.

7.2.4 Algorithmischer Entwurf

In den letzten Jahren hat der deklarative Anteil von Datenbankanwendungen zugenommen. Dies liegt vor allem an Fortschritten bei der Gestaltung von Benutzerschnittstellen, insbesondere am Siegeszug der **ereignisorientierten**

Programmierung. Der Entwickler beschreibt zuerst deklarativ die Benutzeroberfläche - plaziert zum Beispiel Menüs, ›Befehlsschaltflächen und Dialogfenster auf dem Bildschirm - und schreibt erst später den Ereigniscode, der die Oberflächenobjekte mit den Benutzeraktionen und den Programm*re*aktionen verbindet. Ein Visual Basic - Enwickler geht zum Beispiel in drei Schritten vor:

1. Er plaziert Bildschirmobjekte auf dem Eingabe-/Ausgabefenster. Die Objekte stammen entweder aus der Entwicklungsumgebung selbst oder aus Bibliotheken. Microsoft verwendet die folgende Terminologie: Eingabe/Ausgabe-Fenster heissen *Formulare* und andere Bildschirmobjekte *Steuerelemente*. Eine wichtige Art von Bibliotheksmodulen sind *OCX* (Object Control eXtensions) bzw. →ActiveX-Controls.
2. Er definiert die Werte ausgewählter *Eigenschaften* des Formulars und der Steuerelemente, zum Beispiel Farben und Schrifttypen.
3. In den ersten beiden Schritten arbeitet der Entwickler deklarativ. Erst in der letzten Phase programmiert er *Reaktionen auf Ereignisse* in Formularen und Steuerelementen. Ereignisse sind meist Benutzeraktionen wie Mausklicks, Tastenschläge, eine Menüwahl oder eine "Drag and Drop"-Operation. Eine ereignisorientierte Anwendung schränkt das Verhalten des Benutzers weniger stark ein als eine klassische prozedurale Anwendung. Der Anwender kann die Reihenfolge der Ereignisse meist beliebig steuern. Zum Beispiel kann er das laufende Formular minimieren, um vorübergehend andere Aufgaben an die Hand zu nehmen oder er kann mitten in einer Anwendung elektronische Post lesen.

Ein Access-Entwickler geht ähnlich vor. Er erstellt Formulare und Berichte und plaziert Steuerelemente wie›Listenfelder und Befehlsschaltflächen. Dann programmiert er Reaktionen auf Ereignisse als Makros oder Ereignisprozeduren. →Ereignisprozeduren werden vor allem durch Ereignisse auf einem Formular oder Steuerelement ausgelöst. Ereignisse können aber auch durch Programmcode oder Systemaktionen ausgelöst werden. Weil eine Ereignisprozedur meist Teil eines Formulars oder Berichts ist, wird der zugehörige Programmcode erst nach dem Aufruf des Formulars oder Berichts in den Arbeitsspeicher geladen.

Der folgende Entwurfscode fasst die wichtigsten Ereignisprozeduren der Beispielanwendung zusammen (vgl. Hierarchie 7.8 der Datenbankobjekte). Die ersten beiden Prozeduren reagieren auf das Anklicken der Befehlsschaltfläche

"Suchen" in den Formularen 7.5 und 7.7. Die dritte Prozedur reagiert auf eine Änderung des Listenelements "Schlagwortliste" in Formular 7.7.

Die Prozedur `BtnBibliographischeSuche_Click` zeigt die Dokumente mit den gewählten bibliographischen Angaben (Formular 7.5, Btn steht für engl. button bzw. Schaltfläche):

```
Ereignisprozedur BtnBibliographischeSuche_Click()
  Erzeuge aus den gewählten Attributen einen SQL-Befehl
  Öffne das Formular TREFFER_ZEIGEN mit dem SQL-Befehl
```

Die Prozedur `BtnSchlagwortsuche_Click` zeigt jene Dokumente, auf welche eine UND- oder ODER-Verknüpfung beliebig vieler Schlagwörter zutrifft (Formular 7.14).

Dok.nr.	Autor	Titel	Verlag
1	Wiederhold, Gio	Dateiorganisation in Datenbanken	McGraw-Hill
2	Ullman, J.D.	Database and Knowledge Base Systems	Computer Scienc
4	Elder, J.	Construction of Data Processing Software	Prentice-Hall
0			

Formularausschnitt 7.14: Treffer_zeigen

```
Ereignisprozedur BtnSchlagwortsuche_Click()
 Falls Zahl der gewählten Schlagworte > 0
  Falls UND-Verknüpfung gewählt
   Erzeuge aus den Schlagworten einen UND-Befehl in SQL
  sonst % falls ODER-Verknüpfung gewählt
   Erzeuge aus den Schlagworten einen ODER-Befehl in SQL
  Öffne TREFFER_ZEIGEN mit dem erzeugten Befehl
```

Die Ereignisprozedur `Schlagwortliste_AfterUpdate` wird aufgerufen, sobald der Benutzer ein Schlagwort des Listenfelds Schlagwortliste wählt. Sobald mehr als ein Schlagwort markiert wird, aktiviert die Prozedur eine **Optionsgruppe** mit den Optionen UND und ODER (Formular 7.7). Nun kann der Benutzer eines dieser Optionsfelder markieren. Löscht er bereits gewählte Schlagworte und verbleibt nur noch ein einziges, so wird die Optionsgruppe deaktiviert, und es gilt die Voreinstellung ODER.

```
Ereignisprozedur Schlagwortliste_AfterUpdate()
  Falls Zahl der gewählten Schlagworte > 1
    Aktiviere die Optionsgruppe
  sonst
    Deaktiviere die Optionsgruppe
```

Der nächste Abschnitt zeigt am Beispiel der Ereignisprozedur `Schlagwortsuche_Click`, wie eine Ereignisprozedur in ‣VBA programmiert wird.

7.2.5 Programmierung

Komplexere Aufgaben codiert man aus Gründen der Funktionalität, Leserlichkeit und Effizienz nicht mit Makros, sondern mit VBA. Zur Programmierung der Ereignisprozedur `BtnSchlagwortsuche_Click` benötigen wir ein zusätzliches Formular und eine gespeicherte QBE-Abfrage. Das Formular TREFFER_ZEIGEN von Bild 7.14 zeigt alle Dokumente, welche die in Formular 7.7 gewählten Schlagworte enthalten. Das gleiche Formular zeigt auch die Doku-

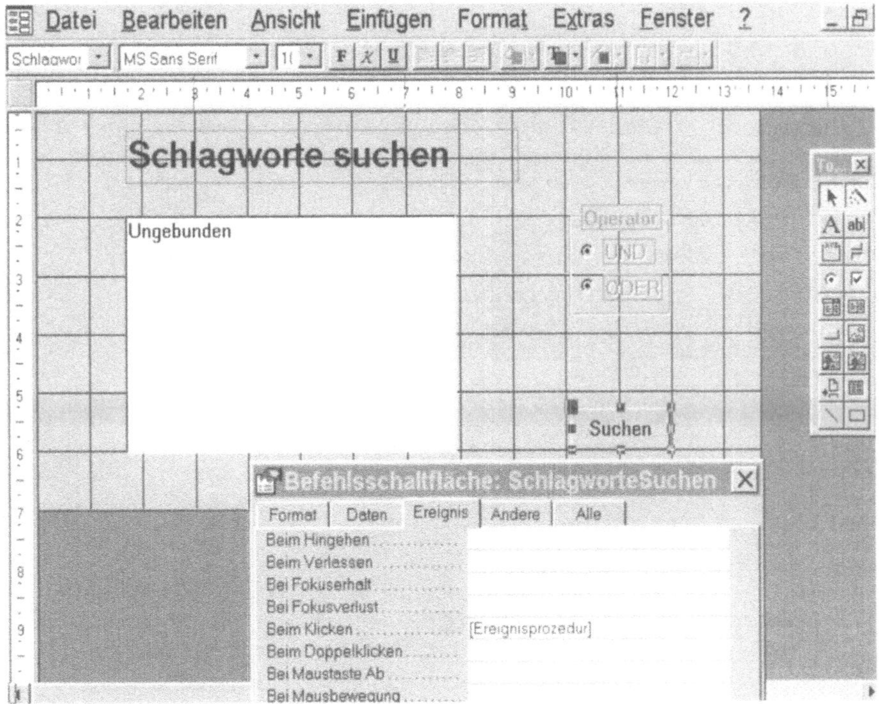

Formular 7.15: SCHLAGWORTE SUCHEN in der Entwurfssicht

mente, welche die gewünschten bibliographischen Angaben enthalten (Bild 7.5). Die beiden Formularinstanzen unterscheiden sich nur in der Datenherkunft. Datenquelle der ersten Instanz ist eine zur Laufzeit erzeugte SQL-Abfrage, die mehrere *Schlagworte* durch UND bzw. ODER verknüpft. Quelle der zweiten Instanz ist eine Abfrage, die *bibliographische Angaben* wie Autor und Titel durch UND verknüpft.

Die Abbildung 7.15 veranschaulicht die Erstellung eines Formulars. Die Benutzersicht des Formulars finden Sie in Bild 7.7. Access bietet eine Werkbank von Entwurfswerkzeugen an: Mit der Format-Symbolleiste kann der Entwickler zum Beispiel eine Hintergrundfarbe zuweisen oder die Bezeichnertexte formatieren. Mit der Toolbox (am rechten Rand von Formular 7.16) stattet er das Formular mit Steuerelementen aus. Die folgenden Steuerelemente des Formulars SCHLAGWORTE_SUCHEN stammen aus der Toolbox:

```
Private Sub SchlagworteSuchen_Click()

Const UND = 1

Const undStart = _                                             3)
 "select Dokumentnummer,Autor,Titel,Verlag,Jahr "             & _
 "from QBE_MitSchlagwortNr "                                  & _
 "where QBE_MitSchlagwortNr.Schlagwortnummer = "

Const undMitte = _
" and Dokumentnummer in"                                      & _
" (select Dokumentnummer from QBE_MitSchlagwortNr"            & _
" where QBE_MitSchlagwortNr.Schlagwortnummer = "

Const oderStart = "select distinct "                          & _
 "Dokumentnummer, Autor, Titel, Verlag, Jahr                  & _
 "from QBE_MitSchlagwortNr "                                  & _
 "where Schlagwortnummer = "

Dim lfDb as Database
Dim Snapshot as Recordset                                      1)

'-- Listenfeld Schlagwortliste                                 2)
Dim i As Variant
Dim NrSchlagwort As Integer
```

Programm 7.16: a) *Deklarationen* der Ereignisprozedur der Schaltfläche Suchen

```
If Schlagwortliste.ItemsSelected.Count = 0 then          2)
  MsgBox "Schlagwort wählen"
Else                                                     3)
 SQL = ""
  If Forms![Schlagworte_suchen]!Optionsgruppe = UND then
    For Each i In Schlagwortliste.ItemsSelected
      NrSchlagwort = Schlagwortliste.ItemData(i)
      If SQL = "" then
        SQL = NrSchlagwort                'erstes Schlagwort
      Else
        SQL = SQL & undMitte & NrSchlagwort & ")"
      End If
    Next
    SQL = undStart & SQL & ";"
  Else 'if Option = ODER                                 3)
    For Each i In Schlagwortliste.ItemsSelected
      NrSchlagwort = Schlagwortliste.ItemData(i)
      If SQL = "" then
        SQL = NrSchlagwort
      Else
        SQL=SQL & " OR Schlagwortnummer = " & NrSchlagwort
      End If
    Next
    SQL = oderStart & SQL & ";"
  End If

  set lfDb = CurrentDb()
  set Snapshot=lfDb.OpenRecordset(SQL,dbOpenSnapshot) 1)
  If Not Snapshot.EOF then
    DoCmd.OpenForm "TrefferZeigen"                       4)
    Forms!Treffer_zeigen.RecordSource = SQL
  Else
    MsgBox "Keine Datensätze gefunden"
  End If
End If
End Sub
```

Programm 7.16: b) Ablauf der Ereignisprozedur der Schaltfläche Suchen

- Bezeichnungsfeld mit dem Inhalt “Schlagworte suchen”
- Listenfeld mit dem Namen “Schlagwortliste”
- Optionsgruppe mit einem Gruppenrahmen, zwei Optionsfeldern und den Bezeichnungsfeldern UND und ODER
- Befehlsschaltfläche mit der Beschriftung “Suchen”.

Das Formular, das Listenelement, die Optionsgruppe und die Befehlsschaltfläche kommen unter den Namen `Schlagworte_suchen`, `Schlagwortliste`, `Optionsgruppe` und `BtnSchlagwortsuche` in der Ereignisprozedur 7.16 vor. Auf dem →Steuerelement Befehlsschaltfläche sind ausser dem Mausklick noch andere Ereignisse definiert, zum Beispiel Fokuserhalt, Doppelklick oder Drücken der Eingabetaste. Das Ereignis Fokuserhalt tritt ein, wenn die Befehlsschaltfläche den Fokus erhält. Benutzereingaben beziehen sich jeweils auf das Steuerelement, das im Fokus steht. Auf dieses und andere irrelevante Ereignisse soll aber unsere Anwendung nicht reagieren.

Einige Zeilen der Prozedur 7.16 werden durch Fortsetzungszeichen (_) abgeschlossen. Aus Formatierungsgründen oder weil die maximale Zeilenlänge erreicht ist, kann der Programmierer aus mehreren physischen Zeilen eine einzige logische Zeile erstellen, indem er die physischen Zeilen durch Fortsetzungszeichen verbindet. Zeichenketten, die sich über mehrere Zeilen erstrecken, müssen ausserdem mit dem Operator `&` konkateniert werden, weil sich eine Zeichenkettenkonstante nicht über mehrere Zeilen erstrecken kann.

Erläuterungen zu den Abbildungen 7.16 a) und b)

1) `OpenRecordset` erstellt eine Datensatzgruppe (engl. →recordset). Diese stellt einem prozeduralen Programm die Datensätze (Zeilen) einer Basistabelle oder einer virtuellen Tabelle bereit. Eine **Basistabelle** liegt permanent auf einem Externspeicher. Eine virtuelle Tabelle ist hingegen temporär. Ein **Snapshot** ist zum Beispiel die temporäre Ergebnistabelle einer Abfrage oder die temporäre Kopie eines Datenbankausschnitts. Ein Snapshot ist *statisch*, weil allfällige Änderungen nicht auf die beteiligte(n) Basistabelle(n) durchschlagen. Wenn der Entwickler im Formular TREFFER_ZEIGEN (Bild 7.14) den Recordset-Typ auf Snapshot stellt, dann kann der Anwender die gezeigten Datensätze nicht ändern. Wählt er hingegen →**Dynaset**, dann lassen sich die gefundenen Treffersätze editieren, und die Änderungen wirken sich auf die Basistabellen aus. Man nennt einen Dynaset deshalb *dynamisch*.

Der Zugriff auf einen Snapshot ist schneller als der Zugriff auf andere Recordsets, weil die Datensätze entweder im Hauptspeicher abgelegt oder laufzeiteffizient zwischengespeichert werden. Ausserdem muss die Datenbankmaschine keine Mehrbenutzerzugriffe verwalten.

2) Das Formular SCHLAGWORTE_SUCHEN (Bild 7.7) zeigt ein ›Listenfeld mit dem Namen Schlagwortliste. Der Benutzer kann daraus eines oder mehrere Schlagworte wählen. Das Listenfeld beschleunigt die Eingabe und vermeidet Eingabefehler. Seine Datenherkunft ist die folgende SQL-Anweisung:

```
select Schlagwortnummer, Schlagwort
from SCHLAGWORTE
order by Schlagwort
```

`Schlagwortliste.ItemsSelected` verweist auf alle vom Benutzer *selektierten* Zeilen des Schlagwortmenüs. Eine For Each-Schleife durchläuft diese Zeilen. Jede Zeile besteht aus einer Nummer und dem zugehörigen Schlagwort. Der Benutzer sieht nur die Schlagworte, die Nummern bleiben ausgeblendet. Die Nummer des i-ten der gewählten Schlagworte ergibt `Schlagwortliste.itemData(i)`.

3) Die Ereignisprozedur `BtnSchlagwortsuche_Click()` zeigt im Falle einer ODER-Verknüpfung jene Dokumente an, auf die mindestens ein Schlagwort zutrifft. Bei einer UND-Verknüpfung ergibt die Prozedur jene Dokumente, auf die alle gewählten Schlagworte zutreffen. Eine UND-Abfrage wird erzeugt, falls der UND-Optionswert `Forms![Schlagworte_suchen]!Optionsgruppe` angeklickt worden ist (Formular 7.7). ODER ist voreingestellt und gilt deshalb auch dann, wenn der Benutzer ein einziges Schlagwort wählt.

Das folgende Beispiel zweier mit UND verknüpfter Schlagworte veranschaulicht den ersten Teil der äusseren if-then-else-Anweisung. Die erzeugte SQL-Abfrage ist geschachtelt, wobei die eingebettete **Unterabfrage** und in Klammern steht (vgl. Abschnitt 6.3.4):

```
select Dokumentnummer, Autor, Titel, Verlag, Jahr
from QBE_MitSchlagwortNr
where QBE_MitSchlagwortNr.Schlagwortnummer = <Nr1>
and Dokumentnummer in
   (select Dokumentnummer
```

```
from QBE_MitSchlagwortNr
where QBE_MitSchlagwortNr.Schlagwortnummer=<Nr2>);
```

Umgangssprachlich lautet diese Anweisung: “Ermittle alle Dokumente, welche das Schlagwort <Nr1> enthalten (*Haupt*abfrage) und gleichzeitig die folgende Bedingung erfüllen: Jedes Dokument muss sich unter jenen Dokumenten befinden, die auch das Schlagwort <Nr2> enthalten (*Unter*abfrage)”. Wegen der durch das Schlüsselwort `in` eingeleiteten Unterabfrage prüft die Hauptabfrage nur noch jene Datensätze, für welche die Unterabfrage bereits zutrifft.

Die from-Klausel verweist auf die Datenquelle `QBE_MitSchlagwortNr`. Das Präfix QBE deutet an, dass die Daten nicht aus einer Basistabelle, sondern aus der temporären Ergebnistabelle einer gespeicherten Query by Example stammen. `QBE_MitSchlagwortNr` ist der Name des Verbunds aus DOKUMENTE und VERBINDUNG. Die from-Klausel könnte deshalb auch einen Verbundausdruck statt des Namens der gespeicherten Verbundabfrage enthalten.

Die obige Anweisung wird wie folgt zusammengesetzt: `SQL = undStart & SQL & ";"`. Sie setzt sich also aus der Konstante `undStart` (in der obigen Beispielabfrage kursiv) und einem zur Laufzeit entstehenden Rest `SQL & ";"` zusammen. Dieser entsteht in der for each- Schleife aus der Konstante `undMitte` und der Nummer des jeweiligen Schlagworts der `Schlagwortliste`. Das Beispiel enthält nur zwei Schlagwortnummern. Bei n Schlagwortnummern wird im ersten Durchlauf ebenfalls `SQL` mit <Nr1> initialisiert, und in den restlichen Durchläufen werden die Unterabfragen 2 bis n angehängt.

Falls der Benutzer die Schlagworte durch ODER verbindet, vervollständigt die Konkatenation `SQL = oderStart & SQL & "));"` die Konstante `oderStart` mit den Schlagworten zu einer SQL-Abfrage.

4) Falls die SQL-Abfrage eine nichtleere Tabelle ergibt, führt `DoCmd` den Makrobefehl `OpenForm` aus und öffnet das Formular `Treffer_zeigen` (Bild 7.14). Die Formulareigenschaft `RecordSource` kann grundsätzlich eine Basistabelle, eine gespeicherte Abfrage (QBE) oder eine SQL-Anweisung enthalten. Eine solche Datenquelle kann im →Eigenschaftenfenster des Formulars oder erst zur Laufzeit mit einem Makro- oder ›VBA-Befehl gesetzt werden. In unserem Fall aktualisiert die Zuweisung `Forms!Treffer_zeigen.RecordSource = SQL` die Datenquelle mit dem Ergebnis der erzeugten SQL-Anweisung.

Die Ereignisprozedur 7.16 enthält der Einfachheit halber keinen →Fehlerbehandlungsteil. Eine `On Error`-Anweisung könnte bei einem Laufzeitfehler eine Fehlerbehandlungsroutine aktivieren und das Programm an einer anderen Stelle fortsetzen.

Aufgabe 7.1 (Alternative Lösung der UND-Verknüpfung)

Nehmen Sie an, Ihr Datenbanksystem erlaube keine Unterabfragen. Suchen Sie deshalb nach alternativen Lösungen für den UND-Teil der Ereignisprozedur `SchlagworteSuchen_Click`.

Hinweis: Gehen Sie von der Ergebnistabelle der ODER-Abfrage aus und wenden Sie darauf eine SQL-Abfrage an, welche die gleiche Tabelle ergibt, wie die in Programm 7.16 verwendete UND-Abfrage. Eine weitere Möglichkeit besteht darin, das Ergebnis der ODER-Abfrage prozedural bzw. satzweise weiter zu verarbeiten.

Aufgabe 7.2 (Erweiterung der Anwendung Literaturverwaltung)

Entwerfen Sie eine Lösung des Problems Literaturverwaltung, die auch Schlagwortverknüpfungen zulässt, die UND- *und* ODER-Abfragen mischen.

Zusammenfassung

- An einer einfachen *Fallstudie* zur Literaturverwaltung hat dieser Abschnitt die folgenden Phasen der Datenbankentwicklung unterschieden: Spezifikation, Dialogentwurf, Datenentwurf, algorithmischer Entwurf, Codierung und Test. Im Mittelpunkt des Dialogentwurfs stehen die Begriffe Formular, Bericht und Steuerelement. Die Phase Datenentwurf hat an den drei Beispieltabellen die Begriffe Normalisierung, Indizierung, Primärschlüssel, Nullwerte, Beziehungen und referenzielle Integrität wiederholt. Die Codierung hat schliesslich die folgenden Konzepte eingeführt: Programmierung mit einer Viertgenerationssprache sowie Makros und Prozeduren, die auf Ereignisse der erstellten Formulare und Steuerelemente reagieren.
- Ein *Formular (engl. form) ist ein Bildschirmfenster mit eingebetteten Steuerelementen, die eine benutzerfreundliche Eingabe, Anzeige und Änderung von Datensätzen ermöglichen.*
- Ein *Bericht* (engl. report) ist ein Datenbankobjekt, das Daten aus einer Basistabelle, einer QBE-Abfrage oder einer SQL-Abfrage im gewünschten Format auf dem gewünschten Ausgabemedium darstellt.
- Ein *Steuerelement* (engl. control) ist ein graphisches Objekt auf einem Formular oder einem Bericht, zum Beispiel eine Befehlsschaltfläche oder ein Listenfeld. Auf Formularen und Steuerelementen können Ereignisse wie Öffnen, Anklicken, Tastenschläge oder Schliessen eintreten. Der Programmierer kann auf solche Ereignisse mit vordefinierten oder selbst programmierten *Ereignisprozeduren* reagieren.
- Datenbankobjekte lassen sich mit externen Programmiersprachen der dritten Generation oder mit internen Viertgenerationssprachen oder Makrosprachen *programmieren*. Die drei Ansätze unterscheiden sich vor allem bezüglich Funktionsumfang, Entwicklungskomfort, Leserlichkeit, Portabilität und Effizienz.
- Der Access-Programmierer unterscheidet drei Arten von *Tabellen*: Basistabellen (physische Tabellen), Dynasets (änderbare virtuelle Tabellen) und Snapshots (nicht änderbare virtuelle Tabellen). Er kann diese Tabellen prozedural und satzweise verarbeiten oder SQL- und QBE-Abfragen an sie stellen.

Wiederholungsfragen

1. Wie sind die Entwicklungsphasen einer Datenbankanwendung geordnet?

a) Spezifikation, Dialogentwurf, Datenentwurf, algorithmischer Entwurf, Codierung
b) Dialogentwurf, Spezifikation, Datenentwurf, algorithmischer Entwurf, Codierung
c) Spezifikation, Datenentwurf, Dialogentwurf, algorithmischer Entwurf, Codierung
d) Spezifikation, Dialogentwurf, algorithmischer Entwurf, Datenentwurf, Codierung

2. Welche Aufgabe kann ein Formular *nicht* erfüllen?

a) Daten benutzerfreundlich eingeben
b) Daten formatiert und geordnet auf dem Drucker ausgeben
c) Datensätze am Bildschirm ändern
d) Menüseiten erstellen

3. Was ist ein Steuerelement?

a) ein Formular, dem sich eine Ereignisprozedur zuordnen lässt.
b) ein programmierbares GUI-Objekt auf einem Formular.
c) ein Datenbankobjekt, das der Benutzer auf den Bildschirm plaziert.
d) ein Synonym für "Befehlsschaltfläche".

4. Was passiert in der Anwendung Literaturverwaltung, wenn ein Schlagwort gelöscht wird, mit dem bereits ein Dokument beschrieben worden ist?

a) Das Dokument wird ebenfalls gelöscht.
b) Das Dokument wird nicht gelöscht. Der Verweis auf das Schlagwort wird aber gelöscht, falls die Option Löschweitergabe gesetzt ist.
c) Das Dokument wird nicht gelöscht. Der Verweis auf das Schlagwort wird dann gelöscht, wenn die Option Aktualisierungsweitergabe gesetzt ist.
d) MS Access löscht weder Schlagwort noch Dokument, sondern zeigt mit einer Fehlermeldung an, dass die referenzielle Integrität verletzt ist.

5. Ordnen Sie die Eigenschaften 1 bis 4 dem Recordset A, B oder C zu.

1 virtuelle Tabelle mit Leseberechtigung
2 virtuelle Tabelle mit Schreibberechtigung
3 physische Tabelle
4 schneller Zugriff

A Snapshot
B Table
C Dynaset

8 Client/Server-Systeme

Neue Begriffe

Migration
- Rightsizing
- Downsizing
- Upsizing

Mehrbenutzerbetrieb
- Time Sharing -
- Peer to Peer -
- Client/Server -

Client/Server-System
- Dienstnachfrager (Client)
- Netz
- Dienstanbieter (Server)

ISO-Kommunikationsmodell
- Schichten
  - Protokolle

Aufgabenverteilung zwischen Client und Server
- Benutzerschnittstelle
- Anwendungslogik
- Datenbankverwaltung

Datenbanksysteme
- lokale -
- Server -

Datenbankprozeduren
- gespeicherte Prozeduren
- Trigger

Datenschutz für
- lokale Datenbanken
- Server-Datenbanken

8.1 Begriff

Bis in die Mitte der 80er Jahre dominierten Grossrechner (engl. mainframes) und Terminals die Datenverarbeitung. Dann lösten "intelligente" Personalcomputer die "dummen" Terminals ab. Die PC's wurden aber weiterhin sternförmig um den zentralen Grossrechner angeordnet. Erst die netzartige Verknüpfung von Arbeitsplatzrechnern und die Verteilung der gemeinsamen Ressourcen auf mehrere Netzrechner verringerten die Abhängigkeit von einem einzigen zentralen Rechner. Die Vernetzung führte denn auch zu einer ausgiebigen Diskussion über Downsizing, Upsizing und Rightsizing (Bild 8.1).

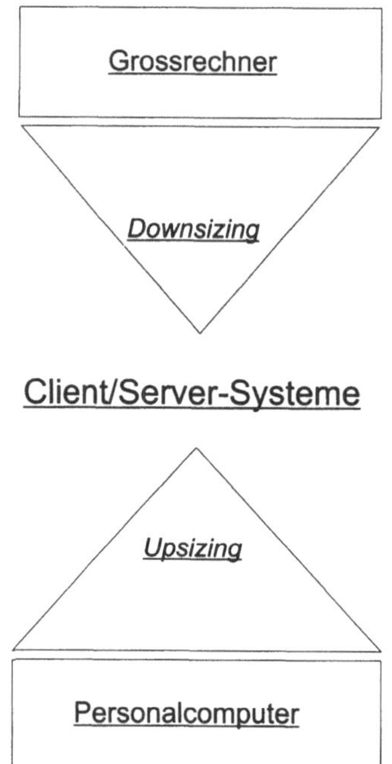

Bild 8.1: Downsizing und Upsizing

Eine **Downsizing**-Strategie ersetzt einen teuren und anfälligen Grossrechner durch ein Netz von Rechnern - vor allem von benutzerfreundlichen Arbeitsplatzrechnern (Beispiel 8.2). Eine **Upsizing-**Strategie bevorzugt dort stärkere Dienstleistungsrechner, wo die Speicherkapazität und die Rechenleistung, insbesondere die ›Multitasking-Fähigkeiten, von Arbeitsplatzrechnern nicht mehr genügen. **Rightsizing** unterstützt Konfigurationen, welche die kompara-

Ein Unternehmen hat eigens für das Personal- und Rechnungswesen einen Grossrechner angeschafft. Die gesamte Datenverarbeitung besteht aus 400 Arbeitsplatzrechnern, 20 Netzrechnern und dem Grossrechner. Der Grossrechner verursacht einen grossen Teil der DV-Kosten. Ausserdem sind die laufenden Mainframe-Anwendungen unflexibel. Zum Beispiel können Reisekostenabrechnungen nach Mitte Monat nicht mehr in die ordentliche Gehaltsabrechnung integriert werden.

Das Unternehmen beschliesst deshalb, die Grossrechner-Anwendungen auf eine Client/Server-Umgebung zu portieren. Ein externes Beratungsunternehmen wird mit der Evaluation eines Unix-Systems und der Neuverkabelung des Unternehmens beauftragt. Nach einem Jahr ist die Umstrukturierung abgeschlossen. Die Datenhaltung ist weitgehend dezentralisiert. Die Gehaltsabrechnung ist flexibler, und die Client/Server-Lösung erweist sich auch in anderer Hinsicht als effektiver: Das mittlere Kader und die Unternehmungsleitung können selbständig Anfragen an das Server-Datenbanksystem richten und ad hoc-Auswertungen vornehmen.

Beispiel 8.2: Downsizing (nach SCHI90)

tiven Vorteile verschiedener Rechnergrössen und Netzarchitekturen nutzen. Ziel ist es, Rechner und Peripherie betriebs- und anwendungsangepasst zu verteilen.

Vergleich 8.3 beschreibt drei Arten der Aufgabenteilung zwischen Rechnern: Ein *Time Sharing*-System gibt prioritätengesteuert jedem Benutzer einen Teil der Rechenleistung ab. Ein *Peer-to-Peer*-Netz bewegt sich am anderen Ende der Skala und verbindet gleichberechtigte Rechner. Jeder Rechner kann seinen Peers Ressourcen - vor allem Speicherplatz und Druckerleistung - abgeben. Das →*Client/Server*-System führt schliesslich **Dienstleistungsrechner** (engl. servers) ein, die gemeinsame Ressourcen von Anwenderrechnern verwalten. Zu den gemeinsamen Ressourcen zählen auch gemeinsame Daten. Die Anwendungssoftware läuft auf den **Anwendungsrechnern** (engl. clients). Je nachdem, ob der Verarbeitungsschwerpunkt auf dem Client oder auf dem Server liegt, spricht man von einem server- oder clientzentrierten Ansatz. Bild 8.4 fasst die wichtigsten Eigenschaften der Architektur von Time Sharing-Rechnern und Client/Server-Systemen zusammen.

System	Komponenten
Time Sharing-System	intelligenter Grossrechner und dumme Terminals
Peer-to-Peer-Netz	gleichberechtigte Rechner
Client/Server-System	Anwendungs- und Dienstleistungsrechner

Vergleich 8.3: Lokale Kommunikation zwischen Rechnern

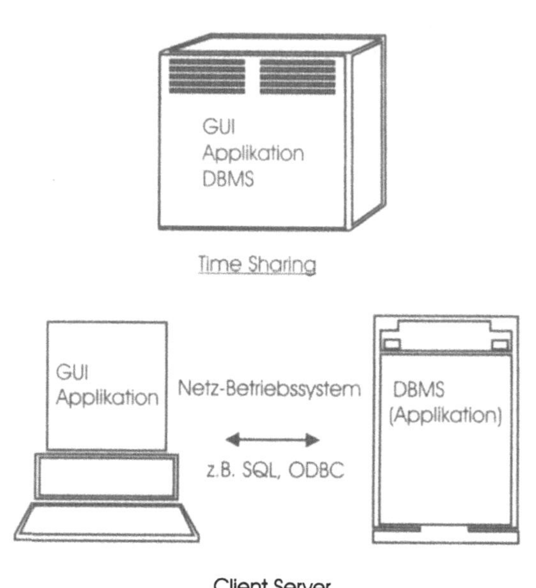

Bild 8.4: Vom Grossrechner zu Client/Server-Systemen

Ein **Client/Server-System** ist ein Verbund von Hardware und Software, der Aufträge von Clientprozessen, die in der Regel auf getrennten Anwendungsrechnern laufen, durch Serverprozesse auf einem oder mehreren Dienstleistungsrechnern ausführt. Ein Clientauftrag besteht oft aus einer SQL-Abfrage. Der Serverprozess bearbeitet die Abfrage auf einer Server-Datenbank. Eine solche Abfrage heisst **Pass-Through Query**, weil sie unter Umgehung eines lokalen Datenbanksystems direkt an ein Server-DBMS gelangt.

Hauptkomponenten eines Client/Server-Systems sind ...

- Anwendungsrechner (Arbeitsplatzrechner oder Clients)
- Dienstleistungsrechner (Server)
- Netzkarten und Netzsoftware, die Kommunikationsprotokolle beachten
- Leitungen (Telefon-, Koaxial-, Glasfaser- oder drahtlose Verbindungen).

Aufgabe eines →Rechnernetzes ist das Teilen von Hardware, Software und Daten. Zur Hardware gehören insbesondere Rechen- und Speichergeräte sowie Drucker, Modems und Faxgeräte. Lokale Netze ermöglichen auch den gemeinsamen Zugang zu externen Netzen, zum Beispiel den Zugang zu Informationsdiensten auf dem →Internet. Die Verbindung von Rechnern verschiedener Funktionalität in einem Client/Server-System erlaubt eine flexible Arbeitsteilung, die jedem Problem eine geeignete Hardware- und Softwarekonfiguration zuordnet. Diesem Vorteil stehen allerdings auch Nachteile gegenüber: Die Heterogenität der vernetzten Komponenten kann nicht nur zu hohen Wartungskosten führen, sondern auch die Betriebssicherheit und den Datenschutz gefährden. Die Betriebssicherheit steht zum Beispiel dann auf wackligen Füssen, wenn eine Client/Server-Anwendung nur dann läuft, wenn eine bestimmte Version von MS Windows mit je einer bestimmten Version des LAN-Betriebssystems und der Datenbanksoftware läuft.

Kommunikationsprotokolle regeln die sichere und schnelle Verbindung auf dem Netz. Damit sich Client/Server-Systeme aus Komponenten verschiedener Hersteller zusammensetzen können, müssen die Protokolle standardisiert sein. Komponenten verstehen sich nur, wenn sie gleichen oder kompatiblen Kommunikationsprotokollen folgen. Der nächste Abschnitt führt ein Modell ein, das Ausgangspunkt von Standardisierungsbemühungen ist.

8.2 Kommunikation in Rechnernetzen

Die Kommunikation zwischen den Netzteilnehmern ist Voraussetzung für eine flexible Verteilung der Ressourcen auf Rechner und periphere Geräte. Ein **lokales** Netz (Local Area Network oder abgekürzt LAN) unterstützt die Hochgeschwindigkeitskommunikation über kleine Distanzen, in der Regel auf dem Grundstück eines einzelnen Unternehmens. Ein **Verbund**netz (Wide Area Network oder abgekürzt WAN) ermöglicht hingegen den Kontakt über grössere Distanzen. Es benutzt meist öffentlich zugängliche Verbindungen, vor allem Postdienste wie ›ISDN. Clients und Server sind zunächst über ein lokales Netzwerk verbunden. Client/Server-Systeme lassen sich ihrerseits wieder verbinden. Ein MS Windows-Client eines lokalen Netzwerks sendet zum Beispiel eine QBE-Abfrage an ein zweites LAN. Dieses delegiert ein ›Oracle-Datenbanksystem auf einem SUN-Server, die Abfrage zu beantworten.

Der Erfolg von Client/Server-Systemen hängt davon ab, wie gut es gelingt, die Komponentenvielfalt durch Standards zu begrenzen. Ein sehr allgemeiner Standardisierungsansatz ist das **Schichtenmodell** der ›ISO. Sein Ziel ist es, die Verbindung entfernter Computersysteme möglichst unabhängig von konkreten Produkten zu beschreiben. Bild 8.5 veranschaulicht den Grundgedanken des ISO-Modells an einer Analogie: Ein Sachbearbeiter A sendet eine Nachricht an den Sachbearbeiter B. Dazu verkehrt er mit der nächstunteren Schicht, seinem Sekretär, auf Papier. Der Sekretär steckt das Papier in einen Umschlag und wirft ihn in einen Briefkasten. Die Systeme A und B kommunizieren direkt nur über den Postweg. In System B geht der Brief den umgekehrten Weg. Die Analogie spricht die folgenden Elemente des ISO-Schichtenmodells an:

- Sachbearbeiter, Sekretär und Briefkasten (Post) sind die *Schichten* des Kommunikationsmodells.

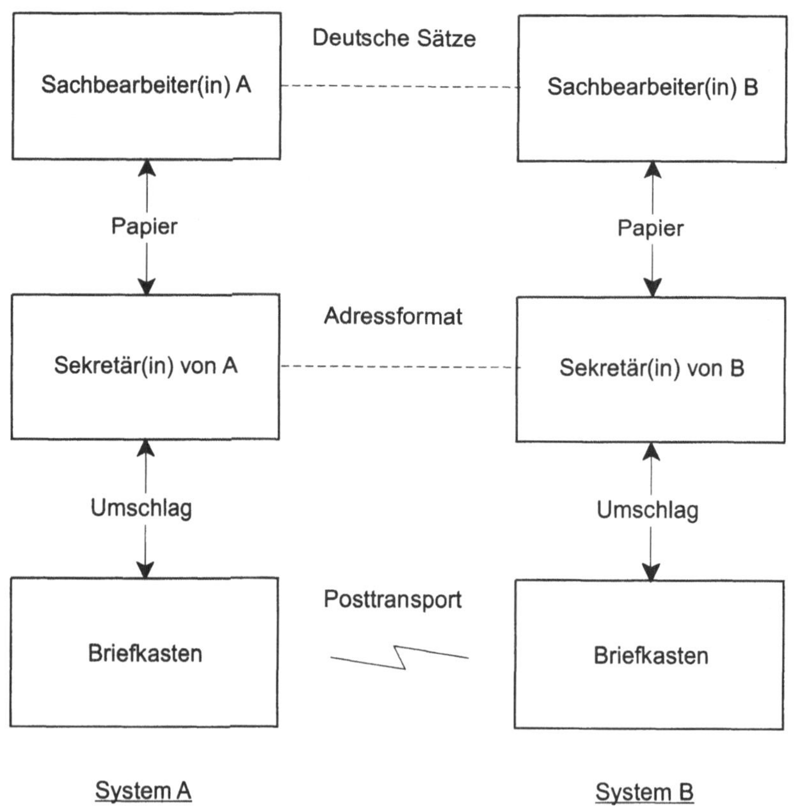

Bild 8.5: Eine Analogie zum Schichtenmodell von ISO

- Gegenüberliegende Schichten verwenden indirekt ein gemeinsames *horizontales Kommunikationsprotokoll*. Die beiden Sachbearbeiter verstehen zum Beispiel beide deutsch.
- Aufeinanderfolgende Schichten innerhalb eines Systems verkehren über ein *vertikales Protokoll*. Der Sekretär von A weiss zum Beispiel, was er mit dem Papier des Sachbearbeiters A tun soll.

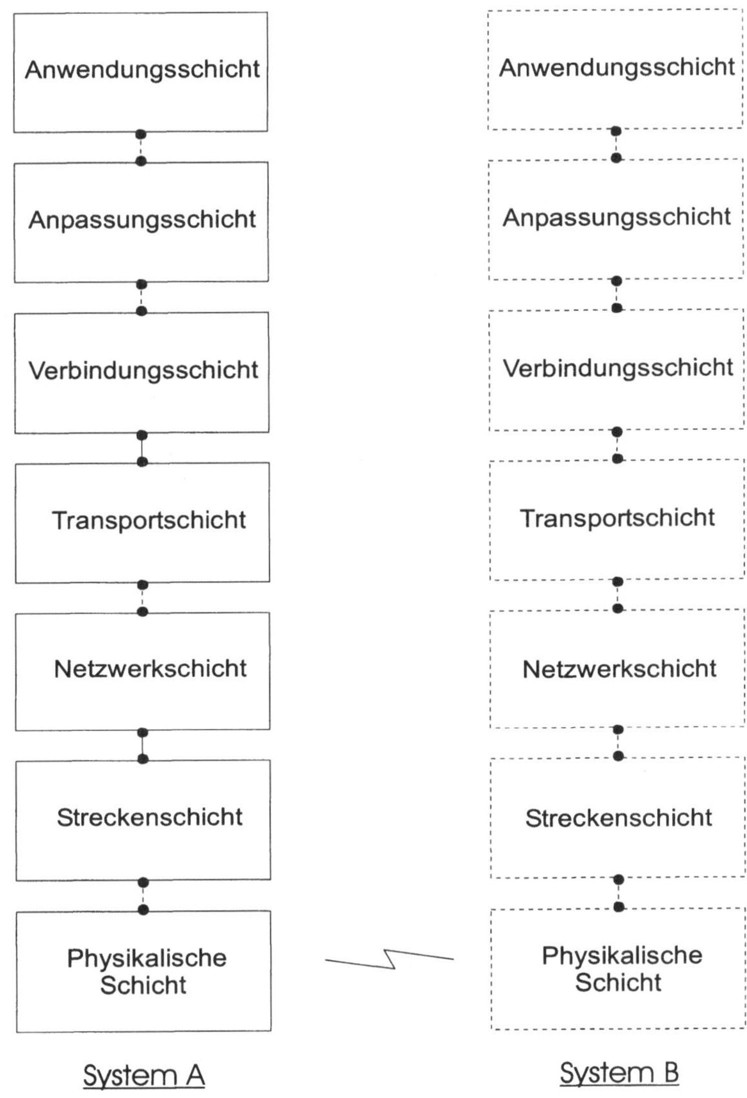

Bild 8.6: Vertikale und horizontale Kommunikation im Schichtenmodell von ISO

Die beiden Systeme verkehren *direkt* nur über die unterste, physikalische Schicht.

Das ISO-Modell unterscheidet sieben Kommunikationsschichten (Bild 8.6, Tabelle 8.7). Zwei getrennte Systeme können Signale nur auf der untersten, physikalischen Schicht austauschen. Die übrigen Schichten kommunizieren nur vertikal, das heisst entweder innerhalb des Senders oder innerhalb des Empfängers.

Der Kommunikationserfolg hängt von der Beachtung der Protokolle ab. Ein **Protokoll** ist eine Abmachung, die zwei unmittelbar benachbarte Schichten verbindet. Meist regelt ein Protokoll das Format der Nachrichten, die Erzeugung von Prüfinformation, die Steuerung des Datenflusses und Massnahmen im Fehlerfall. Das ISO-Schichtenmodell definiert keine Protokolle, sondern beschreibt nur einen möglichst allgemeinen Rahmen für eine ganze Hierarchie von Protokollen. Die Standardisierung konkreter Protokolle ist wegen der unterschiedlichen Interessen von Herstellern und Anwendern langwierig. Und die Umsetzung der Standards in marktfähige Produkte beansprucht Zeit. Beispiele von Protokollen, die auf dem Schichtenmodell von ISO aufbauen, sind X.25 und X.400. X.25 standardisiert die Schnittstelle zu jenen öffentlichen Netzen, die Daten in Paketen verschicken. X.400 regelt die Anwendungsschicht und wird zum Beispiel für die Standardisierung elektronischer Postsysteme eingesetzt.

Schicht	*regelt zum Beispiel ...*	*Beispiel*	*›TCP/IP*
Anwendungs-	Dateiübertragung, ›Terminalemulation	›X.400	
Anpassungs-	Formatkonversion (z.B. ASCII ↔ ANSI)		Anwendungsschicht
Verbindungs-	Sicherheit (z.B. Passworterkennung)		
Transport-	Nachrichten	›TCP	Transmission Control Protocol
Netzwerk-	Adressierung (engl. routing)	›X.25	Internet Protocol
Strecken-	Nachrichtenformat auf Bitebene	›HDLC	Ethernet. Token Ring

Tabelle 8.7: Schichtenmodell von ISO

8.3 Aufgabenverteilung zwischen Client und Server

Die Komplexität des ISO-Schichtenmodells verdeutlicht, weshalb Standards für Client/Server-Systeme eine wichtigere Rolle spielen als für Einzelrechner. Die Kommunikation verschiedener Systeme über grössere Distanzen erfordert ausserdem Analysen der Geschwindigkeit, Sicherheit und Kosten der Übertragung. Je nach Analyseergebnis empfiehlt sich eine Modifikation der Aufgabenverteilung zwischen Client und Server. Übersicht 8.8 beschreibt eine verbreitete Aufgabenteilung:

Client	*Server*
Benutzerschnittstelle verwalten	Daten empfangen/senden
Benutzereingaben verwalten	Datenbankzugriffe durchführen
Anwendungslogik abarbeiten	Transaktionen steuern
Daten senden/empfangen	Datenintegrität gewährleisten
Ergebnisse formatieren und ausgeben	Sicherheit/Datenschutz gewährleisten

Übersicht 8.8: Ein Modell der Aufgabenteilung zwischen Client und Server

Übersicht 8.9 fasst weitere Formen der Rollenteilung zusammen. Serveraufgaben sind hell und Clientaufgaben dunkel schattiert. Das Modell von Übersicht 8.8 entspricht der vierten Spalte von Übersicht 8.9. Die Entscheidung für das eine oder andere Modell hängt von konkreten Umständen ab, die wir hier nicht erörtern können.

verteilte Präsentation	*entfernte Präsentation*	verteilte Anwendung	*entfernte Daten*	*verteilte Daten*
Daten	Daten	Daten	Daten	Daten
Anwendung	Anwendung	Anwendung	Netzwerk	Netzwerk
Präsentation	Netzwerk	Netzwerk	Anwendung	Daten
Netzwerk	Präsentation	Anwendung		Anwendung
Präsentation		Präsentation	Präsentation	Präsentation

Übersicht 8.9: Alternative Modelle der Aufgabenteilung

Die *entfernte Präsentation* entlastet den zentralen Rechner deshalb, weil im Gegensatz zu Time Sharing-Systemen keine Bildschirmmasken übertragen werden müssen. Die Präsentation übernimmt der Client. Das Modell der *verteilten Anwendung* beauftragt den Client mit zusätzlichen Aufgaben. Die Prüfung der Eingaben ist zum Beispiel verarbeitungsintensiv und geschieht im Dialog mit dem Benutzer. Validiert der Server die Benutzereingaben, so wird im Fehlerfall das Netz stärker beansprucht. Die *entfernte Datenhaltung* überlässt die Verwaltung der Daten dem Server und und beauftragt den Client mit der gesamten Anwendung. Die *verteilte Datenhaltung* überlässt schliesslich dem Client neben der Präsentation und der Anwendung auch einen Teil der Daten. Wichtig ist, dass die Daten in Abhängigkeit von der Zugriffshäufigkeit verteilt werden. Die Applikation greift zum Beispiel oft auf lokale Initialwerte von Menüs zu. Diese Werte werden deshalb mit Vorteil auf dem Client gespeichert.

8.4 Beispiele von Server-Datenbanksystemen

Ein Datenbankserver stellt nicht nur mehreren Clients passiv Daten bereit, sondern verwaltet sie auch aktiv. Er überprüft zum Beispiel den Zugang zu den Datenbanken, gewährleistet die Datensicherheit und -integrität und rechnet Dienstleistungen ab. Übersicht 8.10 nennt einige kommerzielle Softwarepakete, die Daten auf Client/Server-Systemen verwalten.

Firma	*DBMS*	*Entwicklungswerkzeuge*	*Bemerkungen*
›Oracle	Oracle	PL/SQL, CDE2	Marktführer, viele Plattformen, ›CASE
›Sybase	SQL Server	PowerBuilder	Upsizing-Tool, CASE
IBM	DB2	Visual Age	gute Grossrechner- und SQL-Unterstützung
›Informix	Informix SE/Online	NewEra	Multimedia-Unterstützung
Microsoft	SQL Server	Visual C++, Visual Basic	Sybase-Lizenz

Übersicht 8.10: Server-Datenbanksysteme

Groupware am Beispiel von Lotus Notes

Lotus Notes unterscheidet sich von der Software in Übersicht 8.10. Als Groupware-Produkt unterstützt es die Zusammenarbeit auf Rechnernetzen - zum Beispiel in Arbeitsgruppen, Abteilungen, Filialen und ganzen Unternehmungen. Datenobjekte sind nicht relationale Tabellen, sondern frei formatierte Dokumente (engl. “notes”). Dazu gehören Berichte, elektronische Briefe, Einträge in Bulletin Boards, graphische Dokumente und Daten zum Kalendermanagement. Relationale DBMS bieten Module an, die den Zugang zu Notes-Datenbanken ermöglichen. Lotus Notes unterstützt vor allem die Suche in Dokumenten, die Verwaltung verschiedener Fassungen eines Dokuments (Versionskontrolle) und die Replikation.

Zu den Verdiensten von Lotus Notes gehört nicht nur seine Groupware-Orientierung, sondern auch die Popularisierung des Replikationskonzepts. Ein **Replikat** ist ein Teil einer Datenbank, der für einen entfernten Benutzer kopiert (repliziert) wird und mit dem Original und den übrigen Replikaten synchronisert wird. Stellen Sie sich zum Beispiel eine Gruppe von Versicherungsvertretern vor, deren Notebooks alle auf dem gleichen Stand sein sollen. Die Replikation erlaubt zwischenzeitlich den Zugriff auf die gleichen Daten, ohne dass ein Netz existiert. Selbst bei einer ständigen Netzverbindung kann die Replikation Vorteile bieten: Sie beschleunigt den Lesezugriff, weil die Daten näher beim Benutzer sind, und erhöht durch kontrollierte Redundanz die Sicherheit. Die Fortschreibung ist aber aufwändig, weil die Replikate sofort oder periodisch nachgeführt werden müssen. Ein Replikat besteht deshalb nicht nur aus einer Kopie, sondern auch aus einem Verfahren, das die Kopie und das Original synchronisiert. Ein **Replikationskonflikt** entsteht, wenn ein Dokument synchronisiert werden soll, das von mehreren Benutzern geändert worden ist.

Im übrigen zeichnet sich Lotus Notes durch die folgenden Eigenschaften aus:

- Es legt ein besonderes Augenmerk auf die Datensicherheit und den Datenschutz. Der Benutzer kann zum Beispiel Dokumente verschlüsseln.
- Es unterstützt ›OLE (Abschnitt 3.3). Mit OLE kann der Anwender zum Beispiel nummerische Felder eines Lotus-Dokuments mit ausgewählten Zellen eines Spreadsheets verknüpfen. Spreadsheet-Änderungen schlagen sich dann unmittelbar im verknüpften Notes-Dokument nieder.
- Es erleichtert die Entwicklung von **Workflow**-Anwendungen (Formularverwaltungssystemen) durch eine eingebaute visuelle Programmiersprache. Beispiel 8.11 veranschaulicht den Begriff *Workflow* an einer typischen Anwendung, der Verwaltung von Reiseanträgen.

8.5 Lokale Datenbanken und Server-Datenbanken

Ein lokales Datenbanksystem wie MS Access ermöglicht verschiedene Arten der Datenbankverwaltung. Es verwaltet ...

a) nur lokale Daten (*Einplatz-* oder Standalone-Betrieb).
b) auch ausgewählte Mehrbenutzerdaten auf einem Netzrechner (*Fileserver*-Betrieb).
c) auch Daten, die ein getrenntes Server-Datenbanksystem für mehrere Benutzer verwaltet (*Client/Server*-Betrieb).

1. Ein Mitarbeiter füllt einen Reiseantrag aus.
2. Sein Vorgesetzter prüft den Antrag.
3. Das interne "Reisebüro" bearbeitet den Antrag.
4. Die Buchhaltung erhält eine Kopie.
5. Der Antragsteller erhält den vollständig ausgefüllten Antrag zurück.

Die Automatisierung einer bislang manuellen Formularverwaltung nutzt die folgenden Möglichkeiten von Notes: die Dokumentenbank, die elektronische Post, elektronische Unterschriften und die Entwicklungsumgebung. Der automatisierte Prozess zeichnet sich durch die folgenden Eigenschaften aus:

- Jeder Mitarbeiter findet unter seinen persönlichen Notes-Dokumenten eine Reiseantragsmaske.
- Der Antrag gelangt per elektronische Post an die verschiedenen Adressaten (engl. routing).
- Der Antragsteller erhält periodische Post über den Status der Formularbearbeitung.
- Das Formular gelangt - mit zusätzlichen Informationen über die Reisemodalitäten - wieder an den Mitarbeiter.

Beispiel 8.11: Eine Workflow-Anwendung mit Lotus Notes (RAIL94)

Fileserver-Datenbanken

Ein lokales Datenbanksystem wie Access eignet sich vor allem für den Einplatzbetrieb. Sobald aber die gleichen Daten auf mehreren unverbundenen Arbeitsplatzrechnern liegen, entstehen redundante und in der Folge inkonsistente Daten. Ein erster Ausweg sind lokale Datenbanksysteme, die auf einen passiven Fileserver zugreifen (Bild 8.12). Ein vernetzter Personalcomputer entscheidet zum Beispiel bei jedem Dateizugriff transparent zwischen lokalen und Fileserver-Dateien. Der Benutzer muss also nicht zwischen Daten auf dem Arbeitsplatzrechner und dem Fileserver unterscheiden.

Nachteile des Fileserver-Ansatzes sind die grosse Netzbelastung und Zugriffskonflikte. Beide hängen von der Grösse der übertragenen Datenbankobjekte ab. Der lesende Zugriff ist problemlos. Beim schreibenden Zugriff sperrt das lokale Datenbanksystem Daten auf dem Fileserver und sendet eine Kopie zum Arbeitsplatzrechner. Oft werden ganze Tabellen statt nur die wirklich benötig-

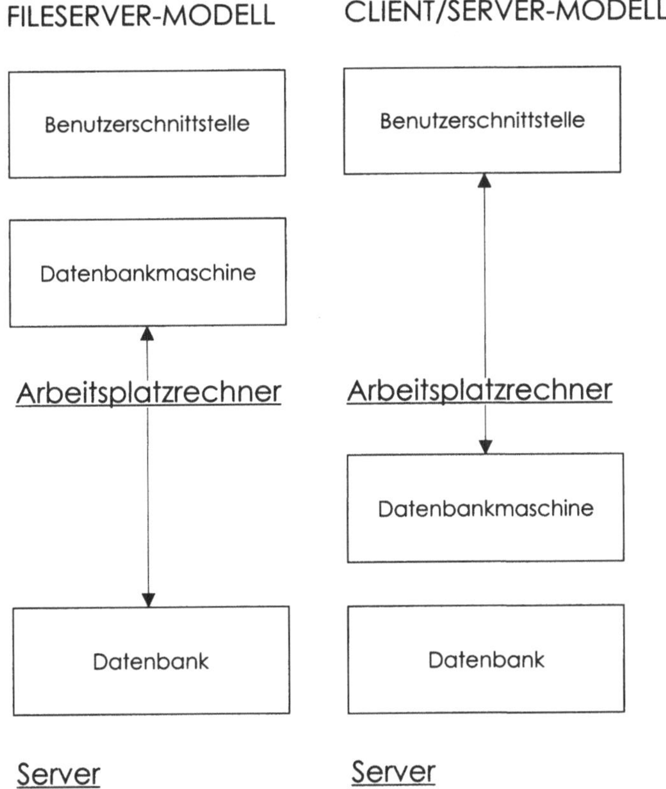

Bild 8.12: Client/Server- und Fileserver-Architekturen

ten Felder oder Zeilen übertragen. Geeigneter ist deshalb eine Client/Server-Architektur: Das Datenbanksystem läuft auf dem Server und koordiniert aktiv die Zugriffe der Clients auf gemeinsame Daten.

Aufgabe 8.1 (Granularität)

Mögliche Sperrobjekte sind Datenbanken, Tabellen, Pages, Zeilen und Attribute. Die Beurteilung eines Sperrobjekts hängt von seiner Grösse (seiner **Granularität** ab). Suchen Sie nach Vor- und Nachteilen einer eher feinen im Vergleich zu einer eher groben Granularität von Sperrobjekten in Client / Server-Systemen.

Das dBASE-Programm 8.13 veranschaulicht ein Problem der Fileserver-Architektur. `begintrans()` startet die ‣Transaktion, und `use` öffnet die Tabelle FIRMA. Dann werden alle Felder mit dem Namen `Umsatz` auf 0 gesetzt. Die mit `on error` initialisierte Funktion `Transaktionsfehler` fängt mögliche Fehler ab. Sie prüft unter anderem, ob bereits eine andere Anwendung FIRMA gesperrt hat. Im Fehlerfall kann die Transaktion nicht abgeschlossen werden. Die Prozedur `Transaktionsfehler` lässt deshalb `rollback()` alle Änderungen an FIRMA zurücksetzen. Im Normalfall speichert `commit()` das Ergebnis von `replace` auf den Server. Das Hauptproblem der Fileserver-Architektur besteht darin, dass zur Ausführung der Transaktion alle FIRMA-Sätze vom Server auf den lokalen Rechner geladen werden müssen.

Weil bei einem Server-DBMS die Datenbankmaschine nicht lokal ist, lässt sich die Transaktion des Beispiels 8.13 ohne Übertragung von FIRMA-Sätzen ausführen. Ausserdem unterscheiden sich Fileserver- und Client/Server-Architekturen durch eine unterschiedliche Granularität der Sperrobjekte. Fileserver-Datenbanken sperren oft ganze Tabellen statt nur Blöcke (engl. pages), Einzelsätze oder Attribute. Die Transaktionssteuerung eines typischen Server-DBMS ermöglicht hingegen kleinere Sperrobjekte und verwendet neben Sperren optimistische Protokolle und unterschiedliche ‣Isolierungsgrade. Neben Effizienz- und Integritätsvorteilen zeichnen sich Server-Datenbanken ausserdem durch einen Sicherheitsvorsprung aus.

```
begintrans()
  Transaktionsfehler = .F.           && .F. heisst False
  on error do Transaktionsfehler     && Fehlerbehandl. ein
  use N:\FIRMA                       && N ist Netzlaufwerk
  replace all Umsatz with 0       && Umsatz ist FIRMA-Feld
  on error                        && Fehlerbehandlung aus

  if Transaktionsfehler
    rollback()
  else
    commit()                      && Transaktionsende
  endif

  proc Transaktionsfehler         && Fehlerbehandl.-Routine
    wait "Transaktionsfehler!"&& Warte auf Tastendruck
    Transaktionsfehler = .T.      && .T. heisst True
```

Programm 8.13: dBASE-Transaktionen unter einer Fileserver-Architektur

In den Beispielen 8.14 und 8.15 sucht eine Benutzerin indiziert in einer Tabelle X. Die Suche auf einem Fileserver-System ist ineffizient. Das zweite Beispiel beschreibt die gleiche, aber effizientere Suche in einem Client/ServerSystem.

Passiver Fileserver	*Netzbelastung*
1. Das lokale DBMS fordert die Tabelle X und ihren Index an.	Befehl
2. Der Server sendet die Tabelle X und ihren Index.	zwei Dateien
3. Das *lokale* DBMS sucht die Antwort.	-

Beispiel 8.14: Suche in einem passiven Fileserver-System

Aktiver Server	*Netzbelastung*
1. Der Client sendet eine SQL-Abfrage.	Befehl
2. Das *Server*-DBMS sucht die Antwort.	-
3. Der Server sendet die Antwort.	Antworttabelle

Beispiel 8.15: Suche in einem aktiven Client/Server-System

Middleware

Das ISO-Schichtenmodell hat bereits gezeigt, wie komplex der Aufbau eines Kommunikationssystems sein kann. Von den Kommunikationsschichten eines Client/Server-Systems in Bild 8.16 interessiert uns vor allem die **Middleware**-Schicht. Sie enthält Programme, die zwischen heterogenen Systemen vermitteln - zum Beispiel zwischen dem Frontend (Client) des einen Herstellers und dem Backend (Server) eines anderen Herstellers. Ein wichtiger Teil der Middleware sendet SQL-Anweisungen und -ergebnisse zwischen Frontend und Backend hin und her. Damit ein lokales DBMS über SQL-Anweisungen mit einem Server-Datenbanksystem kommunizieren kann, bieten die Hersteller lokaler DBMS ›proprietäre **SQL-Treiber** für den Anschluss an verbreitete Server-Datenbanken an. Eine zwar langsamere und weniger mächtige, aber universelle Verbindungsmöglichkeit bieten **ODBC-Treiber**. ODBC (Open DataBase Connectivity) ist ein von Microsoft vorgeschlagener Industriestandard, der die Schnittstelle zwischen Frontend (Benutzersoftware) und Backend (Datenbanksoftware) normiert. Backends können zum Beispiel DB2 und dBASE sein. Frontend kann ein anderes Datenbanksystem, ein Tabellenkalkulationsprogramm, ein Textverarbeitungspaket oder eine selbst programmierte Anwendungsschnittstelle sein (Bild 8.17). In Bild 8.18 sendet das ›API des Clients eine SQL-Abfrage an den ODBC-Treiber, welche dieser an das

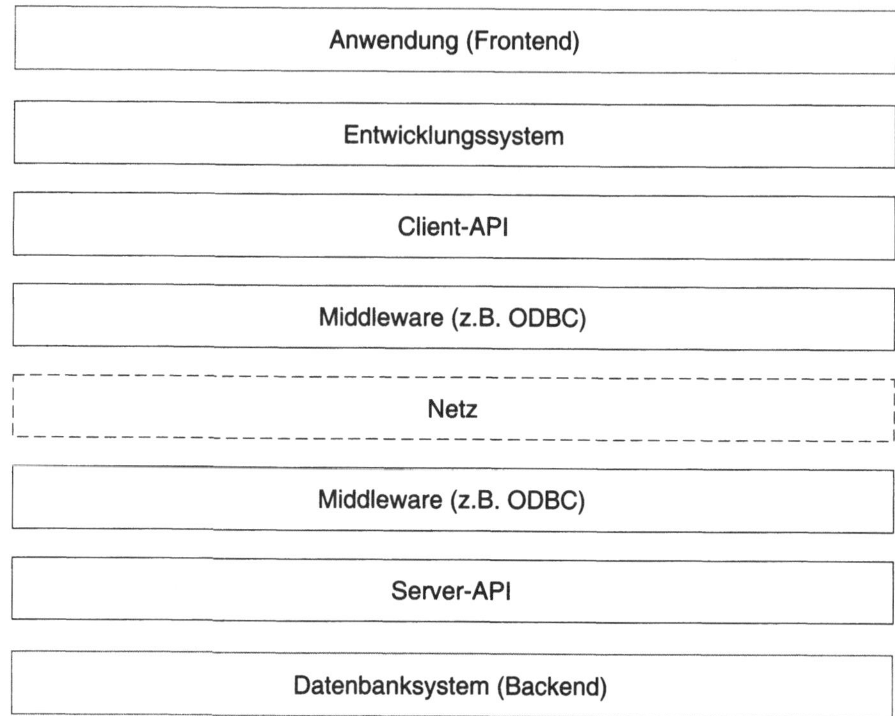

Bild 8.16: Softwareschichten in einem Client/Server-System

API des Servers weiterleitet. Das Server-Datenbanksystem gibt das Ergebnis an die Server-Middleware zurück. Diese sendet die Tabelle(n) über das Netz der Client-Middleware, die anschliessend das Frontend bedient.

Lokale und Server-Datenbanksysteme

Im Vergleich zu lokalen DBMS bieten Server-Datenbanksysteme die folgenden Vorteile:

- Verbesserte *Modularität*: Datenbankprozeduren und Trigger erleichtern die Trennung zwischen Daten und Zugriffsprogrammen (Abschnitt 8.6).
- Verbesserte *Datensicherheit*: Sicherheits- und Datenschutzvorkehren lassen sich leichter definieren und schwerer umgehen. Server-Datenbanksysteme erlauben zum Beispiel die Verwaltung von Zugriffsrechten auf Ta-

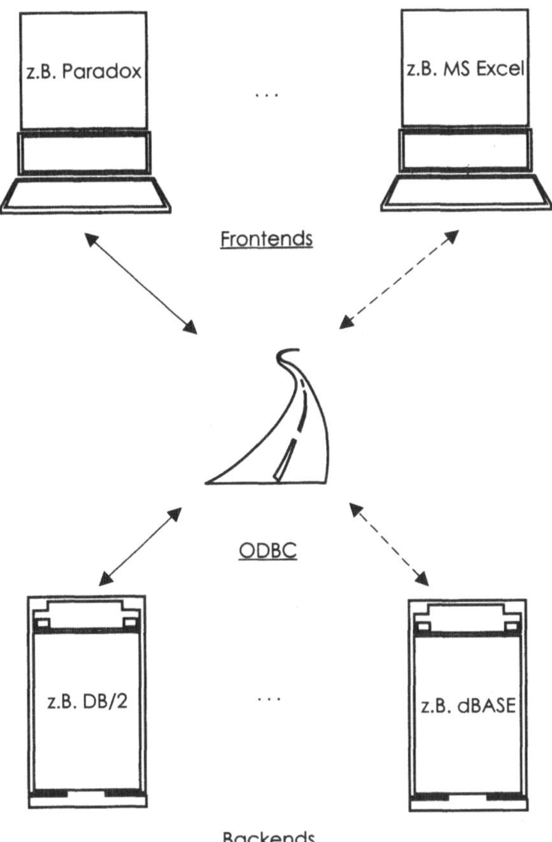

Bild 8.17: ODBC - Herstellerunabhängige Client/Server-Schnittstelle

bellen, Views, Spalten und Zeilen. Selbst wenn eine lokales DBMS ähnliche Zugriffsrechte definiert, so kann der PC-Benutzer oft unter Umgehung des DBMS direkt auf eine Tabelle zugreifen.

- Verbesserte *Datenkonsistenz*: Die Transaktionssteuerung auf Serverdatenbanken ist umfassender.
- Verbesserte *Kompatibilität*: Server-Datenbanksysteme beachten in der Regel SQL-Standards besser und implementieren eine grössere Teilmenge des Standards. Insbesondere erlauben sie - im Gegensatz zu den meisten lokalen Datenbanksystemen - Benutzersichten (Kapitel 7).

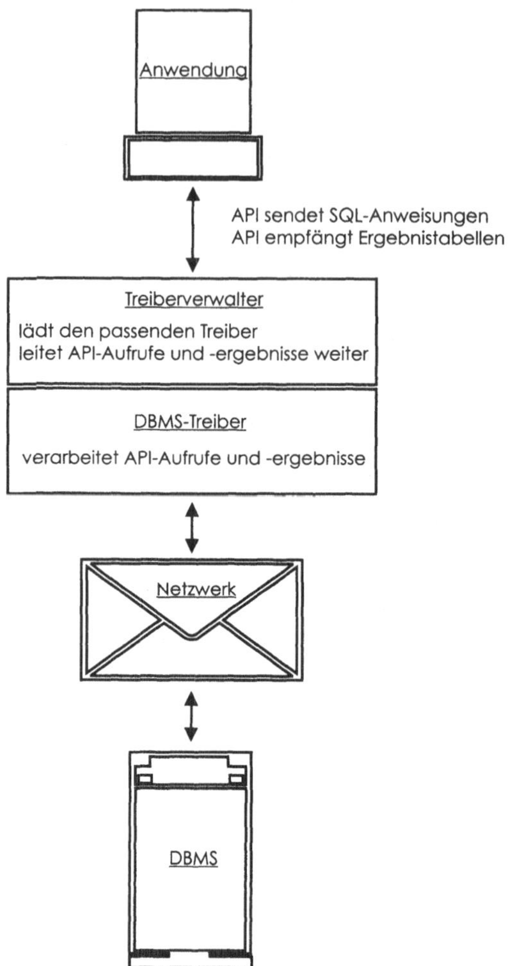

Bild 8.18: ODBC - Architektur

8.6 Datenbankprozeduren

Eine **Datenbankprozedur** besteht aus Anweisungen einer (›proprietären) Datenbanksprache und SQL-Befehlen. Vorteilhaft ist eine Datenbankprozedur vor allem dann, wenn mehrere Anwendungen verarbeitungsintensive Aufgaben nutzen, die schneller auf einem leistungsfähigen Server als auf einem Arbeitsplatzrechner ablaufen. Datenbankprozeduren verringern den Netzverkehr - besonders dann, wenn sie auf viele Tabellenzeilen zugreifen. Man unterscheidet zwei Arten von Datenbankprozeduren: gespeicherte Prozeduren und Trigger.

Gespeicherte Prozeduren

Eine **gespeicherte Prozedur** ist eine vom Anwendungsentwickler aufgerufene Datenbankprozedur, die auf dem Server gespeichert ist. Sie übernimmt von der Anwendung Eingabeargumente und gibt einen Attributwert, einen Satz oder eine Tabelle zurück. Ein Beispiel ist die Berechnung der Standardabweichung aus einer grossen Zahl von Datensätzen. Berechnet der *Client* die Standardabweichung, so muss das Netz zuerst alle Datensätze vom Server auf den Client übertragen. Im Falle einer gespeicherten Prozedur berechnet der *Server* die Standardabweichung. Das Netz muss dann nur noch das Ergebnis auf den Client übertragen.

Gespeicherte Prozeduren können zu einer besseren Trennung zwischen benutzer- und datennahen Applikationsteilen beitragen. Greifen mehrere Applikationen auf eine Server-Datenbank zu, so muss der Datenbankadministrator nur eine einzige gespeicherte Prozedur warten. Implementiert man hingegen die Funktionalität der gespeicherten Prozedur in n Applikationen, so führt eine Änderung zu n Wartungen. Wenn allerdings eine einzelne Anwendung auf verschiedene Server-Datenbanksysteme portiert werden soll, so erschweren gespeicherte Prozeduren die Portabilität. Weil Datenbankprozeduren in der Regel nicht in einer standardisierten Sprache geschrieben werden, müssen sie auf jeden neuen Server angepasst werden.

Weil SQL als deklarative Sprache keine prozeduralen Konstrukte wie Steueranweisungen kennt, erweitern es die DBMS-Anbieter zur Entwicklung gespeicherter Prozeduren und Trigger um Anweisungen wie Auswahl und Wiederholung. Programm 8.19 zeigt eine gespeicherte Prozedur in ‣Interbase, einem Server-Datenbanksystem von Borland. Die Prozedur `Loehne` berechnet die Lohnsumme und den Lohndurchschnitt (engl. average) einer Abteilung. mit der Nummer `NrAbt`. `:NrAbt` ist das entsprechende Attribut Abteilungsnummer der Tabelle MITARBEITER.

Trigger

Gespeicherte Prozeduren ruft der Programmierer explizit auf. **Trigger** starten hingegen automatisch vor oder nach einer insert-, update- oder delete-Anweisung. Ein insert-Trigger läuft zum Beispiel vor oder nach jedem Tabellenein-

```
create procedure Loehne(
  NrAbt char(2))           /* Attribut von MITARBEITER */
returns(                   /* Ausgabeparameter */
  Lohnsumme decimal(12, 2),
  Lohndurchschnitt decimal(12, 2)),
as
begin
  select sum(Lohn), avg(Lohn) from MITARBEITER
end
```

Programm 8.19: Eine gespeicherte Prozedur

trag ab. Zum Beispiel kann ein Trigger jeden Wert vor dem Einfügen in eine Tabelle prüfen. Zusätzlich zur automatischen Wertebereichsprüfung können beliebig komplexe Tests, die auch andere Tabellen einbeziehen, angestossen werden. Die Aufgabenteilung zwischen Triggern und automatischen Datentypprüfungen ist fliessend. Einige Datenbanksysteme erlauben die Definition möglichst vieler Integritätsbedingungen während der Attribut- und Tabellendefinition (Abschnitt 6.3: Aufgabe 6.8). Andere Systeme überlassen die Implementation der meisten Integritätsregeln dem Programmierer von Datenbankprozeduren.

Weitere Trigger-Anwendungen sind die Prüfung von Zugriffsberechtigungen und die Erzeugung eindeutiger Attributwerte. Der folgende Interbase-Trigger führt zum Beispiel eine Generatorfunktion `generiereNr` aus, die vor jedem Eintrag einer KUNDE-Zeile eine eindeutige Kundennummer erzeugt:

```
create trigger setzeNr for KUNDE before insert
as
/* new steht vor dem neuen Wert des Attributs Nr   */
/* gen_id ruft Funktion generierId, die Nr erzeugt */
begin
 new.Nr = gen_id(generiereNr, 1)
end
```

Aufgabe 8.2 (Gespeicherte Prozeduren und Trigger)

a) Beschreiben Sie die Funktion des folgenden Code.
b) Handelt es sich um eine gespeicherte Prozedur oder um einen Trigger?

```
speichere_Lohndifferenz for PERSONAL after update
begin
  if (old.Lohn <> new.Lohn) then
    insert into LOHNGESCHICHTE (PersNr, Prozent) values
      (old.PersNr, (new.Lohn-old.Lohn) * 100/old.Lohn)
end
```

8.7 Migration

Client/Server-Systeme verteilen die Aufgaben so auf Clients und Server, dass die Netzlast minimiert wird und eine skalierbare und modulare Architektur entsteht. Eine Client/Server-Architektur ist **skalierbar und modular**, falls sie sich einfach um weitere Komponenten erweitern lässt. Diesen Anspruch kann sie dann einlösen, wenn die Komponenten über Standardschnittstellen kommunizieren. Hardware- und Softwaresysteme, die sich einfach über Standardschnittstellen erweitern lassen, heissen **offene Systeme**. Trotz teilweise offener Systeme ist die **Migration** von Grossrechner-Anwendungen in Client/Server-Umgebungen schwierig. Gründe sind vor allem die aufwändige Konversion von Daten, die langjährige Abhängigkeit von bestimmten Hardware- und Softwareherstellern und die fehlende Motivation von Entwicklern, die Grossrechner-Umgebungen kennen, aber wenig Erfahrung auf vernetzten Arbeitsplatzrechnern mitbringen.

Das blosse Kopieren bestehender Daten und Programme genügt nicht. Die Datentypen und Namenskonventionen von Serverdatenbanken decken sich in der Regel nicht mit jenen zentraler Datenbestände. Dies kann zu aufwändigen Änderungen der Daten-, Formular- und Berichtsbeschreibungen sowie des Programmcodes führen. Vorteile bieten Serverdatenbanken vor allem in den Bereichen Datenintegrität, Datensicherheit und Datenschutz. Server-Datenbanksysteme erleichtern Integritätskontrollen zum Beispiel durch gespeicherte Prozeduren und Trigger. Ausserdem verbessern sie oft die Definition von Gültigkeitskontrollen und Voreinstellungen (engl. defaults). Die Definition eines

Attributs *Zinssatz* mit dem Wertebereich {2, 2.5, 3, 3.5, 4, 4,5} und einer Voreinstellung von 3.5 setzt zum Beispiel den Anfangswert automatisch auf 3.5 und prüft für jede Änderung, ob sie im Wertebereich liegt. Zusätzliche Funktionalität bieten Server-Datenbanksysteme beim Mehrbenutzerzugriff. Selbst lokale Desktop-Datenbanksysteme, die Transaktionen und Sperren kennen, bieten nicht den gleichen Funktionsumfang und Komfort wie Server-Datenbanksysteme (Abschnitt 8.5).

Downsizing ist in der Regel aufwändiger als Upsizing. Die Migration veralteter Informationssysteme (engl. **Legacy** Information Systems) auf Grossrechnern in moderne Systeme, insbesondere in Client/Server-Umgebungen, kann einen grossen Teil der Informatikkapazität von Unternehmen beanspruchen. Legacy Information Systems sind meist mehr als 10 Jahre alt, verbinden "dumme" Terminals mit Grossrechnern, bestehen aus Hunderttausenden von COBOL-Zeilen, greifen auf veraltete Datei- oder Datenbanksysteme zu und kommunizieren kaum mit anderen Informationssystemen. Da sie die Wettbewerbsfähigkeit eines Unternehmens beeinflussen, ist ihr "Reengineering" eine wichtige Aufgabe von Informatikabteilungen. Bild 8.20 nennt einige Erfahrungen mit *Business Process Reengineering*-Projekten.

DV-Projekte sind risikoreich. DIX96 erwähnt eine Untersuchung aus den 90er Jahren, nach der fast ein Drittel der untersuchten DV-Projekte vorzeitig abgebrochen wurden. Von den abgebrochenen Projekten betrafen 40-50 Prozent die Client/Server-Technologie. Migrationsprozesse sind besonders komplex und langwierig. Es werden denn auch Werkzeuge angeboten, die Teilschritte automatisieren und die Projektdokumentation verbessern. Allerdings ist die Werkzeugpalette unvollständig und kaum koordiniert. Ausserdem eigenen sich die meisten Werkzeuge nur für verbreitete Plattformen, zum Beispiel COBOL- und DB2-Umgebungen. Übersicht 8.21 unterscheidet sechs Kategorien von Werkzeugen, die den Migrationsprozess vorbereiten, durchführen und dokumentieren. Einige Werkzeuge, vor allem Analysewerkzeuge und Test- und Konfigurationshilfen, sind Systementwicklern schon lange bekannt.

Strategie

- Wichtig sind die Erfordernisse des Unternehmens und nicht die Möglichkeiten der Informationstechnik.
- Migration ist eine laufende Aufgabe. Entwerfe deshalb Informationssysteme auf Flexibilität. Ein ideales Informationssystem wird objektorientiert, komponentenorientiert (zum Beispiel OLE-fähig) und portabel sein. Viele Systeme werden ausserdem ›heterogen und verteilt sein.
- Komplexe Migrationsprozesse können Jahre dauern.
- Gehe schrittweise vor. Globale Entwürfe unterschätzen die Komplexität der Migration.

Technik

- Migriere vor allem Daten und weniger Programme. Veraltete Programme, vor allem benutzerzentrierte, schreibt man besser neu. Moderne ›4GL sind meist um vieles produktiver als ältere 3GL.
- Migriere nur die notwendigsten Daten.
- Glaube Anbietern von Migrationswerkzeugen nur dann, wenn sie demonstrieren, dass ihre Werkzeuge in Deiner Umgebung laufen.

Metadaten

- Achte auf zutreffende Spezifikationen von Daten, Funktionen und Schnittstellen.
- Bestimme einen Verantwortlichen für die sorgfältige Verwaltung bestehender und neu anfallender Metadaten.

Bild 8.20: Erfahrungen mit Reengineering-Projekten (nach BRO95)

Aufgabe 8.3 (Upsizing)

Ein Aspekt bei der Migration von Daten sind unterschiedliche Datenstrukturen und -typen. Die folgende Liste nennt verbreitete Datentypen:

A boolean
B integer
C long

D real
E string
G ›blob.

Andere Systeme verwenden für einige oder alle dieser Datentypen Synonyme. Ordnen sie die Synonyme 1 bis 7 den richtigen Bezeichnern A bis F zu:

1 alpha (Paradox)
2 nummerisch (Paradox)
3 BYTE (MS Engine SQL)
4 COUNTER (MS Engine SQL)
5 Memo (dBASE)
6 Logisch (dBASE, Paradox)
7 OLE (dBASE, Paradox).

Werkzeuge und ihre Funktionen	*Beispiele*
Gateways verbinden Legacy- und Zielsysteme zur Laufzeit	Textschnittstelle ↔ GUI, SQL ↔ Datenbanksprache XY
Analysewerkzeuge analysieren und dokumentieren Daten und Code	Flow Charts aus Code erzeugen
Spezifikationsgeneratoren extrahieren Spezifikationen aus Daten und Code (Reverse Engineering)	Datenbankschema extrahieren
Migrationswerkzeuge i.e.S. portieren Daten und Code in die Zielumgebung	Datendefinitionen eines hierarchischen in ein relationales DBMS überführen
Testwerkzeuge unterstützenModul- und Systemtest der neuen Lösung	repräsentative Testdaten erzeugen
Konfigurationshilfen konfigurieren ein System automatisch aus Komponenten	›Versionskontrolle

Übersicht 8.21: Migrationswerkzeuge

8.8 Datenschutz

Zum →Datenschutz gehören vor allem der Schutz ...

- des Entwicklers vor der Verletzung geistigen Eigentums
- des Benutzers vor unbeabsichtigter Zerstörung von Datenbankobjekten
- des Dateneigentümers vor Verletzung der Privatsphäre (engl. privacy).

Die einfachste Schutzmassnahme ist der **Anmeldeschutz**. Er verhindert über einen Benutzernamen und ein Passwort, dass nichtautorisierte Personen auf Anwendungen oder einzelne Datenbanken zugreifen. Weitergehende Massnahmen schützen einzelne Datenbankobjekte durch benutzerabhängige **Zugriffsberechtigungen**.

Schutz der ganzen Datenbank

Für die Datenbank eines Arbeitsplatzrechners, die nur von wenigen genutzt wird, reicht in der Regel ein Passwort, das den unberechtigten Zugriff auf die Datenbank verhindert. Wer die Passworttabelle verschlüsselt, verhindert, dass Kennwörter ausserhalb des Datenbanksystems gelesen werden können. Das Passwort verhindert allerdings nur das unberechtigte Öffnen der Datenbank. Sobald diese einmal geöffnet ist, stehen dem Benutzer alle ihre Objekte zur Verfügung.

Schutz ausgewählter Datenbankobjekte

Flexibler sind Sicherheitsvorkehren, die bestimmen, wer wie worauf zugreifen darf. Wie bei der Anmeldung für eine ganze Datenbank nennt der Benutzer einen Namen und ein Passwort. Dann identifiziert ihn das DBMS als Mitglied einer Gruppe. Die meisten Datenbanksysteme unterscheiden mindestens zwei Gruppen: Gruppenverwalter und -mitglieder. Verwalter können eigene Untergruppen definieren. Die Benutzer erhalten durch ihre Gruppenzugehörigkeit oder ausdrücklich von anderen Benutzern Berechtigungen für den Zugriff auf bestimmte Objekte. Die Berechtigungen bestimmen unter anderem, ob die Anwender Zeilen oder ausgewählte Attribute einer bestimmten Tabelle lesen, fortschreiben, hinzufügen und löschen dürfen. Eine Leseberechtigung für eine Tabelle X erlaubt zum Beispiel den lesenden, aber nicht den ändernden Zugriff auf X.

Datenverschlüsselung

Die Verschlüsselung verhindert, dass nichtautorisierte Personen ein Datenbankobjekt lesen. Dazu wird das Objekt - in der Regel eine Tabelle oder ein Programm - so komprimiert, dass es sich ohne Passwort nicht mehr lesen lässt.

8.8.1 Fallstudie zum Datenschutz

ADABAS ist ein relationales Datenbanksystem, das seinen Schwerpunkt auf die Verwaltung von Mehrbenutzer-Datenbanken legt. Die Datenschutzmassnahmen sind deshalb stärker ausgebaut. Ein ADABAS-Datenbankobjekt "gehört" zunächst seinem Erzeuger - in der Regel einem bestimmten Datenbankbenutzer. Mit dem SQL-Befehl `grant` kann er weiteren Benutzern oder Datenbankobjekten erlauben das Objekt zu manipulieren. Datenbankobjekte sind alle Objekte, die mit den SQL-Anweisungen `create`, `alter` oder `drop` verwaltet werden. Dazu gehören Tabellen, Views, Datenbankprozeduren, Trigger, Integritätsregeln und Indizes. Um eine Tabelle oder eine Datenbankprozedur zu bearbeiten, benötigt der Benutzer **Zugriffsprivilegien**. Übersicht 8.22 nennt die wichtigsten.

Privileg	*Bedeutung*
`select`	Zeilen auswählen
`delete`	Zeilen löschen
`insert`	Zeilen einfügen
`update`	Zeilen ändern
`execute`	Datenbankprozedur ausführen
`all privileges`	alle obigen Privilegien

Übersicht 8.22: Einige Zugriffsprivilegien für Tabellen und Datenbankprozeduren

Die Regel, dass ein Datenbankobjekt seinem Erzeuger gehört und er allein seine Privilegien *weitergeben* kann, sagt noch nichts über das Recht, Objekte und Benutzergruppen mit unterschiedlichen Privilegien zu *erzeugen*. Übersicht 8.23 stellt einen Ausschnitt aus der Benutzerklassifikation von ADABAS vor. Sie unterscheidet zwischen Installations-, Erzeugungs-, Bearbeitungs- und Vererbungsprivilegien.

Im Folgenden veranschaulichen wir die Vergabe von Benutzerrechten an einem einfachen Client/Server-Beispiel (ADA95). Die Beispielanweisungen gelten für ADABAS SQL. Ausgangspunkt sei der **System-Datenbankadministrator** eines Reisebüros. Er ernennt zwei Mitarbeiter `DBA1` und `DBA2` zu **Datenbankadministratoren**. `DBA1` besitzt mehr Rechte als sein Kollege. Er kann von mehreren Stationen aus gleichzeitig auf die Server-Datenbank zugreifen (Schlüsselwort `not exclusive`).

Benutzer ...	*verantwortet*	*bearbeitet*	*erzeugt*	*gibt weiter*	*installiert*
System - Datenbank-administrator (SYSDBA)	verteilte Datenbank	beliebige Daten	beliebige Daten	Eigentümer rechte	untergeord-nete Konten
Datenbank-administrator (DBA)	lokale Datenbank	beliebige Daten	beliebige Daten	Eigentümer rechte	untergeord-nete Konten
RESOURCE-Benutzer	Datenbank-ausschnitt	beliebige Daten	lokale, temporä-re Daten	-	-
STANDARD-Benutzer	Datenbank-ausschnitt	beliebige Daten	temporä-re Daten	-	-

Übersicht 8.23: Benutzerklassen am Beispiel von ADABAS (`Schlüsselwort`)

```
create user DBA1
password <Passwort von DBA1>
DBA not exclusive
```

```
create user DBA2
password <Passwort von DBA2>
DBA
```

Die Datenbankadministratoren `DBA1` und `DBA2` verleihen dann Rechte an untergeordnete Benutzer und legen die Datenbank ihres Aufgabenbereichs an. Dazu definiert `DBA1` eine Gruppe von Benutzern mit `resource`-Privilegien (Übersicht 8.23). Anschliessend richtet er die einzelnen Mitglieder der Gruppe ein. Die zwei folgenden Anweisungen erzeugen die Gruppe und den ersten Benutzer.

```
create usergroup Gruppe_DBA1
resource
```

```
create user Benutzer11
password <Passwort von Benutzer11>
usergroup Gruppe_DBA1
```

Im Gegensatz zu `DBA1` will `DBA2` seine Benutzer nicht alle der gleichen Gruppe zuordnen. `Benutzer21` und `Benutzer22` sollen über unterschiedliche Privilegien verfügen. Anders als seine Kollegen soll `Benutzer22` zur Klasse `standard` gehören. Als Mitglied dieser Standardgruppe kann er keine eigenen Tabellen erzeugen.

```
create user Benutzer21
password <Passwort von Benutzer21>
resource
```

```
create user Benutzer22
password <Passwort von Benutzer22>
standard
```

Der Administrator `DBA1` ist vom System-Administrator mit der Verwaltung der Kundentabelle betraut worden. Er kann deshalb den Mitgliedern seiner Gruppe das Änderungsrecht an der Tabelle KUNDEN weitergeben. Die Gruppenmitglieder dürfen dabei allerdings die Struktur von KUNDEN nicht ändern. Das übrige Publikum soll KUNDEN mindestens lesen können:

```
grant select, update, delete, insert
on KUNDEN
to Gruppe_DBA1
```

```
grant select
on KUNDEN
to public
```

`DBA2` räumt seiner Gruppe ebenfalls Rechte ein. Zusätzlich soll aber auch die Gruppe von `DBA1` die Tabellen der Gruppe von `DBA2` bearbeiten können. `DBA2` möchte die Zugriffsdetails aber seinem Kollegen `DBA1` überlassen. Er erlaubt ihm deshalb nicht nur, mit seinen Tabellen zu arbeiten, sondern ermöglicht ihm auch die Weitergabe von Privilegien mit der Option `with grant`:

```
grant all
on HOTEL, BUCHUNG, KUNDE
to DBA1
with grant option
```

`DBA1` gibt nun einen Teil der Privilegien an die Gruppe weiter. Da es sich aber nicht um seine eigene Tabelle handelt, muss er deren Namen mit dem Eigentümer `DBA2` qualifizieren:

```
grant select, update, delete, insert
on DBA2.HOTEL
to Gruppe_DBA1
```

Wer Benutzerprofile definiert oder weitergibt, kann die vergebenen Privilegien auch wieder entziehen. Mit der folgenden Anweisung entzieht zum Beispiel `DBA2` seinem Kollegen `DBA1` alle Rechte an der Tabelle `HOTEL`. Damit gehen auch alle Privilegien verloren, die `DBA1` an seine Gruppenmitglieder weitergegeben hat.

```
revoke all
on HOTEL
from DBA1
```

Neben `revoke` bietet ADABAS weitere Anweisungen zur Änderung von Benutzerrechten:

- `drop user` und `drop usergroup` löschen alle Rechte von Benutzern und Benutzergruppen aus dem Datenbankkatalog.
- `alter user` verändert die Klasse eines Benutzers. Zum Beispiel wird aus einem `standard`-Benutzer ein `resource`-Benutzer.
- `alter password` ändert ein Passwort.

Alle Datenbankobjekte und ihre Beziehungen werden in einem Datenbankkatalog (Data Dictionary) abgelegt. Der Katalog besteht aus Tabellen, die sich wie gewohnt mit `select` abfragen lassen.

8.9 Optimierung

Abschnitt 5.3 hat die Optimierung *lokaler* Datenbanken diskutiert. Hier untersuchen wir die Optimierung von *Server*-Datenbanken. Wer entfernte Rechner anspricht, versucht mit Vorteil den Netzverkehr zu minimieren. Der Zugriff auf entfernte Speichermedien ist wesentlich langsamer als der Zugriff auf lokale Speichergeräte. Die folgenden Regeln tragen zur Verringerung des Netzverkehrs bei:

- Rufe grössere Datenmengen vom Server ab und speichere sie in einem lokalen *Cache-Speicher*. Dies ist schneller als viele Einzelzugriffe auf entfernte Zeilen. Endbenutzer werden sich selten mit dieser Optimierungsmassnahme befassen müssen. Die meisten Datenbanksysteme richten automatisch Cache-Speicher ein.

- Bevorzuge Abfragen, die auf dem Server bearbeitet werden.
- Programmiere wiederverwendbare Befehlsfolgen als *Datenbankprozeduren* (Abschnitt 8.6).
- Speichere in Fileserver-Systemen nur die Tabellen auf dem Fileserver. *Andere Datenbankobjekte* - vor allem Formulare, Berichte und Module - liegen besser auf den Arbeitsplatzrechnern. Dies verringert nicht nur den Netzverkehr, sondern erleichtert auch die individuelle Anpassung dieser Objekte.
- Zeige nur die wirklich *benötigten* Daten an. Lasse unnötige Spalten weg, und schränke die Zeilen durch Auswahlkriterien ein. Minimiere jene Abfragen, die sich nur lokal durchführen lassen. Dazu gehören meist die Aggregation (zum Beispiel Zählen und Summieren) und Abfragen, die Mehrfachzeilen eliminieren (`distinct` in SQL).
- Viele DBMS passen die Anzeige der angeschlossenen Rechner regelmässig an die Änderungen der Datenbank an. Ein zu kurzes *Anzeigeaktualisierungsintervall* führt zu grösserem Netzverkehr.

Andere Massnahmen verbessern die Verfügbarkeit von Datenbankobjekten. Dazu gehört die Beschränkung anwenderdefinierter *Sperren* auf die unbedingt notwendige Zeit. MS Access sperrt zum Beispiel bei Änderungen der Tabellendefinition die ganze Tabelle. Solange der Benutzer in der Entwurfsansicht verharrt, können andere Anwender nicht auf die Tabellendaten zugreifen.

Zusammenfassung

- Eine Rightsizing-Strategie verteilt die Prozessoren und die Peripherie möglichst optimal. Dies kann je nach Unternehmen zum Downsizing oder Upsizing führen. Downsizing ersetzt einen teuren und anfälligen Grossrechner durch ein Netz benutzerfreundlicher Arbeitsplatzrechner. Upsizing bevorzugt stärkere Dienstleistungsrechner, wo die Speicherkapazität und die Rechenleistung von Arbeitsplatzrechnern nicht mehr genügen.
- Ein Client/Server-System führt Aufträge von Clientprozessen durch Serverprozesse aus. Die Clientprozesse laufen in der Regel auf mehreren Arbeitsplatzrechnern und die Serverprozesse auf einem oder mehreren Dienstleistungsrechnern.
- Lokale Netze (LANs) kommunizieren mit hoher Geschwindigkeit über kleine Distanzen, in der Regel höchstens auf dem Grundstück eines einzelnen Unternehmens. Ein Verbundnetz (WAN) ermöglicht die Kommunikation über grössere Distanzen.
- Das Schichtenmodell der ISO beschreibt die Kommunikation entfernter Computersysteme unabhängig von konkreten Hardware- und Softwareprodukten. Es zeigt, wie komplex der Aufbau eines Client/Server-Systems sein kann.
- Eine verbreitete Aufgabenteilung betraut den Client mit der Benutzerschnittstelle, insbesondere mit der Dateneingabe und der Präsentation der Ergebnisse. Der Server beantwortet die Datenbankanfragen der Clients und ist verantwortlich für die Sicherheit und Integrität der Datenbank. Die Anwendungslogik übernehmen Client- und Serverrechner oft gemeinsam.
- In einer Fileserver-Architektur speichern mehrere lokale Datenbanksysteme gemeinsame Dateien auf einem Netzrechner. Eine Client/Server-Architektur fasst zwar auch gemeinsame Daten auf einem Server zusammen. Die Verwaltung der Daten erledigt aber ein zentrales, mehrbenutzerfähiges Server-Datenbanksystem.
- Middleware umfasst Programme, die zwischen Client und Server herstellerunabhängig vermitteln. Dazu gehören vor allem Programme, die SQL-Anweisungen und -ergebnisse hin und her senden. Ein verbreitetes Beispiel eines Middleware-Industriestandards ist ODBC. ODBC (Open

Database Connectivity) geht vom SQL Call Level Interface (CLI) aus und übersetzt genormte Datenbankbefehle in die Befehle des jeweiligen SQL-Datenbanksystems.

- Eine gespeicherte Prozedur ist ein Unterprogramm aus Steueranweisungen und SQL-Befehlen, das nicht von einem Arbeitsplatzrechner, sondern von einem Server ausgeführt wird. Sie verbessert meist die Performance und trägt zu einer besseren Trennung zwischen benutzer- und datennahen Applikationsteilen bei.
- Trigger sind Datenbankprozeduren, die automatisch vor oder nach einer insert-, update- oder delete-Anweisung ablaufen. Sie eignen sich zum Beispiel für komplexe Prüfungen der Integrität und von Zugriffsberechtigungen. Datenbankprozeduren (gespeicherte Prozeduren und Trigger) sind in proprietären prozeduralen Erweiterungen von SQL geschrieben.
- Die Migration von Grossrechner-Anwendungen in Client/Server-Umgebungen ist schwierig. Unter dem Schlagwort "Business Process Reengineering" werden Methoden und Werkzeuge angeboten, die Teilschritte automatisieren und die Projektdokumentation verbessern.
- Die Datenschutzbedürfnisse in lokalen und Server-Datenbanken unterscheiden sich. Lokale Systeme kümmern sich wenig um den Mehrbenutzerbetrieb. Ihre wichtigsten Schutzmechanismen sind der Anmeldeschutz und die Datenverschlüsselung. Server-Systeme sind geprägt vom gleichzeitigen Zugriff mehrerer Benutzer auf zentrale Daten. Zusätzlich zu den genannten Schutzmechanismen spielt die Benutzerklassifikation eine wichtig Rolle. Das Datenbanksystem unterscheidet mehrere Klassen von Benutzern mit unterschiedlichen Installations-, Erzeugungs-, Bearbeitungs- und Vererbungsprivilegien. Ausserdem können Systemverwalter anwendungsspezifische Gruppen von Benutzern mit unterschiedlichen Rechten bilden. In SQL-Systemen können Verwalter und Benutzer Privilegien durch die Anweisungen `grant` und `revoke` vergeben und entziehen.

Wiederholungsfragen

1. Der Übergang von Grossrechner- in Client/Server-Umgebungen heisst

a) Rightsizing.

b) Upsizing.

c) Downsizing.

d) Migration.

2. Ordnen Sie die Komponenten 1 bis 3 den Netzarchitekturen A bis C zu.

A Client/Server-System
B Peer-to-Peer-Netz
C Time Sharing-System

1 gleichberechtigte Arbeitsplatzrechner
2 Arbeitsplatzrechner und Dienstleistungsrechner
3 Grossrechner und Terminals

3. Das ISO-Schichtenmodell ist ein

a) Softwaremodell.

b) Hardwaremodell.

c) Kommunikationsmodell.

d) Standard zur Übertragung von Zeichen.

4. Ordnen sie die Eigenschaften 1 bis 6 den Netzen A oder B zu.

A LAN
B WAN

1 Hochgeschwindigkeitskommunikation über kleine Distanzen
2 benutzt Postdienste
3 vorwiegend von Client/Server-Systemen benutzt
4 auch von Fileserver-Systemen benutzt
5 beschränkt auf das Grundstück des Unternehmens
6 Träger des Kommunikationsprotokolls X.25

5. Wodurch unterscheidet sich Lotus Notes von anderen DBMS-Produkten?

a) Es eignet sich für Client/Server-Systeme.
b) Es beantwortet Datenbankabfragen.
c) Es bietet Replikationsmechanismen.
d) Es speichert vor allem frei formatierte Dokumente.

6. Was trifft auf die Fileserver-Architektur *nicht* zu?

a) Die Netzbelastung ist hoch, weil ganze Tabellen vom Fileserver zum Arbeitsplatzrechner transportiert werden.
b) Der Fileserver übernimmt eine passive Rolle.
c) Ein Server-Datenbanksystem steuert die Transaktionen.
d) Der Arbeitsplatzrechner übernimmt eine aktive Rolle.

7. Was ist ODBC?

a) Middleware, die zwischen verschiedenen Microsoft-Produkten Daten austauscht
b) ein Softwarestandard für den Austausch von SQL-Anweisungen und -ergebnissen zwischen Anwendungen und Datenbanksystemen
c) ein proprietäres Protokoll für die Kommunikation zwischen Datenbankanwendungen
d) ein Treiber, der den Datenverkehr zwischen Server-Datenbanksystemen erleichtert

8. Wie unterscheiden sich Trigger von gespeicherten Prozeduren?

a) Trigger brauchen nicht explizit aufgerufen werden.
b) Trigger werden vom SQL-Standard nicht erfasst.
c) Trigger müssen nicht explizit programmiert werden.
d) Trigger starten immer dann, wenn ein SQL-Befehl aufgerufen wird.

9. Ein Datenbankobjekt gehört zunächst dem

a) System-Datenbankadministrator.
b) Datenbankadministrator.
c) Erzeuger.
d) Nutzniesser eines `grant`-Befehls.

10. Welcher Befehl gehört nicht zu den SQL-Anweisungen, die Daten vor unerlaubten Zugriffen schützen?

a) `grant`
b) `protect`
c) `revoke`
d) `create`

11. Passwörter dienen

a) der Datenintegrität.
b) dem Datenschutz.
c) der Datensicherheit.
d) der Datenkonsistenz.

12. Ordnen Sie die Begriffen 1 oder 2 den Eigenschaften A bis D zu.

1 Datenschutz
2 Datensicherheit

A Recovery
B Passwortkontrolle
C Transaktionen
D Sperren

9 Verteilte Datenbanksysteme

Neue Begriffe

Datenbanksystem
- zentrales -
- dezentrales -
  - lokales -
  - verteiltes - (globales -)
    - lokal autonom
    - skalierbar
    - laufzeiteffizient
    - kosteneffizient

Datenunabhängigkeit
- Fragmentierungsunabhängigkeit
- Ortsunabhängigkeit
- Replikationsunabhängigkeit

Ablauf einer globalen Abfrage
- Globale Abfrage in ein Standardformat übersetzen
- Globale Abfrage in lokale Standardabfragen übersetzen
- Lokale Abfragen in ausführbare lokale Abfragen übersetzen
- Ausführbare lokale Abfragen optimieren

Verteilte Transaktionen
- Atomizität
- Konsistenz
  - Replikation
- Isolierbarkeit
  - Serialisierbarkeit
    - Sperrprotokolle
    - Zeitstempelprotokolle
    - optimistische Protokolle
  - Isolierungsgrade
    - flüchtiges Lesen
    - gebundenes Lesen
    - wiederholbares Lesen
- Dauerhaftigkeit

Client/Server-Systeme (Kapitel 8) verteilen Daten und Rechenleistung auf mehrere Arbeitsplatz- und Dienstleistungsrechner. Dabei greifen die Clients oft auf mehrere Server-Datenbanksysteme zu. Allerdings weiss nur die Anwendung (und nicht die Datenbanksysteme), welche Daten auf welchem Server liegen. Verteilte Datenbanksysteme versuchen hingegen, die Zusammenarbeit zwischen mehreren autonomen Rechnern mit eigenen Datenbeständen transparent zu regeln (Bild 9.1).

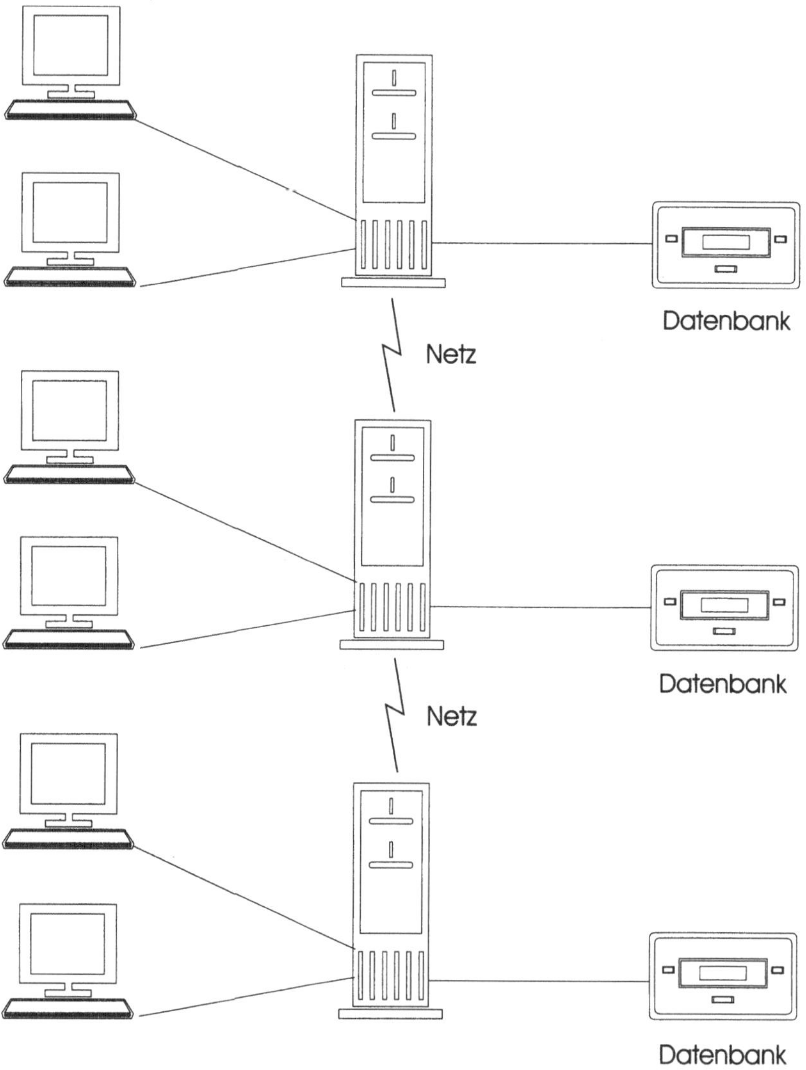

Bild 9.1: Aufbau eines verteilten Datenbanksystems

Bild 9.2 beschreibt an einem Beispiel aus der betrieblichen Praxis Unterschiede zwischen lokalen, verteilten und zentralen Datenbanken.

Eine Warenhauskette koordiniert die lokalen Datenbanksysteme der einzelnen Filialen wie folgt: Jedes Warenhaus verwaltet die täglichen Daten - zum Beispiel Lager-, Verkaufs-, Kunden- und Personaldaten - *lokal*. Über Nacht werden Daten aggregiert, die auch für andere interessierte Filialen und die Zentrale wichtig sind. Auf diese gemeinsam interessierenden Daten kann über ein *verteiltes* Datenbanksystem global zugegriffen werden.

Eine *zentrale* Lösung würde die Daten aller Filialen in einem einzigen entfernten DMBS vereinen. Die wahrscheinlicheren Abfragen auf die eigenen Daten würden also gleich behandelt wie die weniger wahrscheinlichen Fragen an die Daten der andern Filialen. Die Benutzer würden sich wohl bald über hohe Kommunikationskosten und lange Wartezeiten beklagen.

Beispiel 9.2: Verteilte und zentrale Datenhaltung

9.1 Begriff

Die Unterscheidung zwischen Client/Server- und verteilten Datenbanksystemen fällt nicht leicht. Tabelle 9.3 nennt einige Gemeinsamkeiten und Unterschiede.

Vergleichskriterium	*Client/Server-DBMS*	*Verteilte DBMS*
Vernetzung mehrerer Rechner	√	√
Verteiltes Rechnen	√	(√)
Verteilte Daten	-	√
Zahl der Datenbankrechner	meist einer	mehrere entfernte
Autonomie der Rechner (Lokalität)	klein	gross

Vergleich 9.3: Client/Server- und verteilte Datenbanksysteme

Anders als Client/Server-Anwendungen überlassen verteilte Anwendungen ihre Daten einem verteilten DBMS, das diese - selbst wenn sie logisch zusammengehören - auf mehreren Rechnern verwaltet. Man nennt verteilte Daten deshalb **global**. Die Verwaltung globaler Daten ist komplexer als jene lokaler Bestände, weil die Daten oft grössere Distanzen auf einem Netz zurücklegen und mehrere lokale Datenbanksysteme zusammenarbeiten. Entwickler und

Anwender verteilter Datenbanken werden deshalb mit Fragen der folgenden Art konfrontiert: Wie kann man dem Benutzer von n Datenbanken n verschiedene Zugangskontrollen ersparen? Was passiert, wenn eines der n Datenbanksysteme ausfällt? (Sollen zum Beispiel Änderungen an der ausgefallenen Datenbank automatisch nachgeholt werden?) Wie lassen sich international verteilte Daten über verschiedene Zeitzonen und Währungen hinweg harmonisieren?

Der Komplexität stehen allerdings auch Vorteile gegenüber:

- Daten kann man dort speichern, wo sie am meisten gebraucht werden. So werden die Übermittlungswege kürzer und und die Zugriffe *schneller*. Ausserdem ist ein Netz von Rechnern und Daten oft *sicherer*, weil der Ausfall einer Komponente nicht zum Ausfall des ganzen Netzes führen muss.

  Schneller und sicherer werden Anwendungen zum Beisiel durch Replikation (Abschnitt 8.4: Beispiele von Server-Datenbanksystemen). Leseoperationen werden schneller, weil die Daten näher beim Benutzer sind. Die Replikation erhöht ausserdem die Sicherheit, weil sie Redundanz einführt. Wenn ein System ausfällt, lassen sich die replizierten Daten auf einem anderen System abfragen. Änderungen redundanter Daten sind hingegen aufwändig, weil alle Replikate fortgeschrieben werden müssen. Ausserdem kann der zusätzliche Steuerungs- und Koordinationsbedarf Leistungs- und Sicherheitsprobleme stellen.
- Verteilte Datenbanksysteme sind *skalierbar*. Im Vergleich zur Vergrösserung eines zentralen Datenbankrechners lässt sich die Leistung eines **DDBMS** (engl. Distributed Data Base Management System) einfacher verbessern.
- Verteilte Datenbanken eignen sich für *dezentrale* Organisationsmodelle. Die autonome Verwaltung der eigenen Datenbestände erlaubt eine bessere Anpassung des Datenmodells an die lokalen Bedürfnisse.

Die Tabelle 9.4 fasst die wichtigsten Vor- und Nachteile verteilter Datenbanksysteme zusammen und vergleicht sie mit den Eigenschaften zentraler DBMS. Ein ideales DDBMS erfüllt die folgenden Anforderungen:

- Die Daten sind *global* zugänglich. Jede Komponente des verteilten Datenbanksystems - kann auf alle globalen Daten zugreifen, und zwar unabhängig vom Hersteller des lokalen Datenbanksystems (Integration heterogener Systeme).
- Die verteilten Daten sind *aktuell*.

Vergleichskriterium	*Verteilte DBMS*	*Zentrale DBMS*
Lokale Autonomie	+	-
Laufzeiteffizienz	+	-
Speichereffizienz	-	+
Verfügbarkeit	+	-
Übermittlungskosten	+	-
Hardwarekosten	-	+
Erweiterbarkeit	+	-
Technologische Reife	-	+
Geringere Komplexität	-	+
Datenschutz	-	+

Vergleich 9.4: Verteilte und zentrale Datenbanksysteme (+ Vorteil, - Nachteil)

- Die Anwendungen sind *global datenunabhängig*: Sie müssen nicht wissen, ob und wie die Daten verteilt sind.
- *Transaktionen* werden vom DDBMS zentral koordiniert und zur Ausführung auf die lokalen Datenbanksysteme verteilt. Wenn eine Abfrage zum Beispiel Tabellen der Datenbanksysteme A und B erfordert, wird die Transaktion automatisch so in Operationen zerlegt, dass A und B beteiligt sind.
- *Integritätsregeln* gelten global.
- Nach einem Fehler erfolgt der Wiederanlauf (engl. recovery) der lokalen DBMS *koordiniert*. Dies gilt insbesondere für den Wiederanlauf nach einer nicht abgeschlossenen Transaktion.

Reale Datenbanksysteme, die alle Anforderungen eines idealen DDBMS erfüllen, existieren nicht. Viele relationale Server-Datenbanksysteme unterstützen aber wichtige Funktionen verteilter Systeme, zum Beispiel die Verwaltung von verteilten Transaktionen und Replikaten. Die Verteilung von Daten auf **heterogene** Datenbanksysteme ist eine schwierige technische und organisatorische Aufgabe. Heterogene Umgebungen können aus unterschiedlichen Computern, Netzprotokollen, Betriebssystemen und Datenbanksystemen bestehen. *Homogene* verteilte Anwendungen werden von kommerziellen Datenbanksystemen bereits mehr oder weniger gut unterstützt.

9.2 Datenunabhängigkeit

Änderungen der Datenbankstruktur betreffen ein **datenunabhängiges** Anwendungsprogramm. In verteilten Datenbanken sind datenunabhängige Programme nicht nur unabhängig von der Struktur, sondern auch von der Lage der Daten. Verteilte Daten sind fragmentierungs-, orts- und replikationsunabhängig: **Fragmentierungs**unabhängig ist eine verteilte Datenbank, wenn die Anwendung nicht zu wissen braucht, ob und wie eine Tabelle fragmentiert ist. Vor allem ist unbedeutend, ob die Tabelle horizontal (zeilenweise) oder vertikal (spaltenweise) aufgeteilt ist. Eine globale Lohntabelle werde - zum Beispiel um Kommunikationskosten zu sparen - auf verschiedene Filialdatenbanken verteilt. Wenn das verteilte Datenbanksystem fragmentierungsunabhängig ist, dann lassen sich Abfragen so formulieren, als bestünde nur eine einzige Datenbank. **Orts**unabhängig ist eine verteilte Datenbank, wenn die Anwendung nicht zu wissen braucht, auf welchen lokalen Datenbanken die Tabellenfragmente liegen. **Replikations**unabhängig ist eine verteilte Datenbank, wenn unwichtig ist, ob das gleiche Tabellenfragment auf mehreren lokalen Datenbanken liegt.

Oft spricht man auch von Fragmentierungs-, Orts- und Replikationstransparenz. **Transparent** ist Hardware oder Software, wenn sie ihre internen Details so verbirgt, dass die Schnittstelle dem Benutzer auch nach Änderungen von Interna vertraut bleibt. Ein bestimmter Datentyp ist zum Beispiel transparent, wenn er für den Programmierer auf einem 16bit-Computer gleich aussieht wie auf einem 32bit-Computer. Der Programmierer sieht sozusagen durch die Implementierung hindurch auf die ihm vertraute Aussensicht des Datentyps. Ein verteiltes Datenbanksystem ist transparent, wenn es sich gegenüber dem Benutzer wie ein zentrales Datenbanksystem verhält. Man sagt auch, der Benutzer habe ein “single-site image” der verteilten Datenbank.

Das folgende Beispiel zeigt eine daten*un*abhängige SQL-Abfrage, ihre *fragmentierungs*abhängige und ihre *orts*abhängige Variante:

a) daten*un*abhängige Variante

```
select Gehalt
from ANGESTELLTE
where Name="Müller"
```

b) fragmentierungsabhängige Variante

```
select Gehalt
from ANGESTELLTE_1
where Name="Müller"

union

select Gehalt
from ANGESTELLTE_2
where Name="Müller"
```

Die Version b) ist fragmentierungsabhängig, weil der Benutzer wissen muss, dass ANGESTELLTE horizontal auf die Tabellen ANGESTELLTE_1 und ANGESTELLTE_2 verteilt ist. Er ist deshalb gezwungen, die beiden Ergebnismengen mit der SQL-Anweisung `UNION` zu vereinigen. Die **Vereinigung** (engl. →union) ist - neben der Selektion, der Projektion und dem Verbund - eine relationenalgebraische Verknüpfung. Die Vereinigung zweier kompatibler Tabellen ist gleich der Menge aller Zeilen, die mindestens zu einer der Tabellen gehören. Kompatibel sind zwei Tabellen, wenn sie gleichviele Attribute enthalten und entsprechende Attribute einem kompatiblen Datentyp angehören.

c) ortsabhängige Variante

```
select Gehalt
from ANGESTELLTE_1_AUF_A
where Name="Müller"

union

select Gehalt
from ANGESTELLTE_2_AUF_B
where Name="Müller"
```

Zusätzlich zur fragmentierungsabhängigen Abfrage muss der Benutzer wissen, auf welchem der Rechner A und B ein Tabellenfragment liegt.

Im Gegensatz zu den fragmentierungs- und ortsabhängigen Varianten braucht sich die daten*un*abhängige Abfrage nicht um eine allfällige Fragmentierung und den Ort der Tabellen zu kümmern. In unserem Beispiel muss sie also die Namen der Tabellenfragmente nicht kennen und braucht die lokalen Teilergebnisse nicht mit der SQL-Anweisung `union` zu vereinigen. Ausserdem beeinflusst eine Änderung der Fragmentierung die Zugriffsprogramme nicht.

Aufgabe 9.1 (Datenunabhängigkeit)

a) Gegeben sei die globale Tabelle ANGESTELLTE. Ändern Sie die *Abteilung* des Angestellten 10 von 3 auf 15 mit einer SQL-Anweisung.

ANGESTELLTE

Nr	*Name*	*Gehalt*	*Abteilungsnummer*
10	Schmid	10'000	3
20	Hanser	5'000	3
...	...	...	...

b) Die Tabelle ANGESTELLTE werde nach der *Abteilungsnummer* in die vier folgenden Tabellen fragmentiert. Formulieren Sie entwurfssprachlich und in SQL Anweisungen, welche die *Abteilungsnummer* des Angestellten 10 von 3 auf 15 ändern. Beachten Sie, dass die *Abteilungsnummer* bestimmt, in welche Tabelle ein Satz eingetragen wird.

ANGESTELLTE_1 (Abteilung < 10)

Nr	*Name*	*Gehalt*
10	Schmid	10'000
...	...	...

ANGESTELLTE_2 (Abteilung < 10)

Nr	*Abteilung*
10	3
...	...

ANGESTELLTE_3 (Abteilung >= 10)

Nr	*Name*	*Abteilung*
20	Hanser	15
...	...	...

ANGESTELLTE_4 (Abteilung >= 10)

Nr	*Gehalt*
20	5'000
...	...

9.3 Ablauf einer globalen Abfrage

Wir veranschaulichen an einer globalen SQL-Abfrage die Grundaufgaben eines relationalen DDBMS:

1. Abfrage formulieren

Ähnlich wie in konventionellen Datenbanksystemen hilft das DDBMS dem Benutzer bei der Formulierung einer globalen Abfrage. Der Endbenutzer kann zum Beispiel die Abfrage "Wie hoch ist das Gehalt von Müller" in einem QBE-Formular spezifizieren:

Nr	Name	Gehalt
	Müller	√

2. Abfrage in ein internes Standardformat übersetzen

Das DDBMS übersetzt die Benutzerabfrage in ein Standardformat, zum Beispiel SQL:

```
select Gehalt from ANGESTELLTE where Name = "Müller"
```

3. Globale Abfrage in eine Folge lokaler Abfragen übersetzen

Wir nehmen an, die Tabelle ANGESTELLTE verteile sich auf zwei Tabellen, die auf getrennten Rechnern liegen. Das DDBMS übersetzt dann die globale SQL-Abfrage in die folgenden lokalen Abfragen:

```
select Gehalt
from ANGESTELLTE_1_AUF_A
where Name = "Müller"

select Gehalt
from ANGESTELLTE_2_AUF_B
where Name = "Müller"
```

4. Lokale Teilabfragen in Sequenzen ausführbarer Befehle übersetzen

Ein verteiltes Datenbanksystem kann aus lokalen Systemen mit unterschiedlichem Datenmodellen bestehen, zum Beispiel aus relationalen, hierarchischen und Netzwerksystemen. Im folgenden Fall sei die Tabelle ANGESTELLTE_1_AUF_A Teil eines betriebssystem-abhängigen Dateisystems. Die erste Teilabfrage heisst dann in Pseudocode etwa:

```
Öffne die Datei ANGESTELLTE_1
Solange nicht am Dateiende
  Lies einen Satz aus der Datei ANGESTELLTE_1
  Falls ANGESTELLTE_1.Name = "Müller" dann
    Schreibe ANGESTELLTE_1.Gehalt in die Ergebnisdatei
Schliesse die Datei ANGESTELLTE_1
```

Das zweite System sei ein SQL-fähiges DBMS. Es übernimmt deshalb die zweite SQL-Anweisung direkt. Falls zum Beispiel das Attribut Name der Tabelle ANGESTELLTE_2_AUF_B indiziert ist, konsultiert das lokale Datenbanksystem den Index und sucht die gewünschten Tabellenzeilen.

5. Ergebnistabelle ausgeben

Der letzte Schritt vereinigt die lokalen Teilergebnisse und gibt das globale Ergebnis aus.

Der folgende Abschnitt vertieft den dritten Schritt, die Übersetzung der globalen Abfrage in eine Menge lokaler Abfragen.

9.4 Übersetzung globaler in lokale Abfragen

Eine globale Abfrage an ein DDBMS soll so in Abfragen an lokale DBMS übersetzt werden, dass Antwortzeit, Speicherbedarf und Kommunikationskosten möglichst klein sind. Wir übersetzen dazu eine SQL-Abfrage in eine Folge relationaler Operationen (Abschnitt 6.4) und deuten an, wie sich diese Ziele verfolgen lassen.

A Gegeben

Gegeben seien ein globales relationales Schema, eine Fragmentierung und eine globale SQL-Abfrage.

a*) Relationales Schema*

Das globale Schema ist per definitionem fragmentierungs-, orts- und replikations*un*abhängig. Verbundattribute stehen kursiv.

KUNDE(*Kundennr*, Kundenname, Adresse)
BESTELLUNG(*Kundennr*, *Produktnr*, Datum, Menge)
PRODUKT(*Produktnr*, Produktname, Preis).

b) Fragmentierung

Die Tabellen des relationalen Schemas seien wie folgt auf je zwei Tabellen der lokalen Datenbanksysteme A und B verteilt:

```
KUNDE seiFragmentiertIn
    KUNDE_1_auf_A
    KUNDE_2_auf_B

BESTELLUNG seiFragmentiertIn
    BESTELLUNG_1_auf_A
    BESTELLUNG_2_auf_B

PRODUKT seiFragementiertUndRepliziertIn
    PRODUKT_1_auf_A_und_B
    PRODUKT_2_auf_A_und_B
```

PRODUKT ist nicht nur in zwei Tabellen fragmentiert, sondern die Tabellenfragmente sind auch repliziert. Das erste Replikat von PRODUKT_1 liegt zum Beispiel auf dem Datenbanksystem A und das zweite auf B.

c) Globale Abfrage

Die folgende SQL-Abfrage bezieht sich auf das globale Schema unter a) und sucht nach den Namen aller Kunden, die am 1.12.95 eine Agenda bestellt haben:

```
select Kundenname
from KUNDE, BESTELLUNG, PRODUKT
where KUNDE.Kundennr = BESTELLUNG.Kundennr
  and BESTELLUNG.Produktnr = PRODUKT.Produktnr
  and Produktname = "Agenda"
  and Datum = "1/12/95"
```

Diese globale Abfrage soll in eine optimale Folge relationenalgebraischer Operationen übersetzt werden.

B Übersetzung

a) Globale SQL-Abfrage als Folge relationaler Operationen darstellen

Damit eine deklarative SQL-Abfrage auf einem Rechner ausgeführt werden kann, wird sie in eine Prozedur aus relationalen Grundoperationen übersetzt (Abschnitt 6.3.3). Die Art und Reihenfolge der Operationen beeinflusst die

Antwortzeit, den Speicherbedarf und die Kommunikationskosten. Eine Prozedur aus relationalen Grundoperationen lässt sich als Einrückungsliste darstellen:

Projektion (Kundenname)
  Selektion (Produktname = "Agenda" and Datum = "1/12/95")
    Verbund (KUNDE.Kundennr = BESTELLUNG.Kundennr)
      KUNDE (Kundennr, Kundenname, Adresse)
      Verbund (PRODUKT.Produktnr = BESTELLUNG.Produktnr)
        PRODUKT (Produktnr, Produktname, Preis)
        BESTELLUNG (Kundennr, Produktnr, Datum, Menge)

Wir lesen die Liste von unten nach oben: Aus den beiden Verbundoperationen über den Tabellen BESTELLUNG, PRODUKT und KUNDE entsteht eine Tabelle, welche die in der globalen Abfrage vorkommenden Attribute Kundenname, Kundennr, Produktnr, Produktname und Datum enthält. Die anschliessende Selektion wählt alle Zeilen der Ergebnistabelle, welche die Bedingung Produktname = "Agenda" and Datum = "1/12/95" erfüllen. Eine Projektion bestimmt schliesslich das gewünschte Attribut Kundenname.

Aufgabe 9.2 (Verteilung globaler Abfragen)

Abschnitt 6.3.3 (Auflösung von Abfragen in Grundoperationen), insbesondere Aufgabe 6.3, hat gezeigt, dass sich in der Regel eine Abfrage in *mehrere* logisch äquivalente Folgen von relationalen Grundoperationen auflösen lässt. Nennen Sie *alternative* Folgen relationaler Operationen zur Abfrage von Abschnitt 9.4 A c).

---

b) Globale Tabellen durch ihre Fragmente ersetzen

Jede globale Tabelle wird durch die Vereinigung ihrer Fragmente ersetzt. KUNDE(Kundennr, Kundenname, Adresse) von Schritt a) wird zum Beispiel in die Tabellen KUNDE_1_AUF_A und KUNDE_2_AUF_B fragmentiert. Umkehroperation der Fragmentierung ist die Vereinigung dieser beiden Fragmente. Die nächste Version unserer relationenalgebraischen Prozedur lautet dann abgekürzt:

- Projektion
  - Selektion
    - Verbund
      - *Vereinigung*
        - KUNDE_1_AUF_A
        - KUNDE_2_AUF_B
      - Verbund
        - *Vereinigung*
          - PRODUKT_1_AUF_A (oder das Replikat PRODUKT_1_AUF_B)
          - PRODUKT_2_AUF_A (oder das Replikat PRODUKT_2_AUF_B)
        - *Vereinigung*
          - BESTELLUNG_1_AUF_A
          - BESTELLUNG_2_AUF_B

c) Komponenten-Datenbanken bestimmen

Dort wo Replikate von Fragmenten existieren, muss eines der Replikate als Operand gewählt werden. In unserem Fall laute die Wahl PRODUKT_1_auf_A und PRODUKT_2_auf_B.

d) Relationenalgebraische Operationen den Komponenten-DB zuordnen

Schliesslich ist zu entscheiden, auf welchem DBMS eine Grundoperation ausgeführt werden soll. Eine mögliche Wahl ist:

- Projektion *auf A*
  - Selektion *auf A*
    - Verbund *auf A*
      - Vereinigung *auf A*
        - KUNDE_1_AUF_A
        - KUNDE_2_AUF_B
      - Verbund *auf A*
        - Vereinigung *auf A*
          - PRODUKT_1_AUF_A
          - PRODUKT_2_AUF_B
        - Vereinigung *auf B*
          - BESTELLUNG_1_AUF_A
          - BESTELLUNG_2_AUF_B

Die Schritte a) - d) lassen Entscheidungen offen. Möglich sind insbesondere

- alternative Reihenfolgen der Schritte a) bis d) selbst
- alternative Algorithmen und Heuristiken *innerhalb* der Schritte a) bis d)
- die Durchführung zur Übersetzungszeit oder/und zur Laufzeit.

Datenbanksysteme enthalten "Optimierer", die allen Abfragepfaden "Kosten" zuweisen und der Datenbankmaschine den kostengünstigsten Pfad vorschlagen. Kostenberechnungen für verteilte DBMS sind schwieriger als für Einzelplatzsysteme. Zwei Beispiele einfacher *Optimierungsheuristiken* sollen die mittlere der erwähnten Entscheidungskategorien veranschaulichen. Heuristik A gilt sowohl für Einzelplatz- als auch für verteilte Systeme:

Heuristik A: Führe Selektionen möglichst früh aus

Unsere Folge globaler relationaler Operationen wird zum Beispiel durch die folgende Transformation effizienter:

```
Projektion (Kundenname)
    Selektion (Produktname = "Agenda" AND Datum = "1/1/96")
        Verbund (KUNDE.Kundennr = BESTELLUNG.Kundennr)
            KUNDE (Kundennr, Kundenname, Adresse)
            Verbund (PRODUKT.Produktnr = BESTELLUNG.Produktnr)
                PRODUKT (Produktnr, Produktname, Preis)
                BESTELLUNG (Kundennr, Produktnr, Datum, Menge)
```

wird zu ...

```
Projektion (Kundenname)
    Verbund (KUNDE.Kundennr = BESTELLUNG.Kundennr)
        KUNDE (Kundennr, Kundenname, Adresse)
        Verbund (PRODUKT.Produktnr = BESTELLUNG.Produktnr)
            Selektion (Produktname = "Agenda")
                PRODUKT (Produktnr, Produktname, Preis)
            Selektion (Datum = "1/1/96")
                BESTELLUNG (Kundennr, Produktnr, Datum, Menge)
```

Eine Verbundoperation kostet in der Regel mehr als eine Selektion. Die Transformation führt deshalb die Selektionsoperation früher durch. Dadurch verringert sich die Zahl der Zeilen, die in die beiden Verbundoperationen eingehen; die transformatierte Prozedur wird effizienter.

Heuristik B: Verteile aggregierende Funktionen

Diese Heuristik gilt im Gegensatz zu Regel A nur für verteilte Datenbanksysteme. Aggregationsoperationen, zum Beispiel Zählen oder Summieren, sollten auf den lokalen DBMS erfolgen. Die Ermittlung des globalen Resultats aus den lokalen Zwischenergebnissen verringert die Netzbelastung und ist deshalb effizienter als die Aggregation aus dem Verbund der Einzeltabellen.

9.5 Verteilte Transaktionen

Abschnitt 6.3 hat den Transaktionsbegriff am Beispiel von Datenbanksystemen auf Personalcomputern eingeführt. Auf PC-Datenbanksystemen wie MS Access spielt die Sicherheit des *Mehrbenutzerzugriffs* eine untergeordnete Rolle, Hauptzweck des Transaktionskonzepts ist die Wahrung der *Integrität* im Fehlerfall. Die folgenden Ausführungen vertiefen das Transaktionskonzept unter besonderer Berücksichtigung des Mehrbenutzerbetriebs und verteilter Datenbanken.

Transaktionen sind Gruppen logisch zusammengehörender Datenbankoperationen, die atomar, konsistent, isoliert und dauerhaft sind. Man sagt auch etwa, Transaktionen müssten dem **ACID-Prinzip** gehorchen (engl. atomic, consistent, isolated, and durable):

- *Atomar* (nicht unterbrechbar) ist eine Transaktion, weil das Datenbanksystem garantiert, dass entweder alle Teiloperationen oder keine ausgeführt werden. Die Transaktion ist so lange vorläufig, bis sie eine commit-Anweisung den konkurrierenden Benutzern sichtbar macht. Im Fehlerfall macht eine rollback-Anweisung alle Änderungen seit Beginn der Transaktion rückgängig.
- *Konsistent* (integritätserhaltend) ist eine Transaktion, weil die Datenbank nach der Transaktion den gleichen Integritätsbedingungen wie vorher genügen muss.
- *Isoliert* ist eine Transaktion, weil ihr Ergebnis von keiner konkurrierenden Transaktion beeinflusst werden kann.
- *Dauerhaft* ist eine Transaktion, weil `commit` das Transaktionsergebnis dauerhaft auf einem Externspeicher fortschreibt.

9.5.1 Isolierung

Eine Transaktion ist isoliert (abgeschottet), falls ihr Ergebnis von keiner konkurrierenden Transaktion beeinflusst werden kann. Streng sequentiell ablaufende Transaktionen sind immer isoliert. Dieser Abschnitt nennt Voraussetzungen, die verhindern, dass nichtsequentielle (nebenläufige) Transaktionen die Integrität einer Datenbank gefährden. In einem ersten Schritt identifizieren wir die Bedingungen, unter denen Folgen von Lese- und Schreiboperationen isoliert sind. In einem zweiten Schritt zeigen wir, wie Sperren, Zeitstempel, optimistische Protokolle und Isolierungsgrade die Integrität der Daten unterstützen können.

a) Serialisierbarkeit

Eine Folge von Lese- und Schreiboperationen gleicher oder verschiedener Transaktionen nennt man eine **Geschichte**. Gegeben seien zum Beispiel die Transaktionen Abhebung und Transfer (Pseudocode 9.5). Beide Transaktionen ändern das Attribut Saldo einer Tabelle KONTO(Kontonummer, Saldo). Wir beschreiben die Transaktionen mit Pseudocode und den SQL-Befehlen select, update, commit und rollback. Eine Transaktion beginnt mit dem Schlüsselwort `Transaktion`, liest die Eingabewerte der Parameterliste, greift auf die Datenbank zu und schliesst mit `commit` ab. Gegeben seien ausserdem drei mögliche Geschichten von Lese- und Schreiboperationen der beiden Transaktionen: Geschichte_1 ist streng sequentiell und deshalb isoliert. Geschichte_2 ist nebenläufig, aber trotzdem isoliert. Geschichte_3 ist ebenfalls nebenläufig. Ihre Operationen sind aber so angeordnet, dass sie ein inkonsistentes Ergebnis hinterlassen.

Die Operation `Transfer.lies(Kontonr_1.Saldo)` liest den Wert des Attributs Saldo des Datensatzes Kontonr_1. `Abhebung.schreibe(Kontonr_1.Saldo, Betrag)` verringert den Saldo um das Argument Betrag. Diese Notation kürzt nur die in den Transaktionen Abhebung und Transfer definierten Lese- und Schreiboperationen ab. Sie bezieht sich nicht auf irgendwelche Unterprogrammdefinitionen oder -aufrufe.

Eine Geschichte heisst **seriell**, wenn sich die beteiligten Transaktionen nicht überlappen. Die folgende Geschichte_1 ist zum Beispiel seriell, weil `Transfer` endet, bevor `Abhebung` beginnt.

```
Transaktion Abhebung(Kontonummer, Betrag)
  select Saldo                          % Leseoperation
  from KONTO
  where Kontonr = Kontonummer;

  Falls Saldo nicht gefunden dann rollback;

  update KONTO                          % Schreiboperation
  set Saldo = Saldo - Betrag
  where Kontonr = Kontonummer;

  Falls Saldo < 0 dann rollback;

  commit;                               % Transaktionsende

Transaktion Transfer(Kontonr_1, Kontonr_2, Betrag)
  % -- Lastschrift auf Konto 1
  select Saldo                          % Leseoperation
  from KONTO
  where Kontonr = Kontonr_1;

  Falls Saldo nicht gefunden dann rollback;

  update KONTO                          % Schreiboperation
  set Saldo = Saldo - Betrag            % Lastschrift
  where Kontonr = Kontonr_1;

  Falls Saldo < 0 dann rollback;

  % -- Gutschrift auf Konto 2
  select Saldo                          % Leseoperation
  from KONTO
  where Kontonr = Kontonr_2;

  Falls Saldo nicht gefunden dann rollback;

  update KONTO                          % Schreiboperation
  set Saldo = Saldo + Betrag            % Gutschrift
  where Kontonr = Kontonr_2;

  commit;                               % Transaktionsende
```

Pseudocode 9.5: Transaktionen und Operationen (Tabellenattribute kursiv)

```
% -- Geschichte_1

Transfer.lies(Kontonr_1.Saldo)      % Lese/Schreibepaar A
Transfer.schreibe(Kontonr_1.Saldo)
Transfer.lies(Kontonr_2.Saldo)      % Lese/Schreibepaar B
Transfer.schreibe(Kontonr_2.Saldo)

Abhebung.lies(Kontonr_1.Saldo)      % Lese/Schreibepaar C
Abhebung.schreibe(Kontonr_1.Saldo)
```

Geschichte_2 besteht aus den gleichen Operationen wie Geschichte_1, aber in einer anderen Reihenfolge. Geschichte_2 heisst **serialisierbar**, weil eine *äquivalente* serielle Geschichte, nämlich Geschichte_1, existiert. Mit anderen Worten: Geschichte_2 lässt sich als Geschichte_1 serialisieren. Die beiden Transaktionen von Geschichte_2 überlappen sich zwar zeitlich, die entscheidende Reihenfolge der Lese/Schreibepaare A und B ändert sich aber nicht, und Kontonr_1.Saldo und Betrag bleiben gleich wie in der äquivalenten Geschichte_1.

```
% -- Geschichte_2

Transfer.lies(Kontonr_1.Saldo)      % Lese/Schreibepaar A
Transfer.schreibe(Kontonr_1.Saldo)

Abhebung.lies(Kontonr_1.Saldo)      % Lese/Schreibepaar C
Abhebung.schreibe(Kontonr_1.Saldo)

Transfer.lies(Kontonr_2.Saldo)      % Lese/Schreibepaar B
Transfer.schreibe(Kontonr_2.Saldo)
```

Geschichten von Transaktionsoperationen müssen **isoliert**, das heisst seriell oder serialisierbar, sein. Bei konkurrierenden Transaktionen sind serialisierbare Geschichten flexibler als serielle, weil sich ihre Operationen bei Bedarf in einer anderen Reihenfolge ausführen lassen.

Geschichte_1 ist seriell und Geschichte_2 serialisierbar. Geschichte_3 ist hingegen **inkonsistent**. Ob `Kontonr_1.Saldo` für eine Gutschrift auf den Kontensatz mit `Kontonr_2` reicht, prüft `Transfer.schreibe` nämlich bereits vor dem Ergebnis von `Abhebung.schreibe` (also bevor der Abhebungsbetrag von `Kontonr_1.Saldo` abgezogen worden ist).

```
% -- Geschichte_3

Transfer.lies(Kontonr_1.Saldo)
Abhebung.lies(Kontonr_1.Saldo)
Transfer.schreibe(Kontonr_1.Saldo)
Transfer.lies(Kontonr_2.Saldo)
Transfer.schreibe(Kontonr_2.Saldo)
Abhebung.schreibe(Kontonr_1.Saldo)
```

Nachdem wir an drei Geschichten die Begriffe seriell, serialisierbar und inkonsistent veranschaulicht haben, untersuchen wir, wie sich Geschichten serialisieren lassen:

- *Sperren* verbieten Schreib- und/oder Leseoperationen auf Daten und verhindern, dass sie von konkurrierenden Transaktionen unkoordiniert geändert werden. Gesperrt werden können ganze Datenbanken, Tabellen, Speicherseiten (engl. pages), Datensätze oder Felder. Viele Datenbanksysteme sperren Datenelemente für die Dauer einer Transaktion automatisch. Aus Effizienz- und anderen Gründen kann das DBMS dem Programmierer auch das explizite Sperren und Entsperren erlauben.
- *Zeitstempel*-Protokolle verhindern, dass eine Transaktion auf ein Datenelement zugreift, dessen Zeitstempel von einer noch nicht beendeten Transaktion stammt. Ein Feld des Datentyps Zeitstempel wird immer dann vom System (und nie vom Benutzer) gesetzt, wenn auf das Datenelement zugegriffen wird. Jeder Wert dieses Datentyps besteht aus einer eindeutigen Kombination von Datum und Zeit.
- *Optimistische* Protokolle vertrauen darauf, dass Transaktionen nur selten kollidieren und validieren sie deshalb erst nachträglich.

Die nächsten Absätze vertiefen diese drei *Serialisierungsmöglichkeiten.*

a) Sperren isolieren

Das folgende Sperrprotokoll verhindert, dass die Operationsfolge von Geschichte_3 zu einem inkonsistenten Datenbankzustand führt:

```
% -- Geschichte_3 mit Sperre

Transfer.lies(Kontonr_1.Saldo)
% – Sperre Kontonr_1.Saldo
Abhebung.lies(Kontonr_1.Saldo)
  % wartet auf Freigabe
```

```
Transfer.schreibe(Kontonr_1.Saldo)
% - Entsperre Kontonr_1.Saldo
Transfer.lies(Kontonr_2.Saldo)
Transfer.schreibe(Kontonr_2.Saldo)
Abhebung.schreibe(Kontonr_1.Saldo)
```

Das Sperrprotokoll isoliert Geschichte_3, indem es durch Sperren bzw. Entsperren die Reihenfolge der Operationen implizit ändert. Die neue Reihenfolge führt zur folgenden serialisierbaren Geschichte:

```
Transfer.lies(Kontonr_1.Saldo)
Transfer.schreibe(Kontonr_1.Saldo)
Abhebung.lies(Kontonr_1.Saldo)
Transfer.lies(Kontonr_2.Saldo)
Transfer.schreibe(Kontonr_2.Saldo)
Abhebung.schreibe(Kontonr_1.Saldo)
```

Man kann beweisen, dass bestimmte Ordnungen von Sperr- und Entsperroperationen immer zu serialisierbaren Geschichten führen. Zu einer solchen Ordnung führt das **Zwei-Phasen-Sperrprotokoll** (engl. Two-Phase Commit Protocol). Eine Geschichte ist serialisierbar, wenn sie nur aus Zwei-Phasen-Transaktionen besteht. Eine **Zwei-Phasen-Transaktion** sperrt in einer ersten Phase *alle* notwendigen Datenelemente und entsperrt sie *alle* erst in einer zweiten Phase. Auf eine *Wachstumsphase* folgt also immer eine getrennte *Schrumpfungsphase*.

Locks (Sperren) können zu einem **Deadlock** (einer Verklemmung) führen. Sie koordinieren zwei oder mehr Transaktionen so ungeschickt, dass sich die Transaktionen gegenseitig blockieren. Als Analogie stelle man sich zwei entgegenkommende Autofahrer vor, die sich an einer Kreuzung blockieren, weil jeder darauf wartet, dass der andere als erster abbiegt. Ein einfache Deadlock-Situation für zwei Transaktionen T1 und T2 ist zum Beispiel:

(1) Transaktion T1 sperrt den Satz S1.

(2) Transaktion T2 sperrt den Satz S2.

(3) Transaktion T1 beansprucht Satz S2 auch. Sie versucht ihn zu sperren, muss aber abwarten, weil S2 bereits von T2 gesperrt ist.

(4) Transaktion T2 beansprucht Satz S1 auch. Sie versucht ihn zu sperren, muss aber abwarten, weil S1 bereits von T1 gesperrt ist.

Die Situation führt zu einem Deadlock, da T1 darauf wartet, dass T2 den Satz S2 freigibt (3), und gleichzeitig T2 darauf wartet, dass T1 den Satz S1 freigibt (4). Die Transaktionen blockieren sich, weil beide darauf warten, dass die andere einen Datensatz freigibt. Deadlocks kommen selten vor. Sie sind häufiger bei langen Transaktionen und grossen Sperrobjekten.

Gegen Deadlocks bieten sich zwei Strategien an: Die erste vermeidet Deadlocks grundsätzlich, die andere bekämpft sie erst nach ihrer Entdeckung. Eine *Verhütungs*strategie lässt zum Beispiel der jüngeren Transaktion den Vortritt, wenn beide Transaktionen die gleichen Daten sperren wollen. Die ältere Transaktion wird zurückgesetzt (engl. rolled back). Eine *Entdeckungs*strategie untersucht, ob eine Transaktion während einer bestimmten Zeitspanne stillsteht, und setzt sie dann zurück.

b) Zeitstempel isolieren

Jede Transaktion erhält einen eindeutigen Zeitstempel (engl. timestamp). Die Transaktion drückt den Daten, auf die sie zugreift, diesen Zeitstempel auf. Greift sie auf ein Datenelement zu, dessen Zeitstempel von einer noch nicht beendeten Transaktion stammt, so wird sie zurückgesetzt.

c) Optimistische Protokolle isolieren nachträglich

Optimistische Protokolle gehen davon aus, dass Transaktionen nur selten kollidieren, und ergreifen keine Vorsichtsmassnahmen wie Sperren und Zeitstempel. Eine Transaktion schreibt ihre Ergebnisse aber zuerst in eine temporäre Datei. Falls ein nachträglicher Test ergibt, dass ihre Geschichte serialisierbar ist, wird die temporäre Datei endgültig in die Datenbank geschrieben. Wenn nicht, so kann das Anwendungsprogramm entsprechende Massnahmen ergreifen.

b) Isolierungsgrade

In besonderen Fällen wird vom Grundsatz serialisierbarer Geschichten abgewichen. Während zum Beispiel Banktransaktionen sehr empfindlich auf Lockerungen der Serialisierbarkeit reagieren, ist die Abschottung statistischer Berechnungen über einer Vielzahl von Einzelwerten weniger wichtig. Der **Isolierungsgrad** (engl. isolation level) bestimmt, wie abgeschottet eine Transaktion von konkurrierenden Transaktionen sein soll. Je geringer die Isolation, desto höher die mögliche *Parallelität*, desto geringer aber die *Konsistenz*: Hohe Parallelität ermöglicht viele konkurrierende Transaktionen, die nur kurz auf die Freigabe allfälliger Sperren warten müssen. Hohe Konsistenz macht es wenig wahrscheinlich, dass konkurrierende Transaktionen zu widersprüchlichen Datenbankzuständen führen. Beispiele unterschiedlicher Grade der Isolierung sind (Bild 9.6):

- *Read Uncommitted* (flüchtiges Lesen oder auch engl. dirty read): Eine Transaktion darf auch Änderungen lesen, die noch von einer anderen Transaktion noch nicht übergeben ("committed") worden sind. Nachteilig ist, dass nach einem späteren Rollback der Änderungen ein Ergebnis gelesen worden ist, das nun nicht mehr existiert. Daten sind also zu Unrecht gelesen worden. Dieser Isolierungsgrad ist nur dann sinnvoll, wenn das flüchtig Gelesene das Gesamtergebnis nur wenig beeinflusst. Etwa dann, wenn eine statistische Entscheidung durch eine Vielzahl gelesener Daten zustande kommt, deren einzelne Werte nur mit einem kleinen Gewicht in die Gesamtentscheidung eingehen.
- *Read Committed* (gebundenes Lesen): Die Transaktion darf nur Änderungen lesen, die mit commit bereits übergeben worden sind. Diesen Isolierungsgrad unterstützen die meisten Server-DBMS. Er entspricht dem bisher implizit angenommenen Isolierungsgrad.
- *Repeatable Read* (wiederholbares Lesen): Innerhalb einer Transaktion führt mehrmaliges Lesen der gleichen Dateneinheit immer zum gleichen Ergebnis wie die erste Leseoperation. Zwischenzeitliche Änderungen durch andere Transaktionen sind also nicht erlaubt oder können zumindest nicht gelesen werden. Dieser Isolierungsgrad ist dann angezeigt, wenn die Konsistenz eines einmal gelesenen Wertes wichtig und die Wahrscheinlichkeit kollidierender Transaktionen gering ist. Nicht angebracht ist "repeatable read" im folgenden Beispiel: Zwei Transaktionen T1 und T2 lesen gleichzeitig denselben Warenbestand von 5 und vermindern ihn dann um 3. Weil zwischenzeitliche Änderungen des Bestands nicht gelesen werden können, meinen aber T1 und T2, sie hätten den ganzen Lagerbestand zu ihrer Verfügung.

Je höher also der Isolierungsgrad (dirty read, read committed, repeatable read), desto höher die Konsistenz und desto geringer die Parallelität. Jede Applikation erfordert einen anderen Kompromiss zwischen Parallelität und Konsistenz.

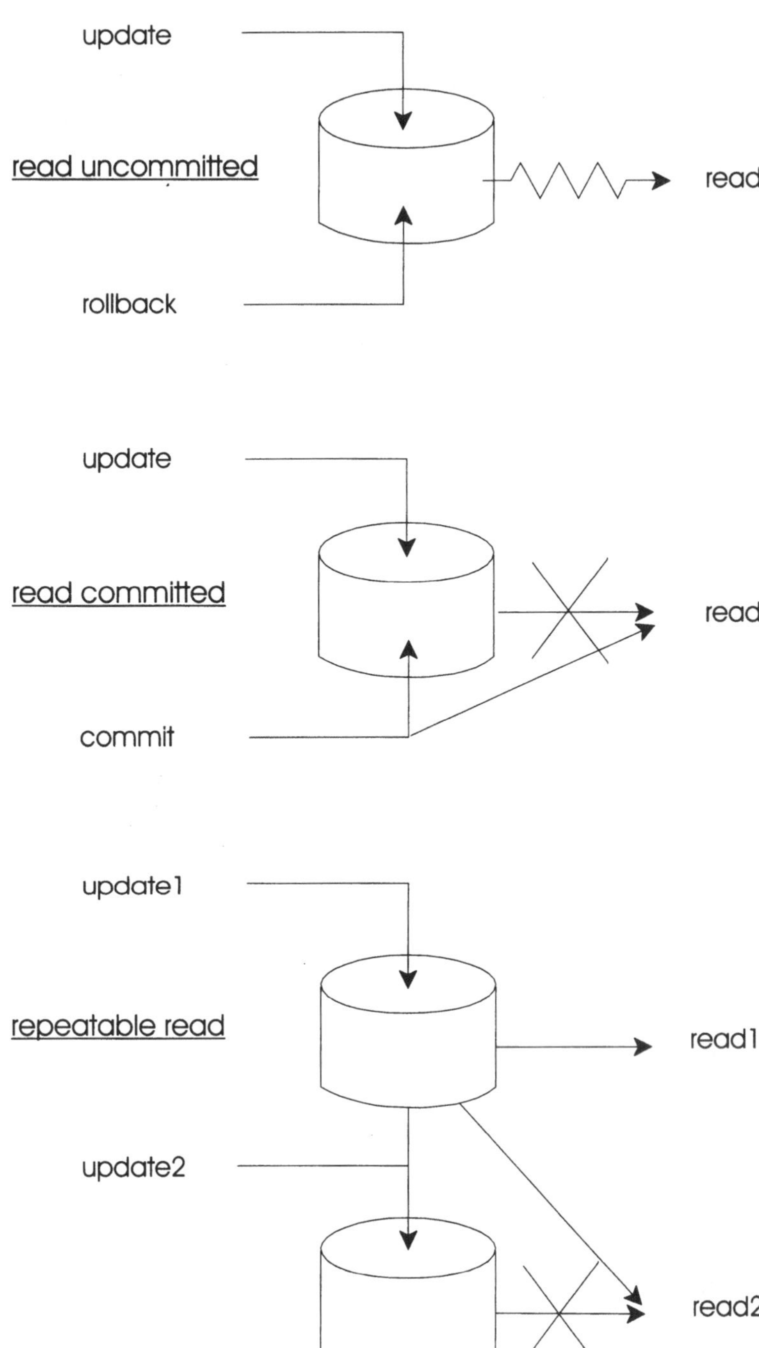

Bild 9.6: Isolierungsgrade

9.5.2 Konsistenz

Abschnitt 6.4 hat Transaktionen als Operationsfolgen definiert, die logisch zusammengehören und eine Datenbank von einem konsistenten Zustand in einen anderen überführen. Die folgenden Ausführungen vertiefen einen Aspekt der Integritätserhaltung, der vor allem verteilte Datenbanksysteme betrifft, die Konsistenz replizierter Daten.

Die SQL-Anweisung `create table` legt eine Tabelle auf einem lokalen Rechner des verteilten Datenbanksystems an. Andere Komponenten können dann über das Netz auf die Tabelle zugreifen. Eine erweiterte `create table`-Anweisung *repliziert* bestehende Objekt- und Metadaten einer Tabelle auf weitere Rechner. Abfragen auf Replikaten sind schneller und sicherer, erhöhen aber den Fortschreibungsaufwand (Abschnitt 8.6).

Zur Erhaltung der Konsistenz replizierter Daten bieten sich mehrere Ansätze an. Ein einfaches Verfahren sperrt alle betroffenen Replikate, bevor es sie ändert. Allerdings steigt mit zunehmender Zahl der Replikate die Wahrscheinlichkeit, dass eines der beteiligten Datenbanksysteme ausfällt (Blockierung der Fortschreibung). Ein anderer Ansatz schreibt deshalb nur ein einziges Replikat fort, die sogenannte **Primärkopie**. Die übrigen Replikate werden erst später stapelweise angepasst. Verantwortlich für die Anpassung ist das DBMS der Primärkopie. Programme, die Sekundärkopien von einer Primärkopie erstellen, nennt man **Replikatoren**. Sekundärkopien können unmittelbar nach der Fortschreibung der Primärkopie erstellt werden. Es ist aber auch möglich, eine Warteschlange von Änderungen zu bilden und sie in benutzerdefinierten Zeitabständen oder nach einem bestimmten Programmereignis abzuarbeiten. Solche Replikationsverfahren eignen sich vor allem für Daten, die nur gelesen oder stapelweise verarbeitet werden.

Als Beispiel betrachten wir die einfache Replikationsverwaltung von MS Access - einem System, das nicht verteilt im Sinne dieses Kapitels ist. Sie unterstützt zum Beispiel Anwendungen der folgenden Art:

- Ein Vertreter zieht ausgewählte Objekte der Firmendatenbank auf seinen tragbaren Rechner. Änderungen kann er in regelmässigen Abständen mit der gesamten Firmendatenbank synchronisieren.
- Um die Netzbelastung zu reduzieren, verteilt der Netzverwalter Replikate an andere Netzserver.

Eine **Replikatgruppe** besteht in MS Access aus einem *Design-Master*, der Entwurfsänderungen aufnimmt, und *Replikaten*. Der Design-Master bestimmt, welches die replizierbaren Datenbankobjekte sind (Tabellen, Abfragen, Formulare, Berichte, Makros oder Programmodule). Die Mitglieder einer Replikatgruppe (zwei oder mehr Datenbanken) können neben den replizierbaren Objekten auch eigene, lokale Objekte verwalten. Objekte können in regelmässigen Abständen oder nach Ereignissen - zum Beispiel vor der Erstellung eines Berichts oder nach Änderungen der Tabellenstruktur im Design-Master - synchronisiert werden. Die Synchronisierung kann alle oder nur ausgewählte Objekte betreffen.

Die Replikation verteilter Daten ist ein neues Konzept. Replikationsmechanismen leiden denn auch - je nach Produkt - unter verschiedenen Mängeln:

- Sie schliessen die Replikation bestimmter Datenbankobjekte aus. Zum Beispiel lassen sie die Replikation von Formularen nicht zu.
- Sie beschränken die Granularität der Replikation. Zum Beispiel replizieren sie nur ganze Tabellen statt auch einzelne Felder.
- Die beiden Access-Kurzbeispiele beschränken sich auf die Ein-Weg-Replikation: Der Replikationsmechanismus achtet nur darauf, dass die Änderungen einer Datenbank in die Richtung anderer Datenbanken propagiert werden (und nicht umgekehrt). Die Partner einer Zwei-Weg-Replikation passen hingegen ihre Daten gegenseitig an.
- Sie bieten nur wenige und einfache Regeln zur Lösung von Replikationskonflikten an (Abschnitt 8.4). Die symmetrische Replikation ruft erfordert aber komplexe Synchronisierungsregeln. Einfache Regeln wie die folgende befriedigen nicht: "Wenn sich entsprechende Zeilen der Replikate X und Y ändern, dann wird jene Zeile repliziert, die seit der letzten Synchronisation häufiger geändert worden ist". Unter MS Access kann der Programmierer die voreingestellte einfache Regel durch eine eigene Konfliktlösungsfunktion ersetzen.
- Die Replikation kann sich nicht über Datenbanksysteme mehrerer Hersteller erstrecken.

9.5.3 Atomizität

Eine Transaktion kann *implizit* durch das System oder *explizit* durch den Programmierer zurückgesetzt werden. Gründe für eine Rücksetzung sind zum Beispiel

- falsche Eingaben und andere Integritätsverletzungen
- Deadlocks
- nicht serialisierbare Transaktionen
- Systemüberlastungen und -zusammenbrüche
- Hardwarefehler.

Das folgende Beispiel veranschaulicht das Prinzip der Atomizität einer Transaktion: `Transfer` setze sich zusammen aus den Teiltransaktionen Lastschrift und Gutschrift und werde vom DDBMS auf die Komponenten-Datenbanken A und B verteilt:

```
Teiltransaktion Lastschrift(Kontonr_1, Betrag)
  % -- auf Komponenten-Datenbank A
  select Saldo from KONTO
  where Kontonr = Kontonr_1;

  falls Saldo nicht gefunden dann rollback;

  update KONTO set Saldo = Saldo - Betrag
  where Kontonr = Kontonr_1;

  falls Saldo < 0 dann rollback;

  sende("Lastschrift_Ok")

Teiltransaktion Gutschrift(Kontonr_2, Betrag)
  % -- auf Komponenten-Datenbank B
  select Saldo from KONTO
  where Kontonr = Kontonr_2;

  falls Saldo nicht gefunden dann rollback;

  update KONTO set Saldo = Saldo + Betrag
  where Kontonr = Kontonr_2;

  sende("Gutschrift_Ok")
```

Falls eine dieser lokalen Teiltransaktionen ohne Erfolg abschliesst, so muss das DDBMS die ganze globale Transaktion zurücksetzen können. Dazu folgen die meisten DDBMS dem *Zwei-Phasen-Sperrprotokoll* (Abschnitt 9.5.1). Es garantiert, dass eine globale Transaktion entweder alle Komponenten-Datenbanken oder keine ändert. In einer ersten Phase bereitet das DDBMS die globale Freigabe (engl. commit) vor, indem es alle lokalen Transaktionen veranlasst. Erst in der zweiten Phase markiert das DDBMS alle lokalen Transaktionen *global* als "committed". Ist auch nur eine der sende-Nachrichten der Komponenten-Datenbanken nicht in Ordnung, so scheitert die globale Transaktion und das DDBMS setzt alle lokalen Teiltransaktionen zurück.

Zusammenfassung

- Verteilte Datenbanksysteme legen im Gegensatz zu Client/Server-Systemen den Schwerpunkt auf die Verteilung von Daten und weniger auf die Verteilung von Rechenleistung. Ausserdem vernetzen sie mehrere autonome Datenbankrechner statt dedizierte und oft von einem einzigen Datenbankrechner (Server) abhängige Arbeitsplatzrechner (Clients).
- Verglichen mit einem zentralen DBMS bieten verteilte Datenbanksysteme die folgenden Vorteile: bessere Verfügbarkeit und effizientere Verarbeitung der lokalen Daten, geringere Übermittlungskosten und höhere Flexibilität. Auf der anderen Seite sind sie technologisch weniger ausgereift, und der Datenschutz ist schwieriger zu bewerkstelligen.
- Ein ideales verteiltes Datenbanksystem ist fragmentierungs-, orts- und replikationsunabhängig.
- Ein verteiltes DBMS beantwortet eine globale Abfrage in drei Schritten:
  - Zuerst übersetzt es die globale Abfrage in eine Folge lokaler Abfragen.
  - Dann wird jede lokale Abfrage in die Abfragesprache des jeweiligen lokalen DBMS übersetzt.
  - Schliesslich vereinigt es die lokalen Teilergebnisse und gibt das globale Ergebnis aus.
- Der erste dieser Schritte, die Übersetzung globaler in lokale Abfragen, läuft auf einem relationalen DDBMS wie folgt ab: Die globale SQL-Abfrage wird als Folge relationaler Operationen dargestellt. Dann werden die globalen Tabellenoperanden durch ihre Fragmente ersetzt. Schliesslich werden die relationenalgebraischen Operationen den lokalen Datenbanksystemen zugeordnet.
- Verteilte Transaktionen gehorchen dem ACID-Prinzip: Sie sind atomar, konsistent, isoliert und dauerhaft. *Atomar* ist eine Transaktion, weil sie sich nur als ganzes oder überhaupt nicht durchführen lässt. *Konsistent* ist eine Transaktion, weil sie die Integrität der Datenbank erhält. *Isoliert* ist eine Transaktion, weil ihr Ergebnis von keiner konkurrierenden Transaktion beeinflusst werden kann, und *dauerhaft* ist sie, weil commit die Transaktionsergebnisse persistent (dauerhaft) speichert.

- Eine Geschichte sequenziert die Operationen mehrer Transaktionen. Sie ist seriell, falls sich ihre Operationen nicht überlappen, und serialisierbar (isoliert), falls eine äquivalente serielle Geschichte existiert.
- Geschichten lassen sich durch Sperren isolieren. *Sperren* verbieten Schreib- und/oder Leseoperationen und verhindern, dass die Daten von konkurrierenden Transaktionen unkoordiniert geändert werden.
- Das Zwei-Phasen-Sperrprotokoll garantiert serialisierbare Geschichten, indem jede Transaktion in einer ersten Phase *alle* notwendigen Datenelemente sperrt und sie *alle* erst in einer zweiten Phase entsperrt.
- Statt konkurrierende Transaktionen grundsätzlich zu vermeiden, lässt sich die Wahrscheinlichkeit von Konflikten durch unterschiedlicher Isolierungsgrade steuern. Ein Isolierungsgrad, der nicht völlig isoliert, ist zum Beispiel *Read Uncommitted.*
- Ein Deadlock entsteht, wenn sich mehrere Transaktionen gegenseitig blockieren.
- Ein *Replikat* ist ein Datenobjekt das auf mehrere Rechner kopiert und regelmässig synchronisiert wird. Der Zugriff auf Replikate ist schneller und sicherer, erhöht aber den Fortschreibungsaufwand.

Wiederholungsfragen

1. Wie heissen verteilte Daten auch?

a) isoliert
b) lokal
c) autonom
d) global

2. Ordnen Sie die Eigenschaften 1 bis 8 den Kategorien A oder B zu.

1 lokal autonom
2 speichereffizient
3 laufzeiteffizient
4 Kommunikationskosten tiefer
5 technologisch reifer
6 schwieriger zu verwalten
7 skalierbar
8 Datenschutz einfacher

A Zentrale Datenbanken bzw. Datenbanksysteme
B Verteilte Datenbanken bzw. Datenbanksysteme

3. Ein heterogones DDBMS ...

a) enthält Objekttypen mit heterogen zusammengesetzten Attributen.
b) besteht aus DBMS verschiedener Anbieter.
c) arbeitet mit unterschiedlicher Hardware-, Software- und Netzarchitektur.
d) besteht aus unterschiedlich strukturierten Tabellen.

4. Welche Regel optimiert eine *globale* Abfrage?

a) Berechne ein arithmetisches Mittel zuerst lokal.
b) Übersetze die globale Abfrage in ein Standardformat.
c) Führe Aggregationsfunktionen möglichst spät aus.
d) Führe Verbundoperationen erst nach Selektionsoperation aus.

5. Welche Eigenschaften haben verteilte Transaktionen?

a) atomar, konsistent, isoliert und heterogen
b) atomar, dauerhaft, isoliert und seriell
c) atomar, isoliert, konsistent und serialisierbar
d) atomar, konsistent, persistent und isoliert

6. Eine Geschichte ist eine Folge ...

a) serialisierbarer oder serieller Transaktionen.
b) serialisierbarer Lese- und Schreiboperationen.
c) von Lese- und Schreiboperationen einer oder mehrerer Transaktionen.
d) von Lese- und Schreiboperationen verschiedener Transaktionen.

7. Eine Geschichte ist genau dann serialisierbar, wenn ...

a) eine äquivalente serielle Geschichte existiert.
b) sich die Reihenfolge ihrer Transaktionen ändern lässt.
c) sich ihre Transaktionen nicht überlappen.
d) sie seriell ist.

8. Geschichten lassen sich serialisieren durch ...

a) Sperr-, Zeitstempel- oder optimistische Protokolle.
b) flüchtiges, gebundenes und wiederholbares Lesen.
c) Zwei-Phasen-Sperrprotokolle und entsprechende Isolierungsgrade.
d) read uncommitted, read committed und repeatable read.

9. Ein Replikator ...

a) erstellt Primärkopien nach den Vorgaben eines Design-Masters.
b) erstellt Sekundärkopien von einer Primärkopie.
c) ist eine Replikatgruppe aus einem Design-Master und einer Primärkopie.
d) synchronisiert Replikate.

10. Welche Aussage ist falsch? Ein Zwei-Phasen-Sperrprotokoll ...

a) garantiert, dass eine lokale Transaktion alle Elemente oder keine ändert.
b) besteht aus einer Wachstums- und einer Schrumpfungsphase.
c) sperrt zuerst alle Datenelemente und entsperrt sie in einer zweiten Phase.
d) macht alle Geschichten serialisierbar.

11. Was ist ein Deadlock?

a) eine Verklemmung während eines Zwei-Phasen-Sperrprotokolls.
b) ein Stillstand, in den zwei Geschichten geraten können.
c) eine Situation, in der zwei Transaktionen auf die Freigabe von Ressourcen warten, die beide Transaktionen brauchen.
d) eine Verklemmung, die zwei Transaktionen voneinander isoliert.

10 Objektorientierte Datenbanksysteme

Neue Begriffe

- Datenbanksysteme
  - relationale -
  - objektorientierte -
    - für technische Anwendungen
    - für komplexe Datentypen
    - für wenig gleichzeitige Benutzer
    - für lange Transaktionen
    - für objektorientierte Programmiersprachen
- Eigenschaften objektorientierter Programmiersprachen
  - Autonomie
    - Modularität
    - Objekte mit Daten und Methoden
  - Abstraktion
    - deklarative Schnittstelle
    - prozedurale Implementation
  - Klassifikation
    - Klassen ähnlicher Objekte
    - Vererbung zwischen Klassen
- Eigenschaften objektorientierter Datenmodelle
  - Objektidentität
  - Objekttypen
    - Datentypen
      - Herkunft
        - systemdefinierte Datentypen
        - benutzerdefinierte Datentypen
      - Komplexität
        - einfache Datentypen
        - zusammengesetzte Datentypen
          - Record
          - Menge
          - Liste
    - Methoden (Operationen)
      - statische -
      - dynamische - (polymorphe -)

Das Bedürfnis nach objektorientierten Datenbanksystemen hat zwei Gründe: Zum einen stösst das relationale Datenmodell in bestimmten Anwendungsbereichen an seine Grenzen. Zum anderen wird die Kluft zwischen Datenbanksystemen und allgemeinen Programmiersprachen mit zunehmender →Objektorientierung deutlicher. Das *relationale* Datenbankmodell eignet sich in erster Linie für administrative Anwendungen. Technische Applikationen benötigen oft komplexere Datentypen und Operationen. Solche Anwendungen sind etwa CAD (Computer Aided Design), CIM (Computer Integrated Manufacturing), CASE (Computer Aided Software Engineering) und multimediale Systeme. Auf der anderen Seite unterstützen *objektorientierte* Programmiersprachen wie C++ oder Smalltalk keine persistenten Daten. **Persistente** Daten können im Gegensatz zu temporären programmiersprachlichen Objekten und Werten eine beliebige Lebensdauer annehmen. Eine persistente Programmiersprache ist nicht auf ausgewählte speicherbare Datenstrukturen, zum Beispiel Records und Dateioperationen angewiesen. *Alle* ihre Werte und Objekte lassen sich beliebig lange aufbewahren.

Die mangelhafte Anbindung allgemeiner - insbesondere objektorientierter - Programmiersprachen an Datenbanksysteme veranschaulicht die folgende Analogie: Ein Automobilist bewegt sich mit seinem Fahrzeug frei im Strassenverkehr. Will er es abends in die Garage stellen, so ist er gezwungen, das Auto in seine Bestandteile zu zerlegen. Morgens kann er sein Fahrzeug nur dann verkehrstüchtig machen, wenn er es wieder montiert. Ähnlich wie der Fahrzeughalter kann der Programmierer die komplexen Objekte seines Programms nicht direkt speichern, sondern muss sie vorher in die einschränkenden Datentypen seines DBMS zerlegen und die passenden Speicherbefehle verwenden. Mit Ladebefehlen holt er die Daten in den Internspeicher und strukturiert und aggregiert sie so, dass er sie als Objekte weiterverarbeiten kann.

Objektorientierte Datenbanksysteme (OODBMS) sind in der betrieblichen Praxis selten. Sie sind zwar seit 1987 verfügbar, machen aber nur wenige Prozente des DBMS-Marktes aus.

Die Verwaltung persistenter Objekte macht aus einer Programmiersprache noch kein Datenbanksystem. Relationale DBMS lösen auch die folgenden Aufgaben:

- Sie koordinieren die Zugriffe mehrerer Benutzer.
- Sie setzen fehlerhafte Transaktionen zurück.
- Sie sichern und schützen ihre Daten.

- Sie prüfen Integritätsbedingungen.
- Sie optimieren Abfragen.

Ziel eines objektorientierten Datenbanksystems ist es, diese Aufgaben ebenfalls zu lösen und ausserdem die wichtigsten Mängel klassischer Datenmodelle zu beheben. Relationale Datenmodelle weisen vor allem die folgenden Mängel auf:

- Sie bieten nur wenige Datentypen an.
- Die vordefinierten Datentypen sind in der Regel nicht zusammengesetzt (zum Beispiel integer, char).
- Die wenigen zusammengesetzen Datentypen erlauben keine komplexen, (zum Beispiel geschachtelten) Werte.
- Benutzerdefinierte Wertebereiche und Operationen sind nicht möglich.
- Verbundoperationen sind ineffizient.

Komplexe Datentypen muss der Benutzer deshalb in vordefinierte und einfachere Datentypen zerlegen. Ausserdem ist der Anwendungsprogrammierer gezwungen, benutzerdefinierte Datentypen und ihre Zugriffsoperationen in einer allgemeinen Programmiersprache zu definieren und zu verwalten. Dies führt zu einem grossen Entwicklungs- und Wartungsaufwand und zu ineffizienten Lösungen.

Tabelle 10.1 fasst Unterschiede zwischen relationalen und objektorientierten Datenbanksystemen zusammen. Die meisten Vergleichskriterien sprechen für sich. Erklärungsbedürftig ist das Kriterium Transaktionen: Während klassische Datenbankanwendungen eine grosse Zahl kurzer Transaktionen für viele Benutzer verarbeiten, verwalten viele OODBMS multimediale Transaktionen, die - wie etwa das Abspielen einer Bildfolge - länger dauern.

Kriterium	*RDBMS*	*OODBMS*
Anwendungsschwerpunkt	administrativ	technisch
Datentypen	einfach, vordefiniert	komplex, benutzerdefiniert
Vererbung	-	von Daten und Methoden
gleichzeitige Benutzer	viele	wenige (Arbeitsgruppe)
Werkzeuge	endbenutzerorientiert	programmiererorientiert
Transaktionen	meist kurz	oft lang
Programmiersprachen	3GL, 4GL	objektorientierte

Tabelle 10.1: Relationale und objektorientierte Datenbanksysteme

Die Zuordnung der objektorientierten Sprachen zu den OODBMS bedeutet nicht, dass objektorientierte Sprachen wie C++ und Java nicht auch relationale DBMS ansprechen können. Die Anbindung leidet aber unter der eingeschränkten Verträglichkeit des programmiersprachlichen Modells mit dem relationalen Datenmodell.

10.1 Objektorientierte Programmiersprachen

OODBMS gehen mehr oder weniger von programmiersprachlichen →Objektmodellen aus. Sie erweitern oft eine objektorientierte Programmiersprache um persistente Objekte und weitere DBMS-Eigenschaften. Kommerzielle objektorientierte Datenbanksprachen wie ›ObjectStore und ›Ontos bauen zum Beispiel auf C++ auf. Eine andere Möglichkeit besteht in der Erweiterung des relationalen Datenmodells um objektorientierte Konzepte. So ist ›POSTGRES eine Erweiterung des relationalen Datenbanksystems INGRES. Ziel der objektorientierten Softwareentwicklung ist eine möglichst treue Abbildung eines Problems auf ein Programm. Objektorientierte Methoden und Werkzeuge streben deshalb eine möglichst natürliche Problembeschreibung an und setzen Programme aus autonomen Objekten zusammen, die über Nachrichten kommunizieren.

Der Ausdruck "Objekt" ist ein Homonym, das je nach Zusammenhang Verschiedenes bezeichnet. *Objektorientierte Graphik* ist oft ein Synonym für Vektorgraphik. Sie heisst objektorientiert, weil sie im Gegensatz zur Bitmap-Graphik vollständige graphische Objekte mathematisch darstellt. Oft nennt man auch jene Werkzeuge objektorientiert, welche die Erstellung *graphischer Benutzerschnittstellen* unterstützen. Der Programmierer beschreibt die Benutzeroberfläche - plaziert zum Beispiel Menüs, Schaltknöpfe und Dialogfenster auf dem Bildschirm - und schreibt erst dann den Code, der die Oberflächenobjekte mit den Benutzeraktionen verbindet.

Neben der Objektorientierung im Sinne der Manipulation graphischer Objekte hat sich ein weiterer Begriff eingebürgert: Objekte sind *Module* aus Daten und deren Zugriffsoperationen. MS OLE ist zum Beispiel ein Industriestandard, der zusammen mit Text-, Graphik-, Ton- und Videodaten Hinweise über Zugriffsoperationen speichert (Abschnitt 3.3: Kommunikation mit anderen Anwendungen).

Ein Werkzeug wie Visual Basic geht von den "visuellen" Objekten der Benutzeroberfläche aus und fördert eine GUI-orientiertierte Programmentwicklung. *Objektorientierte Programmiersprachen* abstrahieren vom Objektbegriff visueller Entwicklungsumgebungen und vom konventionellen Modulkonzept. Sie erleichtern zwar ebenfalls die ›GUI-Entwicklung, legen den Schwerpunkt aber nicht auf die Manipulation von Bildschirmobjekten. Objektorientierte Programmiersprachen vertiefen die Moduleigenschaften Autonomie und Abstraktion und fügen die vererbende Klassifikation hinzu:

- *Autonomie*: Der Programmierer entwirft eine Miniwelt aus möglichst selbständigen →Objekten und ihren →Eigenschaften. Die Objekte kommunizieren über Nachrichten ("Unterprogrammaufrufe").
- *Abstraktion*: Autonome Objekte kapseln gegenüber ihrer Umgebung alles ab, was die Kommunikation nicht unbedingt erfordert. Sichtbar ist nur eine enge Schnittstelle, die angibt, welche Nachrichten welche →Methoden aufrufen. Methoden sind nichts anderes als Unterprogramme, die auf ein Objekt zugreifen. Die Implementation der Methoden und Eigenschaften (Daten) ist unsichtbar.
- *Klassifikation und Vererbung*: Eine →Klasse (Objekttyp) erlaubt die Erzeugung beliebig vieler Objekte (→Instanzen). Die Objekte einer Klasse zeichnen sich durch gleiche Eigenschaften und Methoden aus. →Vererben heisst ausgewählte Eigenschaften und Methoden einer übergeordneten Klasse untergeordneten Klassen zugänglich machen.

Ein einfaches Beispiel soll die **Vererbung** veranschaulichen:

Für jede Abteilung eines Unternehmens soll ein Formular definiert werden. Objektorientierte Datenbanksprachen wie ›Delphi Pascal erlauben die Definition eines übergeordneten Formulars. Diesem Formular werden Eigenschaften wie "laufendes Datum" und Gültigkeitsprüfungen zugeordnet. Die abteilungsspezifischen Formulare lassen sich nun so definieren, dass ihnen das übergeordnete Formular ausgewählte Eigenschaften und Gültigkeitsprüfungen vererben kann.. Dies vermindert die Redundanzen zwischen den verschiedenen Formulartypen und fördert die Wiederverwendung.

Das nächste Beispiel veranschaulicht den Begriff der →**Polymorphie** (Vielgestaltigkeit):

Eine Hochschule unterscheidet zwischen verschiedenen Gehaltsklassen. Der Lohn eines Hilfsassistenten, welcher der Klasse "mit Diplom" angehört, wird anders berechnet als der Lohn eines Hilfsassistenten "ohne Diplom". Der Programmierer kann nun für alle Gehaltsklassen verschiedene Berechnungs-

prozeduren definieren und sie trotzdem alle mit dem gleichen Namen bezeichnen. Der Compiler übersetzt die Anwendung so, dass zu ihrer Laufzeit je nach Objekt - das heisst, je nach Gehaltsempfänger - die richtige Berechnungsprozedur gewählt wird.

Polymorphe *Operatoren* sind Programmierern schon lange bekannt. Die arithmetischen Operatoren +, -, * und / lassen sich zum Beispiel auf Objekte verschiedener Datentypen anwenden. 5 + 3 verknüpft ganze Zahlen und 5.1 + 3.2 Gleitkommazahlen. In manchen Programmiersprachen kann + sogar Zeichenketten verknüpfen. 'Apfel' + 'saft' ergibt zum Beispiel 'Apfelsaft'. Obwohl der Name des Operators bzw. der Prozedur immer der gleiche ist, wählt der Compiler oder das Laufzeitsystem je nach dem Typ der verknüpften Objekte einen anderen Code.

10.2 Ein objektorientiertes Datenmodell

Objektorientierte Datenmodelle beantworten die folgenden Fragen:

- Wie lassen sich Aufbau, Typ und Beziehungen der *Objekte* einer Anwendung definieren?
- Welche *generischen* Operationen erzeugen und manipulieren die Objekte. Eine Operation nennt man dann **generisch**, wenn sie eingebaut ist und sich auf alle Objekte anwenden lässt. Beispiele generischer Operationen sind die Selektion, die Projektion und der Verbund.
- Wie lassen sich *objektspezifische* Operationen definieren und vererben? Objektspezifische Operationen sind benutzerdefiniert und lassen sich auf eine bestimmte Klasse von Objekten anwenden. Anders als die ersten beiden Fragen ist diese Frage typisch für objektorientierte Datenmodelle.

Leider stimmen die Antworten der verschiedenen objektorientierten Datenmodelle nicht immer überein. Wir skizzieren deshalb ein einfaches fiktives Datenmodell und illustrieren es an Beispiel 10.3.

Ein objektorientiertes Datenmodell bietet neben den bekannten Standardtypen wie `integer` und `character` Typkonstruktoren, mit denen der Benutzer eigene **komplexe Datentypen** zusammensetzen kann. Dazu gehören Record- (Tupel-), Mengen- und Listenkonstruktoren (Tabelle 10.2).

Relationale Datenbanksysteme identifizieren die Objekte eines Typs durch den Primärschlüssel. Dieser identifiziert aber nicht nur, sondern macht auch eine inhaltliche Aussage über das Objekt (die Tabellenzeile). Zum Beispiel fällt er in einer Mitarbeitertabelle mit der Personalnummer zusammen. Verwendet die Tabelle stattdessen den Namen eines Mitarbeiters als Schlüssel, so eignet sich die zusammengesetzte Eigenschaft Nachname+Vorname nur solange, wie in der abgebildeteten Miniwelt keine Personen mit der gleichen Namenskombination vorkommen. Eine Schlüsselwahl kann sich also nachträglich als nicht sinnvoll erweisen. Objektorientierte Datenmodelle kennen deshalb das Konzept der **Objektidentität**. Es fordert, dass die Identifikation des Objekts unabhängig von dessen Inhalt erfolgt. Möglich ist dies zum Beispiel durch eine automatisch generierte Identifikation, die der Benutzer nicht mehr ändern kann (vgl. den Access-Datentyp →`AutoWert` von Abschnitt 2.4).

Ein **Objekttyp** wird aus den in Tabelle 10.2 erwähnten Konstruktoren gebildet und stellt **Methoden** zur Verfügung, die auf ihn und seine Instanzen zugreifen. Beispiel 10.3 erwähnt die Objekttypen HOCHSCHULANGEHÖRIGER, STUDENT, HILFSASSISTENT, DOZENT und ASSISTENT. Sie sind alle benutzerdefiniert und zusammengesetzt. Im Gegensatz zu einem Relationenschema kann ein Objekttyp geschachtelt sein. Zum Beispiel besteht ein Record des Typs HOCHSCHULANGEHÖRIGER aus Elementen, die selbst wieder Records sind (Name, Anschrift). Die Vereinbarungen der Datentypen STUDENT, ASSISTENT und HILFSASSISTENT enthalten Methoden. Die Methode `Abiturdurchschnitt` ist nur auf Objekte des Typs STUDENT anwendbar und berechnet den Durchschnitt einer Liste von Abiturnoten. Ähnlich wie in objektorientierten Programmiersprachen vereinbart die Typendeklaration eine Methode nur. Die Definition (Implementation) erfolgt an einer anderen Stelle.

Konstruktor	*Eigenschaften*	*Beispiel*	*Beispieloperation*
Record	feste Zahl von Elementen unterschiedlichen Typs	Anschrift	=
Menge	beliebig viele ungeordnete Unikate des gleichen Typs	Grundfarben	$\cup$ (Vereinigung)
Liste	beliebig viele geordnete Elemente (ev. Duplikate) des gleichen Typs	Adressliste	`nächstes Element`

Tabelle 10.2: Typkonstruktoren in objektorientierten Datenmodellen

Die Objekttypen sind hierarchisch angeordnet (Bild 10.4). Eigenschaften und Methoden lassen sich vererben, wobei Vererbungsbeziehungen durch das Schlüsselwort `ist` definiert werden. `STUDENT ist HOCHSCHULANGEHÖRIGER` lässt zum Beispiel den Objekttyp STUDENT die Eigenschaften und Me-

```
Objekttyp HOCHSCHULANGEHÖRIGER
Record aus
  Versicherungsnummer: integer
  Name: Record aus                    % geschachtelt
    Vorname: string
    Nachname: string
  Anschrift: Record aus
    PLZ: integer
    Ort: string
    Strasse: string
    Nummer: integer
    Telefonnummern: Menge aus         % siehe Tabelle 10.3
      Telefon: string

Objekttyp STUDENT ist HOCHSCHULANGHÖRIGER          % Vererbung
Record aus
  Matrikelnummer: integer
  ...
  Referent: DOZENT            % Verweis auf benutzerdef. Typ
  Abitur: Liste aus           % siehe Tabelle 10.3
    Fach: string
    Note: real
Methoden
  Abiturdurchschnitt: real    % statisch gebunden

Objekttyp ASSISTENT ist HOCHSCHULANGEHÖRIGER       % Vererbung
Record aus
  ...
  Vorgesetzter: DOZENT        % Verweis auf benutzerdef. Typ
  Gehaltskonto: string
Methoden
  Gehalt: real                % dynamisch gebunden (polymorph)

Objekttyp HILFSASSISTENT ist STUDENT               % Vererbung
Record aus
  ...
  Gehaltskonto: string
Methoden
  Gehalt: real                % dynamisch gebunden (polymorph)
```

Beispiel 10.3: Ausschnitt aus einem objektorientierten Datenmodell

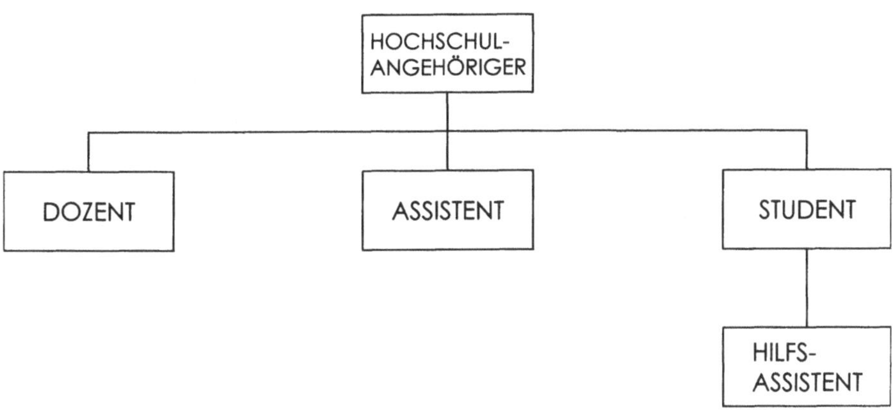

Bild 10.4: Hierarchie zwischen den Objekttypen des Beispiels 10.2

thoden von HOCHSCHULANGEHÖRIGER erben. `Gehalt` ist ein Beispiel einer polymorphen Methode: Das Gehalt von Assistenten wird anders berechnet als jenes von Hilfsassistenten. Das Datenbanksystem entscheidet dynamisch (zur Laufzeit), von welchem Typ das laufende Objekt ist und wählt die eine oder andere Implementation der polymorphen Gehaltsmethode.

Zusammenfassung

- Relationale und objektorientierte Datenbanksysteme unterscheiden sich im Anwendungsbereich (administrativ / technisch), in den Datentypen (einfach und vordefiniert / komplex und benutzerdefiniert), im Programmierstil (konventionell / objektorientiert), in der Zahl der gleichzeitigen Benutzer (viele / wenige) und in der Länge der Transaktionen (kurz / lang).
- Ein objektorientiertes Datenmodell bietet neben den bekannten Standardtypen Konstruktoren, mit denen der Benutzer eigene Datentypen definieren kann. Die wichtigsten Konstruktoren sind Record, Menge und Liste.
- Jedes Objekt erhält vom System eine eindeutige und unveränderbare Objektidentität.
- Die Klassifikation von Objekttypen ermöglicht die Vererbung von Eigenschaften und Methoden.
- Methoden können polymorph sein. Das System wählt zur Laufzeit die zum laufenden Objekt passende Implementation der polymorphen Methode.

Wiederholungsfragen

1. Ordnen Sie die Eigenschaften 1 bis 6 den Datenbankmodellen A oder B zu.

1 endbenutzerorientiert
2 administrative Anwendungen
3 lange Transaktionen
4 benutzerdefinierte komplexe Datentypen
5 technologisch reif
6 Zugriff vieler Benutzer

A Relationales Datenbankmodell
B Objektorientiertes Datenbankmodell

2. Welches ist die Haupteigenschaft objektorientierter Datenbanksysteme?

a) Sie unterstützen das Rapid Prototyping von GUIs.
b) Sie können graphische Objekte speichern.
c) Sie erlauben die Definition komplexer Datentypen mit Operationen.
d) Sie ermöglichen die Mehrfachvererbung polymorpher Methoden.

3. Eine polymorphe Methode ...

a) wird vom Compiler je nach Objekt an einen bestimmten Code gebunden.
b) benutzt objektspezifische Implementationsvarianten.
c) ist vielgestaltig, weil sie bei jedem Aufruf ein anderes Resultat ergibt.
d) wird immer statisch gebunden.

4. Ordnen Sie die Eigenschaften 1 bis 8 den Objekttypen A bis C zu.

1 feste Elementezahl
2 variable Elementezahl
3 Elemente unterschiedlichen Typs
4 Elemente gleichen Typs
5 ungeordnete Elemente
6 geordnete Elemente
7 Unikate
8 Duplikate

A Menge
B Record
C Liste

5. Die Objektidentität ...

a) zwingt den Benutzer, jedes Objekt eindeutig zu kennzeichnen.
b) lässt sich in einem RDBMS nicht verwirklichen, weil es keine künstlichen Schlüssel erlaubt.
c) bedeutet, dass ein OODBMS jedem Objekt automatisch einen Primärschlüsselwert vergibt.
d) verhindert, dass zwei Objekte gleiche Eigenschaftenwerte enthalten.

11 Anforderungen an relationale DBMS

Relationale Datenbanksysteme lassen sich an einer Fülle betrieblicher und technischer **Anforderungen** messen. Wir greifen einige Kriterien heraus und operationalisieren sie in einer tabellarischen Übersicht. Der Anforderungskatalog erlaubt uns gleichzeitig die Wiederholung der wichtigsten Begriffe der letzten Kapitel.

Zu den grundlegenden Anforderungen an ein relationales Datenbanksystem gehören:

- Das Datenmodell ermöglicht eine benutzerfreundliche und effiziente *Abbildung der Realität* auf eine Menge verbundener Tabellen. Es erlaubt möglichst vielen Anwendern, Beziehungen zwischen verschiedenen Objekttypen abzubilden. Seine Benutzerfreundlichkeit hängt davon ab, inwieweit es sich an gelegentliche Benutzer, regelmässige Anwender und erfahrene Entwickler wendet.
- Das Datenbanksystem unterstützt Massnahmen zur Erhaltung der *Integrität und Sicherheit* der Daten. Das Transaktionskonzept steuert den gleichzeitigen Zugriff auf die Daten. Eingaben lassen sich ausserdem leicht auf ihre Gültigkeit prüfen. Der korrekte Zustand der Datenbank nach Fehlern muss gewährleistet sein (engl. recovery). Nach einem Zusammenbruch des Betriebssystems muss zum Beispiel der Zustand vor dem Zusammenbruch mit älteren Kopien (Backups) und aufgezeichneten Sitzungen (›Log-Dateien) rekonstruierbar sein.
- Das System schützt alle Datenbankobjekte vor unberechtigten Zugriffen (*Datenschutz*).
- Das DBMS ermöglicht den Austausch von Daten mit anderen Anwendungen (*Datenkompatibilität*). Es muss zum Beispiel möglich sein, Daten zu exportieren, welche dem Format von Textverarbeitungs-, Tabellenkalkulations- und andere Datenbankprogrammen genügen.
- Eine mächtige deklarative *Abfragesprache* lässt den Endbenutzer und den Entwickler benutzerfreundlich und schnell auf die Daten zugreifen. Ihre Funktionen stehen auch externen Programmiersprachen zur Verfügung.
- Das DBMS arbeitet *speicher- und laufzeiteffizient.*

Die Evaluation eines Systems, das diesen Anforderungen genügt, kann auf Anbieterinformation, Fachliteratur, Benutzerbefragungen und ›Benchmarks zurückgreifen. Jede dieser **Informationsquellen** hat ihre Vor- und Nachteile (Vergleich 11.1).

Informationsquelle	Vorteile	Nachteile
Anbieterinformation	Motivation des Informanten	Subjektivität
Literaturanalyse	Objektivität	Aktualität?
Benutzerbefragung	Objektivität	Froschperspektive Motivation des Informanten?
Benchmarks	Objektivität	Aufwand Repräsentativität?

Vergleich 11.1: Informationsquellen zur Systemauswahl

Die folgende Übersicht vertieft und erweitert die eingangs erwähnten **Evaluationsgrundsätze**. Die letzte Spalte verweist auf die entsprechenden Kapitel:

Oberkriterium	Kriterium	Verweis
Modelltreue		
	Sind alle Objekt- und Metadaten in Tabellenform und lassen sich darauf Tabellenoperationen ausführen? (Katalog)	6.4
	Lassen sich fehlende Werte einheitlich als Nullwerte darstellen?	6.4
	Unterstützt die Datenbanksprache die relationalen Grundoperationen?	6.3
	Wie abhängig sind die Anwendungen von Änderungen der physischen und logischen Datenorganisation? (zum Beispiel nach Optimierungen oder Änderungen von Basistabellen)	4.1.2
Integrität		
deklarative -	Welche Integritätsbedingungen lassen sich mit einer deklarativen Datenbeschreibungssprache im Katalog (Data Dictionary) festhalten?	8.6
	Werden Entitäts- und Beziehungsintegrität automatisch geprüft?	6.1, 6.2
prozedurale -	Lassen sich Integritätsbedingungen als gespeicherte Prozeduren und Trigger programmieren?	8.6
Sprache		
	Existiert neben SQL auch eine benutzerfreundlichere Art der deklarativen Datendefinition, -abfrage, -manipulation und -kontrolle (zum Beispiel QBE)	5.1.3
	Wie umfangreich sind ›DDL, ›DML und ›DCL?	6.3.4
	Lassen sich zusammengesetzte Schlüssel definieren?	2.4

Oberkriterium	*Kriterium*	*Verweis*
	Welche Operationen lassen sich auf Views anwenden?	6.4
	Wieviele Tabellen und Schachtelungen unterstützten die Abfragesprachen?	
	Für welche Objekte und Eigenschaften lassen sich Synonyme vergeben?	6.4
	Können mehrere Versionen von Datenbankobjekten verwaltet werden? (engl. versioning)	
Entwicklung		
Werkzeugumfang	Ermöglichen die angebotenen Werkzeuge die autonome Entwicklung ganzer Anwendungen?	6
	Werden alle Entwicklungsphasen unterstützt? (insbesondere auch der Datenentwurf)	4, 7
	Wie gut unterstützt die eingebaute Programmiersprache die strukturierte Programmierung? (zum Beispiel durch Steuerkonstrukte, vollständige Datentypen, lokale und globale Objekte)	7
	Wie gut unterstützt die eingebaute Programmiersprache die objektorientierte Anwendungsentwicklung? (zum Beispiel durch Kapselung, Vererbung und Polymorphie)	10
	Wie gut unterstützt die Programmierumgebung den Entwickler? (zum Beispiel durch Editor, Debugger, Browser und Versioning)	
	Wie vollständig und programmierfreundlich lassen sich die Datenbankfunktionen aus externen 3GL-Sprachen aufrufen?	6, 6.3.4
Werkzeugkomfort	Kann der Entwickler die Benutzerschnittstelle deklarativ gestalten? (Formular- und Berichtsgeneratoren)	7
	Lassen sich Standardanwendungen deklarativ entwickeln? (zum Beispiel durch Applikationsgeneratoren)	7
Kompatibiltät		
Portabilität	Welche Betriebssysteme und Hardware-Plattformen unterstützt das DBMS?	
	Werden Multiprozessor-Systeme unterstützt? Lassen sich Schreiboperationen aus Sicherheitsgründen gleichzeitig auf mehreren Geräten speichern? (Plattenspiegelung)	

Oberkriterium	Kriterium	Verweis
Kommunikation	Wie kann mit anderen Anwendungen kommuniziert werden? (zum Beispiel über Import / Export, OLE oder DDE)	3.3
	Welche Datentypen unterstützt das DBMS? (insbesondere ›BLOBS, Memofelder, OLE)	
Standards	Wie gut hält sich der SQL-Dialekt an einen der Standards?	6.3.1 6.3.4
	Wie nahe kommt die eingebaute prozedurale Programmiersprache an eine verbreitete 3GL- oder 4GL-Sprache?	
Datensicherheit		
Backup	Ist ein Backup während des laufenden Betriebs möglich?	
Recovery	Ist automatischer und manueller ›Recovery möglich?	
	Wie komfortabel lassen sich ›Log-Dateien erstellen?	
Transaktions-steuerung	Welches Sperrprotokoll steuert den konkurrierenden Zugriff mehrerer Transaktionen auf gemeinsame Objekte?	6.4, 8.4 9.5
	Welche Isolierungsgrade werden unterstützt?	9.5.1
	Wie gross können Sperrobjekte sein? (Datenbank, Tabelle, Page, Satz, Feld)	
	Werden Deadlocks automatisch erkannt und aufgelöst?	10.5.1
Datenschutz		
	Welche Datenschutzmassnahmen stellt das DBMS bereit? (zum Beispiel Passwortschutz, Verschlüsselung, Zugriffsprotokolle)	8.8
	Wie gross können Datenschutzobjekte sein? (System, Datenbank, Tabelle, Page, Satz, Feld)	8.8
	Lassen sich Datenbankobjekte verstecken?	
	Lassen sich Benutzergruppen bilden?	8.8
	Lassen sich Berechtigungen vererben?	8.8
Netzfähigkeit		
	Welche Netzwerkprotokolle werden unterstützt?	8.1, 8.2
	Welche verteilten Architekturen werden unterstützt? (Fileserver-, Client/Server-, verteilte Datenbanken)	8, 9
	Erlaubt das DBMS heterogen verteilte Daten?	9.6
	Ist Replikation möglich?	8.4

Oberkriterium	*Kriterium*	*Verweis*
Phys. Grenzen		
	Welchen physischen Grenzen ist eine Datenbank unterworfen? (Speicherbedarf; Anzahl Netzwerk-knoten; Länge von Feld, Schlüssel, Satz, Namen, Datei, Datenbank und Programm)	
Effizienz		
Speicher-	Wie flexibel lässt sich der Cache (Datenpuffer) verwalten?	8.9
	Lassen sich Sätze physisch zusammenfassen und als Cluster speichern?	
	Lassen sich die Daten komprimieren?	
Laufzeit-	Wie kann der Zugriff optimiert werden? (zum Beispiel durch B-Bäume und Hashfunktionen)	2.3, 2.4
	Werden Suchabfragen automatisch optimiert?	8.9, 9.4
	Erzeugt der Übersetzer der prozeduralen Sprache Maschinen- oder Zwischencode?	
Komfort		
	Bietet das System vollständige Einführungs- und Referenzhilfen an? (on line, schriftlich, Schulung)	
	Wie gut ist die laufende Unterstützung durch den Anbieter? (technischer Support)	
	Existieren Benutzervereinigungen?	
Anbieter- und Produktqualität		
	Wieviel Vertrauen flössen Produktumstände wie Reifegrad oder Häufigkeit und Aufwand von Versionswechseln ein?	
	Wie ist die Herstellerfirma zu beurteilen? (zum Beispiel ihre wirtschaftliche Lage, die lokale und globale Marktpräsenz und die eingeholten Referenzen)	
	In welches Abhängigkeitsverhältnis gegenüber dem Anbieter begeben wir uns?	

A Glossar

1:1-Beziehung: Beziehung zwischen zwei Tabellen, in denen der Primärschlüsselwert jeder Zeile der einen Tabelle dem Fremdschlüsselwert *genau einer* Zeile der anderen Tabelle entspricht. ▸1:m-Beziehung, ▸m:n-Beziehung

1:m-Beziehung (1:n-Beziehung): ▸Beziehung zwischen einer Haupttabelle (1:-Tabelle, engl. master table) und einer Detailtabelle (:n-Tabelle), wobei der ▸Primärschlüsselwert jeder Zeile der Haupttabelle dem ▸Fremdschlüsselwert *einer oder mehrerer* Zeilen der Detailtabelle entspricht. ▸1:1-Beziehung, ▸m:n-Beziehung

Abfrage (engl. query): (1) Auswahlabfrage (Abfrage i.e.S.): Anweisung, die Daten sucht, aber nicht ändert. (2) Aktionsabfrage: Anweisung, die Daten fortschreibt (Anfüge-, Lösch-, Aktualisierungs- oder Tabellenerstellungsabfrage)

Abfragesprache (engl. query language): endbenutzerorientierte Sprache zur Gewinnung von Information aus Datenbanken. ▸prozedurale Abfragesprache, ▸nichtprozedurale Abfragesprache

Abhängigkeit (engl. dependency): Begriff aus der ▸Normalisierungstheorie. Seien A und B ▸Attribute einer ▸Relation R: Wenn zu jedem Zeitpunkt t jeder Wert von A eindeutig einen Wert von B = f(A,t) identifiziert, so sagt man, B sei (funktional) abhängig von A und schreibt A → B.

ACID: Eigenschaft einer Transaktion, die verlangt, dass sie atomar, konsistent, isoliert und dauerhaft sei (engl. atomic - consistent - isolated - durable, abgekürzt ACID)

Adabas: relationales Datenbanksystem der deutschen Firma SOFTWARE AG. Die Herkunft von Adabas ist - im Gegensatz zu Produkten wie ▸MS Access und ▸dBase - der Grossrechner.

Adresse: Ort, der Daten oder Befehle speichert. Eine ▸*physische* Adresse bezeichnet einen Speicherplatz mit einem geräteabhängigen Verfahren. Eine *logische* Adresse identifiziert einen Speicherplatz durch einen geräte*un*abhängigen Namen, der seinerseits auf eine physische Adresse verweist.

Adressberechnungsfunktion: ▸Hashfunktion

äusserer Verbund (engl. outer join): ▸Inklusionsverknüpfung

after image: Zustand eines ▸Datenbankobjekts nach einer ▸Transaktion. Das after image wird erst nach ▸commit endgültig in die Datenbank übertragen

alphanummerisch: aus Buchstaben, Zahlen und (oder) Sonderzeichen zusammengesetzt

Anomalie: Unregelmässigkeit beim Datenentwurf, die das Einfügen oder Löschen von Tabelleneinträgen erschwert (Einfüge- oder Löschanomalie) oder beim Fortschreiben von Einträgen Widersprüche begünstigt (Änderungsanomalie)

ANSI (engl. American National Standards Institute): 1981 gegründetes US-Gremium, das unter anderem informationsverarbeitende Hardware und Software standardisiert. ‣Industriestandard, ‣ISO, ‣ASCII, ‣Unicode

ANSI-Code: vom ‣ANSI standardisierter Zeichensatz unter dem Betriebssystem MS Windows. Die ersten 128 Zeichen des ANSI-Code entsprechen dem 7bit-‣ASCII-Code. Die restlichen 128 Zeichen stellen Spezialzeichen dar, zum Beispiel Elemente nationaler Zeichensätze und Währungssymbole. ‣Unicode

Anwendung: ‣Applikation

API (engl. Application Programmer Interface): Schnittstelle einer Programmbibliothek, die dem Entwickler erlaubt, seine ‣Applikation mit einem Drittprogramm, zum Beispiel einem Datenbank- oder Betriebssystem, zu verbinden. Ein API beschreibt vor allem die Namen und Funktionen der Unterprogramme sowie die Zahl und den Typ ihrer Parameter und Rückgabewerte. Das Betriebssystem MS Windows besteht aus ‣DLLs, die auch API-Unterprogramme enthalten, die der Anwendungsprogrammierer aufrufen kann.

Applet: ‣Java-Modul, das jeder Java-fähige Webbrowser herunterladen und ausführen kann. Applets werden häufig verwendet, um Webseiten mit Multimediaeffekten und interaktiven Funktionen zu versehen - etwa für Videoclips, Taschenrechner, Uhren und interaktive Spiele. Applets können automatisch beim Laden einer Applet-Seite oder manuell durch eine Benutzeraktion (zum Beispiel einen Klick) aktiviert werden.

Applikation (Anwendung): Programm, das auf einen Teil der Datenbank zugreift, der für eine Gruppe von Anwendern von Bedeutung ist. Es besteht in der Regel aus einem prozeduralen Teil (Programmlogik) und einem deklarativen Teil (‣Formulare, ‣Berichte).

Applikationsgenerator: Programm, das auf Grund einer Spezifikation des Benutzers einen Prototyp erstellt, der programmiersprachlich verfeinert werden kann

Arbeitsbereich: Teil des Arbeitsspeichers, der für eine Tabelle und die zugehörigen Datenobjekte (zum Beispiel ‣Indizes und ‣Formulare) reserviert ist

Arbeitsdatei (Transferdatei): Datei, die temporäre Daten zwischenspeichert

Array (Feld oder Bereich): Folge hintereinander angeordneter Elemente des gleichen Datentyps. Jedes Element wird durch seinen Namen (zum Beispiel `Nummern`) und seinen Index (zum Beispiel `i`) identifiziert. Die Pascal-Anweisung `Nummern[1] := 10` weist zum Beispiel dem ersten Arrayelement den Inhalt 10 zu.

ASCII-Code (engl. American Standard Code for Information Interchange): Code, der ausgewählte Zeichen auf Bitfolgen abbildet. Die meisten dieser Zeichen lassen sich mit Ausgabegeräten wie Bildschirm und Drucker sichtbar machen, die übrigen codieren nicht direkt sichtbare Operationen. Der 7bit-ASCII-Code ist identisch mit den ersten 128 Zeichen des ‣ANSI-Code. Unter MS DOS/Windows-Rechnern wird der ASCII-Code auch etwa DOS- oder OEM-Code genannt. Wenn die direkte Konversion zwischen Daten verschiedener Anwendungen - etwa zwischen Datenbank- und Tabellenkalkulationsprogrammen - nicht möglich ist, wird als letzte Möglichkeit oft ASCII-Text ausgetauscht. ‣Unicode

Attribut (Spalte, Feld): Eigenschaft einer Tabelle

äusserer Verbund (engl. outer join): ‣Inklusionsverknüpfung

Basistabelle (‣physische Tabelle): permanente Tabelle, die - im Gegensatz zu einer ‣Ergebnis- oder ‣Viewtabelle - samt ihrer Beschreibung länger als eine Sitzung abgespeichert bleibt

Befehlsschaltfläche (auch Schaltfläche, engl. command button): ‣Steuerelement, das auf einen Mausklick reagiert und ein ‣Makro oder eine Ereignisprozedur startet. Ein Klick auf eine Schaltfläche kann zum Beispiel ein Formular öffnen oder eine SQL-Anweisung ausführen.

before image: Zustand eines Datenbankobjekts vor einer ‣Transaktion. Ein ‣Rollback stellt diesen Zustand wieder her, falls die Transaktion wegen eines Fehlers nicht beendet werden konnte.

benchmarking: Methode, die Leistung eines Datenbanksystems an möglichst wirklichkeitsnahen Anwendungsfällen (engl. benchmarks) zu erproben

Benutzersicht (engl. view): Teil einer Datenbank, der für einen bestimmten Benutzer(kreis) von Bedeutung ist

Bericht (engl. report): Abfrageergebnis, das auf dem gewählten Ausgabegerät (zum Beispiel einem Drucker, einem Bildschirm oder einer Datei) und in der gewünschten Anordnung und Formatierung erscheint. Beispiele: Verkaufsbericht, Adressetiketten

Berichtsdatei (engl. report file): Datei, die zur Erstellung eines ‣Berichts aufbereitet wird

Berichtsgenerator (engl. report generator, report designer): Programm, das aus einer Spezifikation des Benutzers eine ‣Berichtsdatei erstellt

Bewegungsdatei (engl. transaction file): Datei, die neue Daten zur Fortschreibung einer ‣Stammdatei enthält

Beziehung (engl. relationship): Verbindung zwischen mehreren ‣Objekttypen. Im Relationenmodell werden Beziehungen zwischen zwei Tabellen über ein Verbundattribut hergestellt, das in beiden Tabellen (ev. unter verschiedenen Namen) vorkommt. ‣1:1-Beziehung, ‣1:m-Beziehung, ‣m:n-Beziehung

Beziehungsintegrität (engl. referential integrity): ‣Integritätsbedingung, die verlangt, dass zu jedem ‣Fremdschlüsselwert der einen Tabelle ein passender ‣Primärschlüsselwert der anderen existiert (‣1:m-Beziehung, ‣Entitätsintegrität)

BLOB (engl. binary large object): Datentyp, der eine variabel lange Zeichenfolge speichern kann. Die wichtigsten Inhalte sind Text, Standbilder, Bewegtbilder oder Tonfolgen. Ein BLOB-Feld verweist in der Regel auf eine getrennte Datei, welche die eigentliche Bitfolge enthält.

Borland: Anbieter von Entwicklungswerkzeugen für MS DOS- und MS Windows-Plattformen. Borland bietet vor allem Programmierwerkzeuge (C++, ‣Delphi, ‣Java) an.

BWL: Betriebswirtschaftslehre

CASE-Tools (engl. Computer Aided Software Engineering): Software, die einige oder alle Softwareentwicklungs-Phasen begleitet. Dazu gehören ‣Data Dictionaries, Diagrammeditoren und ‣Applikationsgeneratoren.

CLI (engl. Call Level Interface): standardisierte Bibliothek von Unterprogrammen, die den Entwickler direkt mit jedem Datenbanksystem verbindet, das sich an den CLI-Standard hält. CLI ist die Grundlage von ‣ODBC.

Client: ‣Client/Server-System

Client/Server-System: Hardware und/oder Software, die Aufträge von Clients (Arbeitsplatzrechnern) durch Server (Dienstleistungsrechner) ausführt.

commit (Freigabeanweisung): Programmanweisung oder implizite DBMS-Aktion, die eine ‣Transaktion erfolgreich beendet. ‣Rollback

Cursor (Marke): Zeiger auf den laufenden Satz einer Ergebnistabelle, die ein ‣eingebetteter SQL-Befehl erzeugt hat

Data Dictionary (Katalog): Tabelle, die Name, ‣Datentyp, Länge, Kurzbeschreibung und andere interessierende Information für jedes Element eines Datenbankobjekts, insbesondere einer Tabelle, enthält. Das Data Dictionary ist Grundlage für den Datenentwurf.

Datei (engl. file): benannte Folge von ‣Sätzen, auf denen Zugriffsoperationen definiert sind

Dateipuffer (engl. file buffer, cache): Teil des Internspeichers, der Daten vor Schreib- oder nach Leseoperationen möglichst effizient zwischenspeichert. Um Dateioperationen zu beschleunigen, werden zum Beispiel mehrere Sätze eines Externspeichers als Block in den Puffer gelesen, wo sie zur Weiterverarbeitung bereit stehen.

Dateiverwaltungsystem: Software, die im Gegensatz zu ‣Datenbanksystemen nur die Verwaltung *unverbundener* ‣Dateien erlaubt

Datenabhängigkeit (Daten-Programm-Abhängigkeit): Abhängigkeit der Benutzerprogramme von Änderungen der Datenbankstruktur. ‣Datenunabhängigkeit

Datenbank: Sammlung von ‣Datenbankobjekten, zwischen denen ‣Beziehungen bestehen. Oft unterteilt man Daten in Benutzer- und Systemdaten. Zu den Systemdaten (‣Metadaten) gehören die ‣Katalogtabellen. Sie enthalten die Definitionen von Datenbankobjekten wie ‣Basistabellen, ‣Viewtabellen, Synonymen, ‣Wertebereichen, ‣Indizes, Benutzern und Benutzergruppen.

Datenbankmaschine: Kern des ‣Datenbanksystems, der nur Datenbankaufgaben im engeren Sinn erledigt (ohne Benutzerschnittstelle und Entwicklungs- und Dienstprogramme)

Datenbankobjekt: Teil einer Datenbank, den der Benutzer ändern kann. Beispiele von Datenbankobjekten sind Tabellen, Abfragen, Formulare, Berichte, Programme, Integritätsregeln, Synonyme, Datentypen und Indizes.

Datenbankstrukturdiagramm: Graphik, welche die ›Beziehungen zwischen den ›Tabellen einer ›Datenbank visualisiert

Datenbanksystem (engl. Data Dase Management System, DBMS): Gruppe von Programmen zur Verwaltung einer ›Datenbank

Datenbankverwaltungssystem: ›Datenbanksystem

Datenflussdiagramm (engl. data flow diagram): Graphik, die den Fluss der Daten zwischen ›Geschäftsprozessen abbildet

Datenformat: Darstellungsform von Daten. Eine gebräuchliche Klassifikation unterscheidet zwischen nummerischen, ›alphanummerischen, Bild- und Sprachdaten.

Datenkompatibilität: Austauschbarkeit von Daten verschiedener Softwaresysteme

Datenmodell, logisches: abstrakte Beschreibung der Daten von ›Geschäftsprozessen, die möglichst wenig Rücksicht auf die Art und Weise der Implementierung nimmt

Datenmodell, physisches: konkrete Beschreibung der Daten, die Rücksicht auf die physische Implementierung der Datenstrukturen auf Externspeichern nimmt. Das physische Datenmodell spielte ein wichtige Rolle für das Leistungsverhalten (engl. performance) eines DBMS.

Datensatz: ›Satz

Datenschutz: Schutz der Daten vor unberechtigtem Zugriff

Datentyp: Paar aus ›Wertebereich und Zugriffsperationen, die sich auf dem Wertebereich ausführen lassen

Datenunabhängigkeit: Möglichkeit, die logische Gesamtsicht und/oder die physikalische Struktur zu ändern, ohne dass die Datensicht der Anwendungsprogramme geändert werden muss (›Datenabhängigkeit)

dBASE: ältestes PC-Datenbanksystem. Die Anbieter (früher Ashton Tate und ›Borland, heute dBase Inc.) versucht unter Wahrung der Kompatibilität mit früheren Versionen neue Entwicklungen zu integrieren (zum Beispiel die visuelle Programmierung und die Client/Server-Anbindung). Das Dateiformat und die Programmiersprache von dBASE haben sich zum Quasistandard XBase entwickelt, den viele Datenbankprodukte mehr oder weniger streng befolgen.

DBMS (engl. Data Base Management System): ‣Datenbanksystem

Deadlock (Stillstand, Verklemmung): Situation, in der sich mehrere ‣Transaktionen gegenseitig blockieren. Ein anschauliches englisches Synonym ist "deadly embrace".

deklarativ (‣nichtprozedural): beschreibend. Gegensatz zu ‣prozedural

Delphi Client/Server: Entwicklungsumgebung von ‣Borland, welche die visuelle Entwicklung von Client/Server-Anwendungen in einem effizienten Object Pascal ermöglicht. ‣Visual Basic, ‣PowerBuilder

Direktzugriff (wahlfreier Zugriff, engl. random access): Lesen oder Schreiben durch Angabe eines Suchkriteriums, das auf die Adresse eines Externspeichers abgebildet werden kann. Im Vergleich zum sequentiellen Zugriff ist der direkte Zugriff schneller, da die Suche nach einem Datenelement *nicht* das Lesen aller vorangehenden Datenelemente voraussetzt (‣sequentiell organisierte Datei).

Divisionsrestverfahren: eine in der Regel wirksame ‣Hashfunktion

DCL (engl. Data Control Language): Anweisungen einer Datenbanksprache, welche die Sicherheit und den Schutz der Daten gewährleisten. In SQL gehören dazu `lock`, `commit`, `rollback`, `grant` und `revoke`. ‣Transaktion, ‣DDL, ‣DML

DDL (engl. Data Definition Language): Datenbeschreibungsanweisungen einer Datenbanksprache. In SQL gehören dazu `create`, `alter`, `drop table`, `view` und `index`. ‣DCL, ‣DML

DLL (engl. Dynamic Link Library): Bibliothek, deren Unterprogramme erst zur Laufzeit gebunden werden (engl. dynamically linked). Anders als ein statisch gebundenes Unterprogramm ist ein dynamisches nicht Teil des Anwendungscode, sondern wird erst bei Bedarf geladen. Weil der Anwendungscode nur einen Verweis auf das DLL-Unterprogramm enthält, müssen Unterprogramme auch dann nur einmal in den Hauptspeicher gehalten werden, wenn sie von verschiedenen Anwendungen aufgerufen werden.

DML (engl. Data Manipulation Language): Such- und Änderungsanweisungen einer Datenbanksprache. In SQL gehören dazu `select`, `insert`, `delete` und `update`. ‣DCL, ‣DDL

Eingabedatei: ‣Datei, die von einem Programm nur gelesen, aber nicht geändert werden kann

eingebettetes SQL (engl. embedded SQL): SQL-Anweisungen, die in eine Zielsprache wie C, COBOL oder Visual Basic eingebettet sind. Ein ›Präprozessor übersetzt die eingebetteten SQL-Befehle in Aufrufe aus einer Bibliothek von Unterprogrammen, die der Programmierer nicht zu kennen braucht. Nachteilig ist, dass der Quellcode nach jedem Wechsel der Plattform neu bersetzt werden muss. ›CLI

embedded SQL: ›eingebettetes SQL

Endbenutzerwerkzeug: Programm, das auch von einem Endbenutzer ohne Programmierkenntnisse einfach bedient werden kann. Beispiele sind Textverarbeitungs- und Tabellenkalkulationspakete. Der Übergang von Endbenutzerwerkzeugen zu Programmierwerkzeugen ist fliessend, weil die meisten Endbenutzerwerkzeuge eine eingebaute Makro- oder Programmiersprache anbieten.

Entitätsintegrität (engl. entity integrity): ›Integritätsbedingung, die verlangt, dass jede Tabellenzeile durch einen Primärschlüssel eindeutig bestimmt ist

eof (engl. end of file): Funktion, die dann wahr wird, wenn der Datensatzzeiger am Ende der Datei angelangt ist

Ergebnistabelle (engl. answer table): temporäre Tabelle, welche die Ergebnisse einer Abfrage enthält

Erweiterung (Dateityp, engl. extension): Erweiterung des Dateinamens, der meist die Zugehörigkeit zu einer bestimmten Dateiklasse angibt. In Bericht.txt kennzeichnet zum Beispiel die Erweiterung .txt die Datei als Textdatei.

Exklusionsverknüpfung (innerer Verbund, innere Abfrage, engl. inner join): ›Verbund zwischen zwei Tabellen, dessen Ergebnis nur jene Zeilen enthält, welche die Verknüpfungsbedingung erfüllen. Der sogenannte equi-join ist ein Beispiel einer Exklusionsverknüpfung mit der Verknüpfungsbedingung =. ›Inklusionsverknüpfung, ›Verbund

Feld (Spalte, ›Attribut, engl. item oder field): Element eines Datensatzes bzw. einer Tabellenzeile

Feldname: Bezeichner für ein ›Feld. Die Länge eines Feldnamens und die Art der erlaubten Zeichen hängen vom verwendeten Datenbanksystem ab.

Feldtyp: Wird beim Erstellen einer Datei ein ›Feld definiert, muss im allgemeinen nach dem Feldnamen der Feldtyp angeben werden. Er legt die Art der

Information fest, die im Feld gespeichert werden kann (zum Beispiel alphanummerische Zeichen, Zahlen, logische Ausdrcke, Datumsangaben).

find <Schlüsselwert>: ‣dBASE-Befehl, welcher den ersten Satz einer indizierten Tabelle sucht, der gleich dem Wert des laufenden Primär- oder Sekundärschlüssels ist

Fokus: Den Fokus enthält jenes Steuerelement, das die laufende Eingabe empfangen kann

formatierte Daten: Daten, die aus Sätzen und Feldern einer bestimmten Struktur und Länge bestehen. Formatierte Daten sind im Gegensatz zu ‣unformatierten oder unstrukturierten nach einem entwicklerdefinierten Schema vorstrukturiert.

Formular (engl. form): Bildschirmfenster, das ‣Steuerelemente enthält, mit denen der Benutzer Operationen wie Anzeigen und Editieren durchführen kann. Wichtige Steuerelemente von Datenbankanwendungen sind Navigationsschaltflächen, mit denen der Benutzer die Position der laufenden Tabellenzeile ändern kann.

Formulargenerator (engl. forms generator oder forms designer): Programm, das aufgrund einer Benutzerspezifikation den Code für ein ‣Formular zur Ein- und Ausgabe von Daten erstellt.

Fragmentierung: (1) spalten- oder zeilenweise Spaltung einer Tabelle auf verschiedene lokale Datenbanken eines verteilten Datenbanksystems. (2) verstreute und deshalb ineffiziente Speicherung eines Datenobjekts

fragmentierungsunabhängig: Fragmentierungsunabhängig ist eine verteilte Datenbank, falls die Anwendung nicht zu wissen braucht, ob und wie eine Tabelle verteilt ist. ‣ortsunabhängig, ‣replikationsunabhängig

fragmentierungstransparent: ‣fragmentierungsunabhängig

Fremdformat: ‣Datenformat, das ein anderes Programm verwendet. Die meisten Datenbanksysteme erlauben die Konversion von Tabellen in gebräuchliche Fremdformate und umgekehrt. ‣MS Access erlaubt zum Beispiel den Import von ‣dBASE-Tabellen und den Export von Access-Tabellen in das dBASE-Format.

Fremdschlüssel (engl. foreign key): Attribut, das in einer anderen Tabelle ‣Identifikationsschlüssel ist. Ein Fremdschlüssel ermöglicht ‣Beziehungen zu anderen Tabellen.

funktionale Abhängigkeit: ‣Abhängigkeit

Geschäftsprozess (engl. business process): Folge von geschäftlichen Vorgängen, welche in die Entwicklung eines betrieblichen Informationssystems oder in die Simulation einer betrieblichen Aktivität eingeht Ein Beispiel ist die Abwicklung eines Kundenauftrags von der Bestellung bis zur Lieferung des Produkts. Wichtige Klassen von Geschäftsprozessen sind Beschaffungsprozesse, Produktionsprozesse, Verteilungsprozesse und Informations- und Kommunikationsprozesse.

Geschäftsregeln (engl. business rules): Regeln über Beziehungen zwischen den Daten eines DBMS (‣Integritätsbedingung, ‣Entitätsintegrität, ‣Beziehungsintegrität)

Geschichte (engl. history): Folge von Lese- und Schreiboperationen der gleichen oder verschiedener Transaktionen

gespeicherte Prozedur (engl. stored procedure): Prozedur, die nicht ein Arbeitsplatzrechner, sondern ein Server auf einer Datenbank ausführt. ‣Trigger

Gleichzeitigkeit: ‣Nebenläufigkeit

Gruppenbruch: Algorithmus, der den Ausgabefluss eines Programms an der richtigen Stelle unterbricht, um eine Zusammenfassung der laufenden Satzgruppe auszugeben

GUI (engl. Graphical User Interface): graphische Benutzerschnittstelle

Hashfunktion (Adressberechnungsfunktion): Funktion, die breit gestreute Schlüsselwerte auf einen schmalen Bereich von Zellen abbildet. Effiziente Zugriffsmethode für grosse Datenbestände

HDLC (engl. high level data link control procedure): ISO-Protokoll für ein bitorientiertes Steuerungsverfahren zur Datenübermittlung

heterogene Umgebung: Umgebung, die sich aus *verschiedenen* Hardware- und/oder Softwareplattformen zusammensetzt

Identifikationsschlüssel: ‣Primärschlüssel

Index: Tabelle, die für jeden in der indizierten Tabelle vorkommenden Wert des Indexattributs, zum Beispiel des Geschlechtsnamens eines Mitarbeiters, die Adresse der Tabellenzeile angibt. Ein Index beschleunigt das Suchen und Sortieren von Datensätzen.

Indizes (auch Indices): Mehrzahl von ‣Index

indizierte Datei: Datei mit mindestens einem ‣Index

Industriestandard (engl. de facto standard): Ein *formaler* Standard wird von einem nationalen oder internationalen Standardisierungsgremium, zum Beispiel ‣ANSI oder ‣ISO, erlassen. Ein *Industrie*standard entsteht, wenn ein Produkt so populär wird, dass es nicht nur vom Hersteller, sondern auch von vielen anderen Anbietern unterstützt oder sogar kopiert wird. Beispiele sind der IBM-PC und ‣dBASE.

Informix: Anbieter eines relationalen DBMS und von Entwicklungswerkzeugen

Inklusionsverknüpfung (äusserer Verbund, äussere Abfrage, engl. outer join): ‣Verbund zweier Tabellen, deren Ergebnis *auch* (inklusive) jene Zeilen enthält, welche die Verknüpfungsbedingung *nicht* erfüllen. ‣Exklusionsverknüpfung

Innerer Verbund: ‣Exklusionsverknüpfung

Integritätsbedingung: Bedingung, die hilft, die ‣Integrität einer Datenbank zu gewährleisten

Integrität: Richtigkeit und Vollständigkeit eines Datenbestandes. Die Integrität kann zum Beispiel durch die Eingabe von Werten ausserhalb des ‣Wertebereichs eines Attributs (zum Beispiel 13 für eine Monatszahl) oder fehlendes Nachführen geänderter Werte (zum Beispiel Wechsel des Zivilstands) verletzt werden. Ein Teil der Integritätsverletzungen lässt sich durch einen sorgfältigen Datenentwurf vermeiden. ‣Anomalie, ‣Entitätsintegrität, ‣referenzielle Integrität

invertierte Datei: Datei, die neben dem ‣Primärindex mindestens einen weiteren Index enthält

ISDN (engl. Integrated Services Digital Network, dt. dienstintegrierendes digitales Netz): Multimedia-Netz, das zusätzlich zum Telefonverkehr Dienste wie schneller Datentransfer, Videokonferenzen und LAN-LAN-Verbindungen mit verbesserter Übertragungsqualität anbietet

ISO (engl. International Standards Organisation): 1946 gegründetes internationales Gremium, das unter anderem informationsverarbeitende Hardware und Software standardisiert. ‣Industriestandard, ‣ANSI

Isolierungsgrad: bestimmt, wie abgeschottet eine ›Transaktion von konkurrierenden Transaktionen sein soll. Je geringer die Isolation, desto höher die mögliche *Parallelität*, desto geringer aber die *Konsistenz*: Hohe Parallelität ermöglicht viele konkurrierende Transaktionen, die nur kurz auf die Freigabe allfälliger Sperren warten müssen. Hohe Konsistenz macht es wenig wahrscheinlich, dass konkurrierende Transaktionen zu widersprüchlichen Datenbankzuständen führen.

Java: universell einsetzbare Programmiersprache, die von Sun Microsystems entwickelt wurde. Java wird hauptsächlich für das Programmieren kleiner Anwendungen (sogenannter ›Applets) für das World Wide Web verwendet.

Kandidat: ›Schlüsselkandidat

Katalog: ›Data Dictionary

Kollision: Situation, in der eine Hash-Funktion zwei Sätzen mit verschiedenen Identifikationsschlüsseln die gleiche (kollidierende) ›Adresse vergibt

Listenfeld: ›Steuerelement unter MS Access, das eine Liste von Auswahlmöglichkeiten anbietet. Die Auswahl kann eine Einfach- oder eine Mehrfachauswahl sein.

Log-Datei (Journaldatei): Datei, die Datenbankänderungen für den Fall eines ›Recovery protokolliert

logisch: ›physisch

lokale Datenbank: Datenbank eines Arbeitsplatzrechners, die im Gegensatz zu einer ›Server-Datenbank oder einer ›verteilten Datenbank anderen Benutzern nicht zur Verfügung steht

m:n-Beziehung: ›Beziehung zwischen zwei Tabellen: Der ›Primärschlüsselwert jeder Zeile der einen Tabelle entspricht dem ›Fremdschlüsselwert mehrerer Zeilen der anderen Tabelle *und umgekehrt.* In relationalen Datenbanken verknüpft eine *Verbindungstabelle* die beiden Tabellen. Die Verbindungstabelle muss die Primärschlüssel der beiden anderen Tabellen enthalten. ›1:1-Beziehung, ›1:m-Beziehung

Makro: Folge häufig wiederholter Benutzeraktionen, die automatisch ablaufen soll. In der Regel werden die Tastenanschlge und Mausaktionen des Benutzers aufgezeichnet und in Programmbefehle übersetzt. Diese Befehle lassen sich meist mit einem Editor nachbearbeiten und werden zu Programmteilen des Datenbankanwendung. Der Ausdruck “Makro” stammt ursprünglich aus der Assemblerprogrammierung.

Ein Makro unter MS Office fasst häufig vorkommende Aktionen unter einem Namen zusammen. Zu den wichtigsten Aktionen gehören das Öffnen eines Formulars oder das Anzeigen eines Berichts. Ein Makro, das ein Formular öffnet, sobald die Benutzerin auf eine Schaltfläche klickt, kann auch ein Nichtprogrammierer implementieren.

Memo: Ein Feld des Datentyps Memo kann sehr lange Zeichenketten enthalten (in MS Access bis zu 64’000 Zeichen).

Metadaten: Daten des ›Data Dictionary, die hinter (griech. “meta”) den eigentlichen Daten (den Objektdaten) stehen

Modulo-Operator: Operator, der den den Rest einer ganzzahligen Division ergibt. 5 mod 2 ergibt zum Beispiel den Rest 1.

Modul: Ein Modul besteht aus Deklarationen und Anweisungen, die als Einheit gespeichert werden und von anderen Modulen unter bestimmten Sichtbarkeitsbedingungen benutzt werden können. Access kennt drei Typen von Modulen: Ein *Formular- bzw. Berichts*modul reagiert auf Ereignisse, die in einem Formular bzw. Bericht auftreten. Ein *Standard*modul enthält Hilfsprozeduren, die sich aus anderen Modulen aufrufen lassen. Ein *Klassen*modul definiert einen Objekttyp, von dem sich beliebig viele Instanzen (Objekte) erstellen lassen. Die in einem Klassenmodul definierten Prozeduren werden zu Eigenschaften und Methoden der erstellten Instanz. Formular- und Berichtsmodule sind nichts Anderes als vordefinierte Klassenmodule, die der Entwickler um eigene Ereignisprozeduren erweitern kann.

MS Access: Datenbanksystem von Microsoft, das den Schwerpunkt auf die endbenutzernahe Verwaltung lokaler Daten legt

Multitasking: gleichzeitige Verarbeitung mehrerer Programme (engl. tasks) unter dem gleichen Betriebssystem. Bei einem interaktiven Programm wird jede Verzögerung zwischen zwei Eingaben genutzt, um im Hintergrund andere Programme auszuführen. Bei einem stapelverarbeitenden Programm wird jede Verzögerung zwischen Ein- bzw. Ausgabeoperationen genutzt. Die gleichzeitige Verarbeitung verschiedener Teile des *selben* Programms nennt man Multithreading.

Nebenläufigkeit (engl. concurrency): Situation, in der mehrere ›Transaktionen praktisch gleichzeitig auf die gleichen Daten zugreifen. “Nebenläufigkeit", "Gleichzeitigkeit" und "Parallelität" werden oft synonym gebraucht. ›Multitasking

Netzwerkmodell: ›Datenmodell, das stärker als das ›Relationenmodell auf die ›physische Implementation Rücksicht nimmt. Es ist deshalb für den Benutzer komplexer und weniger flexibel, kann aber bei der Verwaltung von Massendaten mit stabiler Struktur effizienter sein.

Neuron: lernfähige Verarbeitungseinheit (Prozessor) eines ›neuronalen Netzes, die Eingaben aus anderen Neuronen oder der Umwelt verarbeitet und an weitere Neuronen oder die Umwelt ausgibt

neuronales Netz (engl. neural net): System von ›Neuronen, von denen jedes aus mehreren Eingaben eine einzige Ausgabe berechnet und an andere Neuronen oder die Umwelt weiterleitet. Die Architcktur neuronaler Netze ist - anders als jene biologischer Netze mit Millionen und Milliarden von Nervenzellen - sehr einfach. Zur betrieblichen Anwendung siehe zum Beispiel LUS01

nichtprozedurale Abfragesprache (›deklarative Abfragesprache): Sprache, in der eine Abfrage als eine einzige Anweisung formuliert werden kann. Die Anweisung spezifiziert nur das gewünschte Ergebnis, ohne darauf einzugehen, *wie* das Ergebnis am effizientesten erzielt werden kann. Beispiele nichtprozeduraler Abfragesprachen sind ›SQL und ›QBE. ›prozedurale Abfragesprache

Normalisierung: schrittweises Aufspalten einer Tabelle in kleinere Tabellen mit dem Ziel der Redundanzminimierung

Nullwert: Wert, der fehlende Information darstellt. Primärschlüssel dürfen keine Nullwerte enthalten.

ObjectStore: kommerzielles objektorientiertes Datenbanksystem auf Workstations und Personalcomputern, das C++ zu einer Datenbanksprache ausbaut

Objekt: Homonym, das je nach Zusammenhang Verschiedenes bedeutet. Die Datenverwaltung verwendet vor allem die folgenden Objektbegriffe: (1) Ein *Datenobjekt* ist ein Gegenstand eines ›Datenmodells - zum Beispiel ein Kunde oder ein Konto. Im relationalen Datenmodell wird ein Objekt durch eine einzelne Tabellenzeile beschrieben. (2) Ein ›*Datenbankobjekt* ist ein Element einer Datenbank, das vom Benutzer verändert werden kann - zum Beispiel eine Tabelle, ein Formular, ein Bericht oder ein Programm. (3) Ein *OLE-Objekt* ist ein eingebettetes oder verknüpftes Text-, Graphik-, Bild- oder Tonobjekt des Datentyps ›OLE, das in einer anderen Anwendung bearbeitet werden kann.

Objektdaten: ›Metadaten

Objektmenge: Menge von Objekten mit den gleichen Attributen. Eine Objektmenge wird im ›Relationenmodell durch die Zeilen (Objekte) einer Tabelle beschrieben.

Objekttyp: Klasse, die Objekte mit den gleichen Attributen zusammenfasst. Im ›Relationenmodell wird ein Objekttyp durch ein Tabellengerüst oder Relationen›schema beschrieben.

OCR (engl. Optical Character Recognition): automatische Zeichenerkennung

ODBC (engl. Open DataBase Connectivity): Industriestandard, der - basierend auf ›CLI - die Schnittstelle zwischen einem Anwendersystem (Frontend) und einem SQL-Datenbanksystem (Backend) normiert

Öffnungsbefehl: Befehl, der das Betriebssystem anweist, die Ressourcen für eine Datei bereitzustellen. Dazu teil ihm der Öffnungsbefehl mit, wie eine Datei organisiert ist und ob es sich um eine Ein- oder Ausgabedatei handelt.

OLE (engl. Object Linking and Embedding): OLE ist ein Protokoll von Microsoft, das Text-, Graphik-, Video- und Audioobjekte in Clientanwendungen mit den erzeugenden Serveranwendungen verbindet. Zum Beispiel kann ein Doppelklick auf dem Feld "Abstract" eines ›MS Access-Datensatzes die Serveranwendung MS Word starten. Der Anwender kann dann den Feldinhalt aus der gewohnten Umgebung von Word bearbeiten. Ein ähnliches Protokoll wird von einem Konsortium von Microsoft-Konkurrenten unter dem Namen *OpenDoc* verwendet.

Ontos: kommerzielles objektorientiertes Datenbanksystem auf Workstations und Personalcomputern, das C++ zu einer Datenbanksprache ausbaut. Die Anwendungen stammen vor allem aus dem CAD/CAM-Bereich.

Oracle: Marktführer unter den Anbietern grösserer relationaler Datenbanksysteme. Oracle bietet sein Produkt für viele Plattformen an.

ortstransparent: ›ortsunabhängig

ortsunabhängig: Ortsunabhängig ist eine verteilte Datenbank, wenn der Benutzer nicht zu wissen braucht, auf welchen lokalen Datenbanken die Tabellenfragmente liegen. ›fragmentierungsunabhängig, ›replikationsunabhängig

Paradox: PC-Datenbanksystem, ursprünglich von ›Borland,heute von Corel

Parallelität: ›Nebenläufigkeit

physische Ebene (engl. physical level): Oft entspricht die Benutzersicht (logische Sicht) auf die Daten nicht der physischen Sicht. Zum Beispiel entspricht eine Tabellenzeile (Satz) nicht der Dateneinheit, die in den Puffer geladen wird (Block), oder der Zugriff auf das Attribut einer Zeile (logische Adresse) entspricht nicht der physischen Adresse des Attributs auf dem Externspeicher. Physisch heisst oft "für die Maschine verständlich" und logisch "für den Benutzer verständlich".

Platzhalterzeichen (Jokerzeichen, Wildcardzeichen): "Mustervariable", an deren Stelle eine Wert stehen kann, der den Platzhalter-Bedingungen genügt. In ›MS Access steht der Platzhalter * für eine beliebige Anzahl Zeichen, und ? für genau ein Zeichen. M*er ist zum Beispiel ein Suchmuster für Namen wie Meier und Müller, und oho (nicht aber otto) passt zu o?o.

POSTGRES: objektorientierte Erweiterung des kommerziellen relationalen Datenbanksystems INGRES (bzw. CA-OpenIngres von Computer Associates).

PowerBuilder: Client/Server-Entwicklungswerkzeug von Powersoft (Sybase). PowerBuilder erlaubt die Erstellung graphischer Benutzerschnittstellen für Clients und die Einbettung von SQL-Anweisungen an Server-Datenbanken. ›Delphi Client/Server, ›Visual Basic

Präprozessor: Werkzeug, das ein Quellprogramm so umformt, dass es von einem Compiler in ein ablauffähiges Objektprogramm übersetzt werden kann

Primärindex: ›Index für einen ›Primärschlüssel

Primärschlüssel (engl. primary key, auch Identifikationsschlüssel): ›Attribut oder Attributmenge, das/die einen Satz eindeutig identifiziert

Projektion: relationale Grundoperation, die jene *Spalten* der Ausgangstabelle in eine Ergebnistabelle aufnimmt, welche die Projektionsbedingung erfüllen. ›Selektion, ›Verbund

proprietär: durch einen einzelnen Hersteller definiert. Gegenteil von standardisiert

prozedurale Abfragesprache: Sprache, die vom Benutzer verlangt, dass er Abfragen durch Anweisungen formuliert, deren Reihenfolge von Bedeutung ist. Beispiele sind die eingebauten Programmiersprachen von ›MS Access, ›dBASE und ›Paradox. ›nichtprozedurale Abfragesprache

Pseudocode: Entwurfssprache, die den Programmcode in einer herstellerunabhängigen und gut verständlichen Notation zusammenfasst

Puffer (engl. buffer): ›Dateipuffer, ›Satzpuffer

QBE (engl. Query By Example): benutzerfreundliche ›deklarative Abfragesprache für relationale Datenbanken, in welcher der Benutzer die gewünschten Ergebnisspalten in Tabellengerüsten markiert und die Kriterien für die Auswahl der Zeilen einträgt. Die meisten Datenbanksysteme erlauben QBE-Abfragen. ›SQL

Recovery: Wiederherstellung des korrekten Zustands einer Datenbank nach einem Fehler, zum Beispiel dem Zusammenbruch des Betriebssystems. Der Wiederanlauf (›Rollback) nach einer nicht abgeschlossenen Transaktion lässt sich als Sonderfall des Recovery interpretieren.

referenzielle Integrität: ›Beziehungsintegrität

Relation: zweidimensionale Tabelle aus eindeutigen Zeilen, die ihrerseits aus Zellen bestehen, die höchstens einen Eintrag enthalten (›Wiederholungsgruppen)

Relationenmodell: ›Datenmodell, in dem alle Daten und ihre Beziehungen als ›Relationen dargestellt werden

relativ organisierte Datei: Datei, die den ›direkten Zugriff auf jeden beliebigen Satz erlaubt

Replikat (engl. replica): Datenobjekt (Tabelle, Formular, Bericht oder Programm), das auf mehrere Rechner kopiert und regelmässig synchronisiert wird.

Replikation: Erstellung und Synchronisierung von ›Replikaten

replikationstransparent: ›replikationsunabhängig

replikationsunabhängig: Replikationsunabhängig ist eine verteilte Datenbank, wenn der Benutzer nicht zu wissen braucht, ob dasselbe Tabellenfragment auf mehreren lokalen Datenbanken liegt. ›ortsunabhängig, ›fragmentierungsunabhängig

Rollback (Rücksetzung): Programmanweisung oder implizite Aktion des ‣Datenbanksystems, die alle Änderungen seit Beginn der ‣Transaktion rückgängig macht. ‣commit

Satz (engl. record): Gruppe von Datenelementen (‣Feldern), die als eine Einheit behandelt wird. Im ‣Relationenmodell entspricht einem Satz eine Tabellenzeile.

Satzpuffer (engl. record buffer): Teil des Internspeichers, der den laufenden ‣Satz aufnimmt. ‣Dateipuffer

Schema (Plur. Schemata): Gerüst einer einzelnen Tabelle (Tabellenskelett, Relationenschema) oder einer ganzen Datenbank (Datenbankschema, Datenbankdefinition)

Schlüssel: ‣einfaches oder zusammengesetztes Attribut, nach dem Sätze identifiziert, indiziert, sortiert oder verknüpft werden. ‣Primärschlüssel, ‣Sekundärschlüssel

Schlüsselkandidat (engl. candidate key): ‣Attribut, das sich zur Identifikation einer Tabellenzeile eignet. Aus mehreren Schlüsselkandidaten wird der ‣Primärschlüssel gewählt.

Sekundärschlüssel (engl. alternate key): Zugriffsschlüssel, der im Gegensatz zum ‣Primärschlüssel nicht alle Sätze eindeutig identifizieren muss

Selektion: relationale Grundoperation, die jene *Zeilen* der Ausgangstabelle in eine Ergebnistabelle aufnimmt, welche die Selektionsbedingung erfüllen. ‣Projektion, ‣Verbund

sequentiell organisierte Datei: Datei, die den Programmierer zwingt, ‣Sätze, hintereinander (sequentiell) zu lesen, bis der gesuchte Wert gefunden wird

serialisierbar: Eine ‣Geschichte heisst serialisierbar, falls eine äquivalente ‣serielle Geschichte existiert.

seriell (engl. serial): Eine ‣Geschichte heisst seriell, falls sich ihre ‣Transaktionen nicht überlappen.

Server: ‣Client/Server-Architektur

Server-Datenbank: Datenbank auf einem Dienstleistungsrechner (‣Server), die im Gegensatz zu einer ‣lokalen Datenbank mehreren Benutzern zur Verfügung steht

Sicht: ‣Benutzersicht

sperren (engl. to lock): allen ausser einem Benutzer die Schreibberechtigung für einen Teil eines ‣Datenbankobjekts entziehen

SQL (engl. Structured Query Language): nichtprozedurale standardisierte ‣Abfragesprache, die für den Endbenutzer entworfen wurde, heute aber eher für den programmierten Zugriff auf ‣Server-Datenbanken, ‣verteilte Datenbanken und zentrale ‣Grossrechner-Datenbanken verwendet wird. Die meisten Produkte sind Erweiterungen des laufend angepassten ANSI-Standards. ‣QBE, ‣eingebettetes SQL

Stammdatei (engl. master file): Datei mit Information, die über längere Zeit zur Verfügung stehen. Beispiel: Kundenkartei (‣Bewegungsdatei)

Steuerelement (engl. control): graphisches Objekt, zum Beispiel ein Textfeld oder eine ‣Befehlsschaltfläche, in einem Formular oder Bericht. Der Programmierer kann die Eigenschaften von Steuerelementen modifizieren und so ihr Aussehen oder die Reaktionen auf Ereignisse ändern.

Sybase: Anbieter relationaler Datenbanksoftware und von Client/Server-Werkzeugen. ‣PowerBuilder

Tabelle: grundlegende Datenstruktur relationaler ‣Datenbanksysteme. Menge eindeutiger Zeilen mit einer festen Zahl von Attributen ohne ‣Wiederholungsgruppen. ‣Relation

Terminalemulation: Nachahmung des Verhaltens einer Datenendstation (engl. Terminal) eines Grossrechners auf einem Arbeitsplatzrechner

Textdatei: Datei aus einer unstrukturierten Folge von Zeichen, denen durch einen Code (zum Beispiel den ‣ASCII oder ‣ANSI-Code) Bitfolgen konstanter Länge zugeordnet werden

Transaktion: Folge von Datenbankbefehlen, die logisch zusammengehören und eine Datenbank von einem konsistenten Zustand in einen anderen überführen

Transparenz: Eigenschaft von Hardware oder Software, die interne Details vor dem Benutzer so verbirgt, dass er vor einer einheitlichen Schnittstelle steht. Ein 32bit-Datentyp sieht zum Beispiel für den Programmierer auf einem 16bit-Computer gleich aus wie auf einem 32bit-Computer (Der 32bit-Datentyp ist für den Programmierer transparent). ›ortsunabhängig, ›fragmentierungsunabhängig, ›replikationsunabhängig

Trigger: Datenbankprozedur, die im Gegensatz zu einer ›gespeicherten Prozedur, die der Programmierer explizit aufruft, automatisch vor oder nach einer insert-, update- oder delete-Anweisung auf einer ›Basistabelle startet

Überlauforganisation: Verfahren, das Sätze, deren Hash-Adressen kollidieren, anderswo speichert. ›Hashfunktion, ›Kollision

unformatierte Daten: Daten, deren Aufbau im Gegensatz zu ›formatierten Daten nicht einer strengen Datenbeschreibung folgt

Unicode: Code, der Textzeichen auf Bitfolgen abbildet. Im Unterschied zu den ›ASCII- und ›ANSI-Standards stellt er aber ein Zeichen in zwei statt einem Byte dar. Die möglichen 65'536 Kombinationen erlauben es ihm, die Zeichen der meisten Sprachen abzubilden.

Unterformular: ›Formular, das in einem anderen Formular (Hauptformular) oder ›Bericht enthalten ist. Unterformulare eignen sich vor allem zur Anzeige von Daten aus 1:m-Beziehungen. Hauptformular und Unterformular sind dann so verknüpft, dass das Unterformular die Detailsätze anzeigt, die mit dem laufenden Datensatz der Haupttabelle verknüpft sind.

VBA: ›Visual Basic für Applikationen

Verbund (engl. join): relationale Grundoperation zwischen zwei Tabellen. Eine gebräuchliche Art des Verbunds vergleicht jeden Satz einer Tabelle mit allen Sätzen einer anderen Tabelle. Wenn die Verbundbedingung erfüllt ist, werden die beiden verglichenen Sätze zusammengehängt und als ein Satz in die ›Ergebnistabelle geschrieben. ›Exklusionsverknüpfung, ›Inklusionsverknüpfung

Vereinigung (engl. union): Die Vereinigung zweier kompatibler Tabellen ist gleich der Menge aller Zeilen, die zu mindestens einer der Tabellen gehören. Kompatibel sind zwei Tabellen, wenn sie gleichviele Attribute enthalten und entsprechende Attribute kompatiblen Datentypen angehören.

verkettete Dateiorganisation: Dateiorganisation, deren Indextabellen bei mehrdeutigen Schlüsseln nur die Adresse des ersten passenden Satzes enthalten. Dieser Satz enthält einen Zeiger auf den nächsten Satz mit dem gleichen Schlüssel usw. Alle Sätze mit dem gleichen Schlüssel sind so über Adresszeiger miteinander verkettet.

verteilte Datenbank (engl. distributed database): Datenbank, die auf mehrere geographisch entfernte Computer verteilt ist

Viertgenerationssprache (engl. 4th Generation Language, 4GL): Sprache, die auch nicht professionellen Programmierern erlaubt, in kurzer Zeit eine Anwendung zu entwickeln. Die meisten 4GL unterstützen eine intuitive Definition der Benutzeroberfläche und erlauben einen einfachen Zugriff auf Datenbanken. Im Gegensatz zu den meisten Drittgenerationssprachen (3GL) wie C und COBOL werden 4GL-Programme in der Regel interpretiert oder in 3GL-Programme übersetzt (‣Applikationsgeneratoren). Sie sind deshalb weniger laufzeit- und speichereffizient als 3GL-Sprachen.

View: ‣Benutzersicht

Viewtabelle: aus ‣Basistabellen abgeleitete Tabelle in Form einer Abfrage (zum Beispiel in Form einer select-Anweisung)

Visual Basic für Applikationen (VBA): interpretierter BASIC-Dialekt von Microsoft. VBA eignet sich vor allem zur applikationsübergreifenden Programmierung, insbesondere zur Verknüpfung von Microsoft-Programmen wie ‣MS Access und MS Excel. ‣Delphi Client Server, ‣PowerBuilder

VWL: Volkswirtschaftslehre

Wertebereich (engl. domain): Menge aller Werte, die ein Attribut annehmen kann

Wiederholungsgruppen: Gruppe von Werten des gleichen Attributs im gleichen Satz

X.25: Protokoll, das die Schnittstelle zu öffentlichen paketvermittelnden Datennetzen definiert

Zelle: (1) Speicherplatz, der beim Adressieren als Einheit behandelt wird, (2) Tabellen- oder Tabellenblattzelle

Zugriff (engl. access): Positionieren des Lesegeräts mit anschliessendem Lesen oder Schreiben von Daten auf einem meist externen Speicher

B ASCII-Code

Der **ASCII-Code** (American Standard Code for Information Interchange) wurde ursprünglich entwickelt, um die Datenübertragung zwischen verschiedenen Geräten zu standardisieren. Er stellt Zeichen und Befehle als Kombinationen von 7 Bits dar und kann deshalb $2^7 = 128$ verschiedene Bedeutungen kodieren. Die folgende Tabelle ordnet die wichtigsten Bedeutungen des ASCII-Code den **dezimalen Äquivalenten** der Bitfolgen zu. Die Bitfolge 101 0000 entspricht zum Beispiel der Dezimalzahl 80 ($2^4+2^6 = 80$) und wird vom ASCII-Code als Buchstabe P interpretiert.

Der 7bit-ASCII-Code wird heute nur noch selten verwendet. Während einige Anwendungen den 7-bit-ASCII-Code erweitern und Zeichen als Folgen von 8 Bits darstellen, verwendet MS Windows den ›ANSI-Zeichensatz. Er stellt 256 Zeichen (binär 0 - 255) als Folgen von 8 Bits dar. Die ersten 128 Zeichen des ANSI-Code entsprechen dem 7Bit-ASCII-Code. Neuere Versionen von MS Windows und ›OLE unterstützen den **Unicode**-Zeichensatz. Er verwendet zwei Bytes für jedes Zeichen und kann deshalb 65'536 verschiedene Zeichen abbilden. Bis heute sind allerdings erst 34'000 Zeichen definiert. Dazu gehören viele nationale, historische und mathematische Zeichen.

Code	*Abkürzung*	Bemerkung
0	NUL	engl. **null** (keine Daten)
...		
7	BEL	engl. **BELL** (akustisches Signal)
8	BS	engl. **B**ack**S**pace (setzt Cursor bzw. Schreibgerät um eine Stelle zurück)
9	HT	engl. **H**orizontal **T**ab (bewegt Cursor bzw. Schreibgerät um einen horizontalen Tabulatorsprung nach vorn)
10	LF	engl. **L**ine **F**eed (setzt Cursor bzw. Schreibgerät auf die nächste Zeile)
11	VT	**V**ertical **T**ab (bewegt Cursor bzw. Schreibgerät um einen vertikalen Tabulatorsprung nach vorn)
12	FF	engl. **F**orm **F**eed (setzt Cursor bzw. Schreibgerät an den Anfang der nächsten Seite)
13	CR	engl. **C**arriage **R**eturn (setzt Cursor bzw. Schreibgerät an den Anfang der laufenden Zeile)
...	...	...
27	ESC	engl. **ESC**ape (Die nachfolgenden Zeichen werden nicht wie gewohnt interpretiert)
...	...	...

Suche	*Voraussetzung*	*Algorithmus*
32	SP	engl. **SP**ace (Leerzeichen)
33	!	
34	“	
35	#	
36	$	
37	%	
38	&	
39	‘	
40	(	
41	)	
42	*	
43	++	
44	,	
45	-	
46	.	
47	/	Vorwärtsschrägstrich (engl. forward slash)
48-57	0-9	arabische Ziffern
58	:	
59	;	
60	<	
61	=	
62	>	
63	?	
64	@	kommerzielles Und, “Klammeraffe” (engl. at sign)
65-90	A-Z	Grossbuchstaben (ohne Umlaute)
91	[	
92	\	
93	]	
94	^^	
95	_	
96	‘	
97-122	a-z	Kleinbuchstaben (ohne Umlaute)
123	{	
124	|	
125	}	
126	~	Tilde
127	DEL	engl. **DEL**ete (löscht vorangehendes Zeichen)

C Ausgewählte Lösungen

Es sind nur Lösungen aufgeführt, die sich nicht ohne weiteres aus dem Kapitelinhalt ableiten lassen, insbesondere Programmiervorschläge. Die entsprechenden Aufgaben sind im jeweiligen Kapitel mit * bezeichnet. Lösungen für Übungen finden Sie auf der CD ROM.

Kapitel 1

Aufgabe 1.3 (ASCII-Code)

a) sprachabhängige Zeichen wie deutsche Umlaute und französischsprachige Zeichen, zum Beispiel é

b) ä steht zum Beispiel in der Sortierreihenfolge (Kollation) unmittelbar nach a. Wird aber zum Beispiel eine geschweifte Klammer des ASCII-Code durch ä ersetzt, erscheint ä nicht unmittelbar nach a. Für den unveränderten ASCII-Code geschriebene Sortierprogramme sortieren deshalb Zeichenketten mit Umlauten nicht richtig.

c) 1. Lies den Grossbuchstaben
   2. Finde das dezimale ASCII-Äquivalent des Grossbuchstabens
   3. Addiere 32 zum dezimalen Äquivalent
   4. Wandle das Ergebnis in ein ASCII-Zeichen um.

Kapitel 2

Aufgabe 2.1 (Erstellen einer sequentiell organisierten Datei)

```
program   errichteKontendatei; {
Zweck:    Sequentielle Buchungsdatei erstellen
Eingabe:  Dateispezifikation, Kontonummern und Beträge
          auf der Tastatur
Ausgabe:  auf den durch die Dateispezifikation
          genannten externen Datenträger}

type
  Buchungstyp = record
    Kontonummer: integer;
    Betrag: real;
  end;
```

```
var
  Buchung: Buchungstyp;
  externerDateiname: string;
  Kontendatei: file of Buchungstyp;

begin

{Initialisieren}

write('Dateispezifikation: ');
readln(externerDateiname);
assign(Kontendatei, externerDateiname);
rewrite(Kontendatei);
write('Kontonummer (0 bricht ab): ');
read(Buchung.Kontonummer);

{Verarbeiten}

while Buchung.Kontonummer <> 0 do begin
  write('Betrag: '); read(Buchung.Betrag);
  write(Kontendatei, Buchung);
  write('Kontonummer (0 bricht ab): ');
  read(Buchung.Kontonummer);
end;

{Abschliessen}

close(Kontendatei);
end.
```

Aufgabe 2.2 (Anzeige einer sequentiellen Datei)

(Erläuterungen folgen am Ende der Lösung zur Teilaufgabe c)

b) Bildschirmweise Ausgabe

```
program   zeigeKontendatei; {
Zweck:    Ausgabe einer sequentiell organisierten Datei
Eingabe:  Dateispezifikation
Ausgabe:  Datei auf dem Bildschirm
Bemerk.:  Die Ausgabe erfolgt bildschirmweise }

uses CRT;                                              1)
```

```
type
  Kontentyp = record
    Nummer: integer;
    Betrag: real;
  end;

var
  Kontensatz: Kontentyp;
  externerDateiname: string;
  Kontendatei: file of Kontentyp;
  Zeilenzahl: integer;

begin

{Initialisieren}

ClrScr;                                    {clear screen} 1)
write('Dateispezifikation: ');
readln(externerDateiname);
Zeilenzahl := 0;
assign(Kontendatei, externerDateiname);
reset(Kontendatei);

{Verarbeiten}

read(Kontendatei, Kontensatz);
while not(eof(Kontendatei)) do begin
  writeln('Kontonummer: ', Kontensatz.Nummer:4);
  writeln('Betrag: ', Kontensatz.Betrag:11:2);
  Zeilenzahl := Zeilenzahl + 2;
  if Zeilenzahl > 22 then begin
    write('<Enter> führt weiter'); readln;
    ClrScr;                                               1)
    Zeilenzahl := 0; end;
  read(Kontendatei, Kontensatz);
end;

{Abschliessen}

close(Kontendatei);
end.
```

c) Gruppenbruch

```
program   zeigeGruppenverarbeitung; {
Zweck:    Ausgabe einer sequentiellen Datei in Gruppen
Eingabe:  Dateispezifikation auf der Tastatur
Ausgabe:  Datei auf dem Bildschirm
Vorauss.: Eingabedatei nach Kontonummern sortiert}

uses CRT;                                              1)

type
  Buchungstyp = record
    Nr: integer;
    Betrag: real;
  end;

var
  externerDateiname: string;
  Satz: Buchungstyp;
  Buchungsdatei: file of Buchungstyp;
  Zeilenzahl: integer;
  alteNr: integer;
  Gruppe: real;
  Total: real;

procedure naechsteSeite;
begin
  if Zeilenzahl > 22 then begin
    write('<Enter> geht weiter'); readln;
    ClrScr;                                            1)
    Zeilenzahl := 0 end;
  Zeilenzahl := Zeilenzahl + 1;
end;

procedure zeige;
begin
  naechsteSeite; writeln('Kontonummer: ', Satz.Nr);
  naechsteSeite; writeln('Betrag: ', Satz.Betrag:10:2);
end;
```

```
begin {Hauptprogramm}

  {Initialisieren}

  ClrScr; {clear screen}                                        1)
  write('Dateispezifikation: ');
  readln(externerDateiname);
  assign(Buchungsdatei, externerDateiname);
  reset(Buchungsdatei);

  Zeilenzahl := 0;
  Gruppe := 0;
  Total := 0;

  {Verarbeiten}

  read(Buchungsdatei, Satz); zeige;
  Gruppe := Gruppe + Satz.Betrag;
  alteNr := Satz.Nr;

  while not(eof(Buchungsdatei)) do begin
    read(Buchungsdatei, Satz);
    while not(eof(Buchungsdatei)) and (Satz.Nr = alteNr)
    do begin
      zeige;
      Gruppe := Gruppe + Satz.Betrag;
      alteNr := Satz.Nr;
      read(Buchungsdatei, Satz);
    end;

    if not(eof(Buchungsdatei)) then begin
      naechsteSeite; writeln('Saldo: ', Gruppe:10:2);
      writeln;
      Total := Total + Gruppe;
      Gruppe := 0; end;
    Gruppe := Gruppe + Satz.Betrag;
    alteNr := Satz.Nr;
    zeige;
  end; {while}
```

```
  {Abschliessen}

  naechsteSeite; writeln('Saldo: ', Gruppe:10:2);
  writeln;
  Total := Total + Gruppe;
  naechsteSeite;
  writeln('Total: ', Total:10:2);
  close(Buchungsdatei);

end. {Hauptprogramm}
```

Erläuterung

1) Die Prozedur *ClrScr* (engl. clear screen) gehört nicht zu Standard Pascal, sondern ist Teil der Bildschirmbibliothek CRT von Borland Pascal (engl. Cathode Ray Tube). Solche Unterprogramme werden während des Bindevorgangs (engl. at link time) zum benutzerdefinierten Programmcode gebunden.

Aufgabe 2.3 (Erstellen und interaktives Ändern einer sequentiellen Datei)

a) Erstellen der Datei VORLESUNG

```
program   errichteVORLESUNG; {
Zweck:    Errichten einer sequentiellen Datei
Eingabe:  Vorlesungsnummer, Vorlesungsname und
          Stundenzahl auf der Tastatur
Ausgabe:  Datei auf einem externen Datenträger }

type
  Vorlesungstyp = record
    Nummer: string;
    Name: string;
    Stunden: integer;
  end;

var
  Vorlesung: Vorlesungstyp;
  externerDateiname: string;
  Vorlesungsdatei: file of Vorlesungstyp;
```

```
begin {Hauptprogramm}

{Initialisieren}

write('Dateispezifikation: ');
readln(externerDateiname); writeln;
assign(Vorlesungsdatei, externerDateiname);
rewrite(Vorlesungsdatei);
write('Vorlesungsnummer (<Enter> bricht ab): ');
readln(Vorlesung.Nummer);

{Verarbeiten}

while Vorlesung.Nummer <> '' do begin
  write('Vorlesungsname: '); readln(Vorlesung.Name);
  write('Stunden: '); readln(Vorlesung.Stunden);
  write(Vorlesungsdatei, Vorlesung); writeln;
  write('Vorlesungsnummer (<Enter> bricht ab): ');
  readln(Vorlesung.Nummer);
end;

{Abschliessen}

close(Vorlesungsdatei);
end.
```

b) Ausgeben einzelner Sätze der Datei VORLESUNG

```
program  zeigeVorlesung; {
Zweck:   Ausgabe von Sätzen einer sequentiellen Datei
Eingabe: Vorlesungsnummern
Ausgabe: Sätze mit den eingegebenen Vorlesungsnummern
}

type
  Vorlesungstyp = record
    Nummer: string;
    Name: string;
    Stunden: integer;
  end;
```

```
var
  Vorlesung: Vorlesungstyp;
  externerDateiname: string;
  Vorlesungsdatei: file of Vorlesungstyp;
  Nummer: string;

begin

{Initialisieren}

write('Dateispezifikation: ');
readln(externerDateiname);
writeln;
assign(Vorlesungsdatei, externerDateiname);

{Verarbeiten}

write('Vorlesungsnummer (<Enter> bricht ab)');
readln(Nummer);
while Nummer <> '' do begin
  reset(Vorlesungsdatei);
  read(Vorlesungsdatei, Vorlesung);
  while not(eof(Vorlesungsdatei))
  and (Vorlesung.Nummer <> Nummer)
  do
    read(Vorlesungsdatei, Vorlesung);
  if Vorlesung.Nummer = Nummer then begin
    writeln('Vorlesungsname:', Vorlesung.Name);
    writeln('Stunden:        ', Vorlesung.Stunden); end
  else
    writeln('Keine solche Vorlesungsnummer vorhanden!');
  writeln;
  write('Vorlesungsnummer (<Enter> bricht ab): ');
  readln(Nummer);
end;

{Abschliessen}

close(Vorlesungsdatei);
end.
```

c) Mängel eines sequentiellen Programms für den interaktiven Gebrauch

In Programm b) wird das Feld *Nummer* aller Sätze der Vorlesungsdatei sequentiell gelesen, bis die gesuchte Nummer gefunden wird. Wenn der Benutzer eine weitere Abfrage wünscht, wird der Dateizeiger wieder an den Anfang der Datei positioniert und die sequentielle Suche beginnt von neuem. Dies führt vor allem bei grossen Dateien zu langen Antwortzeiten.

Aufgabe 2.5 (Überlauforganisation)

a) Diese Alternative ist zwar leserlicher aber weniger effizient. Aus Effizienzgründen sollte man die wiederholte Suche eines Arrayelements (`Datei[hash(Nr)]`) vermeiden.
b) `eingefuegt` setzt die Suche nach einer freien Zelle am Feldbeginn fort (Ergebnis des `mod`-Operators).

Aufgabe 2.6 (Suchen in Dateien)

Suche	*Voraussetzung*	*Algorithmus*
direkt	Suchbegriff = Suchzahl	Datenfeld[Suchzahl]
sequentiell	keine	Elemente hintereinander mit dem Suchbegriff vergleichen
binär	Datenfeld sortiert	Feld fortlaufend halbieren und in der jeweils ausgewählten Hälfte suchen

Aufgabe 2.7 (Effizienz des binären Suchens)

a) Effizienz am Beispiel

Zahl der Elemente (Numerus = Zweierpotenz)	*Zahl der Halbierungen* (Logarithmus des Numerus zur Basis 2)
$2 = 2^1$	$1 = \log_2 2$
$4 = 2^2$	$2 = \log_2 4$
$8 = 2^3$	$3 = \log_2 8$
$16 = 2^4$	$4 = \log_2 16$

b) Effizienz verallgemeinert

Suche	*durchschnittliche bzw. maximale Anzahl Vergleiche*	*Beispiel für 1024 (2**10) Elemente*
sequentiell	N / 2 (N = Anzahl Elemente)	512
binär	$\log_2$ N / 2	5

Kapitel 4

Aufgabe 4.12 (m:n-Beziehung in einer Stückliste)

a) Vorschlag 1

Vater	Söhne	Zahl	Lieferant	Gewicht
T1	T3,T4,T6	4,3,2	...	...
T2	T3,T5	5,3	...	...
T3	T4,T5	4,2	...	...
T4	-	-	...	...
T5	-	-	...	...
T6	-	-	...	...

a) Vorschlag 2

Vater	Söhne	Zahl	Lieferant	Gewicht
T1	T3	4	...	...
T1	T4	3	...	...
T1	T6	2	...	...
T2	T3	5	...	...
T2	T5	3	...	...
T3	T4	4	...	...
T3	T5	2	...	...
T4	-	...	...	...
T5	-	-	...	...
T6	-	-	...	...

b) Vorschlag 3

Teil	Lieferant	Gewicht	Vater	Sohn	Zahl
T1	...	...	T1	T3	4
T2	...	...	T1	T4	3
T3	...	...	T1	T6	2
T4	...	...	T2	T3	5
T5	...	...	T2	T5	3
T6	...	...	T3	T4	4
			T3	T5	2

Kapitel 5

Aufgabe 5.3 (Deklaratives und prozedurales Verknüpfen von Tabellen)

1) Deklarative Lösung in QBE

a) ORGANISATION

Name	*Semester*	*Dozent*	*Raumnummer*
		√	x

a) RAUM

Raumnummer	*Plätze*
x	150

b) ORGANISATION

Name	*Semester*	*Dozent*	*Raumnummer*
BWL, x	SS95	Schmid	

b) VERANSTALTUNG

Name	*Stunden*
√ x	√

c) ORGANISATION

Name	*Semester*	*Dozent*	*Raumnummer*
BWL, x	SS95	Schmid	y

c) VERANSTALTUNG

Name	*Stunden*
x	4

c) RAUM

Raumnummer	*Plätze*
y	√

2) Prozedurale Lösung in dBASE

a) `use RAUM, display for Plätze = 150 field Raumnummer`

Nach der Antwort “*Raumnummer* = 112” lauten die Befehle:

```
select 2
use ORGANISATION
display for Raumnummer = '112' field Dozent
```

b)
```
use ORGANISATION, display for Dozent = 'Schmid'
.and. Semester = 'SS95' field Name
```

Nach der Antwort "BWL" geben die folgenden Befehle Auskunft über die Stundenzahl:

```
[select 2]
use VORLESUNG
display for Name = 'BWL' field Stunden
```

c)
```
use ORGANISATION
display for Name = 'BWL' .and. Dozent = 'Schmid'
.and. Semester = 'SS95' field Raumnummer
```

Nach der Antwort "*Raumnummer* = 111" lauten die Befehle:

```
use RAUM
display for Raumnummer = '111' field Plätze
```

Kapitel 6

Aufgabe 6.2 (Abfragesprachen)

a) Deklarative Lösung in QBE

VORLESUNG

Name	*Stunden*
√ x	√

ORGANISATION

Name	*Semester*	*Dozent*	*Raumnummer*
x		√	y

RAUM

Raumnummer	*Plätze*
√ y, 111	√

b) Lösung in dBASE

Voraussetzung: Die Indexdateien VNAME, ONAME und RAUMNUMMER sind erstellt worden.

```
clear all (Defaults zurückstellen)
use VORLESUNG index VName
select 2 (Tabelle ORGANISATION)
use ORGANISATION index on Name
select 3 (Tabelle RAUM)
use RAUM index Raumnummer
select VORLESUNG
set relation to Name into ORGANISATION
select ORGANISATION
set relation to Raumnummer into RAUM
select VORLESUNG
display Name, Stunden, ORGANISATION->Dozent;
  RAUM->Raumnummer, RAUM->Plätze;
  .or. RAUM->Raumnummer = ORGANISATION->Raumnummer;
  .and. Raumnummer = 111
clear all (Defaults zurückstellen)
```

Ergebnistabelle in dBASE

Name	Stunden	ORGANISATION-> *Dozent*	RAUM->*Raumnummer*	RAUM->*Plätze*
BWL	3	Schmid	111	200
Recht	2	Meier	111	200

Aufgabe 6.3 (Reduktion von Abfragen auf relationale Grundoperationen)

Vorbemerkung: Schritt 1 nennt die notwendigen relationalen Grundoperationen, Schritt 2 eine entsprechende Formulierung in dBASE und Schritt 3 die Lösung in QBE. Der vierte Schritt zeigt schliesslich den äquivalenten SQL-Befehl. Temporäre Dateien werden mit dem Präfix TMP bezeichnet. Aus den in Aufgabe 6.4 angesprochenen Effizienzgründen wird jeweils zuerst eine Selektion durchgeführt.

Lösung zur Teilaufgabe a)

1) Selektion der Zeilen in WALD mit *Gemeinde* = 'St. Gallen'

2)
```
use WALD
copy to TMP
use TMP
delete for Gemeinde <> 'St. Gallen'
total on Wald to ERGEBNIS
display all
```

Bemerkung: `WALD` sei nach dem Attribut *Wald* indiziert oder sortiert. Vgl. Kommentar zu Abfrage b)

3) QBE-Lösung

WALD

Wald	*Gemeinde*	*Eigentümer*
√	√ St. Gallen	√

4)
```
select *
from WALD
where Gemeinde="St.Gallen"
```

Lösung zur Teilaufgabe b)

1) (1) Selektion der Zeilen in WALD mit *Gemeinde* = 'St. Gallen'
   (2) Projektion der Spalten *Wald* und *Gemeinde*

2)
```
use WALD
display for Gemeinde='St. Gallen' fields Wald,
Eigentümer
```

Bemerkung: `display for ... fields` eliminiert keine Duplikate. `delete`, `copy` und `total` entfernen Duplikate. `total` setzt allerdings eine indizierte oder sortierte Datei voraus.

3) QBE-Lösung

WALD

Wald	*Gemeinde*	*Eigentümer*
√	St. Gallen	√

4)
```
select Wald, Eigentümer
from WALD
where Gemeinde = "St. Gallen"
```

Lösung zur Teilaufgabe c)

1) (1) Selektion der Zeilen in WALD mit *Gemeinde* = 'St. Gallen' ergibt TMP1.
   (2) Selektion der Zeilen in BAUM mit *Art* = 'Fichte' ergibt TMP2.
   (3) Projektion der Spalte *Wald* in BAUM ergibt TMP2.
   (4) Verbund von TMP1 und TMP2 mit dem Verbundattribut *Wald*

2)
```
use WALD
copy to TMP1
use TMP1
delete for Gemeinde <> 'St. Gallen'
copy to TMP2 field Wald (bei Duplikaten total)
use BAUM
copy to TMP3
use TMP3
delete for Art <> 'Fichte'
pack
copy to TMP4 field Wald (bei Duplikaten total)
use TMP4
select 2
use TMP2
join with TMP4 to ERGEBNIS for Name = 'Wald' field
Name
use ERGEBNIS
display all
```

3) QBE-Lösung

WALD

Wald	*Gemeinde*
√ x	St. Gallen

BAUM

Wald	*Art*
x	Fichte

4)
```
select distinct Wald
from WALD, BAUM
where Gemeinde = "St.Gallen"
and Art = "Fichte"
and WALD.Wald = BAUM.Wald
```

Lösung zur Teilaufgabe d)

1) (1) Selektion der Zeilen in BAUM mit *Art* = 'Fichte' ergibt TMP1.
(2) Projektion der Spalten *Baumnr* und *Wald* in TMP1 ergibt TMP2.
(3) Projektion von *Eigentümer* und *Wald* in WALD ergibt TMP3.
(4) Verbund von TMP2 und TMP3 mit dem Verbundattribut *Wald*

2)
```
use BAUM
copy to TMP1
use TMP1
delete for Art <> 'Fichte'
pack
copy to TMP2 fields Baumnr, Wald
use TMP2
select 2
use WALD
join with TMP2 to ERGEBNIS for Wald = TMP2->Wald
fields TMP2->Baumnr, Eigentümer
use ERGEBNIS
display all
```

3) QBE-Lösung

BAUM

Wald	*Art*	*Baumnummer*	*Pflanzdatum*
x	Fichte	√	

WALD

Wald	*Gemeinde*	*Eigentmer*
x		√

4)
```
select Baumnr, Eigentümer
from WALD, BAUM
where Art = "Fichte"
and WALD.Wald = BAUM.Wald
```

Lösung zur Teilaufgabe e)

Eine Reduktion auf Selektion, Projektion und Verbund ist nicht möglich. Es sind weitere Grundoperationen erforderlich (mengenorientierte Datenbankoperationen).

Aufgabe 6.4 (Optimierung von Datenbankabfragen)

Selektionen verkleinern Tabellen in der Regel stark. Die nachfolgenden aufwändigen Verbundoperationen können so effizienter ausgeführt werden.

Literaturverzeichnis

Die Literaturhinweise beziehen sich sowohl auf den Buchtext als auch auf die Lernmaterialien der CD ROM.

ATR88 Atre, S., *Data Base. Structured Techniques for Design, Performance, and Management*, 2nd. Ed., New York 1988, John Wiley & Sons

BAM95 Bambara, J.J., Allen, P.R., *PowerBuilder. A Guide to Developing Client/Server Applications*, New York 1995, McGraw-Hill

BAT94 Bateman, A., Smeaton, A.F., *Evaluating Object Oriented Databases*, in Computer Bulletin, June 1994, 20-26

BON95 Bontempo, C.J., Saracco, C.M., *Database Management. Principles and Products*, Upper Saddle River 1995, Prentice Hall

BOR96 Borland, *Borland Local InterBase Server for Windows*, Scotts Valley 1995, Borland International

BO95c Borland, *Visual dBASE. Befehle und Funktionen*, Langen 1995, Borland International

BO95d Borland, *Visual dBASE. Anwenderhandbuch*, Langen 1995, Borland International

BO95e Borland, *Visual dBASE. Programmierung*, Langen 1995, Borland International

BRO95 Brodie, M.L., Stonebraker, M., *Migrating Legacy Systems. Gateways, Interfaces & the Incremental Approach*, San Francisco 1995, Morgan Kaufmann

BRO01 Brown, P.G., *Object Relational Data Base Management. A Plumber's Guide*, New York 2001, Informix Press/Prentice Hall

BUH01 Buhl, A., *Programmieren mit VBA: Einführung in die Programmentwicklung mit Visual Basic für Applikationen*, München 2001, Oldenbourg

CAS95 Castano, S. (ed.), Fugini, M.G., Martella, E., Samarati, P., *Database Security*, Reading (MA) 1995, Addison-Wesley

CAT96 Cattell, R.G.G., Atwood T. (eds.), *The Object Database Standard: Odmg-93: Release 1.2*, San Mateo (CA) 1996, Morgan Kaufmann

COD90 Codd, E.F., *The Relational Model for Database Management*, Version 2, Reading (MA) 1990, Addison-Wesley

COD85 Codd, E.F., *Is your DBMS really relational?*, in Computerworld, 1985, October 14th and 21st

COR01 Cormen, T.H., Leiserson, C.E., Rivest, R.L., *Introduction to Algorithms*, 2nd ed., Cambridge (MA) 2001, MIT Press

DAT00 Date, C.J., Darwen, H., *Foundation for Future Database Systems: The Third Manifesto*, 2nd ed., Reading (MA) 2000, Addison-Wesley

DAT99 Date, C.J., *An Introduction to Database Systems*, 7th ed., Reading (MA) 1999, Addison-Wesley

DAT87 Date, C.J., *A Guide to INGRES*, Reading (MA) 1988, Addison-Wesley

DEM95 Demuth, F., Dierks, J., *Entscheidungskriterien zur Auswahl von 4GL-Systemen*, in iX Multiuser-Multitasking Magazin, Januar 1995, 38-51

DIT94 Dittrich, K.R, *Object-oriented data model concepts*, in Dogac-A, Ozsu-M-T, Biliris-A, Sellis-T (eds.), Proceedings of NATO Advanced Study Institute on Object-Oriented Databases, Kusadasi, Turkey, 6-16 Aug. 1993. 29-45, 1994

DIX96 Dixon, R., *Client/Server and Open Systems. Technologies and the Tools That Make Them Work*, New York 1996, John Wiley & Sons

DUT89 Dutka, A.F., *Fundamentals of Data Normalization*, Reading (MA) 1989 Addison-Wesley

ELD84 Elder, J., *Construction of Data Processing Software*, London 1984, Prentice Hall

FLE88 Fleming, C.C., von Halle, B., *Handbook of Relational Database Design*, Reading (MA) 1988, Addison-Wesley

GET99 Getz, K., Litwin, P., Gilbert, M., *Access 2000 Developer's Handbook, Vol. 1: Desktop Edition*, San Francisco 1999, Sybex

GRO99 Groff, J.R., Weinberg, P.N., *SQL: The Complete Reference*, New York 1999, Osborne McGraw-Hill

HAL94 Hall, C.L., *Technical Foundations of Client/Server Systems*, New York 1994, John Wiley & Sons

HAL95 Halpin, T., *Conceptual Schema and Relational Database Design: A fact oriented approach*, 2nd edition, Sidney 1995, Prentice Hall

HAL01 Halpin, T., *Information Modeling and Relational Databases. From Conceptual Analysis to Logical Design*, London 2001, Academic Press

HAN96 Hansen, G.W., Hansen, J.V., *Database Management and Design*, 2nd edition, Upper Saddle River 1996, Prentice Hall

HAR01 Harold, R.N., Means, W.S., *XML in a Nutshell*, Sebastopol (CA) 2001, O'Reilly

HEU00 Heuer, A., Saake, G., *Datenbanken. Konzepte und Sprachen*, 2. Aufl., Bonn 2000, Thomson

HEU96 Heuer, A., *Objektorientierte Datenbanken. Konzepte, Modelle, Systeme*, München 1996, Addison-Wesley

HUG88 Hughes, J.G., *Database Technology. A Software Engineering Approach, New York 1988, Prentice Hall*

JAB95 Jablonski, S., *Workflow-Management-Systeme: Modellierung und Architektur*, Bonn 1995, Thomson

JAC88 Jackson, G.A., *Relational Database Design with Microcomputer Applications*, Englewood Cliffs 1988, Prentice Hall

JEN96 Jenz & Partner GmbH, *Relationale Datenbanken. Ein Produktvergleich*, Erlensee 1996

KOR02 Korol, J., *Access 2000 Programming By Example*, Plano 2002, Wordware Publishing

LAR95 Larson, J.A., *Database directions: from relational to distributed, multimedia, and object-oriented database systems*, Englewood Cliffs 1995, Prentice Hall

LIS00 Lischner, R., *Delphi in a Nutshell*, O'Reilly 2000

LIT00 Litwin, P., Getz, K., Gilbert, M., *Access 2000 Developer's Handbook, Vol. 2: Enterprise Edition*, San Francisco 2000, Sybex

LUS01 Lusti, M., *Data Warehousing und Data Mining. Eine Einführung in entscheidungsunterstützende Systeme*, zweite, überarbeitetete und erweiterte Auflage, Berlin 2001, Springer

LS95 Lüscher, A., Straubinger, A., *Objektorientierte Technologien. Eine Einführung*, Zürich 1995, vdf. Hochschulverlag an der ETH Zürich

MAI83 Maier, D., *The Theory of Relational Databases*, Rockville (MD) 1983, Computer Science Press

MEL93 Melton, J., Simon, A., *Unterstanding the New SQL. A Complete Guide*, San Mateo (CA) 1993, Morgan Kaufmann

MAT00 Mata-Toledo, M.T., Cushman, P.K., *Schaum's Outline of Fundamentals of Relational Databases*, New York 2000, McGraw-Hill

MUL93 Muller, R.J., *Database Design for Smarties: Using UML for Data Modeling*, San Mateo (CA) 1999, Morgan Kaufmann

ÖZS91 Özsu, M.T., Valduriez, P., *Principles of Distributed Database Systems*, Englewood Cliffs 1991, Prentice-Hall

PAP89 Papazoglou, M., Valder, W., *Relational Database Management. A Systems Programming Approach*, New York 1989, Prentice Hall

PAR89 Paredaens, J., De Bra, P., Gyssens, M., Van Gucht, D., *The Structure of the Relational Database Model*, EATCS Monographs on Theoretical Computer Science, Berlin 1989, Springer-Verlag

RAI94 Rail, E., *Lotus Notes Developer's Guide*, Sams Publishing/Macmillan 1994

RAM00 Mata-Toledo, R., Cushman, P.K., *Fundamentals of Relational Databases*, Schaum's Outline Series, New York 2000, McGraw Hill

REI94 Reingruber, M., Gregory, W.W., *The Data Modeling Handbook : A Best-Practice Approach to Building Quality Data Models*, New York 1994, John Wiley & Sons

RIC01 Riccardi, G., *Principles of Database Systems with Internet and Java Applications*, Reading (MA) 2002, Addison-Wesley

RIS88 Rishe, N., *Database Design Fundamentals*, New York 1988, Prentice Hall

ROM01 Roman, S., Petrusha, R., Lomax, P., *VB.NET Language in a Nutshell. A Desktop Quick Reference*, Sebastopol (CA) 2001, O'Reilly

SAA99 Saake, G., Heuer, A., *Datenbanken: Implementierungstechniken*, Bonn 1999, Thomson

THO01 Thomsen, C., *Database Programming with Visual Basic.NET*, New York 2001, Apress/Springer

ULL85 Ullmann, J., *A Pascal Database Book*, Oxford 1985, Oxford University Press

ULL88 Ullman, J.D., *Database and Knowledge Base Systems*, vol. 1/2, Rockville (MD) 1988, Computer Science Press

VIN82 Vinek, G., Rennert, P. F., Tjoa, A., *Datenmodellierung: Theorie und Praxis des Datenbankentwurfs*, Würzburg 1982, Physica-Verlag

WEL81 Welty, C., Stemple, D. W., *Human Factors Comparison of a Procedural and a Nonprocedural Query Language*, in ACM Transactions on Database Systems 1981, vol. 6, No. 4, 626-649

WIE89 Whitehorn, M., Marklyn, B., *Inside Relational Databases*, 2nd ed., London 2001, McGraw-Hill

WIL00 Wilson, M., Wilson, T., *XML Programming with VB and ASP*, Greenwich 2000, Manning

WHI01 Wiederhold, Gio, *Dateiorganisation in Datenbanken*, Hamburg 1989, Springer

ZAN95 Zand, M., Collins, V., Caviness, D., *A Survey of Current Object Oriented Databases*, in Data Base for Advances in Information Systems, vol. 26, no. 1, 14-29, Feb. 1995.

ZDO94 Zdonik, S.B., *What makes Object-Oriented Database Management Systems Different?*, in Dogac-A, Ozsu-M-T, Biliris-A, Sellis-T (eds.), Proceedings of NATO Advanced Study Institute on Object-Oriented Databases, Kusadasi, Turkey, 6-16 Aug. 1993. 3-26, 1994.

ZLO77 Zloof, M.M., *Query by Example: A Database Language*, in IBM Systems Journal, vol. 16, No. 4, 324-343, 1977

Stichwortverzeichis

D

E

F

G

S

T

U